ビジネス統計学 原書6版

Business Statistics 6th Edition
by David M. Levine, Timothy C. Krehbiel, Mark L. Berenson

Excelで学ぶ
実践活用テクニック

前田 祐治 訳

丸善出版

Business Statistics: A First Course, Sixth Edition
by
David M. Levine, Timothy C. Krehbiel, Mark L. Berenson

Authorized translation from the English language edition, entitled BUSINESS STATISTICS: A First Course, 6th Edition, ISBN: 0132807262 by LEVINE, DAVID M.; KREHBIEL, TIMOTHY C.; BERENSON, MARK L., published by Pearson Education, Inc, Copyright © 2013 by Pearson Education, Inc., publishing as Prentice Hall.

All rights reserved. No part of this book may be reproduced or transmitted in any form or by any means, electronic or mechanical, including photocopying, recording or by any information storage retrieval system, without permission from Pearson Education, Inc.

JAPANESE language edition published by MARUZEN PUBLISHING CO., LTD., Copyright © 2014.

JAPANESE translation rights arranged with PEARSON EDUCATION, INC.
through JAPAN UNI AGENCY, INC., TOKYO JAPAN

監訳者まえがき

「ビックデータ」の話題が最近ニュースなど様々なメディアで頻繁に取り上げられるようになった。今注目される関心事の一つである。大量の電子データ「ビックデータ」を解析し、そこから導き出された消費者の行動の特定のパターンを認識し、それをビジネスに繋げていこうという企業戦術は、人々の関心を集めている。このようにデータをビジネスに応用する手法は、今後ますます盛んになっていくに違いない。

　私は20年ほどビジネス実務の経験を有するが、顧客に対するプレゼンテーションを現場で数多く行った。プレゼンテーションすることが仕事の半分を占めるほどであった。教職に就いた今も授業はプレゼンテーションと議論の場である。それらの経験から、質的な内容だけのプレゼンテーションよりも、データに基づいた記述統計によるグラフや表を用いたり、仮説を立ててそれが正しいと証明するために統計手法を用いて分析するプレゼンテーションは、顧客（または学生）への説得力が一段と飛躍すると感じている。国際学会に参加すると、実証研究の発表などはほぼ100％がデータに基づいた統計的手法を使った研究発表である。

　さて、読者の皆さんは、観測したデータを解釈し、ビジネスに応用するとはいったいどういうことを意味すると理解しているだろうか？　数字の羅列を見て、いったいこれからどのようにして結論が導かれるのか、その方法がわからない人は多いのではないだろうか？　または数字を見ただけでアレルギー反応を示す方もいるかもしれない。本著は、このような統計学の初心者やビジネス知識の全くない学生、数字が苦手な人にも分かりやすく丁寧に解説することを目的としている。本書はDavid M. Levine, Timothy C. Krehbiel, Mark L. Berensonが著したBusiness Statistics: A First Course, Sixth Edition（2013年、Pearson社刊）の日本語訳である。しかし、すべてを日本語訳したものではなく、多少の修正と編集を施した。たとえば、原著の1章を短くし、本書では序章としている。原著第2章から第3章までを重要な点にだけ絞り込んだうえで章を合体し、本書では2章としている。原著では有益な演習問題が沢山あるのであるが、監訳者によって良問であると判断した演習問題を選び、章末に復習問題としたことなどである。

　私は、本原著を使って専門職大学院でMBAの学生に授業を行っているが、本書をビジネス統計に初めて触れる学生さん向けのテキストとしてお勧めしたい。

特に、経営学部、商学部、経済学部、さらには専門職大学院の MBA の学生さんにとって最良のテキストだと思う。

本書の特徴を挙げると次の3点である。

1. 初めて統計学を学ぶ学生でもわかるように非常に丁寧に詳しく説明されている。数式ばかりの統計学の本ではない。
2. 統計学を実際のビジネスに応用できるように工夫されている。例えば具体的なケースを設定し、そのビジネス上の課題を統計的な手法で解決するような展開で説明している。
3. 手計算が苦手でも、マイクロソフト社の Excel を使って問題が解けるようにその方法を解説している。特に、Excel により得られた解答の意味することに重点を置いて説明している。

さて、本書は全11章で構成されている。基本的な統計学は本書でカバーされている。その構成について、少し述べておこう。

序章「統計学とは」 では、統計学には「記述統計学」と「推測統計学」の2種類があり、その2つがどのようなものか説明している。また、データと変数、そして変数の種類についても説明している。

第1章「データの整理と数値の尺度」 では主に「記述統計」の手法について説明している。データの特徴を捉え、その特徴を如何にして可視化するかの手法を解説する。また、「中心傾向」と呼ばれるデータが中心値の周りに集まる傾向について説明し、平均、中央値、最頻値などの数値で表現する記述的尺度について解説している。

第2章「基本的な確率」 では、M&R エレクトロニクス・ワールド社の事例をあげて基本的な確率の考え方を説明する。また、条件付き確率、ベイズの定理、場合の数の数え方など解説している。

第3章「離散確率分布」 では、サクソン・ホーム・インプルーブメント社の事例を挙げて、離散確率変数分布について、さらに二項分布、ポアソン分布について解説した。

第4章「正規分布」 では、マイキャンパス社の事例を挙げて正規分布について解

説している。正規分布は「統計学の本丸」といってもいい重要な分布であるので十分時間をかけて理解してほしい。

第5章「標本抽出と標本分布」ではオックスフォード・シリアル社の事例を挙げて標本抽出法と標本分布について解説している。私の経験から言わせてもらうなら、多くの学生さんが母集団と標本の違いが理解できなくて統計学につまずくようだ。標本とは、関心事項である母集団から抽出した一部である。なぜ標本が重要なのであろうか？　多くの場合、我々は母集団のすべてのデータを集めることができない。したがって母集団から抽出した標本により母集団を推測するしか方法がないのである。よって標本から推測される母集団の特徴は母集団のそれとは必ずしも一致しない。

第6章「信頼区間の推定」はサクソン・ホーム・インプルーブメント社の事例を挙げて母集団の推定について信頼区間を用いて説明している。本章では正規分布に次いで重要なステューデントの t 分布について、自由度、比率の信頼区間についてなどを解説する。

第7章「仮説検定の基礎 - 1 標本検定 - 」ではオックスフォード・シリアル社の事例を挙げて仮説検定について説明している。限界値を使った仮説検定、p 値を使った検定、t 検定、両側検定、片側検定、比率の Z 検定などについて解説している。

第8章「2 標本検定と一元配列分散分析」では、BLK ビバレッジ社の事例を挙げて2つの母集団から抽出されたデータの標本を統計的に比較する2標本検定法について説明する。独立2母集団の平均を比較する手法、関連2母集団を比較する手法、独立2母集団の比率を比較する手法、2つの分散の比の F 検定、そして一元配列分散検定（ANOVA）について解説している。

第9章「カイ二乗検定」では、TC リゾート社の事例を挙げて2種類の比率間の差異に関するカイ二乗検定を説明する。また本章では3種類以上の比率間に関するカイ二乗検定と独立性のカイ二乗検定についても解説している。

第10章「単純線形回帰分析」では、サンフラワーズ・アパレル社の事例を挙げて単純線形回帰式を求めその結果の解釈を説明する。回帰分析は実証研究でよく使われるが、推定しようとしている変数（従属変数）を、他の変数（独立変数）を用いて説明するモデルを作成することである。原因（独立変数）により結果（従属変数）を分析する回帰分析により因果関係を調べるのである。

最後に**第 11 章「重回帰分析」**では、オムニフーズ社の事例を挙げて重回帰モデルについて説明する。第 10 章では独立変数が 1 つであったが、本章では独立変数が複数あるより正確な推定を行うモデルを作成し、そのモデルから何が分かるのかを説明している。

　本書内で使われているデータファイルは Web サイト上に提供されている。また、章末の復習問題の解答も Excel ワークシートを使って行ったものを同サイトで掲載している。実際に Excel を使い問題を解いてみて統計学の面白さを感じてほしい。最後になるが、本書の発刊にあたって丸善出版企画編集部の安平進氏には企画と出版でお世話になった。また、インテグラ社の山田美紀氏と相川直美氏は校正と編集で大変お世話になった。この場を借りて感謝申し上げたい。

2014 年 10 月

前田祐治

本書の使い方

1. 本書では Microsoft Excel 2010 を使用しているが、古いバージョンとは少し関数式が違うので注意してほしい。また、本書の章末「Excel によるデータ分析」のところでも紹介しているが、Excel を使い始める際、以下の方法でアドイン設定を行ってほしい。Excel の「データ分析」を使うと、基本的な統計値がクリックするだけで出力されるので非常に便利である。

   1. 「ファイル」⇨「オプション」をクリックして「Excel のオプション」画面を表示する。
   2. 「Excel のオプション」画面の「アドイン」をクリックする。変更した画面の下にある Excel アドインの「設定」をクリックし「アドイン」画面を表示する。
   3. 「アドイン」画面で、有効なアドインの中で「分析ツール」をクリックして「OK」ボタンをクリックする。
   4. Excel シートにもどり「データ」をクリックし、ツールバー右端に「データ分析」が表示されていることを確認する。以後、この「データ分析」により統計分析を行うことができる。

2. 各章末の「Excel ガイド」において、その章内で解説した答を得るための Excel の操作方法について詳しく説明している。下記 URL から「Excel ガイド」のタイトル・ファイルをダウンロードすると、その中に各章ごとの Excel ファイルが存在し、各ファイル中に複数のワークシートがある。ただし、Excel を使っていない章は Excel ファイルが存在しない。上記の操作方法に習いながら、実際に自分で Excel を操作し、自身の答えがワークシートと一致するかどうか確認してほしい。

3. 本書で使われているデータファイル、章内で紹介されている Excel の図表、そして復習問題の解答 Excel ファイルは以下の URL からダウンロードできる。

URL：http://pub.maruzen.co.jp/space/bizitokei/
ID（ユーザー名）：Levine
パスワード：6edmaru

原著者紹介

デイビッド・M・ルビーン
David M. Levine

ニューヨーク市立大学バルーク校の統計学・コンピューター情報システム学名誉教授。

ニューヨーク市立大学MBA（統計学）、ニューヨーク大学博士（インダストリアル・エンジニアリングおよびオペレーションズ・リサーチ）。

統計学における教育者として、全米随一のイノベーターとして知られ、本書をはじめ、ベストセラーの教科書の共著者でもある。

14にのぼる共著書には、Statistics for Managers Using Microsoft Excel、Basic Business Statistics: Concepts and Applications、Applied Statistics for Engineers and Scientists Using Microsoft Excel and Minitab などがある。

ティモシー・C・クレビール
Timothy C. Krehbiel

マイアミ大学（オハイオ州オクスフォード）リチャード・T・ファーマー経営大学院教授（経営学）、同大学院上級副学部長。

マクファーソン・カレッジ（歴史学）を首席卒業。ワイオミング大学理学修士・博士（統計学）。

勤め先であるファーマー経営大学院から Effective Educator Award を授与されたのをはじめ、優れた教育者として全米で名誉ある賞を受賞。

共著書に、Statistics for Managers Using Microsoft Excel、Basic Business Statistics: Concepts and Applications、Sustainability Perspectives in Business and Resources。

マーク・L・ベレンソン
Mark L. Berenson

モンクレア州立大学（ニュージャージー州モンクレア）経営学・情報システム学教授。ニューヨーク市立大学バルーク校の統計学・コンピューター情報システム学名誉教授。

ニューヨーク市立大学経営学修士（ビジネス統計学）、ニューヨーク市立大学博士（経営学）。

統計学教育の分野でその優れた実績を認められ、数々の賞を受賞。

共著書に、Statistics for Managers Using Microsoft Excel、Basic Business Statistics: Concepts and Applications。

目次

監訳者まえがき　iii
本書の使い方　vii
原著者紹介　viii

序章　統計学とは　2
0.1　データと変数　2
　　変数の種類　3
0.2　統計学の基本用語　4
キーワード　5

第1章　データの整理と数値の尺度　6
統計を使ってみよう　ユアチョイス投資信託の場合　7
1.1　データの収集　8
　　データの整理　8
1.2　カテゴリーデータの整理　8
　　総括表　9
　　分割表　9
1.3　数値データの整理　10
　　秩序配列　10
　　度数分布　12
　　相対度数分布　13
　　累積分布　15
1.4　カテゴリーデータの可視化　16
　　棒グラフ　16
　　円グラフ　17
　　パレート図　18
1.5　数値データの可視化　19
　　ヒストグラム　20
　　相対度数分布曲線　20
　　累積相対度数分布曲線　21

1.6 2つの数値変数の可視化 22
　　　散布図 22
　　　時系列グラフ 23
1.7 数値で表現する記述的尺度：中心傾向 25
　　　中心傾向 25
　　　平均 25
　　　中央値 27
　　　最頻値 28
1.8 数値で表現する記述的尺度：変動と形状 30
　　　範囲 30
　　　分散と標準偏差 30
　　　変動係数 34
　　　Z値 36
　　　形状 38
1.9 母集団を数値で記述する尺度 39
　　　母集団平均 40
　　　母集団分散と母集団標準偏差 40
1.10 共分散と相関係数 42
　　　共分散 42
　　　相関係数 45
統計を使ってみよう　再び、ユアチョイス投資信託の場合 49
まとめ 50／重要な公式 51／キーワード 53／復習問題 54
Excelガイド 56

第2章　基本的な確率　　58

統計を使ってみよう　M&Rエレクトロニクス・ワールド社の場合 57
2.1 基本的な確率の考え方 60
　　　事象と標本空間 62
　　　分割表とベン図 63
　　　単純確率 65
　　　結合確率 66
　　　周辺確率 67
　　　一般の加法定理 69

2.2 条件付確率 71
　　条件付確率の計算 71
　　樹形図 73
　　独立性 75
　　乗法定理 77
　　一般の乗法定理を用いた周辺確率 79
2.3 ベイズの定理 79
2.4 場合の数の数え方 83
　　ルール1 84
　　ルール2 84
　　ルール3 85
　　ルール4 86
　　ルール5 87

統計を使ってみよう　再び、M&Rエレクトロニクス・ワールド社の場合 88

まとめ 88 ／ 重要な公式 88 ／ キーワード 90 ／ 復習問題 90
Excelガイド 93

第3章　離散確率分布　　　　　　　　　　　　96

統計を使ってみよう　サクソン・ホーム・インプルーブメント社の場合 97
3.1 離散確率変数の確率分布 97
　　離散確率変数の期待値（平均値） 99
　　離散確率変数の分散と標準偏差 100
3.2 二項分布 101
3.3 ポアソン分布 111

統計を使ってみよう　再び、サクソン・ホーム・インプルーブメント社の場合 114

まとめ 115 ／ 重要な公式 115 ／ キーワード 116 ／ 復習問題 116
Excelガイド 119

第4章　正規分布　　　　　　　　　　　　　　122

統計を使ってみよう　マイキャンパス社の場合 123
4.1 連続確率分布 124
4.2 正規分布 124
　　正規確率を計算する 128

統計を使ってみよう　再び、マイキャンパス社の場合　141
まとめ　142／重要な公式　142／キーワード　143／復習問題　143
Excel ガイド　144

第 5 章　標本抽出と標本分布　146

統計を使ってみよう　オックスフォード・シリアル社の場合　147
5.1　各種の標本抽出法　147
　　　単純無作為標本　149
　　　系統標本　150
　　　層化標本　151
　　　クラスター標本　152
5.2　調査の価値を評価する　152
　　　調査に関わる誤差　153
5.3　標本分布　155
5.4　平均の標本分布　155
　　　標本平均の不偏特性　156
　　　平均の標準誤差　158
　　　正規分布した母集団からの標本抽出　160
　　　正規分布していない母集団からの標本抽出 – 中心極限定理　165
5.5　比率の標本分布　168
統計を使ってみよう　再び、オックスフォード・シリアル社の場合　170
まとめ　171／重要な公式　171／キーワード　172／復習問題　173

第 6 章　信頼区間の推定　174

統計を使ってみよう　サクソン・ホーム・インプルーブメント社の場合　175
6.1　平均の信頼区間推定（σ が既知の場合）　176
　　　母集団標準偏差を知ることは可能か？　185
6.2　平均の信頼区間推定（σ が未知の場合）　185
　　　スチューデントの t 分布　186
　　　t 分布の特性　186
　　　自由度という概念　189
　　　信頼区間について　189
6.3　比率の信頼区間推定　195

6.4　標本数を決定する　198
　　　平均推定のための標本数を決定する　198
　　　比率推定のための標本数を決定する　202
統計を使ってみよう　再び、サクソン・ホーム・インプルーブメント社の場合　205
まとめ　206 ／ 重要な公式　207 ／ キーワード　208 ／ 復習問題　208
Excel ガイド　210

第7章　仮説検定の基礎 − 1 標本検定 −　212

統計を使ってみよう　オックスフォード・シリアル社の場合　その2　213
7.1　仮説検定法の基礎　213
　　　帰無仮説と対立仮説　214
　　　検定統計量の限界値　216
　　　棄却域と採択域　217
　　　仮説検定を使った意思決定に伴うリスク　218
　　　限界値を使った仮説検定　222
　　　p 値を使った仮説検定　226
　　　信頼区間推定と仮説検定の関係　230
　　　母集団の標準偏差を知り得ることはできるか？　231
7.2　平均の仮説の t 検定（σ が未知）　231
　　　限界値を使う手法　232
　　　p 値を使う手法　235
　　　正規性の仮定の確認　236
7.3　片側検定　237
　　　限界値を使う手法　237
　　　p 値を使う手法　240
7.4　比率の仮説の Z 検定　243
　　　限界値を使う手法　244
　　　p 値を使う手法　246
統計を使ってみよう　再び、オックスフォード・シリアル社の場合　その2　247
まとめ　248 ／ 重要な公式　249 ／ キーワード　249 ／ 復習問題　250
Excel ガイド　252

第 8 章　2 標本検定と一元配置分散分析　254

統計を使ってみよう　BLK ビバレッジ社の場合　255

8.1　独立 2 母集団の平均を比較する　255
　　2 つの平均の差の合併分散 t 検定　256
　　2 つの平均の差の信頼区間推定　263
　　不等分散を前提としたときの 2 つの平均の差の t 検定　264

8.2　関連 2 母集団の平均を比較する　265
　　ペア t 検定（対応のある t 検定）　267
　　平均の差の信頼区間推定　274

8.3　独立 2 母集団の比率を比較する　274
　　2 つの比率の差の Z 検定　275
　　2 つの比率の差の信頼区間推定　281

8.4　2 つの分散の比の F 検定　282

8.5　一元配置分散分析（ANOVA）　287
　　2 つを超える平均の差の一元配置分散分析 F 検定　288
　　多重比較：チューキー・クラマー法　297
　　分散分析の前提　300
　　分散の均一性のレーベン検定　301

統計を使ってみよう　再び、BLK ビバレッジ社の場合　304

まとめ　304 ／ 重要な公式　306 ／ キーワード　309 ／ 復習問題　309
Excel ガイド　312

第 9 章　カイ二乗（χ^2）検定　322

統計を使ってみよう　TC リゾート社の場合　323

9.1　2 つの比率の差のカイ二乗（χ^2）検定　323
9.2　3 つ以上の比率の差のカイ二乗検定　332
9.3　独立性のカイ二乗検定　338

統計を使ってみよう　再び、TC リゾート社の場合　345

まとめ　345 ／ 重要な公式　346 ／ キーワード　347 ／ 復習問題　347
Excel ガイド　349

第 10 章　単純線形回帰分析　　　　　　　　352

統計を使ってみよう　サンフラワーズ・アパレル社の場合　353
10.1　回帰分析モデルの種類　354
10.2　単純線形回帰式を求める　356
　　　最小二乗法　357
　　　回帰分析における推定　361
　　　Y 切片 b_0 と傾き b_1 の計算　362
10.3　変動量　365
　　　平方和の計算　365
　　　決定係数　367
　　　推定値の標準誤差　369
10.4　前提条件　371
10.5　残差分析　372
　　　前提条件の評価　372
10.6　自己相関の測定：ダービン・ワトソン統計量　375
　　　自己相関を検出する残差グラフ　375
　　　ダービン・ワトソン統計量　377
10.7　傾きと相関係数に関する推論　379
　　　傾きの t 検定　380
　　　傾きの F 検定　381
　　　傾きに対する信頼区間推定　383
　　　相関係数の t 検定　384
10.8　平均値の推定と個々の値の推定　386
　　　信頼区間推定　386
　　　推定区間　388
10.9　回帰分析における落し穴　390

統計を使ってみよう　再び、サンフラワーズ・アパレル社の場合　394

まとめ　394 ／ 重要な公式　396 ／ キーワード　398 ／ 復習問題　399
Excel ガイド　402

第 11 章　重回帰分析　　406

統計を使ってみよう　オムニフーズ社の場合　407

11.1　重回帰モデルを作成する　407
　　　回帰係数の解釈　408
　　　従属変数 Y の推定　411

11.2　r^2、調整済み r^2、全体の F 検定　412
　　　重決定係数 r^2　413
　　　調整済み r^2　413
　　　重回帰モデル全体の有意性の検定　414

11.3　重回帰モデルの残差分析　416

11.4　母集団の回帰係数に関する推論　417
　　　仮説検定　418
　　　信頼区間推定　420

11.5　回帰モデルにおけるダミー変数と交互作用項　421
　　　ダミー変数　421
　　　交互作用　424

統計を使ってみよう　再び、オムニフーズ社の場合　426

まとめ　427 ／ 重要な公式　428 ／ キーワード　429 ／ 復習問題　429
Excel ガイド 431

巻末資料

A　数学の考え方・記号の基本　436
　　A.1　代数のルール：指数と平方根　436
　　A.2　対数のルール　436
　　A.3　和の表現　438

B　各種表
　　B.1　累積標準化正規分布　443
　　B.2　t の限界値　445
　　B.3　カイ二乗の限界値　447
　　B.4　F の限界値　448
　　B.5　スチューデント化された範囲 Q の限界値　452
　　B.6　ダービン・ワトソン統計量 D の限界値 d_L と d_U（限界値は片側）　454
　　B.7　標準化正規分布　455

索引　456

ビジネス統計学 原書6版

Excelで学ぶ実践活用テクニック

序章
統計学とは

統計学とは、データを用いてその特徴や傾向、あるいは確率を分析することにより、意思決定者にとって有益な情報に変換するための学問である。ビジネス上では、統計学により意思決定に伴うリスクを把握することができたり、意思決定プロセスのリスクを理解し、これをコントロールすることができる。統計学は大きく記述統計学と推測統計学とに分類することができ、「記述統計学」とは、データの収集、整理、表示、分析に関する手法であり、「推測統計学」とは、小規模な集団について集めたデータを用いて、大規模な集団についての結論を導き出すための手法である。いずれの手法を取るにせよ、まずはその手法が対象データに適しているかどうか、また、その手法を用いるにあたっての条件や前提がある場合、それらが満たされているかを把握する必要がある。

統計学は、ビジネスにおいて非常に重要な役割を果たすことから、ビジネス教育の基礎を成す重要な要素だといえる。ビジネスの世界では、下記に示すような重要な業務において統計学を使う。

- データの可視化と整理（記述的手法の活用）。
- 小規模集団から集めたデータを基に大規模集団に関する結論を導く（推測的手法の活用）。
- 情報推測を行う統計的モデルを用いて信頼性の高い予測を行う（推測的手法の活用）。
- 「シックスシグマ」（品質改善のための手法）などの管理手法を用いてビジネスプロセスを改善する（記述的手法および推測的手法の活用）。

0.1 データと変数

ここで、統計学でのデータの定義を取り上げる。データという言葉は日常的に使われているが、果たしてその定義を厳密に説明できるだろうか？

データとは、ある性質または属性に関連した数値や事実であり、物事の立論や考察の基礎となるものである。また、データは常に複数個の数値または事象の集合である。

さらに、変数とは、何らかの物事の区別に役立つ性質、または特性を示すものである。

変数の種類

変数の種類は、変数に関連するデータの性質によって決められる。なんらかの分析で使用できる統計的手法は、変数の種類によって異なるので、これを把握しておくことが大切である。

カテゴリー変数［あるいは定性的変数、(**categorical variable**)］における値は、「はい」と「いいえ」のように、いくつかの決まったカテゴリーに分類される。カテゴリー変数の例としては、「現在債券を保有していますか？」(「はい」または「いいえ」)などが考えられる。

数値変数（**numerical variables**）(あるいは定量的変数とも呼ばれる)における値は、量を示すものとなる。数値変数にはさらに、離散変数と連続変数とに分かれる。

離散変数（**discrete variables**）における数値は、数えることによって得られる。離散変数の例としては、たとえば「ケーブルテレビの加入有料チャンネル数」が挙げられるが、それは、この質問に対する回答が整数の有限数だからである。加入できるチャンネル数は、0か、1か、2、といった整数である。「購入商品数」もまた離散変数である。この質問に回答するには実際に購入した商品の数を数えることになるからである。

連続変数（**continuous variables**）における数値は、計測することで得られる。連続変数の例としては、たとえば銀行で預金引き出しのために待つ時間などが挙げられる。なぜならこの質問に対する回答は、ある連続した時間、あるいは区間の中で、計測手段の精度に応じたなんらかの値を取るからである。たとえば、待ち時間は1分かもしれないし、1分1秒かもしれない。あるいは1分11秒や1分11.3秒となるかもしれない。計測する機器がどれくらい精密かによって回答は変わる。

自分が調査しようとしているものに必要な変数を特定できたら、それに関する質問文を考えてみると、往々にして各変数がどの種類に属するかがはっきりする。

変数の種類

質問	回答例	データの種類
現在フェイスブックにアカウントを持っていますか？	はい・いいえ	カテゴリー変数
この1週間で携帯メールを何通送信しましたか？	10通	数値変数（離散変数）
テレビゲーム1本のダウンロードにかかった時間は？	10.5秒	数値変数（連続変数）

0.2 統計学の基本用語

　本書でこれから説明する統計的手法を学ぶには、次の4つの用語をまず理解することが重要である。4つの用語とは、**母集団**（population）、**標本**（sample）、**パラメータ**（parameter）と**統計量**（statistic）である。

　データは母集団または標本から出てくるものである。母集団とは、これから結論を導こうとしている物あるいは人すべてを含む。たとえば、ある企業における一年の全販売取引、今週末あるデパートで買い物をした全顧客、ある大学に入学した正規学生全員などがその例である。

　標本とは、分析のために母集団の中から選び出されたある部分の集団を指す。たとえば上記に挙げた3つの母集団の例から、監査人が調査のために無作為に選んだ販売取引200件を標本として選んだり、顧客満足度調査に協力してもらった30名の顧客を標本とすることもできる。いずれの例でも、標本に含まれる取引あるいは人は、母集団を構成する物または人の一部である。

　残る2つの基本用語、パラメータと統計量は、ある変数に関するデータ全体を記述するのに役立つ尺度を指す。パラメータとは母集団のデータを使った変数を記述する尺度で、統計量とは標本のデータを使った変数を記述する尺度である。たとえばある企業の特定の年の平均販売額であれば、平均という尺度によってある特定の一年におけるすべての販売取引という母集団のデータを記述しているので、パラメータといえる。一方、調査のために無作為に選んだ販売取引200件の平均であれば、ある標本に関するデータを記述しているため、統計量といえる。

統計学の基本用語

母集団とは、これから結論を導き出そうとするもの、または個人すべてを包含する。
標本とは、母集団の中から分析対象として選定された部分集団である。
パラメータとは、母集団に関するある特徴を記述するための尺度である。
統計量とは、標本に関するある特徴を記述するための尺度である。

キーワード

カテゴリー変数　p.3	母集団　p.4
数値変数　p.3	標本　p.4
離散変数　p.3	パラメータ　p.4
連続変数　p.3	統計量　p.4

第1章
データの整理と数値の尺度

統計を使ってみよう
ユアチョイス投資信託の場合

- 1.1 **データの収集**
  - データの整理
- 1.2 **カテゴリーデータの整理**
  - 総括表
  - 分割表
- 1.3 **数値データの整理**
  - 秩序配列
  - 度数分布
  - 相対度数分布
  - 累積分布
- 1.4 **カテゴリーデータの可視化**
  - 棒グラフ
  - 円グラフ
  - パレート図
- 1.5 **数値データの可視化**
  - ヒストグラム
  - 相対度数分布曲線
  - 累積相対度数分布曲線
- 1.6 **2つの数値変数の可視化**
  - 散布図
  - 時系列グラフ
- 1.7 **数値で表現する記述的尺度：中心傾向**
  - 中心傾向
  - 平均
  - 中央値
  - 最頻値
- 1.8 **数値で表現する記述的尺度：変動と形状**
  - 範囲
  - 分散と標準偏差
  - 変動係数
  - Z値
  - 形状
- 1.9 **母集団を数値で記述する尺度**
  - 母集団平均
  - 母集団分散と母集団標準偏差
- 1.10 **共分散と相関係数**
  - 共分散
  - 相関係数

統計を使ってみよう
再び、ユアチョイス投資信託の場合

Excel ガイド

学習の目的
本章で学ぶ内容
- カテゴリーデータを図表にまとめる
- 数値データを図表にまとめる
- 中心傾向、変動、形状を数値データを使用して記述する
- 母集団を集約的に記述する尺度を計算する
- 共分散と相関係数を計算する

統計を使ってみよう
ユアチョイス投資信託の場合

「ユアチョイス投資信託」は、投資コンサルタントを行う投資サービス会社である。ここで審査しているのは、不動産、株式投資、デリバティブ商品や、多数の投資信託だ。投資信託とは、多数の個人投資家から預かったお金を共同資金として、証券やその他の投資商品への投資に使うというものである。

ここで、あなたは投資信託への投資を検討しているお客様をサポートする任務に就いているとする。そして、お客様に適切な投資選びをしていただくために、あなたは社内のアナリストが選びだした顧客の関心を引きそうな184本の債券ファンドを標本として、データをまとめるように指示を受けた。さて、多数の債券ファンドを比較検討するための情報として、あなたはこの標本からどのような事実を集めるだろうか？どうすれば、大量のデータを過不足なく確認し、調査することができるだろうか？

まずは、お客様が各ファンドをいくつかの種類に分類できるようなデータを集めてみよう。たとえば、各社の投資戦略にはどれくらいのリスクが潜んでいるか、どういった種類の債券に主に投資しているか、といったことを調べることが考えられる。当然、過去の実績については把握しなければならないし、その際、お客様には各ファンドの運用成果を評価するための判断基準も示したいところである。本事例であなたが抱える問題は、膨大なデータを調べ、それに基づきなんらかの結論を導き出すことだ。このような仕事をやりやすくするためには、次の5つのステップに則り作業を進めていくことができる。

- **定義**：仕事上の問題の解決、あるいは目的の達成のために、検討すべき変数を定義する。
- **収集**：適切な情報源からデータを収集する。
- **整理**：表を作成し、集めたデータを整理する。
- **可視化**：図を作成し、データを可視化する。
- **分析**：結論を導き出すために、適切な図表を詳しく調べ（および他章で後述するその他の統計的手法を用いて）データを分析する。

本事例に出てきた184本のファンドの標本を、具体例としてしばしば取り上げる（ファイル 債券ファンド ）。

1.1 データの収集

変数を定義し終えたところで、今度はその変数に対するデータ収集をする必要がある。データ収集の例としては下記のようなものが挙げられる。

- マーケティングアナリストが新しいテレビ広告の効果を評価したいとき
- 製薬会社が新薬の効果を現在使われている薬と比較し、有効性を見極めたいとき
- 業務管理責任者が製造工程またはサービス工程を改善したいとき

データの収集には、一次資料または二次資料を用いる。分析に使うデータを独自に収集する場合は一次資料を用いていることになる。一方、別の誰かが集めたデータであれば、二次資料を使っていることになる。

また、データ収集は多くの場合、標本からのデータが使われる。母集団に含まれるすべてのデータを収集するのは、通常、極めて難しく時間がかかりすぎるからである。

データ資料は次の4つのうちいずれかの形で作られる。

- ある組織または個人が発表したデータとして
- 計画実験の結果として
- 調査の結果として
- 観察研究を行った結果として

データの整理

変数を定義し、データを収集したら、次にデータを整理し、後述するデータの可視化や分析の準備をする。整理に用いる手法は、変数の種類(カテゴリー変数か数値変数か)によって決まる。

1.2 カテゴリーデータの整理

カテゴリーデータを整理するには、得られた回答をカテゴリー別に集計し、集計結果を表の形に入れていく。通常、1つのカテゴリー変数に対するデータは1つの総括表に整理し、2つ以上のカテゴリー変数に対するデータは分割表を用いて整理する。

総括表

総括表は、各カテゴリーに対する回答の集計結果を度数または割合(%)の形で示す。総括表を使えば、各カテゴリーに含まれる項目の度数、量、または割合を異なる列に示し、カテゴリー間の違いを見ることができる。

例1.1
債券ファンドのリスクレベルの総括表

「ユアチョイス投資信託の場合」に出てくる債券ファンド184本を、リスクレベルに応じて、平均未満の値、平均値、平均を超える値に分類し、リスクレベル別総括表を作成してみよう。

表1.1から、リスクレベルが平均未満の値、平均値、平均を超える値のファンド数はほぼ同程度あることがわかる。つまり69.57%(＝32.50%＋32.07%)の債券ファンドは平均以上のリスクレベルに属するといえる。

表1.1 債券ファンド184本のリスクレベルの度数および割合を示す総括表

リスクレベル	ファンド数	割合(%)
平均未満の値	56	30.43%
平均値	69	37.50%
平均を超える値	59	32.07%
合計	184	100.00%

分割表

分割表を用いると、2つ以上のカテゴリー変数に対する回答の間にあるなんらかのパターンを読み取ることができる。**分割表(contingency table)** は、各カテゴリー変数に対する回答をクロス集計、すなわち一緒に集計する。たとえばカテゴリー変数が2つのケースで考えると、一方の変数のカテゴリー集計を行に示し、もう一方の変数のカテゴリー集計を列に示すやり方である。行と列が交わるところをセルと呼ぶ。各セルには2つの変数の答えのそれぞれの組み合わせを示す値が入る(例：表1.2の「手数料→ある」、「種類：中期国債」など)。各セルには、分割表の種類によって、度数、総計に対する割合、行合計に対する割合、列合計に対する割合が示される。

本事例では、債券ファンドの種類（中期国債か短期社債）と手数料の有無（ある、またはない）の間になんらかの関係が見られるかを調べるために、分割表を作成することが考えられる。まず、184 本の債券ファンド（ファイル 債券ファンド ）の標本に含まれる各ファンドの両変数に対する回答を集計することから始めてみる。ファンドの種類、および手数料の有無に応じて、表内の 4 つのセルのいずれかに回答を集計していく。たとえば、標本の最初に出てくるファンドは「手数料がかからない中期国債」に分類される。したがって、2 つの変数に対するこの 1 つの回答は、「中期国債」の行と「ない」の列が交わるセルに集計する。表 1.2 は 184 本の債券ファンドの集計結果を示す分割表である。

表 1.2
ファンドの種類と手数料の有無を示す分割表

種類	手数料 ある	手数料 ない	合計
中期国債	34	53	87
短期社債	20	77	97
合計	54	130	184

1.3 数値データの整理

秩序配列

秩序配列では、1 つの数値変数に対する値を最小値から最大値の順に並べて示す。こうすることで、データに存在する値の範囲がつかみやすくなる。たとえば表 1.3 では、ある都市にあるレストラン 50 店とその郊外にあるレストラン 50 店の食事代に関する調査で集めたデータ（ファイル レストラン ）であるが、このような無秩序な並べ方では、すぐになんらかの結論を導き出すことができない。

表 1.3
都市の50のレストランと郊外にある50のレストランにおける1人当たりの食事代（ドル）

都市のレストランにおける食事代

62	67	23	79	32	38	46	43	39	43
44	29	59	56	32	56	23	40	45	44
40	33	57	43	49	28	35	79	42	21
40	49	45	54	64	48	41	34	53	27
44	58	68	59	61	59	48	78	65	42

郊外のレストランにおける食事代

53	45	39	43	44	29	37	34	33	37
54	30	49	44	34	55	48	36	29	40
38	38	55	43	33	44	41	45	41	42
37	56	60	46	31	35	68	40	51	32
28	44	26	42	37	63	37	22	53	62

　一方、表1.4は同じデータを秩序配列で表したものである。ここでは、都市のレストランでの食事代は21ドルから79ドル、郊外のレストランでの食事代は22ドルから68ドルであることがすぐにわかる。

表 1.4
都市の50のレストランと郊外の50のレストランにおける1人当たりの食事代（ドル）の秩序配列

都市のレストランにおける食事代

21	23	23	27	28	29	32	32	33	34
35	38	39	40	40	40	41	42	42	43
43	43	44	44	44	45	45	46	48	48
49	49	53	54	56	56	57	58	59	59
59	61	62	64	65	67	68	78	79	79

郊外のレストランにおける食事代

22	26	28	29	29	30	31	32	33	33
34	34	35	36	37	37	37	37	37	38
38	39	40	40	41	41	42	42	43	43
44	44	44	44	45	45	46	48	49	51
53	53	54	55	55	56	60	62	63	68

度数分布

　度数分布（frequency distribution）は数値を数値順に並べた階級に集計することでデータをまとめる方法である。階級とは、「階級間隔」と呼ばれる値の範囲を表すグループを指す。各値は1つの階級のみに属し、すべての値は全階級のいずれかに必ず属する。

　有用な度数分布を作成するためには、対象データをいくつの階級に分類するのが適しているかを考える必要がある。また、各階級の幅を適切なものに設定しなければならない。一般に、度数分布の階級の数は最低5つ、多くとも15までと言われている。なぜなら階級が少なすぎたり多すぎたりすると、必要な情報を見つけにくくなるからである。階級の幅を決定するためには（式1.1参照）、最大値から最小値を割り算したものを、度数分布に設けたい階級の数で割り算する。

階級の幅の決定

$$階級の幅 = \frac{最大値 - 最小値}{階級の数} \qquad 式(1.1)$$

　都市のレストランに関するデータは50店のみが標本であるため、5～10の階級が好ましい。表1.4で最大値は79ドル、最小値は21ドルであるため、その差は58ドルとなる。式(1.1)を用いれば、階級幅は下記のように概算される。

$$階級の幅 = \frac{58}{10} = 5.8$$

以上の結果を踏まえると、階級の幅を5.80ドルに設定すべきとなるが、階級の幅は度数分布を解釈しやすい値でなければならない。この例では、10ドル刻みの方が5.80ドル刻みよりもはるかにわかりやすいといえる。

　表1.5に都市のレストラン50店と郊外のレストラン50店における1人当たりの食事代を、以上の階級を用いて度数分布にしたものを示す。

表 1.5
都市 50 軒のレストランと郊外 50 軒のレストランにおける 1 人当たりの食事代の度数分布

食事代（ドル）	頻度（都市）	頻度（郊外）
20 ～ 30 未満	6	5
30 ～ 40 未満	7	17
40 ～ 50 未満	19	17
50 ～ 60 未満	9	7
60 ～ 70 未満	6	4
70 ～ 80 未満	3	0
合計	50	50

　度数分布を用いることにより、データの主な特徴を導き出すことができる。たとえば表1.5から、都市のレストランでの食事代は40〜50ドルの範囲に集中しており、郊外のレストランでの食事代は30〜50ドルに集中していることがわかる。

　本章で後述する図の中には、各階級間隔の最小値と最大値の中間に位置する値（階級値）で階級を定義しているものもある。表1.5の度数分布表の場合では、25ドル、35ドル、45ドル、55ドル、65ドル、75ドルが階級値となる。

相対度数分布

　表1.6に、都市のレストランと郊外のレストランの食事代の相対度数分布を比率と百分率とで示す。このように、2つ以上のグループを比較する際には、合計に対する比率または百分率(%)を見た方がそれぞれの頻度数を見るよりも有益である。

表 1.6
都市のレストランと郊外のレストランの食事代の相対度数分布

食事代（ドル）	都市 比率	都市 百分率(%)	郊外 比率	郊外 百分率(%)
20～30 未満	0.12	12.0	0.10	10.0
30～40 未満	0.14	14.0	0.34	34.0
40～50 未満	0.38	38.0	0.34	34.0
50～60 未満	0.18	18.0	0.14	14.0
60～70 未満	0.12	12.0	0.08	8.0
70～80 未満	0.06	6.0	0.00	0.0
合計	1.00	100.0	1.00	100.0

各グループの相対度数、すなわち比率は、各階級の値の数を全体の値の数で割ったものである。各グループの百分率とは、この比率に 100% を掛けたものになる。

比率または相対度数の計算

比率、すなわち相対度数は各階級の値の数を全体の値の数で割ったものである。

$$比率 = 相対度数 = \frac{各階級の値の数}{全体の値の数} \qquad 式(1.2)$$

全部で 80 の値があり、ある階級の度数が 20 であれば、その階級の比率は

$$\frac{20}{80} = 0.25 \quad (25\%)$$

となる。相対度数分布を作成するためにはまず、各階級の相対度数を求めなければならない。たとえば、表 1.5 にあるように 1 人あたりの食事代が 50～60 ドルかかるレストランは、都市 50 店のうち 9 店である。したがって、都市のレストランにおいて食事代が 50～60 ドルのお店の比率は

$$\frac{9}{50} = 0.18 \quad (18\%)$$

となる。相対度数を百分率で示すためには各比率に 100% をかける。したがって、都市で食事代が 50 〜 60 ドルのレストランの比率は 9 を 50 で割って 0.18 となり、18% となる。

累積分布

累積相対度数分布を用いれば、ある特定の数値未満の値が全部で何パーセントあるか、という情報を示すことができる。表 1.7 に、都市のレストランの食事代について累積相対度数分布を作成する目的で、どのように個々の階級の百分率を足し合わせればよいのかを示す。表 1.8 では、都市のレストランと郊外のレストランの食事代の累積相対度数をまとめた。累積分布から、郊外のレストランの食事代は都市のレストランよりも若干低いことが見られる。表 1.8 から、食事代が 40 ドル未満の郊外のレストランは 44% で、都市では 26%、50 ドル未満の郊外のレストランは 78% で、都市では 64%、60 ドル未満の郊外のレストランは 92% で、都市では 82% であることがわかる。

表 1.7
都市のレストランの食事代の累積分布を作成する

食事代(ドル)	割合(%)	食事代が階級の開始値未満の割合
20 〜 30 未満	12	0
30 〜 40 未満	14	12
40 〜 50 未満	38	26 = 12 + 14
50 〜 60 未満	18	64 = 12 + 14 + 38
60 〜 70 未満	12	82 = 12 + 14 + 38 + 18
70 〜 80 未満	6	94 = 12 + 14 + 38 + 18 + 12
80 〜 90 未満	0	100 = 12 + 14 + 38 + 18 + 12 + 6

表 1.8
都市のレストランと郊外のレストランの食事代の累積分布

食事代（ドル）	左記食事代未満の都市のレストラン（%）	左記食事代未満の郊外のレストラン（%）
20	0	0
30	12	10
40	26	44
50	64	78
60	82	92
70	94	100
80	100	100

1.4 カテゴリーデータの可視化

データのパターンや関係性を見いだしやすくするために、さまざまな種類の図や特殊な表現を使ってデータを可視化する方法がある。1つのカテゴリー変数に対するデータの可視化にどのような図を用いるかは、目的によって異なる。カテゴリー同士の直接比較に主眼を置きたい場合は棒グラフ、各カテゴリーがどのように全体を構成しているかを示したい場合は円グラフ、そして複数あるカテゴリーのうちごく一部にデータがかたまっている場合はパレート図、という具合だ。

棒グラフ

棒グラフ（bar chart） は、各カテゴリーの合計値をそれぞれに棒で示すことでカテゴリー間の比較を行う。棒の長さがそのカテゴリーに属する値の量、度数、または割合（%）を示す。図1.1は、表1.9にあるデータを棒グラフに表したものである。成人を対象に月々の請求書の支払い方法を問い合わせた調査の結果を示している。

表 1.9
請求書の支払方法

支払方法	割合（%）
現金	15
小切手	54
電子マネー・オンライン	28
その他・わからない	3

図 1.1
請求書の支払方法の棒グラフ

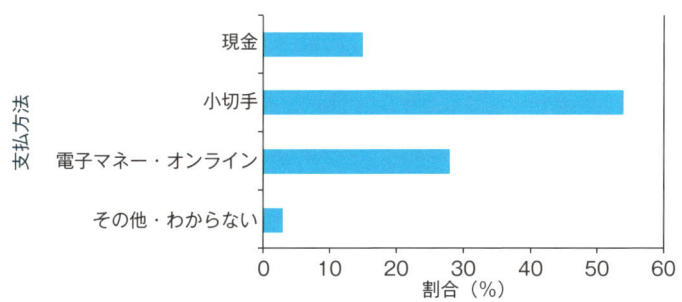

図 1.1 を見れば、調査対象者のほとんどが小切手または電子マネー・オンラインの手段を使い、続いて現金で支払っている人が多いことが一目でわかる。「その他」または「わからない」と答えた回答者は非常に少ないこともわかる。

円グラフ

円グラフ (pie chart) では、円の部分を用いて各カテゴリーの総計を表す。各部分、すなわち各扇形の大きさは、そのカテゴリーの比率に準じる。たとえば表 1.9 では、回答者の 54% が請求書の支払いを小切手で行うと回答している。図 1.2 から、円グラフは、全体の円の中で各カテゴリーに含まれる部分が可視化されることがわかる。この図では、「小切手による支払」が一番大きな扇形になっており、円の 54% を占めている。2 番目に大きな扇は「電子マネー・オンラインによる支払」で、円の 28% に相当する。

図 1.2
請求書の支払い方法の円グラフ

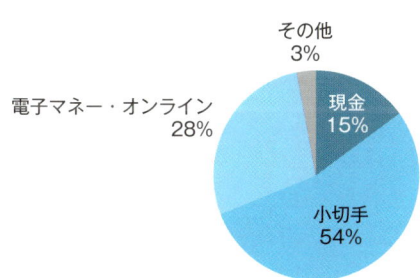

パレート図

パレート図 (pareto chart) では、各カテゴリーの合計が棒グラフとして、その度数に応じて降順に並べられ、さらに同じグラフ内にその累積相対度数が線グラフとして示される。パレート図は「重要な少数」と「取るに足りない多数」を明確に分けてくれるため、重要なカテゴリーのみに注目できるようになる。たとえば、対象データに不良品、非適合品が含まれる場合には、改善努力の優先順位付けのツールとして大きな役割を果たす。

パレート図が有用である一例として、銀行が抱える問題を見てみよう。ある銀行では問題はATMトラブルにあると特定した。ATMトラブルの諸原因についてデータを収集した（ファイル ATM トラブル）。表1.10に、原因、各原因の度数、原因別取引の割合(%)を示す。

表 1.10
ATM トラブルの原因を示す総括表

原因	度数	相対度数(%)	累積相対度数(%)
カード変型による詰まり	365	50.41%	50.41%
磁気読み取り不良	234	32.32%	82.73%
ATM不具合	32	4.42%	87.15%
現金不足	28	3.87%	91.02%
無効な額の要求	23	3.18%	94.20%
キー操作ミス	23	3.18%	97.38%
口座の残高不足	19	2.62%	100.00%
合計	724	100.00%	

さらに、図1.3に、表1.10の結果をもとに作成したパレート図を示す。

図 1.3
ATM トラブルの原因を示すパレート図

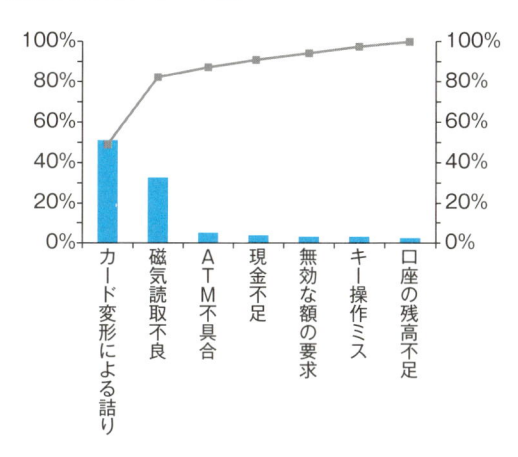

パレート図では棒グラフを用い、さらに累積相対度数線を重ねる。累積を表す線グラフは、各カテゴリーの階級値と、その累積値に相当する高さとが交わる点にプロットする。パレート図にすべてのカテゴリーを盛り込むためには、ほぼないに等しいようなカテゴリーもまとめて「その他」などとして網羅する必要がある。この場合、このカテゴリーを示す棒グラフは、一番右に配置する。

パレート図では、カテゴリーが発生度数順に表示されるため、改善努力をどこに集中させればよいのかが一目でわかる。図 1.3 のパレート図を分析してみよう。累積線を辿ると、最初のカテゴリーは「カード変形による詰り」(トラブル全体の 50.41%)、2 つ目のカテゴリーは「磁気読取不良」(32.32%) で、この 2 つのカテゴリーで ATM トラブルの 82.73% を占めることがわかる。したがって「カード変形による詰り」と「磁気読取不良」による ATM トラブルを減らす取り組みを行えば、大きな改善成果が得られる。すなわち担当チームは、このような異常が起こる理由を見つけることに注力すればよいということになる。

1.5 数値データの可視化

数値データの可視化に使われる図には、**ヒストグラム** (**histogram**)、**相対度数分布曲線** (**percentage polygon**)、**累積相対度数分布曲線** (**cumulative percentage polygon** または **ogive**) などがある。

ヒストグラム

ヒストグラムとは、数値データを示すための棒グラフで、それぞれの縦棒が各グループの度数または割合 (%) を表す。ヒストグラムでは、隣り合わせる縦棒の間に隙間はない。対象の変数は横軸 (X 軸) に示し、縦軸 (Y 軸) は各階級の値の度数または割合 (%) を表す。

図1.4は都市のレストランと郊外のレストランの食事代の度数ヒストグラムである。都市のレストランのヒストグラムからは、食事代が40〜50ドルに集中し、70ドルを超えることはほとんどないことがわかる。郊外のレストランのヒストグラムからは、食事代が30〜50ドルに集中し、60ドルを超えることはほとんどないことがわかる。

図 1.4
都市のレストランと郊外のレストランの食事代のヒストグラム

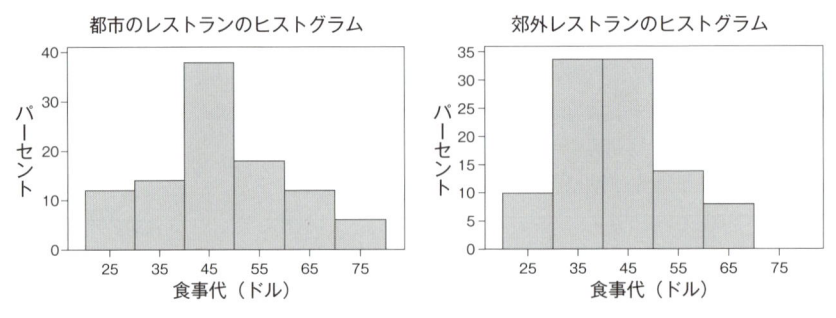

相対度数分布曲線

1つのグラフ上に2つ以上のヒストグラムを作成しようとすると、棒同士が重なって読み取りにくくなるため、2つ以上のグループが存在するときは相対度数分布曲線を使用する。相対度数分布曲線は各階級の階級値を使ってデータを表す。各階級の階級値とその割合 (%) とが交わる箇所を点でプロットしていき、一本の線で結ぶ。図1.5は都市のレストランおよび郊外のレストランの食事代を表す相対度数分布曲線である。

図1.5の2本の曲線を見れば、都市のレストランの食事代が最も集中している価格帯は40〜50ドルで、郊外のレストランは30〜50ドルに均等に集中している、と結論付けることができる。また、都市のレストランは郊外のレストランよりも60ドル以上の割合が多いことがわかる。

図 1.5
都市のレストランと郊外のレストランの食事代の相対度数分布曲線

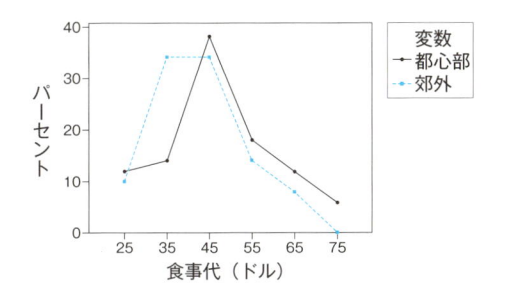

曲線またはヒストグラムを作成するときには、データの特性を歪めないために、縦軸（Y軸）には真のゼロ、いわゆる「原点」を置かなければならない。横軸（X軸）は変数のゼロ点を持つ必要はなく、むしろ変数の範囲が横軸の主要な部分にまたがるようにする。

累積相対度数分布曲線

累積相対度数分布曲線は、1.3 節で説明した累積相対度数分布表から対象変数を X 軸に、累積相対度数を Y 軸に表したものである。

図 1.6 に都市のレストランと郊外のレストランの食事代を示す累積相対度数分布曲線を示す。

図 1.6
都市のレストランと郊外のレストランの食事代の累積相対度数分布曲線

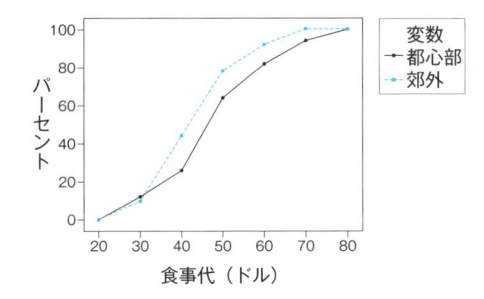

上記曲線を見れば、都市のレストランの食事代を示す曲線は郊外のレストランの曲線の右側に来ていることがわかる。すなわち、ある食事代を特定すると、都市のレストランの方が郊外よりも割合が低い。たとえば、食事代が 50 ドル未満だと、

都市のレストランの場合 64% であれば、郊外のレストランでは 78% である。

1.6　2つの数値変数の可視化

2つの数値変数の間になんらかの関係性を調べたい場合は、まず散布図を用いてそのような関係性を可視化する。また、2つの変数のうちの1つが時間の経過であるという限定的な場合は、時系列グラフを用いる。

散布図

同じものまたは人について、2つの数値的データがあることは珍しくない。**散布図（scatter plot）**では一方の数値変数に対するデータを横軸（X軸）にプロットし、もう一方の数値変数に対するデータを縦軸（Y軸）にプロットすることで、データ間に関係性があるかどうかを見ることができる。

表 1.11 は、NBA プロバスケット全 30 チームの総売上と価値をいずれも百万ドル単位で示したものである。このデータはファイル NBA価値 に保存されている。各チームが挙げた収益とそのチームの価値との間にどのような関係性があるのか、あるいはないのかを見るために、散布図を作成する。

表 1.11
NBA チームの価値と総売上

チーム	価値 (百万ドル)	総売上 (百万ドル)	チーム	価値 (百万ドル)	総売上 (百万ドル)
アトランタ	306	103	ミルウォーキー	254	91
ボストン	433	144	ミネソタ	268	96
シャーロット	278	96	ニュージャージー	269	92
シカゴ	511	168	ニューオーリンズ	267	95
クリーブランド	476	159	ニューヨーク	586	202
ダラス	446	154	オクラホマシティ	310	111
デンバー	321	115	オーランド	361	107
デトロイト	479	171	フィラデルフィア	344	115
ゴールデンステート	315	113	フェニックス	429	148
ヒューストン	470	160	ポートランド	338	121
インディアナ	281	97	サクラメント	305	109
LA クリッパーズ	295	102	サンアントニオ	398	133
LA レイカーズ	607	209	トロント	386	133
メンフィス	257	88	ユタ	343	118
マイアミ	364	126	ワシントン	313	110

各チームについて、X 軸に収入、Y 軸に価値をプロットしていく。図 1.7 に両変数を表す散布図を示す。

図 1.7
総売上と価値の散布図

NBAチームの価値と総売上の散布図

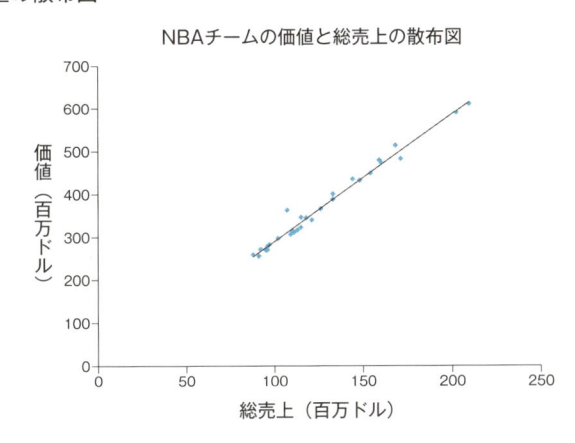

図 1.7 を見れば、総売上と価値の間には非常に明白な増加（正の）関係がありそうであることがわかる。つまり、売上の少ないチームほど、価値も低く、売上の多いチームはその価値も高いと言える。図 1.7 にはプロットされた点に沿って直線が引かれている。ここでは、この直線は散布図上にプロットされた点に近似している。

時系列グラフ

時系列グラフ（**time-series plot**）では、ある数値変数の値を Y 軸に並べ、X 軸にはそれらの値を網羅する時間枠を設ける。時系列グラフはある時間の経過に沿って見られるデータの傾向を調べる際に役立つ。たとえば、表 1.12 に、1996 年〜2009 年の期間に公開された映画の総売上（単位は百万ドル）を示す。このデータはファイル 映画総売上 に保存されている。このデータをわかりやすく可視化するには、図 1.8 のような時系列グラフを作成する。

図 1.8 より、1996 年から 2009 年にかけて映画の総売上は一貫して伸びてきたことがわかる。この間、1996 年の 60 億ドル未満から 2009 年の 100 億ドル以上へと増えている。

表 1.12
映画総売上

年	総売上（百万ドル）
1996	5,669.20
1997	6,393.90
1998	6,523.00
1999	7,317.50
2000	7,659.50
2001	8,077.80
2002	9,146.10
2003	9,043.20
2004	9,359.40
2005	8,817.10
2006	9,231.80
2007	9,685.70
2008	9,707.40
2009	10,675.60

図 1.8
1996～2009 年の映画総売上を示す時系列グラフ

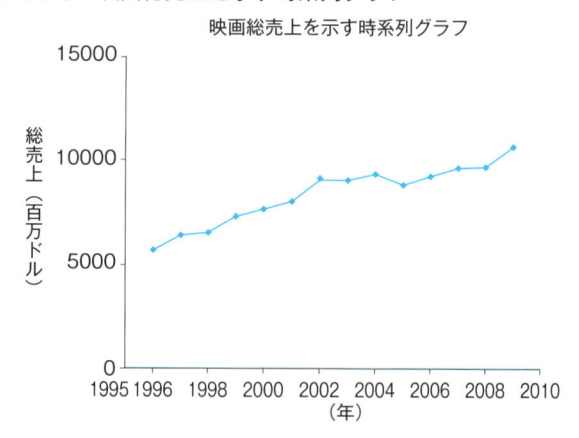

　数値変数を要約して何らかの情報を記述するためには、表やチャートの作成以上の作業が必要になる。そのためには、それぞれの数値変数の中心傾向や変動、形状

を考察しなければならない。次節からは、変数の中心傾向、変動、および形状をどのように測定すればよいのか、その方法について検討する。また、数値データ相互の関連の強さの尺度となる、共分散と相関係数についても学習する。

1.7 数値で表現する記述的尺度：中心傾向

中心傾向

中心傾向とは、データ値グループ（データセット）が、標準値や中央値の周りに集まる傾向のことである。

データセットを考えると、その大部分は中心値の周りに集まる傾向を示す。一般に、「平均的な値」、「中央の値」、あるいは「最も頻度の高い値」と言う場合は、平均値、中央値、および最頻値を意味する。これらは中心傾向を表現する3つの尺度である。

平均

算術平均［一般に**平均値 (mean)** という場合これを指す］は、中心傾向を表す最も一般的な尺度である。平均値は、そのすべての値が同じ役割を持つ唯一の尺度である。平均値を計算するには、データセットのすべての値を足し合わせ、得られた和をデータセットに含まれる値の個数で割り算する。

標本の平均値をシンボル $\overline{X}$（X バーと呼ぶ）で表す。n 個の値を含む標本において、標本の平均値は次の方程式で計算される。

$$\overline{X} = \frac{値の和}{値の個数}$$

n 個の値のセットを数値列 $X_1, X_2, \cdots X_n$ で表し、標本に含まれる数値の個数を n とすれば、方程式は次のように表現することができる。

$$\overline{X} = \frac{X_1 + X_2 + \cdots + X_n}{n}$$

総和記号を使用すれば、分子 $X_1 + X_2 + \cdots X_n$ を $\sum_{i=1}^{n} X_i$ という式で置き換えること

ができる。この式は、最初の項 X_1 から最後の項 X_n までの総和を取ることを意味し、その結果として得られる式 (1.3) が標本平均の公式な定義となる。

標本平均

標本平均は、標本に含まれる数値の総和を標本中の数値の個数で割り算することによって得られる。

$$\overline{X} = \frac{\sum_{i=1}^{n} X_i}{n} \quad \text{式 (1.3)}$$

$\overline{X}$ = 標本平均
n = 数値の数(標本のサイズまたは標本数)
X_i = 変数 X の i - 番目の値
$\sum_{i=1}^{n} X_i$ = 標本に含まれる全ての値 (X_i) の総和

すべての数値が同じ役割を果たすことから、ある数値が他からかけ離れた値を持つ場合には、平均値に大きな影響を及ぼす。このような極端な値が存在する場合には、平均値を中心傾向の尺度として使用するべきではない。

平均値は一般的にはデータセットの典型値、もしくは中心値がどれくらいであるかを示すと考えられる。たとえば以下のとおり、朝、目が覚めてから出かける準備が整うまでに要する時間が標準的にどれくらいであるかを見てみよう。これが分かれば、朝の支度を計画的に行動し、目的地への到着を調整することができるようになる。

まず、準備完了までの時間(分単位まで切り上げて表す)を、起床してから家を出るまでの時間と定義する。次に、連続した 10 日間の時間(下に示す)を収集する(ファイル 時間)。

日	1	2	3	4	5	6	7	8	9	10
時間(分)	39	29	43	52	39	44	40	31	44	35

これらのデータを解析するには、まず計算する統計量が平均値である必要がある。次の計算から分かるように、これらのデータの平均時間は 39.6 分である。

$$\overline{X} = \frac{\text{数値の総和}}{\text{数値の個数}}$$

$$\overline{X} = \frac{\sum_{i=1}^{n} X_i}{n}$$

$$\overline{X} = \frac{39 + 29 + 43 + 52 + 39 + 44 + 40 + 31 + 44 + 35}{10}$$

$$= \frac{396}{10} = 39.6$$

実際の値が39.6分だった日はないが、朝起きてから準備できるまでの時間として40分を割り振っておくのが良い計画であることが分かる。この例では、標本中に極端に大きな（または小さな）値が含まれないことから、中心傾向を表す良い尺度として平均値を使用することができる。

中央値

中央値 (median) とは、データをその値に応じて最小値から最大値へランク付けしたときに、順序付けされた配列の中央に位置する値である。したがって、数値の半分は中央値以下の値を持ち、残りの半分は中央値以上の値を持つ。データに極端な値が存在しても中央値は影響を受けないことから、このようなケースでは中央値を尺度として使用することができる。

あるデータセットの中央値を計算するには、まず最小値から最大値へ向けて数値のランク付けを行い、式 (1.4) にしたがって中央値となる数値のランクを計算する。

中央値

$$\text{中央値} = \text{ランクが} \frac{(n+1)}{2} \text{である値} \qquad \text{式 (1.4)}$$

中央値の計算には次の2つの規則のいずれか一方を使用する。

- **ルール1** データセットの数値の個数が奇数であるとき、中央値はランクが中央の数値によって決まる。

● **ルール 2**　データセットの数値の個数が偶数であるとき、中央値はランクが中央の 2 個の数値の平均によって決まる。

　朝起きたときの準備時間を表す 10 個の標本を、さらに解析する 1 つの方法が中央値の計算である。この計算をするために、毎日の時間を次のようにランク付けする。

ランク付けされた値：	29	31	35	39	39	40	43	44	44	52
ランク：		1	2	3	4	5	6	7	8	9	10

中央値 = 39.5

　この標本の場合は標本数が 10 であるため、$n + 1$ を 2 で割り算すると $(10 + 1)/2 = 5.5$ となってしまう。ここではルール 2 を適用し、ランクが 5 番目と 6 番目の値（39 と 40）を平均して中央値を決定しなければならならない。したがって、39.5 が中央値となる。中央値が 39.5 であるということは、標本に含まれる日にちの半分では朝の準備時間が 39.5 分以下であること、また、残りの半分では準備時間が 39.5 分以上であることを意味する。このケースでは、準備時間の中央値 39.5 分は準備時間の平均値 39.6 分に非常に近い値となっている。

最頻値

　最頻値（mode）は、データの中で最も頻繁に出現する値を意味する。中央値と同様に、また、平均値とは異なり、最頻値は極端な値が存在しても影響を受けない。また、最頻値が存在しない、あるいは複数の最頻値が存在するケースも少なくはない。一例として、起床後の支度が完了するまでの時間を表す次のデータを考えてみよう。

29　31　35　39　39　40　43　44　44　52

39 分と 44 分がそれぞれ 2 回現れるので、このデータには 2 つの最頻値（39 分と 44 分）が存在することになる。

例 1.2
最頻値を決定する

ある企業のネットワークシステムの責任を負うシステム管理者は、一日のうちにサーバーに発生した障害を記録している。過去2週間に発生したサーバー障害の数を一日ごとに記録した次のデータから最頻値を決定してみよう。

   1 3 0 3 26 2 7 4 0 2 3 3 6 3

解 データを順序付けて示すと次のようになる。

   0 0 1 2 2 3 3 3 3 3 4 6 7 26

他のどの値よりも3が数多く(5回)出現していることから、このデータの最頻値は3であることがわかる。このデータをもとにすると、一日に発生するサーバー障害の頻度は3回が最も一般的であると言うことができる。このデータについて他の尺度を計算してみると、中央値は3、平均値は4.5となる。26は極端な値であることから、このデータに関して言えば、中央値と最頻値が中心傾向を表す尺度として平均値よりも優れていると言える。

例 1.3
最頻値の存在しないデータ

次に示すのは、ある銀行10行の不渡り手形料金(ドル)である。

   26 28 20 21 22 25 18 23 15 30

このデータから最頻値を計算せよ。

解 このデータには最頻値が存在しない。どの数値も1回しか出現しておらず、したがって、いずれかの値を典型値と言うことはできない。

1.8 数値で表現する記述的尺度:変動と形状

範囲

範囲は、データセットが持つ変動を最も単純に数値として表現する尺度である。

> **範囲**
> 範囲は最大値から最小値を引き算した値に一致する。
>
> $$範囲 = X_{最大} - X_{最小} \qquad 式(1.5)$$

先に挙げた朝起床時の準備時間を表す10個の標本をさらに解析するために、範囲を計算してみよう。まず、データを最小値から最大値へ向けてランク付けする。

$$29 \quad 31 \quad 35 \quad 39 \quad 39 \quad 40 \quad 43 \quad 44 \quad 44 \quad 52$$

式(1.5)を適用すると、範囲は 52 − 29 = 23(分)となる。得られた範囲(23分)は、データに含まれるどの2日を考えたとしても、朝の準備時間の差が23分を超えることがないことを示している。

範囲とは、データセットの全体としての広がりを表す尺度である。範囲はデータの全体としての変動を表す単純な尺度であるが、最小値と最大値の間でデータがどのように分布しているのかについては一切考慮していない。言い換えれば、データセットの値は均一に分布しているのか、中央付近に集まっているのか、あるいは、一方または両方の端近傍に集まっているのか、といった情報は何も示していない。したがって、変動の尺度として範囲を用いると(特に極端な値が含まれる場合)誤解を招く恐れがある。

分散と標準偏差

範囲は変動の単純な尺度であるため、値がどのように分布しているのか、あるいは、両端の間でどのようにデータが集まっているのか、といった情報は考慮されていない。すべてのデータ値の分布を考慮した変動の尺度として、一般的に用いられる2つの方法がある。それが**分散 (variance)** と**標準偏差 (standard deviation)** である。この2つの統計量は、平均値の周りでデータが「平均的」にどのように散布し

ているのか(大きな値が平均値を超える領域でどのように変動し、小さな値が平均値を下回る領域でどのように変動するか)の尺度となる。

　平均値周りの変動を表す単純な尺度として、個々の値と平均値との差を計算し、それらの差の総和を取る方法が考えられる。しかし、この計算を実行してみると分かるとおり、どのデータセットであれ、差を全部足し合わせるとゼロになってしまう(平均値がデータセットの平衡点であるため)。データセットごとに異なる値を示す変動の尺度の1つでは、個々の値と平均値の差を平方し、その平方差の総和を計算する。統計では、この量を**平方和 (sum of squares)** と呼ぶ。この平方和を値の数から1を引いた数(標本データの場合)で割り算することによって、標本分散 (S^2) が得られる。標本分散の平方根が標本標準偏差 (S) となる。

　代数の規則にしたがい、平方和は常に非負の値を持つことから、分散も標準偏差も絶対に負の数になることはない。実質的には、すべてのデータセットの分散と標準偏差は正の値を持つ。データセットの変動がゼロである場合(すなわち、標本の値がすべて同一である場合)に限って、これら2つの統計量の値がゼロになる。

　n 個の値を持つ標本 $X_1, X_2, X_3, \cdots, X_n$ の標本分散(記号 S^2)は、次の式で与えられる。

$$S^2 = \frac{(X_1 - \overline{X})^2 + (X_2 - \overline{X})^2 + \cdots + (X_n - \overline{X})^2}{n - 1}$$

式 (1.6) は標本分散を、式 (1.7) は標準偏差を、それぞれ総和記号を使用して表現している。

標本分散

標本分散は、平均値からのデータの隔たりの平方を全部足し合わせ、その和を標本数から1を引き算した値で割り算することによって得られる。

$$S^2 = \frac{\sum_{i=1}^{n} (X_i - \overline{X})^2}{n - 1} \quad \text{式 (1.6)}$$

$\overline{X}$ = 標本平均
n = 標本数
X_i = 変数 X の i - 番目の値
$\sum_{i=1}^{n} (X_i - \overline{X})^2$ = X_i と $\overline{X}$ の差の平方の総和

標本標準偏差

標本標準偏差は、平均値からのデータの隔たりの平方を全部足し合わせ、その和を標本数から1を引き算した値で割り算して得られた値の平方根である。

$$S = \sqrt{S^2} = \sqrt{\frac{\sum_{i=1}^{n}(X_i - \overline{X})^2}{n-1}} \qquad 式(1.7)$$

分母が $n-1$ ではなく n であったとすると、式 (1.6) [および、式 (1.7) の根号内] は平均値からの隔たりの平方の平均値を計算することに等しくなる。しかし、統計的推定に好ましい性質を付与できることから、標本では $n-1$ が使用される。標本数が大きくなるほど、n で割り算する場合と $n-1$ で割り算する場合の違いは小さくなる。

標本分散 (S^2) と標本標準偏差 (S) を手作業で計算する手順は次のとおりである。

1. 個々のデータごとに平均値からの隔たりを計算する
2. それぞれの差を平方する
3. 平方された値を全て足し合わせる
4. 平方和を $n-1$ で割り算して標本分散を得る
5. 標本分散の平方根を計算して標本標準偏差を得る

起床後の準備時間を記録した10個の時間標本をさらに解析するため、分散と標準偏差 (平均値39.6) を計算する最初の4ステップをまとめて表1.13に示す (平均値の計算法については式 (1.3) 参照)。表1.13の2番目の列はステップ1を表し、表1.13の3番目の列がステップ2を表す。また、平均値からの差の平方を足し合わせる計算 (ステップ3) が表1.13の下端部に示されている。得られた総和を、$10-1=9$ で割り算して分散を計算する (ステップ4)。

表 1.13
起床時の準備時間の分散を計算する

$\overline{X} = 39.6$

時間 (X)	ステップ1 $(X_i - \overline{X})$	ステップ2 $(X_i - \overline{X})^2$
39	−0.6	0.36
29	−10.6	112.36
43	3.4	11.56
52	12.4	153.76
39	−0.6	0.36
44	4.4	19.36
40	0.4	0.16
31	−8.6	73.96
44	4.4	19.36
35	−4.6	21.16
	ステップ3 総和	ステップ4 ($n-1$)で割る
	412.40	45.82

式 (1.6) の各項に値を代入することによっても分散を計算すると、次のようになる。

$$S^2 = \frac{\sum_{i=1}^{n}(X_i - \overline{X})^2}{n-1}$$

$$= \frac{(39-39.6)^2 + (29-39.6)^2 + \cdots + (35-39.6)^2}{10-1}$$

$$= \frac{412.4}{9}$$

$$= 45.82$$

分散は平方単位（このデータの場合は時間の二乗）で表現されるため、標準偏差を計算するためには分散の平方根を計算しなければならない。式 (1.7) を適用して、標本標準偏差 S は次のように計算される。

$$S = \sqrt{S^2} = \sqrt{\frac{\sum_{i=1}^{n}(X_i - \overline{X})^2}{n-1}} = \sqrt{45.82} = 6.77$$

この結果から、この標本に示す起床後の準備時間は平均値 39.6（分）を中心とする幅 6.77（分）の範囲（$X - 1 \times S = 32.83$ から $X + 1 \times S = 46.37$ の範囲）に集まっていることが分かる。実際、10 個の時間データのうち 7 個までがこの領域に収まっている。

表 1.13 の 2 番目の列を利用すれば、個々のデータの平均値からの差を足し合わせることができる。その結果はゼロになる。どのようなデータセットであっても、この和は必ずゼロになる。つまり、

$$\sum_{i=1}^{n}(X_i - \overline{X}) = \text{すべてのデータセットについて } 0$$

である。この特性こそが、中心傾向の最も一般的な尺度として平均値が利用される理由の 1 つである。

範囲、分散、および標準偏差の特徴をまとめると次のようになる。

- データの広がり（分散）が大きくなるほど範囲、分散、標準偏差の値が大きくなる。
- データの広がり（分散）が小さくなるほど範囲、分散、標準偏差の値が小さくなる。
- すべての値が同じ（データに変動が全く見られない）ときは、範囲、分散、および標準偏差はいずれもゼロに等しくなる。
- 変動を表す尺度（範囲、分散、および標準偏差）はいずれも負の値を持たない。

変動係数

これまでに説明した変動の尺度とは異なり、変動係数は相対的な変動の尺度であり、特定のデータの単位を使用せずにパーセント値として表現される。**変動係数（coefficient of variation** 頭文字の CV で表記される）は、平均値に対するデータの相対的な散らばりの程度を示す。

変動係数

変動係数は、標準偏差を平均値で割り算し、それに 100 (%) を掛け算して計算する。

$$CV = \left(\frac{S}{\overline{X}}\right) 100\% \quad \text{式 (1.8)}$$

$S =$ 標本標準偏差
$\overline{X} =$ 標本平均

10 個の起床時の準備時間データを例にとると、$\overline{X} = 39.6$ および $S = 6.77$ であることから、変動係数は次の式で計算される。

$$CV = \left(\frac{S}{\overline{X}}\right) 100\% = \left(\frac{6.77}{39.6}\right) 100\% = 17.10\%$$

このデータの場合は、標準偏差は平均値の 17.1% であることを意味する。

変動係数は、異なる単位で測定される 2 つ以上のデータセットを比較する場合に特に有用である。例 1.4 に具体例を示す。

例 1.4
2 つの変動係数の比較：2 つの変数が異なる測定単位を持つ場合

7 種類の朝食用シリアル標本の栄養価データ（ファイル シリアル）には、一食あたりのカロリー数も含まれている。

シリアル	カロリー	砂糖 (g)
Kellogg オールブラン	80	6
Kellogg コーンフレーク	100	2
ウィーティーズ	100	4
Nature's Path オーガニック・マルチグレインフレーク	110	4
Kellogg ライスクリスピーズ	130	4
Post シュレデッドウィート・バニラアーモンド	190	11
Kellogg ミニウィーツ	200	10

カロリー数と砂糖使用量（g）、シリアルの種類による変化が大きいのはどちらか？

解 カロリーと砂糖の量は測定する単位が異なるため、この測定では相対的な変動比較が必要となる。
カロリーについては、式 (1.7) を適用して、標本標準偏差は

$$S = \sqrt{S^2} = \sqrt{\frac{\sum_{i=1}^{n}(X_i - \overline{X})^2}{n-1}} = \sqrt{2{,}200} = 46.9042$$

となり、さらに、変動係数は次のように計算される。

$$CV_{カロリー} = \left(\frac{46.9042}{130}\right)100\% = 36.08\%$$

7種類のシリアルが含む砂糖の量 (g) は前頁のとおり、

$$6 \quad 2 \quad 4 \quad 4 \quad 4 \quad 11 \quad 10$$

である。このデータから、$\overline{X} = 5.8571$ および $S = 3.3877$ であることが分かる。したがって、変動係数は次のように計算される。

$$CV_{砂糖} = \left(\frac{3.3877}{5.8571}\right)100\% = 57.84\%$$

すなわち、平均値を基準として相対的に比較すると、砂糖の量の変動がカロリー変動よりもはるかに大きいことが分かる。

Z 値

極値［または**外れ値 (outlier)**］とは、平均値から大きく離れた値のことを言う。**Z 値 (Z Score)** は、値と平均値との差を標準偏差で割り算した値であり、外れ値を特定するための有用な尺度である。平均値から大きく離れた値は非常に小さな（負の）Z 値を持つか、または非常に大きな（正の）Z 値を持つ。

Z値

$$Z = \frac{X - \overline{X}}{S} \quad 式(1.9)$$

朝起床時の準備時間を表す10個の標本を、さらに解析する方法のひとつがZ値の計算である。このデータの平均は39.6分、標準偏差は6.77分、最初の日の準備時間が39.0分だったため、第1日目のZ値は式(1.9)を使用して次のように計算される。

$$Z = \frac{X - \overline{X}}{S}$$
$$= \frac{39.0 - 39.6}{6.77}$$
$$= -0.09$$

10日間のすべてのZ値を表1.14に示す。

表1.14
10日間の準備時間のZ値

日	時間(X)	Z値
1	39	-0.09
2	29	-1.57
3	43	0.50
4	52	1.83
5	39	-0.09
6	44	0.65
7	40	0.06
8	31	-1.27
9	44	0.65
10	35	-0.68
平均	39.6	
標準偏差	6.77	

Z 値の最大値 1.83 を示したのは第 4 日目であり、この日の準備時間は 52 分であった。Z 値の最小値 −1.57 を示したのは第 2 日目であり、この日の準備時間は 29 分であった。一般則として、Z 値が −3.0 未満、または +3.0 以上のデータを「外れ値」と見なす。したがって、このケースでは外れ値と見なすべき条件を満たすデータは存在しない。

形状

形状とは、値がとる範囲全体にわたるデータ値の分布パターンを意味する。分布は対称であるか、または何らかの非対称性を持っている。**対称 (symmetrical)** 分布では、平均を中心として、そのプラス側とマイナス側の値が全く同様に分布する。このケースでは、平均より低い値と高い値の間でうまく釣り合いが取れている。**非対称 (skewed)** 分布では、平均値の両側の値が対称性を示さない。この非対称性のため、低い値と高い値との間で釣り合いが取れていない。

また、形状は平均値と中央値との関係にも影響を及ぼす。多くのケースでは、次のような特徴が現れる。

- 平均値 < 中央値：負側 (左側) の裾が長い
- 平均値 = 中央値：対称 (左右の裾の長さが同じ)
- 平均値 > 中央値：正側 (右側) の裾が長い

それぞれが異なる形状を持つ 3 種類の分布を図 1.9 に示す。

図 1.9
形状の異なる 3 種類のデータセットの比較

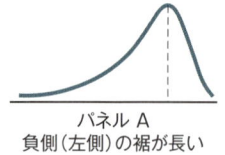

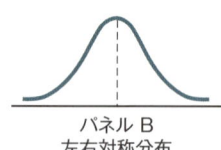

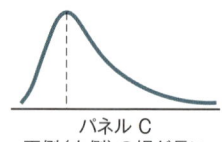

パネル A	パネル B	パネル C
負側 (左側) の裾が長い	左右対称分布	正側 (右側) の裾が長い

パネル A のデータは負側 (左側) の裾が長い形状で、値の大部分が分布の上位領域に集中している。極端に小さな値が含まれているため、左側へ長く裾をひいた歪みを見せている。そして、極端に小さな値が平均値を引き下げる効果を持つため、平均値は中央値よりも小さくなる。

パネル B のデータは左右に対称な分布をし、曲線の一方の半分が他方の半分の

鏡像となっている。平均値より低い側の値と高い側の値が丁度釣り合うため、平均値と中央値は同じになる。

パネル C のデータは正側（右側）の裾が長い形状で、値の大部分が分布の下位領域に集中している。幾つかの極端に大きな値が存在するため、分布が右側に長く裾をひいている。そして、極端に大きな値が平均値を引き上げる効果を持つため、平均値が中央値よりも大きくなる。

歪度 (skewness) と**尖度 (kurtosis)** は、形状に関係した統計量である。歪度はデータセットが持つ非対称性の程度を示す統計量であり、尖度は値が分布の中心領域に集中している程度を示す統計量である。

対称分布の歪度はゼロになる。右側へ歪んだ分布は正の歪度値を持ち、左側へ歪んだ分布は負の歪度値を持つ。

釣り鐘型分布の尖度はゼロになる。釣り鐘型よりも平坦な分布は負の尖度値を持ち、鋭いピークを持つ分布（釣り鐘型と比較して、さらに中心部に値が集中している）は正の尖度値を持つ。

1.9 母集団を数値で記述する尺度

前の節では、標本の中心傾向と変動の特性を表す各種の統計量について説明した。注目するデータセットが母集団全体を測定対象とする数値データであった場合は、母集団パラメータを計算して解釈する必要がある。この節では、母集団平均、母集団分散、および母集団標準偏差という 3 種類の母集団パラメータについて学習する。

これらのパラメータの具体例として、最初に表 1.15 のデータを考えてみよう。この表には、（資産総額としての）規模が最も大きな 5 種類の債権ファンドの、ある時点での単年収益率が記載されている（ファイル 大規模債券ファンド ）。

表 1.15
最も大規模な 5 つの債券ファンドを母集団としたときの単年収益率

債券ファンド	単年収益率
ピムコ　トータルリターン、　金利	6.9
ピムコ　トータルリターン、アドミニストレイティブ	6.6
ヴァンガード　トータル債券	5.0
ピムコ　トータルリターン A	6.4
アメリカン・ファンド債	5.6

母集団平均

母集団平均は、ギリシャ文字の小文字μ（ミュー）で表現される。式(1.10)が、母集団平均の定義となる。

> **母集団平均**
>
> 母集団平均は、母集団に含まれる値の総和を母集団の数、N、で割り算して得られる。
>
> $$\mu = \frac{\sum_{i=1}^{N} X_i}{N} \quad \text{式(1.10)}$$
>
> μ = 母集団平均
> X_i = 変数 X の i - 番目の値
> $\sum_{i=1}^{N} X_i$ = 母集団に含まれる値の総和
> N = 母集団に含まれる値の数

表1.15で与えられる債券ファンドを母集団としたときの平均単年収益率を計算するためには、式(1.10)を使用する。

$$\mu = \frac{\sum_{i=1}^{N} X_i}{N} = \frac{6.9 + 6.6 + 5.0 + 6.4 + 5.6}{5} = \frac{30.5}{5} = 6.1$$

すなわち、これらの債券ファンドの平均収益率（％）は6.1％なる。

母集団分散と母集団標準偏差

母集団分散と母集団標準偏差は、母集団の変動を表す尺度である。標本統計でもそうであったように、母集団標準偏差は母集団分散の平方根となる。ギリシャ小文字 σ^2（シグマ二乗）が母集団分散を表し、記号 σ（シグマ）が母集団標準偏差を表す。この2つのパラメータを定義する式が式(1.11)および式(1.12)である。これらの式の右辺の分母が N であって、標本分散と標本標準偏差で使用した $(n-1)$ ではないことに注意する。

母集団分散

母集団分散は、母集団に含まれる値と母集団平均との差をとり、その差の平方の総和を母集団の数、N、で割り算して得られる。

$$\sigma^2 = \frac{\sum_{i=1}^{N}(X_i - \mu)^2}{N} \quad 式(1.11)$$

μ = 母集団平均
X_i = 変数 X の i - 番目の値
$\sum_{i=1}^{N}(X_i - \mu)^2$ = X_i と μ との差の平方の総和

母集団標準偏差

$$\sigma = \sqrt{\frac{\sum_{i=1}^{N}(X_i - \mu)^2}{N}} \quad 式(1.12)$$

表 1.15 で示すデータの母集団分散を計算するために、式 (1.11) を使用する。

$$\sigma^2 = \frac{\sum_{i=1}^{N}(X_i - \mu)^2}{N}$$

$$= \frac{(6.9 - 6.1)^2 + (6.6 - 6.1)^2 + (5.0 - 6.1)^2 + (6.4 - 6.1)^2 + (5.6 - 6.1)^2}{5}$$

$$= \frac{0.64 + 0.25 + 1.21 + 0.09 + 0.25}{5}$$

$$= \frac{2.44}{5} = 0.488$$

すなわち、単年収益率の分散は 0.488 となる。しかし、分散は平方単位で表されるため比較するのは困難である。比較のためには、元々の単位 (収益率 %) で表現される標準偏差を使用してみる。式 (1.12) を使用すると、

$$\sigma = \sqrt{\sigma^2} = \sqrt{\frac{\sum_{i=1}^{N}(X_i - \mu)^2}{N}} = \sqrt{\frac{2.44}{5}} = 0.6986$$

この結果から、代表的な収益率は平均値 (6.1) から 0.6986 だけ異なっていることが分かる。変動の量が小さいことから、これらの債券ファンドの収益率に大きな差はないと結論することができる。

1.10　共分散と相関係数

1.6 節では、2 つの数値変数の関係を視覚的に調べる方法として散布図を使用した。この節では、2 つの数値変数間の関係を表す 2 つの尺度（共分散と相関係数）について説明していく。

共分散

共分散 (covariance) は 2 つの数値変数 (X, Y) の間に存在する、線形な相関関係の強さを表す尺度である。式 (1.13) に示すのが標本共分散の定義であり、その使用法を例 1.5 に示す。

標本共分散

$$\text{cov}(X, Y) = \frac{\sum_{i=1}^{n}(X_i - \overline{X})(Y_i - \overline{Y})}{n-1} \qquad 式\,(1.13)$$

例 1.5
標本共分散を計算する
図 1.7 では、全米プロバスケットボール協会 (NBA) のメンバーである 30 チームについての資産価値と総売上との関係を示す散布図を作成した。データはファイル NBA 価値 に保存されている。ここでは、フランチャイズ価値と総売上がどの程度深く結びついているのかを測定するために共分散を計算してみよう。

解　30 チームの価値と総売上をまとめて表 1.16 に示す。

これらのデータから共分散を計算するワークシートを図 1.10 に示す。図 1.10 の途中計算には、式 (1.13) を数個の小さな部分に分割して計算した結果が示されている。セル F9 を見ると分かるように、直接式 (1.13) を使用して、共分散の値は 3,115.7241 である。

$$\text{cov}(X, Y) = \frac{90{,}356}{30 - 1}$$
$$= 3{,}115.7241$$

2 つの数値変数の線形関係を表す尺度として見た場合、共分散は 1 つの重大な問題を抱えている。共分散は任意の値を取り得るため、共分散を用いて問題とする関連の相対的強度を決定することができないのである。言い換えると、3,115.7241 という値が強い相関を表しているのか、あるいは弱い相関であるのかを見分けることができない。関連の相対的強度をより優れた精度で決定するためには相関係数を計算しなければならない。

表 1.16
NBA30 チームの価値と総売上

チーム	価値 (百万ドル)	総売上 (百万ドル)	チーム	価値 (百万ドル)	総売上 (百万ドル)
アトランタ	306	103	ミルウォーキー	254	91
ボストン	433	144	ミネソタ	268	96
シャーロット	278	96	ニュージャージー	269	92
シカゴ	511	168	ニューオーリンズ	267	95
クリーブランド	476	159	ニューヨーク	586	202
ダラス	446	154	オクラホマシティ	310	111
デンバー	321	115	オーランド	361	107
デトロイト	479	171	フィラデルフィア	344	115
ゴールデンステート	315	113	フェニックス	429	148
ヒューストン	470	160	ポートランド	338	121
インディアナ	281	97	サクラメント	305	109
LA クリッパーズ	295	102	サンアントニオ	398	133
LA レイカーズ	607	209	トロント	386	133
メンフィス	257	88	ユタ	343	118
マイアミ	364	126	ワシントン	313	110

図 1.10
共分散を計算する Excel ワークシート：NBA30 チームの価値と総売上

	A	B	C	D	E	F
1	共分散					
2						
3	総売上	価値	(X−X平均)(Y−Y平均)			
4	103	306	1415.2000		途中計算	
5	144	433	1174.8000		X平均	126.2000
6	96	278	2687.8000		Y平均	367
7	168	511	6019.2000		$n-1$	29
8	159	476	3575.2000		Σ(X−X平均)(Y−Y平均)	90356.0000
9	154	446	2196.2000		共分散	3115.7241
10	115	321	515.2000			
11	171	479	5017.6000			
12	113	315	686.4000			
13	160	470	3481.4000			
14	97	281	2511.2000			
15	102	295	1742.4000			
16	209	607	19872.0000			
17	88	257	4202.0000			
18	126	364	0.6000			
19	91	254	3977.6000			
20	96	268	2989.8000			
21	92	269	3351.6000			
22	95	267	3120.0000			
23	202	586	16600.2000			
24	111	310	866.4000			
25	107	361	115.2000			
26	115	344	257.6000			
27	148	429	1351.6000			
28	121	338	150.8000			
29	109	305	1066.4000			
30	133	398	210.8000			
31	133	386	129.2000			
32	118	343	196.8000			
33	110	313	874.8000			

相関係数

相関係数（coefficient of correlation）は、2つの数値変数の間に存在する線形関係の強さを表す尺度である。相関係数の値は完全な負の相関を持つ場合の -1 から、完全な正の相関を意味する $+1$ までの範囲で変化する。ここで「完全」とは、ポイントを散布図に表示したときに、すべてのポイントを1本の直線で接続できる状態を意味する。

2つの数値変数の母集団データを取り扱う場合、相関係数を表すシンボルとしてギリシャ文字 ρ（ロー）を使用する。2つの変数間の連関が示す3通りの態様を図1.11に示す。

図 1.11
変数間の連関の態様

パネル A
完全な負の相関（$\rho=-1$）

パネル B
無相関（$\rho=0$）

パネル C
完全な正の相関（$\rho=+1$）

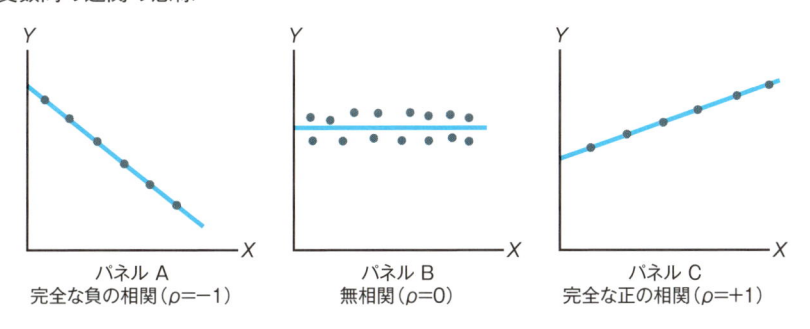

図1.11のパネルAでは、変数 X と Y の間には完全な負の相関が存在する。したがって、相関係数 ρ の値は -1 であり、X が増加するにしたがって起こる Y の減少を完璧に予測することができる。パネルBは、X と Y の間に相関関係が存在しない状況を表している。この場合、相関係数 ρ の値は 0 であり、X が増大したとしても、Y はそれに関連付けられる如何なる傾向（増加または減少）も示さない。パネルCは完全な正の相関を示すケースを表しており、このとき ρ の値は $+1$ となる。このケースでは、X が増加するにしたがって Y も完全に予測可能な方法で増加する。

標本相関係数、すなわち r は、式 (1.14) によって定義される。

標本相関係数

$$r = \frac{\text{cov}(X, Y)}{S_X S_Y} \quad \text{式 (1.14)}$$

$$\text{cov}(X, Y) = \frac{\sum_{i=1}^{n}(X_i - \overline{X})(Y_i - \overline{Y})}{n - 1}$$

$$S_X = \sqrt{\frac{\sum_{i=1}^{n}(X_i - \overline{X})^2}{n - 1}}$$

$$S_Y = \sqrt{\frac{\sum_{i=1}^{n}(Y_i - \overline{Y})^2}{n - 1}}$$

手許に標本データがあれば、それらのデータから標本相関係数 r を計算することができる。

標本データを使用して計算した標本相関係数が、実際に $+1$、0、または -1 となることはまれである。図1.12 に示すのは、それぞれが100組のデータ $(X、Y)$ を含む6種類のデータセットの散布図である（それぞれの図に標本相関係数が示されている）。

パネルAでは、相関係数 r の値は -0.9 を示している。X が小さくなると、それに連動して Y が大きくなる強い傾向があることが分かる。同様に、X がより大きくなるのに付随して Y の値は小さくなっている。しかし、全部のデータが1本の直線上に乗っているわけではないため、X と Y との相関が完全であるとは言えない。パネルBに示すデータの相関係数は -0.6 であり、X の値が小さくなると、それに対応する Y の値は大きくなる傾向がある。パネルBの散布図における X と Y の相関関係は、パネルAの場合ほど強くはない。また、パネルBの相関係数はパネルAの値ほどは（負方向へ）大きくない。パネルCでは、X と Y の線形相関が非常に弱く、X が小さくなったときに Y が大きくなる傾向もかなり薄い。パネルDからFまでに示すのは正の相関係数を持つデータセットであり、X の値が小さくなると Y も連動して小さくなる傾向を示している。パネルDは弱い正の相関を示し、その相関係数は $r = 0.3$ となる。パネルEはこれよりも強い正の相関（$r = 0.6$）を示している。また、パネルFは非常に強い正の相関（$r = 0.9$）を示している。

図 1.12
6 種類の散布図と、それぞれの標本相関係数 (r)

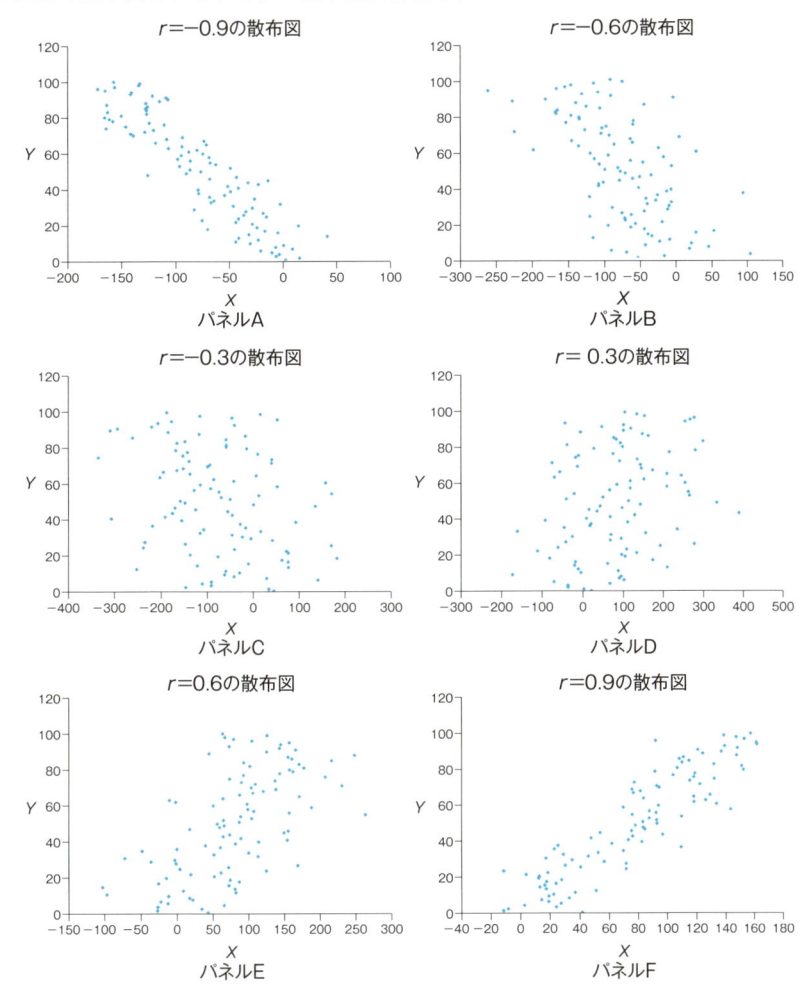

$r=-0.9$ の散布図　パネルA

$r=-0.6$ の散布図　パネルB

$r=-0.3$ の散布図　パネルC

$r=0.3$ の散布図　パネルD

$r=0.6$ の散布図　パネルE

$r=0.9$ の散布図　パネルF

例 1.6
標本相関係数を計算しよう

例 1.5 では、NBA に属する 30 のバスケットボールチームの価値と総売上をデータとして共分散を計算した。図 1.13 に示すデータと式 (1.14) を使用して、標本相関係数を計算せよ。

図 1.13
NBA メンバー 30 チームの価値と総売上の相関係数 r を計算する Excel ワークシート

	A	B	C	D	E	F
1	相関係数の計算					
2						
3	総売上	価値	(X−X平均)(Y−Y平均)		途中計算	
4	103	306	1415.2000		X平均	126.2000
5	144	433	1174.8000		Y平均	367.0000
6	96	278	2687.8000		Σ(X−X平均)^2	30550.8000
7	168	511	6019.2000		Σ(Y−Y平均)^2	272410.0000
8	159	476	3575.2000		Σ(X−X平均)(Y−Y平均)	90356.0000
9	154	446	2196.2000		$n-1$	29
10	115	321	515.2000			
11	171	479	5017.6000		結果	
12	113	315	686.4000		共分散	3115.7241
13	160	470	3481.4000		S_X	32.4573
14	97	281	2511.2000		S_Y	96.9198
15	102	295	1742.4000		r	0.9905
16	209	607	19872.0000			
17	88	257	4202.0000			
18	126	364	0.6000			
19	91	254	3977.6000			
20	96	268	2989.8000			
21	92	269	3351.6000			
22	95	267	3120.0000			
23	202	586	16600.2000			
24	111	310	866.4000			
25	107	361	115.2000			
26	115	344	257.6000			
27	148	429	1351.6000			
28	121	338	150.8000			
29	109	305	1066.4000			
30	133	398	210.8000			
31	133	386	129.2000			
32	118	343	196.8000			
33	110	313	874.8000			

解

$$r = \frac{\mathrm{cov}(X, Y)}{S_X S_Y}$$

$$= \frac{3{,}115.7241}{(32.4573)(96.9198)}$$

$$= 0.9905$$

NBA チームの価値と総売上は密接に関連している。最も売上の小さなチームの価値が最も低く、最も売上の大きなチームが最も高い価値を示している。この関連が非常に密であることは、その高い相関係数 $r = 0.9905$ を見てもよく

分かる。

　一般的には、たとえ2つの変数の間に相関関係が存在する場合であっても、一方の変数の変化が他方の変数も変化させると言うことはできない。しかし、この例では、売上の変化がチームの価値を変化させると言っても全くおかしくない。

　要約すると、相関係数は2つの数値変数の間に線形な相関（関連性）が存在することを示す指標である。相関係数が+1または-1へ近づくほど、2つの変数の間の線形な相関が高くなる。相関係数が0に近い値を示す場合、線形な関連性は非常に小さいか、あるいは全く存在しない。相関係数の符号は、データ同士が正の相関（一方の値 X が大きくなると他方の値 Y も一般的に大きくなる）を持つか、あるいは負の相関（一方の値 X が大きくなると他方の値 Y は一般に小さくなる）を持つかを示す。密な相関が存在したとしても、それ自体では因果関係の存在を意味することはない。単に、データにそのような傾向が内在することを意味するだけである。

統計を使ってみよう
再び、ユアチョイス投資信託の場合

「統計を使ってみよう」の事例であなたは、投資信託への投資を考えているお客様のサポート担当であった。そして184本の債券ファンドの標本を選定し、各ファンドに関する情報、これまでの実績を記録した。184本すべてについて、8つの変数のデータを集めた。データ量が膨大なため、こうした数字全てを可視化するためには適切なグラフ表示形式を使用する必要があった。

　そこで棒グラフと円グラフを用い、およそ3分の1のファンドが平均未満のリスクレベルにあり、およそ3分の1が平均レベル、およそ3分の1が平均超のリスクレベルであることを示すことができた。手数料の有無と中期国債を扱うか短期社債を扱うかによって各ファンドをクロス集計したところ、中期国債ファンドの方が手数料がかかる傾向が見て取れた。2009年の収益についてヒストグラムを作成してみると、中期国債よりも短期社債の方が収益がはるかに高いと結論付けることができた。中期国債ファンドの収益は0と10の間に集中しているが、短期社債ファンドは5と15の間に集中していた。

　こうした分析に基づき、それぞれのファンドの実績がどうであったか、顧客に説明することができる。もちろん、これまでのパフォーマンスが将来のパフォーマンスを保証するわけではない。実際、2008年の収益を見てみると、短期社債ファンドの収益は中期国債ファンドに比べて大幅に低かったことがわかる。

データをまとめたり解釈したりするときの第1歩は、なんといっても、このようなグラフ形式を活用することである。しかし、データを適切に表示することで曖昧さを回避することはできるが、グラフ形式は常に、ある程度の主観性を含有しているものである。投資信託の過去の実績をさらに詳しく分析するために、記述統計（平均値、中央値、最頻値など）についても学んだ。

まとめ

統計学とは、あなたを取り巻く世界を記述し、分析するために日々使われているデータをよりよく理解するために役立つ一連の手法である。また、完成されたビジネス教育にはかかせない中核的スキルと言える。企業は統計学を使ってデータをまとめ、そこから結論を導き出し、信頼性の高い予測を行い、ビジネスプロセスを改善する。序章では、統計学に出てくる基本用語と、ビジネスで使われるデータに複数の種類があることを学んだ。

また本章では、データの収集と多様な図表について学んだ。データの整理や可視化には、そのデータについてのなんらかの結論を導出しやすくするためのさまざまな図表を使う。本章に登場した数々の事例では、図表を用いることにより、請求書の支払い方法の傾向をつかんだり、都市のレストランと郊外のレストランの食事代を比べたり、あるいは「統計を使ってみよう」の事例では、債券ファンドの標本についていくつかの分析を行った。どういう図表を用いるかはデータの種類によって異なる。表1.17に、本章で説明したデータの種類と図表の種類の組み合わせをまとめた。

さらに、データの表示や分析に使用する記述的尺度について、平均値、中央値、範囲、標準偏差などの記述統計量を使用して中心傾向、変動、形状の特性を記述する方法を学習した（表1.18）。

次章では、記述統計と推測統計の2つの世界のかけ橋となる「確率」の基本的な考え方について学習する。

表 1.17
図表の選び方

分析の種類	データの種類	
	数値	カテゴリー
データの整理	秩序配列、度数分布、相対度数分布（比率・百分率）、累積相対度数分布	総括表、分割表
1つの変数の可視化	幹葉図、ヒストグラム、相対度数分布曲線、累積相対度数分布曲線	棒グラフ、円グラフ、パレート図
2つの変数の可視化	散布図、時系列グラフ	集合棒グラフ

表 1.18
記述統計のまとめ

解析のタイプ	数値データ
中心傾向、変動、形状の記述	平均値、中央値、範囲、分散、標準偏差、変動係数、Z値
2組の数値変数間の相関を記述	共分散、相関係数

重要な公式

階級幅の決定

$$\text{階級の幅} = \frac{\text{最大値} - \text{最小値}}{\text{階級の数}} \qquad \text{式 (1.1)}$$

比率または相対度数の計算

$$\text{比率} = \text{相対度数} = \frac{\text{各階級の値の数}}{\text{全体の値の数}} \qquad \text{式 (1.2)}$$

標本平均

$$\overline{X} = \frac{\sum_{i=1}^{n} X_i}{n} \qquad \text{式 (1.3)}$$

中央値

$$\text{中央値} = \frac{(n+1)}{2} \text{番目にランクされた値} \qquad 式(1.4)$$

範囲

$$\text{範囲} = X_{最大} - X_{最小} \qquad 式(1.5)$$

標本分散

$$S^2 = \frac{\sum_{i=1}^{n}(X_i - \overline{X})^2}{n-1} \qquad 式(1.6)$$

標本標準偏差

$$S = \sqrt{S^2} = \sqrt{\frac{\sum_{i=1}^{n}(X_i - \overline{X})^2}{n-1}} \qquad 式(1.7)$$

変動係数

$$CV = \left(\frac{S}{\overline{X}}\right)100\% \qquad 式(1.8)$$

Z 値

$$Z = \frac{X - \overline{X}}{S} \qquad 式(1.9)$$

母集団平均

$$\mu = \frac{\sum_{i=1}^{N} X_i}{N} \qquad 式(1.10)$$

母集団分散

$$\sigma^2 = \frac{\sum_{i=1}^{N}(X_i - \mu)^2}{N}$$ 式(1.11)

母集団標準偏差

$$\sigma = \sqrt{\frac{\sum_{i=1}^{N}(X_i - \mu)^2}{N}}$$ 式(1.12)

標本共分散

$$\mathrm{cov}(X, Y) = \frac{\sum_{i=1}^{n}(X_i - \overline{X})(Y_i - \overline{Y})}{n-1}$$ 式(1.13)

標本相関係数

$$r = \frac{\mathrm{cov}(X, Y)}{S_X S_Y}$$ 式(1.14)

キーワード

分割表　p.9
度数分布　p.12
棒グラフ　p.16
円グラフ　p.17
パレート図　p.18
ヒストグラム　p.19
相対度数分布曲線　p.19
累積相対度数分布曲線　p.19
散布図　p.22
時系列グラフ　p.23
平均値　p.25
中央値　p.27
最頻値　p.28

分散　p.30
標準偏差　p.30
平方和　p.31
変動係数　p.34
外れ値　p.36
Z値　p.36
対称　p.38
非対称　p.38
歪度　p.39
尖度　p.39
共分散　p.42
相関係数　p.45

復習問題

1 ある大学で、2008年の最初の学期が終わったところで正規学生の1年生を対象に調査を行った。全部で3,727名の該当者に調査票を送り、2,821人から回答を得た。調査対象となった学生のうち、90.1%が他の学生と一緒に勉強したことがある、と答え、57.1%が他の学生を教えたことがある、と答えた。また調査結果からは、61.3%の調査対象学生が少なくとも1度は授業に遅れたことがある、と答え、45.8%が少なくとも1度は授業中退屈したことがある、と答えたことがわかる。

 a. 対象の母集団を説明せよ。
 b. 収集された標本を説明せよ。
 c. ここで見ているパラメータを1つ説明せよ。
 d. 上記(c)でパラメータを推定するために用いる統計量を説明せよ。

2 あるキャットフードのメーカーが、猫を買っている人たちの購買傾向を調べるために、国内の世帯を調査しようとしている。収集しようとしている変数には下記のようなものがある。

 ⅰ. キャットフードを最も頻繁に買う場所。
 ⅱ. 購入するのはドライタイプか？ ウェットタイプか？
 ⅲ. 飼っている猫の数。
 ⅳ. 血統書付きの猫は飼っているか？

以上4つの項目についてそれぞれカテゴリー変数か数値変数かを述べよ。数値変数の場合、それは離散変数か、連続変数か？

3 ファイル 電気代 には、ある大都市で無作為に選んだ1LDKマンション50件を標本に、下記に示す2011年7月の電気代のデータが入っている。

 a. 各階級の上限値が99ドル、119ドル・・・となる階級を持つ度数分布、および相対度数分布を作成せよ。
 b. 累積相対度数分布を作成せよ。
 c. 月々の電気代が最も集中している金額はどのあたりと言えるか？

 電気代(ドル)のデータ：

96	171	202	178	147	102	153	197	127	82
157	185	90	116	172	111	148	213	130	165
141	149	206	175	123	128	144	168	109	167
95	163	150	154	130	143	187	166	139	149
108	119	183	151	114	135	191	137	129	158

4 ファイル たんぱく質 には、たんぱく質を多く含む一般的な食材（赤肉、鶏肉、魚肉）のカロリーとコレステロールの情報が入っている。
  a. カロリー値を示す相対度数ヒストグラムを作成せよ。
  b. コレステロール値を示す相対度数ヒストグラムを作成せよ。
  c. 上記 (a) と (b) の分析からどのようなことが言えるか？

5 ニューヨーク州では、銀行が SBLI と呼ばれる保険を販売することが許されている。この保険の販売認証を取得するためには次のような内容を含む引受業務が必要である。つまり応募者の身元照会、医療情報局によるチェック、場合によっては追加医療情報と検診、および、保険契約書の編集である。このような過程を経て保険契約書が作成され、保険交付のために銀行へ送付される。銀行がこのサービスの採算性を確保するためには、認証を取得した保険証書を遅滞なく顧客へ届けることが重要である。1 カ月の期間を設定して 27 件の認証された保険証書を無作為抽出し、それぞれが全部の処理を完了するのに要した期間を日数で表したのが次の表である。データはファイル 保険 に保存されている。

```
73 19 16 64 28 28 31 90 60 56 31 56 22 18
45 48 17 17 17 91 92 63 50 51 69 16 17
```

  a. 平均、中央値を計算せよ。
  b. 範囲、分散、標準偏差、および変動係数を計算せよ。
  c. 顧客がこのタイプの保険の購入のために来店し、認証プロセスにかかる期間を質問したとしたら、どのように答えるのがよいか？

6 ファイル たんぱく質 には、人気のあるタンパク質食品（新鮮な赤身肉、とり肉、魚）のカロリー、タンパク質、コレステロール値が書き込まれている。
  a. カロリーとタンパク質の相関係数を計算せよ。
  b. カロリーとコレステロールの相関係数を計算せよ。
  c. タンパク質とコレステロールの相関係数を計算せよ。
  d. カロリー、タンパク質、コレステロールについて、(a) から (c) までの結果をもとにどのような結論を導けるか？

第1章 Excel ガイド

EG1.1 共分散と相関係数

共分散
Excel の操作方法 共分散解析のためのテンプレートとして、ファイル「**EG01**」内の「**共分散**」ワークシートを使用する。このワークシートには、表1.16に示した30チームの価値と総売上データが書き込まれている。このワークシートのF12に共分散を計算している。

相関係数
Excel の操作方法 相関係数の計算には、CORREL 関数を使用する。この関数を式 **CORREL（*X* 値のセル範囲, *Y* 値のセル範囲）**にしたがって入力する。

　図1.13で示した相関解析を実行するためのテンプレートとして、ファイル「**EG01**」内の「**相関係数**」ワークシートを使用する。このワークシートのセルF15に書かれている式 **= CORREL（A4：A33, B4：B33）**により相関係数を計算する。

第2章
基本的な確率

統計を使ってみよう
M&R エレクトロニクス・ワールド社の場合

2.1 **基本的な確率の考え方**
　　事象と標本空間
　　分割表とベン図
　　単純確率
　　結合確率
　　周辺確率
　　一般の加法定理

2.2 **条件付確率**
　　条件付確率の計算
　　樹形図
　　独立性
　　乗法定理
　　一般の乗法定理を用いた周辺確率

2.3 **ベイズの定理**

2.4 **場合の数の数え方**
　　ルール 1
　　ルール 2
　　ルール 3
　　ルール 4
　　ルール 5

統計を使ってみよう
再び、M&R エレクトロニクス・ワールド社の場合

Excel ガイド

学習の目的
本章で学ぶ内容
- 基本的な確率の考え方
- 条件付確率
- 確率の再計算を行うベイズの定理
- 場合の数のさまざまな計算の仕方

統計を使ってみよう
M&R エレクトロニクス・ワールド社の場合

　M&R エレクトロニクス・ワールド社のマーケティング部長として、あなたは現在、購買意欲の調査結果を分析しようとしている。調査では、1,000世帯の世帯主を対象に、今後1年以内に大型テレビを購入する意志があるかどうかを尋ねた。また、1年後に同じ調査対象に対して、実際にテレビを購入したかどうかをフォローアップ調査することも考えている。さらに、実際に大型テレビを購入した世帯に対しては、「120 Hz 以上の高画質製品と 60 Hz の標準的な画質の製品のどちらを購入したか」「この1年の間にブルーレイディスク（BD）プレーヤーも購入したか」「購入した大型テレビには満足しているか」も質問したいと考えている。

　あなたに求められているのは、この調査結果を活用して、新しいマーケティング戦略を打ち出すことである。売上を伸ばすために、製品を複数、あるいはより高価な製品を購入する見込みのある世帯に的を絞った戦略にする必要がある。今回の調査ではどのような質問をすればよいだろうか？　また、回答に現れた個々の世帯のさまざまな購買意欲の互いの関係性をどのように表現すればよいか？

　前章では、カテゴリー変数と数値変数を整理するための記述統計の手法を学んできた。本章では、次のような質問に答えるための確率について学ぶ。

- ある任意の世帯が、今後1年以内に大型テレビの購入を予定している確率は？
- ある任意の世帯が、実際に大型テレビを購入する確率は？
- ある任意の世帯が大型テレビ購入を予定していて、かつ、実際に大型テレビを購入する確率は？
- 大型テレビの購入を予定していることを条件とした場合、その世帯が、実際に購入する確率は？
- ある任意の世帯が、大型テレビの購入を予定しているかどうかを把握することによって、実際にテレビを購入するかどうかの予測確度は変わるか？
- 大型テレビを購入する世帯が、高画質の製品を購入する確率は？
- 高画質の大型テレビを購入する世帯が、BD プレーヤーも購入する確率は？
- 大型テレビを購入する世帯が、製品に満足する確率は？

　以上のような質問に対する答えがあって初めて、新しいマーケティング戦略に関する決定を下すことができる。大型テレビの売上を増やすための戦略として、あなたは、購買意欲を示した世帯に狙いを定めるべきだろうか？　高画質のテレビの販売に特に力を注ぐべきだろうか？　高画質の大型テレビを購入した世帯には、BD

プレーヤーも売り込みやすいといえるだろうか？

確率論は、記述統計と推測統計の2つの世界のかけ橋となるものである。本章を読み進めると、確率にはさまざまな種類があること、確率の計算方法、新しい情報に基づいた確率の再計算法がわかる。確率論は、次章で取り上げる確率分布、数学的期待値、二項分布、ポアソン分布の基礎となるものである。

2.1 基本的な確率の考え方

「確率」という言葉は何を意味しているのだろうか？ **確率(probability)** とは、株価の上昇、雨天、不良品、さいころを1回振ったときに出る5の目、など、ある特定の事象が発生する見込み、公算、可能性を表した数値である。以上のいずれの事象においても、確率は、割合もしくは分数で示され、0と1の間（0と1を含む）の値を取る。もし発生する見込みが全くない**空事象(impossible event)** の場合、確率は0となる。必ず発生する事象［**全事象(certain event)**］であれば、確率は1となる。

確率には3つの種類がある。

- 先見的確率
- 経験的確率
- 主観的確率

先見的確率(a priori probability) とは、そのプロセスについて前もって知っていることにより導き出される発生確率のことである。最も単純なケース、つまり、生じる事象の可能性がそれぞれ等しい場合、特定の事象が発生する見込みは、次の式(2.1)で定められる。

発生確率

$$発生確率 = \frac{X}{T} \quad 式(2.1)$$

ただし、

$X = $ その事象が起こる場合の数
$T = $ 起こりうるすべての場合の数

たとえば、トランプ1組には、赤いカードが26枚と黒いカードが26枚入って

いる。X に黒いカードの数 26、T にカード総数 52 を当てはめれば、黒いカードを引く確率は、$26 \div 52$ で 0.5 となる。では、この確率が意味するところはなにか？1 枚カードを引いた後、そのたびにカードを戻すとして、2 枚引くうちの 1 枚は必ず黒、ということではない。なぜなら、その後引くカードがどう出るかは確実なこととは言えないからである。ただし、長期的にそれは言える。カードを引き続ければ、黒が出る割合は徐々に 50% に近づいていく。例 2.1 で、もう 1 つ、先見的確率の計算例を見てみよう。

例 2.1
先見的確率の計算

一般的な立方体のさいころには 6 つの面があり、各面にはそれぞれ、1、2、3、4、5、6 の目がついている。さいころを転がしたときに 5 の目が出る確率は？

解 どの面も、出る可能性は同じである。さいころには 6 つの面があるので、5 の目が出る確率は 6 分の 1 である。

以上 2 つの例ではいずれも、トランプのカードの構成やさいころの面数から、特定事象の起こる場合の数と起こりうるすべての場合の数が既知であることから、先見的確率の手法を用いた。

経験的確率(empirical probability) では、プロセスについての事前の知識の代わりに観測データに基づいて確率を求める。経験的確率を出すためには、多くの場合、調査を行う。経験的確率の例としては、本章冒頭の事例のうちで実際に大型テレビを購入した人の割合や、特定の政党の候補を支持する登録有権者の割合、アルバイトをしている学生の割合、などが挙げられる。たとえば、学生を対象に調査を行い、回答者の 6 割が「アルバイトをしている」と答えたなら、各学生がアルバイトをしている確率は 60% といえる。

確率の 3 つ目、**主観的確率(subjective probability)** は、上記 2 つの確率とは異なり、人によって数値が変わる。たとえば、新製品を開発した開発部門は、製品が成功する見込みを 60% と考えるかもしれないが、社長はより慎重に 30% と考えるかもしれない。個々の結果に対する主観的確率は、通常、個人の過去の経験、見解、特定の状況に対する分析に基づいて決定される。主観的確率は、先見的確率や経験的確率が使えない状況において意思決定を行う際に、特に役立つ。

事象と標本空間

確率論における基本要素とは、検討対象となっているある変数が取る個々の結果である。確率を理解するためには、次の概念が必要である。

> **事象**
> ある変数について、発生しうる結果の1つ1つを**事象**（event）と呼ぶ。
> **単純事象**（simple event）とは、ただ1つの特徴によって説明される事象のことである。

たとえば、硬貨を投げた場合、起こりうる事象は表と裏という2つであり、それぞれが単純事象となる。1から6までの目のついた六面体のさいころを転がした場合、起こりうる単純事象は6つある。事象とは、各単純事象のうちのどれか1つを指すこともできれば、単純事象全体、または単純事象の中からいくつかを組み合わせていうこともできる。たとえば、偶数の目のついた面が出る事象は単純事象3つを指す（すなわち、2の目、4の目、6の目）。

> **積事象**
> **積事象**（joint event）とは、2つ以上の特徴を持つ事象のことである。

たとえば、硬貨投げを2回行ったとき2回とも表が出る場合などがこれに該当する。すなわち、1回目の硬貨投げで表、2回目の硬貨投げでも表という組み合わせである。

> **余事象**
> 事象 A の**余事象**（complement）［事象 A'］は、A に含まれない事象すべてを指す。

硬貨投げで表が出るという事象に対する余事象は、裏が出る場合である。表ではない事象というのは裏が出る以外にはありえないからである。さいころで5の目が出る事象に対する余事象は、5の目が出ない事象のことである。すなわち、1の目、2の目、3の目、4の目、6の目が出ることを指す。

> **標本空間**
> 起こりうる事象すべての集合を**標本空間（sample space）**と呼ぶ。

硬貨投げの標本空間は、表と裏である。さいころの例では、1の目、2の目、3の目、4の目、5の目、6の目が標本空間となる。例 2.2 で事象と標本空間について確認してみよう。

例 2.2
事象と標本空間
本章冒頭の M&R エレクトロニクス・ワールド社の事例に基づき、1,000 世帯を対象とした大型テレビ購買行動の調査結果を表 2.1 に示す。

表 2.1 大型テレビ購買行動

購入予定	実際に購入		
	した	しない	合計
あり	200	50	250
なし	100	650	750
合計	300	700	1,000

ここでの標本空間は何か？　単純事象と積事象の例を挙げよ。

解　標本空間は 1,000 世帯の回答者である。単純事象は「購入予定あり」、「購入予定なし」、「購入した」、「購入しなかった」である。「購入予定あり」の余事象は「購入予定なし」である。「購入予定があり、実際に購入した」という事象は、「購入予定あり」で、かつ、「実際に購入した」という 2 つの事象から成る積事象である。

分割表とベン図

ある特定の標本空間を可視化するには、いくつかの方法がある。その 1 つは、表 2.1 に示した「分割表」（第 1 章 1.2 節参照）を用いる方法である。1,000 世帯の標本空間を大型テレビの購入予定の有無および実際の購入の有無に応じて分割し、表の

各セルに該当する値を記入する。たとえば、回答者のうち 200 名は、大型テレビの購入を予定し、かつ、実際に購入したことになる。

もう1つの手法は**ベン図（Venn diagram）**を用いたものである。ベン図では、さまざまな事象を、正円の「和」と「共通部分」によって視覚的に表す。図 2.1 で示すのは、互いに 2 つの事象のみを持つ変数 2 つ（A と A'、B と B'）から構成される典型的なベン図である。左側（グレー）の円は、A に含まれるすべての事象を表す。

右側（ブルー）の円は、B に含まれるすべての事象を表す。円 A と円 B の両方に含まれる部分（中央部）は、A に含まれ、かつ B にも含まれているので、A と B の共通部分（積事象）であり、$A \cap B$ と表す。2 つの円によって囲まれる領域は、A と B の和（和事象）であり、$A \cup B$ と表す。ここにはすべての事象、すなわち、事象 A のみに含まれる結果、事象 B のみに含まれる結果、および A と B の両方に含まれる結果が含まれる。図中の $A \cup B$ 以外の領域は、事象 A にも事象 B にも属さない結果が含まれる。

ベン図を作成するためには、まず A と B を定義しなければならない。どちらの事象を A または B と定義してもかまわないが、一度定義したものは事象を検討する間、つねに一貫していなければならない。大型テレビの事例では、たとえば次のように定義する。

事象 A = 購入予定あり　　事象 B = 実際に購入した
事象 A' = 購入予定なし　　事象 B' = 実際には購入しなかった

ベン図を描く際には（図 2.2 参照）、A と B の共通部分の値を決定し、標本空間をそれぞれの部分に分割する。$A \cap B$ は、大型テレビを購入する予定があり、かつ実際に購入した全 200 世帯から構成される。

図 2.1
事象 A と事象 B のベン図

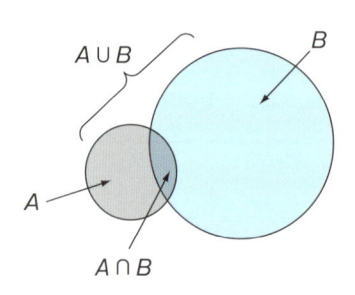

図 2.2
M&R エレクトロニクス・ワールド社の調査結果のベン図

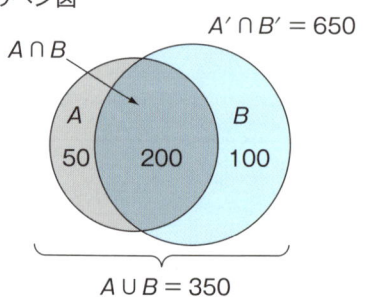

事象 A（購入予定あり）の残りは、予定はあったものの実際には購入しなかった 50 世帯である。事象 B（実際に購入した）の残りは、購入予定はなかったものの、実際には購入した 100 世帯である。以上を除く 650 世帯は、購入予定もなければ実際にも購入しなかった世帯ということになる。

単純確率

以上から、冒頭の事例で浮上した疑問の一部は答えることができる。調査結果（表 2.1 参照）は、調査で収集したデータに基づいていることから、ここでは経験的確率の手法を用いることができる。

前述の通り、確率を考える際に最も基本的な原則は、確率とは 0 から 1 までの値しか取らない、ということである。空事象の確率は 0、また、必ず起こる事象については確率が 1 になる。

単純確率（simple probability） とは、ある 1 つの単純事象 (A) が起こる確率 (P) を指し、$P(A)$ と表す。冒頭の事例では、たとえば、大型テレビの購入を予定している確率がこれにあたる。では、大型テレビの購入を予定していた世帯を選択する確率は、どのように計算すればよいだろうか。式(2.1)を用いると、

$$発生確率 = \frac{X}{T}$$

$$P(購入を予定していた世帯) = \frac{購入を予定していた世帯数}{調査対象総数}$$

$$= \frac{250}{1,000} = 0.25$$

となり、ある任意の世帯が大型テレビの購入を予定していた確率は 25% といえる。

例 2.3 に、単純確率の応用例を示す。

例 2.3
購入した大型テレビが高画質である確率の計算
冒頭の事例では、実際に大型テレビを購入した 300 世帯を対象に、フォローアップ調査として追加の質問を行った。表 2.2 に、購入したテレビは高画質かどうか、そして、この 1 年の間に BD プレーヤーも購入したかどうか、という質問に対する回答を示す。

大型テレビを購入した世帯から無作為に1世帯を選んだ場合、購入した製品が高画質である確率はどうなるか？

表2.2
高画質の製品およびBDプレーヤーの購買に関する購買行動

購入したテレビの画質	BDプレーヤーを購買		
	した	しない	合計
高画質	38	42	80
標準画質	70	150	220
合計	108	192	300

解　各単純事象を、次のように定義すると、

$$A = 高画質のテレビを購入した世帯$$
$$A' = 標準画質のテレビを購入した世帯$$
$$B = BDプレーヤーを購入した世帯$$
$$B' = BDプレーヤーを購入しなかった世帯$$
$$P(高画質テレビ) = \frac{高画質テレビの購入台数}{購入されたテレビの合計台数}$$
$$= \frac{38}{300} = 0.267$$

よって、無作為に抽出した大型テレビが高画質である確率は26.7%になる。

結合確率

単純確率あるいは周辺確率が、単純事象の発生確率を表すのに対して、**結合確率（joint probability）** は2つ以上の事象がいずれも起こる場合の確率（積事象の発生確率）を表す。例としては、硬貨投げの1度目と2度目の両方ともに表が出る確率が、結合確率である。

表2.1では、大型テレビを購入する予定があり、かつ実際に購入した世帯の数は、「購入予定→あり」「実際に購入→した」に該当する欄の数値のみで表される。ここには200世帯とあるので、購入を予定していて、さらに実際にも購入した世帯に当たる確率は次のようになる。

$$P(\text{購入予定があり、かつ、実際に購入した世帯})$$

$$= \frac{\text{購入予定があり、かつ、実際にも購入した回答数}}{\text{回答者数総数}}$$

$$= \frac{200}{1,000} = 0.20$$

例 2.4 で、結合確率の求め方を確認しよう。

> **例 2.4**
> **大型テレビを購入した世帯が高画質の製品を購入し、かつ、BD プレーヤーも購入した結合確率の計算**
> 表 2.2 では、高画質のテレビを購入した世帯と標準画質のテレビを購入した世帯、および、BD プレーヤーを購入したかどうかが、分類され示されている。大型テレビを購入した世帯から無作為に抽出した世帯が、高画質の製品を購入し、かつ、BD プレーヤーも購入している確率はどうなるか?
>
> **解** 式(2.1)を用いると、
>
> $$P(\text{高画質のテレビを購入、かつ、BD プレーヤーを購入した世帯})$$
>
> $$= \frac{\text{高画質のテレビを購入、かつ、BD プレーヤーを購入した世帯数}}{\text{大型テレビを購入した世帯の総数}}$$
>
> $$= \frac{38}{300} = 0.127$$
>
> したがって、大型テレビを購入した世帯のうち無作為に抽出した世帯が高画質のテレビを購入し、かつ BD プレーヤーも購入している確率は 12.7% となる。

周辺確率

ある事象の**周辺確率 (marginal probability)** とは、複数の結合確率で構成される。ある特定の事象の周辺確率は、上で学んだ結合確率の概念を用いて求めることができる。たとえば、事象 B が事象 B_1 と事象 B_2 の 2 つの事象から構成されているとすれば、事象 A の起こる確率 $P(A)$ は、事象 A が事象 B_1 と同時に起こる結合確率と、事象 A が事象 B_2 と同時に起こる結合確率の合計となる。式(**2.2**)に示される周辺確率の計算方法を用いる。

> **周辺確率**
>
> $$P(A) = P(A \cap B_1) + P(A \cap B_2) + \cdots + P(A \cap B_k) \quad 式(2.2)$$
>
> ただし、$B_1, B_2 \cdots B_k$ は、k 個の排反かつ全体として網羅的な事象を指す。**排反である（mutually exclusive）**と**全体として網羅的である（collectively exhaustive）**とは、次のように定義される。
>
> 　2つの事象が同時に起こることがありえない場合、この2つの事象は「排反である」という。
>
> 　ある事象の集合のうちのいずれか1つの事象が必ず起こる場合、その事象集合は「全体として網羅的である」という。

たとえば、硬貨投げをする場合、表と裏は排反事象である。1回の硬貨投げの結果が、表と裏の両方であることはありえない。また、硬貨投げの表と裏は、全体として網羅的な事象でもある。どちらか片方が必ず発生する。表でなければ裏が出る。裏でなければ必ず表であり。性別も排反であり、かつ全体として網羅的な事象といえる。1人の人が男性でありかつ女性であることはない（男性と女性という2つの事象は、排反である）。また、すべての人が男性または女性のいずれかである（男性と女性は、2つで全体として網羅的である）。

式(2.2)を用いて大型テレビの「購入予定あり」の周辺確率を算出することができる。

$$
\begin{aligned}
P(購入する予定がある世帯) &= P(購入予定があり、かつ、実際に購入した世帯) \\
&\quad + P(購入予定があり、かつ、実際には購入しなかった世帯) \\
&= \frac{200}{1,000} + \frac{50}{1,000} \\
&= \frac{250}{1,000} = 0.25
\end{aligned}
$$

「購入予定あり」という単純事象を構成する回答結果の数を加算していく方法でも、同じ結果が得られる。

一般の加法定理

事象「$A \cup B$」の確率を見つけるにはどうすればよいだろうか。事象 A か事象 B のどちらかが起こるケース、また両事象が起こるケースを考える必要がある。たとえば「ある世帯が大型テレビの購入を予定していた、または、実際に購入した」確率は、どのように考えればよいだろうか。「購入予定があった、または、実際に購入した」という事象には、購入を予定していた全世帯と、実際に購入した全世帯が含まれる。分割表（表2.1）の各欄に対して、この事象に含まれるかどうかを検討しよう。表2.1より、「購入予定があり、かつ、実際には購入しなかった」50人は、購入を予定していた回答者であるため、これはこの事象に含まれる。「購入予定なし、かつ、実際に購入した」100人は、実際に購入した回答者であるため、やはりこの事象に含まれる。最後に、「購入予定あり、かつ、実際に購入した」200人は、検討している世帯の両方の特徴を備えている。したがって、「購入予定があった、または、実際に購入した」世帯である確率を計算する方法としては、まず、

P(購入予定があった、または、実際に購入した世帯)
　　$= P$(購入予定があり、かつ、実際には購入しなかった世帯)
　　$+ P$(購入予定はなく、かつ、実際に購入した世帯)
　　$+ P$(購入予定があり、かつ、実際に購入した世帯)
$= \dfrac{50}{1,000} + \dfrac{100}{1,000} + \dfrac{200}{1,000}$
$= \dfrac{350}{1,000} = 0.35$

通常は、事象「$A \cup B$」の確率である $P(A \cup B)$ を求める方が簡単である。この場合、式(2.3)に定義される**一般の加法定理（general addition rule）**を適用する。

> **一般の加法定理**
> 「$A \cup B$」の確率は、「A の起こる確率 $+ B$ の起こる確率 $- A \cap B$ の確率」に等しい。
> $$P(A \cup B) = P(A) + P(B) - P(A \cap B) \quad 式(\mathbf{2.3})$$

式(2.3)を前述の例に当てはめると、

P(購入予定があった、または、実際に購入した世帯)

$\qquad = P$(購入予定がある世帯) $+ P$(実際に購入した世帯)

$\qquad - P$(購入予定があり、かつ、実際に購入した世帯)

$\qquad = \dfrac{250}{1,000} + \dfrac{300}{1,000} - \dfrac{200}{1,000}$

$\qquad = \dfrac{350}{1,000} = 0.35$

一般の加法定理は、事象 A の起こる確率を求め、これを事象 B の起こる確率に加算し、その和から結合事象「$A \cap B$」の両方が起こる確率を引いたものになる。この結合事象は、事象 A の確率と事象 B の確率を計算した時点であるでに含まれているため、差引く必要がある。表 2.1 で、「購入予定あり」の結果を「実際に購入した」の結果に足すと、「購入予定があり、かつ、実際に購入した」の結合事象は、この 2 つの単純事象どちらにも含まれている。この結合事象は 2 回カウントされてしまっているため、正確な値を求めるにはそのうちの 1 つを引かなければならない。例 2.5 に、一般の加法定理の応用例を示す。

例 2.5
大型テレビを購入した世帯に対する一般の加法定理の応用

65 ページの例 2.3 において、世帯が購入したテレビが、高画質なのか標準画質なのか、また BD プレーヤーを購買したかどうかについて、表 2.2 で分類して示している。大型テレビを購入した世帯が、高画質のテレビまたは BD プレーヤーを購入した確率を計算せよ。

解 式 (2.3) を用いると、

P(高画質のテレビ、または、BD プレーヤーを購入した世帯)

$\qquad = P$(高画質のテレビを購入した世帯)

$\qquad + P$(BD プレーヤーの購入した世帯)

$\qquad - P$(高画質のテレビを購入し、かつ、BD プレーヤーを購入した世帯)

$\qquad = \dfrac{80}{300} + \dfrac{108}{300} - \dfrac{38}{300}$

$\qquad = \dfrac{150}{300} = 0.50$

したがって、大型テレビを購入した世帯のうち、無作為に抽出したある世帯が、高画質のテレビまたは BD プレーヤーを購入した確率は 50.0% となる。

2.2　条件付確率

2.1 節に出てきた例題では、標本空間全体から特定の事象を抜き出しその確率を求める練習をした。では、対象となる事象についての具体的な情報を知っている場合、どのように確率を求めればよいか？

条件付確率の計算

条件付確率（conditional probability） とは、事象 B の発生に関する情報が与えられているときの事象 A の確率を指す。

条件付確率

事象 B を条件としたときの事象 A の起こる確率は、事象 A と事象 B の両方が起こる確率を、事象 B の起こる確率で割ったものに等しい。

$$P(A|B) = \frac{P(A \cap B)}{P(B)} \quad 式(\mathbf{2.4a})$$

事象 A を条件としたときの事象 B の起こる確率は、事象 A と事象 B の両方が起こる確率を、事象 A の確率で割ったものに等しい。

$$P(B|A) = \frac{P(A \cap B)}{P(A)} \quad 式(\mathbf{2.4b})$$

ただし、

$P(A \cap B)$ = 事象 A と事象 B の結合確率
$P(A)$ = 事象 A の周辺確率
$P(B)$ = 事象 B の周辺確率

冒頭の大型テレビ購入に関する事例において、ある世帯が大型テレビの購入を予定していたことを教えてもらったとする。では、その世帯が実際に購入する確率はどうなるだろうか。ここで求めるのは、P(実際に購入した世帯 | 購入を予定していた世帯) である。対象となる世帯は大型テレビを購入する予定であったという情

報が与えられている。したがって、標本空間は調査対象となった全1,000世帯ではなく、購入予定のあった世帯に限られる。購入予定があると答えた250世帯のうち、200世帯が実際に大型テレビを購入していることから、63ページの表2.1に従い、購入を予定していたという条件があるとき、ある世帯が実際に購入している確率は、

$$P(実際に購入した世帯 \mid 購入を予定していた世帯)$$
$$= \frac{購入予定があり、かつ、実際に購入した世帯数}{購入を予定していた世帯数}$$
$$= \frac{200}{250} = 0.80$$

となる。

また以下のように式(2.4b)を用いても同じ結果が得られる。

$$P(B|A) = \frac{P(A \cap B)}{P(A)}$$

ここで、

$$A = 購入を予定していた世帯$$
$$B = 実際に購入した世帯$$

なので、

$$P(実際に購入した世帯 \mid 購入を予定していた世帯) = \frac{200/1{,}000}{250/1{,}000}$$
$$= \frac{200}{250} = 0.80$$

となる。例2.6で条件付確率についてさらに見てみよう。

例 2.6
BDプレーヤー購入の条件付確率の計算

66ページの表2.2は、高画質のテレビを購入したかどうかとBDプレーヤーを購入したかどうかの分割表である。もし、ある世帯が高画質のテレビを購入していた場合、同じ世帯がBDプレーヤーも購入する確率は？

解 対象世帯が高画質のテレビを購入したことは既知であるため、標本空間は

80 世帯に限られる。このうち 38 世帯が BD プレーヤーも購入している。したがって、ある世帯が高画質のテレビを購入しているという条件があるとき、その世帯が BD プレーヤーも購入する確率は、

$P(\text{BD プレーヤーを購入した世帯} \mid \text{高画質のテレビを購入した世帯})$
$= \dfrac{\text{高画質のテレビを購入し、かつ、BD プレーヤーも購入した世帯の数}}{\text{高画質のテレビを購入した世帯の数}}$
$= \dfrac{38}{80} = 0.475$

となる。

式 (2.4b) を用いると、
 A = 高画質のテレビを購入した世帯
 B = BD プレーヤーを購入した世帯
としたとき

$$P(B|A) = \frac{P(A \cap B)}{P(A)} = \frac{38/300}{80/300} = 0.475$$

したがって、高画質のテレビを購入しているという条件があるとき、その世帯が BD プレーヤーも購入する確率は 47.5% となる。この条件付確率と、BD プレーヤー購入の周辺確率、すなわち 108 ÷ 300 = 0.36 で 36% と比較すると、高画質のテレビを購入した世帯の方が、標準画質のテレビを購入した世帯よりも BD プレーヤーを購入する可能性が高いことがわかる。

樹形図

63 ページの表 2.1 では、大型テレビ購入予定の有無および実際の購入の有無によって世帯を分類した。**樹形図 (decision tree)** とは、分割表の代わりとなるものである。図 2.3 は、同じ内容を樹形図で示したものである。

図 2.3
M&R 社調査結果の樹形図例

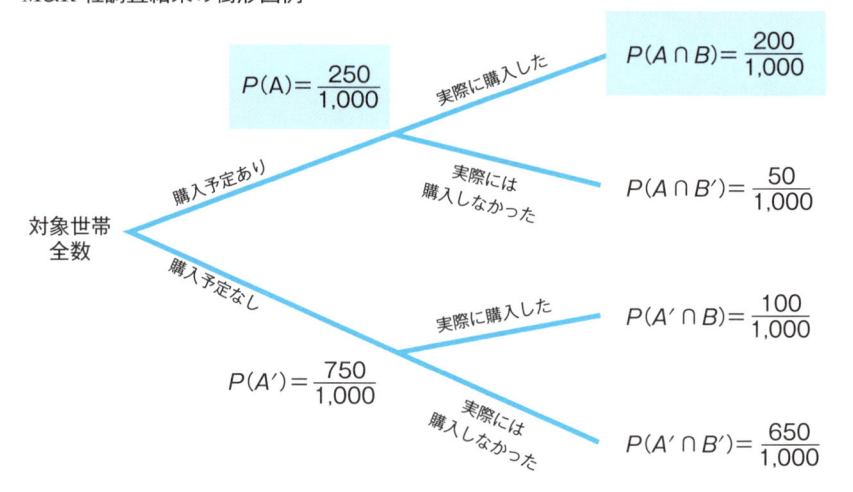

```
                              実際に購入した
              P(A)=250/1,000 ─────────── P(A∩B) = 200/1,000
         購入予定あり        実際には
                          購入しなかった    P(A∩B') = 50/1,000
対象世帯
 全数
         購入予定なし       実際に購入した
                                         P(A'∩B) = 100/1,000
              P(A')=750/1,000
                           実際には
                          購入しなかった    P(A'∩B') = 650/1,000
```

図 2.3 では、左端の世帯全体からスタートし、まず大型テレビの購入予定があったかどうかで 2 つに分岐している。このそれぞれの分岐は、実際に購入したか否かによってさらに 2 つに枝分かれしている。最初の分岐の結果は、事象 A と事象 A' の周辺確率を示す。最終的に 4 つに枝分かれした各枝の結果は、事象 A と B のすべての組み合わせについての結合確率を表す。条件付確率は、この結合確率を該当する周辺確率で割ったものとなる。

たとえば、ある世帯が大型テレビの購入を予定していたという条件があるとき、その世帯が実際にテレビを購入した確率は、P(購入予定があり、かつ、実際に購入した世帯) を P(購入予定のあった世帯) で割り算することによって求められる。図 2.3 に従い、

$$P(実際に購入した世帯 \mid 購入予定があった世帯) = \frac{200/1{,}000}{250/1{,}000} = \frac{200}{250} = 0.80$$

となる。例 2.7 で樹形図の作成方法を説明する。

例 2.7
大型テレビを購入した世帯についての樹形図の作成

表 2.2 にあるデータを用いて樹形図を作成する。作成した樹形図を用いて、ある世帯が高画質のテレビを購入したという条件があるとき、同じ世帯が BD プレーヤーも購入している確率はどうなるか？

解 BD プレーヤーおよび高画質のテレビを購入世帯についての樹形図を図 2.4 に示す。式 (2.4b) および下記の定義を用いると

$$A = 高画質のテレビを購入した世帯$$
$$B = \text{BD プレーヤーを購入した世帯}$$
$$P(B|A) = \frac{P(A \cap B)}{P(A)} = \frac{38/300}{80/300} = 0.475$$

となる。

図 2.4
高画質のテレビおよび BD プレーヤーを購入した世帯の樹形図

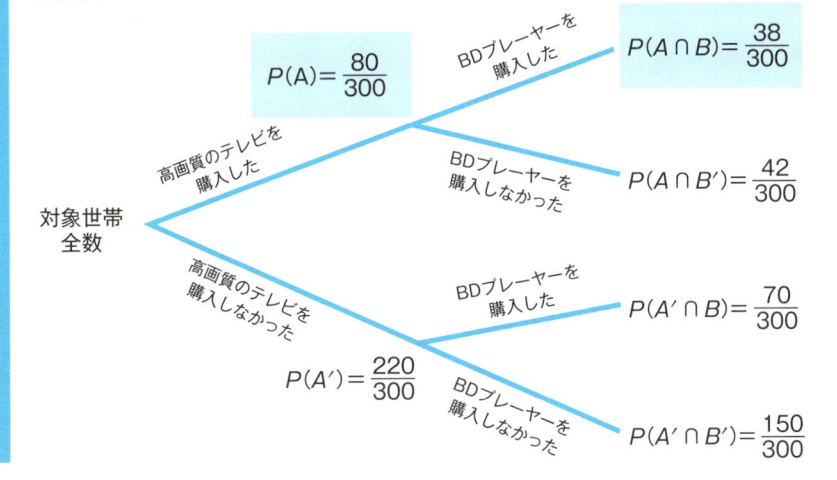

独立性

大型テレビ購入に関する事例では、購入を予定していたという条件があるときに、任意の世帯が実際に購入した条件付確率は $200 \div 250 = 0.80$ である。一方、実際に購入した世帯の単純確率は $300 \div 1{,}000 = 0.30$ である。この異なる結果から、購入を予定していたという事前の知識は、実際に購入した確率に影響を及ぼしていることがわかる。つまり、ある事象の結果が別の事象の結果に「依存している」といえる。

ある事象の結果が別の事象の発生確率に影響を及ぼさない場合、両事象は「独立している」といえる。**独立性 (independence)** は、式 (2.5) を用いて求めることができる。

独立性

2つの事象 A と B は、下記の関係が成り立つ場合に限り、「独立性を満たしている」という。

$$P(A|B) = P(A) \quad 式(2.5)$$

ただし、

$P(A|B) = $ 事象 B を条件とした場合の事象 A の条件付確率
$P(A) = $ 事象 A の周辺確率

例 2.8 で実際にこの式を使ってみよう。

例 2.8
独立性を満たすかどうかの判断

実際に大型テレビを購入した 300 世帯に対するフォローアップ調査では、購入した製品に満足しているかどうかを質問した。表 2.3 では、製品への満足度と画質の違いを分類している。

表 2.3
購入した大型テレビへの満足度

	購入製品に満足しているか		
画質	はい	いいえ	合計
高画質	64	16	80
標準画質	176	44	220
合計	240	60	300

購入製品に満足していることと画質は、独立性を満たしているかどうかを考えよ。

解 表内のデータから、

$$P(満足している|高画質) = \frac{64/300}{80/300} = \frac{64}{80} = 0.80$$

となり、これは

$$P(満足している) = \frac{240}{300} = 0.80$$

と等しい。

したがって、購入製品に満足していることと購入製品の画質は、独立性を満たしている。いずれかの事象が既知であっても、他方の事象の確率に影響はない。

乗法定理

一般の乗法定理（general multiplication rule）は式$(2.4a)$を用い、

$$P(A|B) = \frac{P(A \cap B)}{P(B)}$$

ここから結合確率$P(A \cap B)$を求めることによって導かれる。

一般の乗法定理

事象Aかつ事象Bの確率は、「事象Bを条件としたときの事象Aの確率」×「事象Bの確率」に等しい。

$$P(A \cap B) = P(A|B)\,P(B) \qquad 式(2.6)$$

例2.9に一般の乗法定理の応用例を示す。

例 2.9
一般の乗法定理の応用

高画質のテレビを購入した80世帯について考える。表2.3から、64世帯が購入製品に満足していて16世帯が満足していないことがわかる。この80世帯から無作為に2世帯を抽出した場合、両世帯ともに購入製品に満足している確率はどうなるか？

解 下記のように一般の乗法定理を応用する。

$$A = 2番目に抽出された世帯が満足している$$

$$B = 最初に抽出された世帯が満足している$$

このとき、式(2.6)を用いると、

$$P(A \cap B) = P(A|B)P(B)$$

となる。

　最初に抽出された世帯が満足している確率は 64/80 である。しかし、2 番目に抽出された世帯もまた満足しているという確率は、1 番目の抽出結果に依存する。最初に選ばれた世帯の満足の有無が確定した時点で、この世帯は標本から外れるため (非復元抽出)、残る標本数は 79 となる。最初の世帯が満足していた場合、この世帯を除き満足している世帯数は 63 となることから、2 番目の世帯も満足している確率は 63/79 となる。したがって、

$$P(A \cap B) = \left(\frac{63}{79}\right)\left(\frac{64}{80}\right) = 0.6380$$

任意に抽出された 2 世帯がいずれも購入製品に満足している確率は、63.80% となる。

独立な事象に対する乗法定理 (multiplication rule for independent events) は、式(2.6)の $P(A|B)$ に $P(A)$ を代入することで導かれる。

> **独立な事象に対する乗法定理**
>
> 事象 A と事象 B が独立性を満たしている場合、事象 A および事象 B の確率は、事象 A の起こる確率 × 事象 B の起こる確率に等しい。
>
> $$P(A \cap B) = P(A)P(B) \quad 式(2.7)$$

この定理が事象 A および事象 B の双方に有効であるとき、事象 A と事象 B は独立性を満たしているといえる。したがって、独立性には 2 つの判断方法がある。

1. 事象 A と事象 B は $P(A|B) = P(A)$ の場合に限り、独立性を満たしている。
2. 事象 A と事象 B は $P(A \cap B) = P(A)\,P(B)$ の場合に限り、独立性を満たしている。

一般の乗法定理を用いた周辺確率

周辺確率は、式(2.2)を用いて求めた。周辺確率の公式は、一般の乗法定理を用いても表すことができる。

$$P(A) = P(A \cap B_1) + P(A \cap B_2) + \cdots + P(A \cap B_k)$$

であるとき、一般の乗法定理を用いると、式(2.8)によって周辺確率を定義づけることができる。

一般の乗法定理を用いた周辺確率

$$P(A) = P(A|B_1)P(B_1) + P(A|B_2)P(B_2) + \cdots + P(A|B_k)P(B_k) \quad 式(2.8)$$

ただし $B_1, B_2, \cdots B_k$ は、k 個の排反で、全体として網羅的な事象である。

式(2.8)の具体例として表2.1を参照する。

$P(A)$ = 「購入を予定していた世帯」の確率
$P(B_1)$ = 「実際に購入した世帯」の確率
$P(B_2)$ = 「実際には購入しなかった世帯」の確率

式(2.8)を用いるとき、購入予定のあった世帯の確率は次のようになる。

$$P(A) = P(A|B_1)P(B_1) + P(A|B_2)P(B_2)$$
$$= \left(\frac{200}{300}\right)\left(\frac{300}{1,000}\right) + \left(\frac{50}{700}\right)\left(\frac{700}{1,000}\right)$$
$$= \frac{200}{1,000} + \frac{50}{1,000} = \frac{250}{1,000} = 0.25$$

2.3　ベイズの定理

ベイズの定理（Bayes' theorem） は、事前に算出された確率を、新しい情報に基づき再計算する際に用いる。この定理は、18世紀トーマス・ベイズによって展開され、前節までに学んだ条件付確率の延長といえる。

新しい機種のテレビを売り込むことを検討しているという冒頭のM&R社の事例

にベイズの定理を応用することができる。これまで発表した新機種は、40%が成功し、60%は失敗に終わった。新モデル発売に先立ち、マーケティング調査部は大々的な調査を行い、その結果の良し悪しにかかわらず報告書を提出する。これまでの実績では、成功したモデルの80%が調査報告も良い内容となっており、失敗したモデルの30%で調査報告が良い内容となっていた。現在検討中の新しいテレビについてマーケティング調査部が報告した調査レポートは、良い内容となっている。このテレビが成功する確率はどうなるだろうか？

ベイズの定理は、条件付確率の定義を展開したものである。事象 A を条件としたときの事象 B の条件付確率を計算するために、式(2.4b)を検討しよう。

$$P(B|A) = \frac{P(A \cap B)}{P(A)} = \frac{P(A|B)P(B)}{P(A)}$$

ベイズの定理は式(2.4b)の分母である $P(A)$ に式(2.8)を代入したものである。

> **ベイズの定理**
>
> $$P(B_i|A) = \frac{P(A|B_i)P(B_i)}{P(A|B_1)P(B_1) + P(A|B_2)P(B_2) + \cdots + P(A|B_k)P(B_k)} \quad 式(2.9)$$
>
> ただし、B_i は k 個の排反、かつ全体として網羅的な事象のうち i 番目の事象を表す。

テレビのマーケティングの事例に式(2.9)を当てはめると、

事象 S = テレビの成功　　　事象 F = 良い内容の報告書
事象 S' = テレビの失敗　　　事象 F' = 良くない内容の報告書

とすれば、

$$P(S) = 0.40 \quad P(F|S) = 0.80$$
$$P(S') = 0.60 \quad P(F|S') = 0.30$$

となる。ここで、式(2.9)を用い、

$$P(S|F) = \frac{P(F|S)P(S)}{P(F|S)P(S) + P(F|S')P(S')}$$
$$= \frac{(0.80)(0.40)}{(0.80)(0.40) + (0.30)(0.60)}$$

$$= \frac{0.32}{0.32 + 0.18} = \frac{0.32}{0.50}$$
$$= 0.64$$

となる。

「報告書の内容が良い」という条件があるとき、テレビが成功する確率は0.64である。したがって、「報告書の内容が良い」という条件があるとき、テレビが失敗に終わる確率は、$1 - 0.64 = 0.36$ となる。

表2.4に各確率の計算結果を、図2.5に樹形図を示す。

表2.4
テレビのマーケティング事例へのベイズの定理の応用

事象 S_i	事前確率 $P(S_i)$	条件付確率 $P(F\|S_i)$	結合確率 $P(F\|S_i)P(S_i)$	再計算結果 $P(S_i\|F)$
S=テレビの成功	0.40	0.80	0.32	$P(S\|F) = 0.32/0.50$ $= 0.64$
S'=テレビの失敗	0.60	0.30	$\dfrac{0.18}{0.50}$	$P(S'\|F) = 0.18/0.50$ $= 0.36$

図2.5
テレビの新機種のマーケティングに関する樹形図

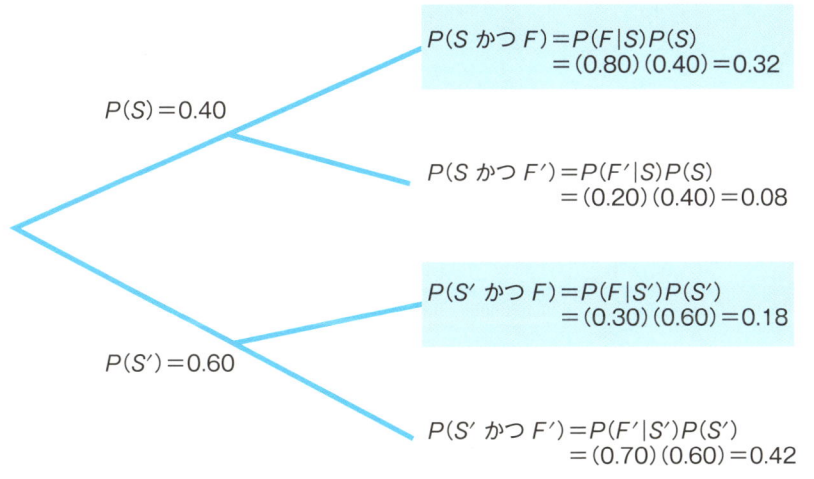

$P(S) = 0.40$

$P(S \text{ かつ } F) = P(F|S)P(S)$
$= (0.80)(0.40) = 0.32$

$P(S \text{ かつ } F') = P(F'|S)P(S)$
$= (0.20)(0.40) = 0.08$

$P(S') = 0.60$

$P(S' \text{ かつ } F) = P(F|S')P(S')$
$= (0.30)(0.60) = 0.18$

$P(S' \text{ かつ } F') = P(F'|S')P(S')$
$= (0.70)(0.60) = 0.42$

例 2.10 で、医療診断問題にベイズの定理を応用した例を示す。

例 2.10
医療診断問題へのベイズの定理の応用

ある人がある疾病を患っている確率が 0.03 だとする。実際にこの疾病があるかどうかを見極めるための医療診断検査がある。実際に疾病がある場合、この医療診断検査の結果が陽性（疾病あり）となる確率は 0.90 である。実際には疾病がないにもかかわらず検査結果が陽性となる確率は 0.02 である。いま医療診断検査で陽性の結果が出たとする。実際に疾病がある確率はどうなるだろうか。また、一般に陽性の結果が出る確率はいくらか？

解

事象 D = 疾病がある   事象 T = 陽性の結果
事象 D' = 疾病がない   事象 T' = 陰性の結果

とすると、

$P(D) = 0.03$ $P(T|D) = 0.90$
$P(D') = 0.97$ $P(T|D') = 0.02$

となる。

式 (2.9) を用いると、

$$P(D|T) = \frac{P(T|D)P(D)}{P(T|D)P(D) + P(T|D')P(D')}$$

$$= \frac{(0.90)(0.03)}{(0.90)(0.03) + (0.02)(0.97)}$$

$$= \frac{0.0270}{0.0270 + 0.0194} = \frac{0.0270}{0.0464}$$

$$= 0.582$$

となる。

検査結果が陽性である（疾病があることを示している）という条件があるとき、実際に疾病がある確率は、0.582 である。表 2.5 に各確率の計算結果を、図 2.6 に樹形図を示す。

表 2.5
医療診断問題へのベイズの定理の応用結果

事象 D_i	事前確率 $P(D_i)$	条件付確率 $P(F\|D_i)$	結合確率 $P(F\|D_i)P(D_i)$	再計算結果 $P(D_i\|F)$
$D=$疾病あり	0.03	0.90	0.0270	$P(D\|T) = 0.0270/0.0464$ $= 0.582$
$D'=$疾病なし	0.97	0.02	$\dfrac{0.0194}{0.0464}$	$P(D'\|T) = 0.0194/0.0464$ $= 0.418$

図 2.6
医療診断問題に関する樹形図

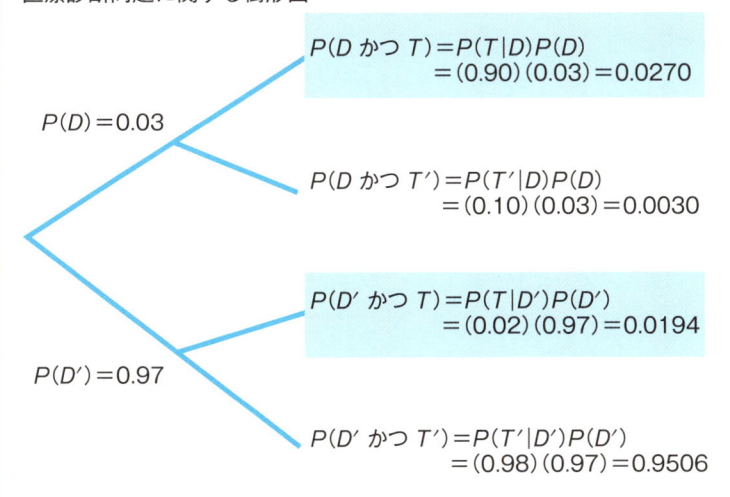

$P(D)=0.03$

$P(D$ かつ $T)=P(T|D)P(D)$
$=(0.90)(0.03)=0.0270$

$P(D$ かつ $T')=P(T'|D)P(D)$
$=(0.10)(0.03)=0.0030$

$P(D')=0.97$

$P(D'$ かつ $T)=P(T|D')P(D')$
$=(0.02)(0.97)=0.0194$

$P(D'$ かつ $T')=P(T'|D')P(D')$
$=(0.98)(0.97)=0.9506$

ベイズの定理の分母は検査結果が陽性である確率 $P(T)$ を表すので、この場合、0.0464 すなわち 4.64% となる。

2.4 場合の数の数え方

式 (2.1) では、ある事象が起こる確率の定義として、その事象が起こる場合の数をすべての事象の数で割ることで求められるとしている。ただし、発生しうる事象は非常に数が多く、具体的な数字を確定するのは難しいということもよくある。そのような状況において起こりうる場合の数を数えるためのルールがある。本節では、5 つのルールについて説明する。

ルール1

ルール1では、排反で、全体として網羅的な事象の集合について、起こりうる場合の数を求める。

> **ルール1**
>
> n 回の試行において毎回、k 個の排反で全体として網羅的な事象のいずれもが起こりうるとしたら、発生しうる結果の総数は以下のようになる。
>
> $$k^n \quad \text{式(2.10)}$$

たとえば、式(2.10)を使うと、表裏2面ある硬貨を5回投げたときに起こりうる場合の数は $2^5 = 2 \times 2 \times 2 \times 2 \times 2 = 32$ となる。

> **例 2.11**
> **サイコロを2度ふる**
> サイコロを2度ふるとする。起こりうる場合の数は何通りあるか？
>
> **解** 六面体のサイコロを2度ふると、式(2.10)から、発生しうる結果の総数は $6^2 = 36$ となる。

ルール2

2つ目のルールは1つ目のルールをより一般化したもので、試行ごとに起こりうる事象の数が変わるときに使う。

> **ルール2**
>
> 1回目の試行には k_1 個の事象の数があり、2回目の試行には k_2 個の事象の数があり・・・n 回目の試行には k_n 個の事象の数がある場合、起こりうる場合の数は
>
> $$(k_1)(k_2) \cdots (k_n) \quad \text{式(2.11)}$$

となる。

たとえば、アメリカのある州の自動車管理課が、使用可能なナンバープレートの番号が何枚あるか把握しようとしている。ナンバープレート番号はアルファベット (26文字) の3文字とそれに続く数字3桁 (0〜9) で構成されているとする。式 (2.11) を用いると、ナンバープレート番号がアルファベット3文字とそれに続く数字3桁で構成される場合、番号の総数は 26 × 26 × 26 × 10 × 10 × 10 = 17,576,000 通りとなる。

> **例 2.12**
> **夕食メニューの組み合わせの数を計算する**
> あるレストランでは数種類のフルコースメニューを提供している。これには、前菜、メイン、ドリンク、デザートがついている。選択肢がそれぞれ、前菜には5つ、メインには10、ドリンクには3つ、デザートには6つある。全部で何通りのメニューが考えられるか？
>
> **解** 式 (2.11) を用いると、メニューの組み合わせは、5 × 10 × 3 × 6 = 900 通り考えられる。

ルール3

3つ目のルールは、複数の項目を順番に並べる時の、並べ方の総数を計算するものである。

> **ルール3**
> n 個の項目を順番に並べる方法の数は、以下のようになる。
>
> $$n! = (n)(n-1)\cdots(1) \qquad 式(2.12)$$
>
> ただし、$n!$ は n 階乗と呼ばれる。ただし、$0! は 1$ である。

> **例 2.13**
> **ルール3の応用**
> 6冊の本を本棚に並べるとき、本の並べ方は何通りあるか。
>
> **解** 本棚に置く最初の本は、6冊のうちのいずれかである。したがって6通りある。最初に置く本が決まったら、次に並べる本の可能性は、1冊減って、5

つの選択肢しかない。この考え方を最後の6冊目まで続けると、6冊の本の並べ方は、以下のような数になる。

$$n! = 6! = (6)(5)(4)(3)(2)(1) = 720$$

ルール4

全体の集合の中から、何個か選び出して、その並べ方が何通りあるのかを知りたい、ということがある。こうした並べ方を**順列 (permutation)** と呼ぶ。

> **ルール4　順列**
>
> n 個の物体から x 個の物体を選び出した場合、これを順に並べる方法の総数は、次の通りとなる。
>
> $$_nP_x = \frac{n!}{(n-x)!} \quad \text{式(2.13)}$$
>
> ただし、
>
> $n =$ 物体の総数
> $x =$ 選び出す物体の数
> $n! = n$ 階乗 $= n(n-1)\cdots(1)$
> $P =$ 順列を表す記号

> **例 2.14**
> **ルール4の応用**
>
> 例2.13を変形し、今度は、本は6冊あるものの本棚には4冊分のスペースしかない、とする。この場合、本の並べ方は何通りあるか？
>
> **解**　式(2.13)を使うと、6冊から選ばれた4冊の順列の数は、以下のようになる。
>
> $$_nP_x = \frac{n!}{(n-x)!} = \frac{6!}{(6-4)!} = \frac{(6)(5)(4)(3)(2)(1)}{(2)(1)} = 360$$

ルール5

起こる結果の順番には関心がなく、n 個の項目から x 個の項目を抽出した場合の組み合わせの数だけを知りたいことも多いだろう。このときの抽出の数を**組み合わせ（combination）**と呼ぶ。

> **ルール5　組み合わせ**
>
> 順番に関係なく、n 個の物体から x 個を選び出す場合の数は、次のようになる。
>
> $$_nC_x = \frac{n!}{x!(n-x)!} \qquad 式(2.14)$$
>
> ただし、
>
> $n =$ 物体の総数
> $x =$ 選び出す物体の数
> $n! = n\,階乗 = n(n-1)\cdots(1)$
> $C =$ 組み合わせを表す記号

このルール5をルール4と比較すると、その違いは分母に $x!$ の項があるかないかだけであることがわかる。順列を使うと、x 個の物体の並べ方はすべて異なる。組み合わせでは、$x!$ 分の並べ方は無関係である。

> **例 2.15**
> **ルール5の応用**
> 例2.14を変形し、今度は、本棚に置く本の順番は関係ないとすると、その組み合わせは何通りあるか？
>
> **解**　式(2.14)を用いると、6冊の本から4冊の本を選ぶ組み合わせの数は、以下の通りとなる。
>
> $$_nC_x = \frac{n!}{x!(n-x)!} = \frac{6!}{4!(6-4)!} = \frac{(6)(5)(4)(3)(2)(1)}{(4)(3)(2)(1)(2)(1)} = 15$$

統計を使ってみよう

再び、M&R エレクトロニクス・ワールド社の場合

M&R エレクトロニクス・ワールド社のマーケティング部長として、あなたは現在、購買意欲の調査結果を分析しようとしている。調査は 1,000 世帯の世帯主を対象に、今後 1 年以内に大型テレビを購入する意志があるかどうかを尋ねた。また、1 年後に、同じ調査対象に対して、実際にテレビを購入したかどうかをフォローアップ調査した。さらに、実際に大型テレビを購入した世帯に対しては、「購入した製品は高画質のものか」「この 1 年間に BD プレーヤーも購入したか」「購入した大型テレビには満足しているか」も尋ねた。

以上の調査結果を分析したところ、新しいマーケティング戦略を打ち出すうえで有益な情報を手に入れることができた。実際に大型テレビを購入したのは調査対象の 30% にすぎなかったが、今後 1 年以内に大型テレビ購入を予定していると答えた世帯に的を絞ると、80% の確率で実際に購入していた。したがって、新しいマーケティング戦略は、購買意欲のある世帯に焦点を当てればよいことがわかる。

まとめ

本章ではまず、基本的な確率の概念について詳しく説明した。確率とは、ある事象が起こる見込みや、公算、可能性を示すもので、0 〜 1 の間の数値であることを学んだ。一度算出された確率を、新しい情報に基づき計算し直すためには、ベイズの定理を用いた。また、起こる場合の数の計算の方法については、順列、組み合わせを学んだ。本章を通じて、情報を視覚的に示すために分割表と樹形図を使った。次章では、二項分布やポアソン分布など、主な離散確率分布について説明する。

重要な公式

発生確率

$$\text{発生確率} = \frac{X}{T} \qquad \text{式 (2.1)}$$

周辺確率

$$P(A) = P(A \cap B_1) + P(A \cap B_2) + \cdots + P(A \cap B_k) \qquad \text{式 (2.2)}$$

一般の加法定理

$$P(A \cup B) = P(A) + P(B) - P(A \cap B) \qquad \text{式 (2.3)}$$

条件付確率
$$P(A|B) = \frac{P(A \cap B)}{P(B)} \qquad 式(2.4a)$$

$$P(B|A) = \frac{P(A \cap B)}{P(A)} \qquad 式(2.4b)$$

独立性
$$P(A|B) = P(A) \qquad 式(2.5)$$

一般の乗法定理
$$P(A \cap B) = P(A|B)\,P(B) \qquad 式(2.6)$$

独立な事象に対する乗法定理
$$P(A \cap B) = P(A)P(B) \qquad 式(2.7)$$

一般の乗法定理を用いた周辺確率
$$P(A) = P(A|B_1)P(B_1) + P(A|B_2)P(B_2) + \cdots + P(A|B_k)P(B_k) \qquad 式(2.8)$$

ベイズの定理
$$P(B_i|A) = \frac{P(A|B_i)P(B_i)}{P(A|B_1)P(B_1) + P(A|B_2)P(B_2) + \cdots + P(A|B_k)P(B_k)} \qquad 式(2.9)$$

場合の数の計算ルール1
$$k^n \qquad 式(2.10)$$

場合の数の計算ルール2
$$(k_1)(k_2)\cdots(k_n) \qquad 式(2.11)$$

場合の数の計算ルール3
$$n! = (n)(n-1)\cdots(1) \qquad 式(2.12)$$

場合の数の計算ルール4　順列
$$_nP_x = \frac{n!}{(n-x)!} \qquad 式(2.13)$$

場合の数の計算ルール5　組み合わせ

$$_nC_x = \frac{n!}{x!(n-x)!} \qquad 式(2.14)$$

キーワード

確率　p.60	結合確率　p.66
空事象　p.60	周辺確率　p.67
全事象　p.60	排反　p.68
先見的確率　p.60	全体として網羅的　p.68
経験的確率　p.61	一般の加法定理　p.69
主観的確率　p.61	条件付確率　p.71
事象　p.62	樹形図　p.73
単純事象　p.62	独立性　p.75
積事象　p.62	一般の乗法定理　p.77
余事象　p.62	独立な事象に対する乗法定理　p.78
標本空間　p.63	ベイズの定理　p.79
ベン図　p.64	順列　p.86
単純確率　p.65	組み合わせ　p.87

復習問題

1　ギャラップ社の調査によれば、従業員が組織に対して強い愛着を持ち、仕事に熱意を持っている程度（熱意の高い従業員）は国によって異なるという。その調査では、熱意の高い従業員の高い米国の労働者の割合は、ドイツの2倍以上という。また、同調査から、熱意の高い従業員の高い労働者が多いと、イノベーション、生産性、収益性が増し、転職率は下がることがわかった。世論調査の結果を下表に示す。

熱意	国		合計
	米国	ドイツ	
高い	550	246	796
低い	1,345	1,649	2,994
合計	1,895	1,895	3,790

1名の従業員を無作為に抽出した場合、次の確率はどうなるか？
　　a. 熱意の高い従業員である確率。

b. 米国の労働者である確率。
c. 熱意の高い従業員である、または、米国の労働者である確率。

2 Eメールに対する対応に、年齢層間によってそれぞれ違いがあるか否かとの疑問に対しある調査が行われた。その調査によれば、70歳を超える利用者の70.7%が「Eメールにはすぐに返信するべき」と回答したのに対し、12〜50歳の利用者ではその回答が53.6%だという。調査の対象としたのは、70歳を超える利用者が1,000人、12〜50歳の利用者が1,000人であった。下表にその調査結果をまとめた。

すぐに返信する？	回答者の年齢層		合計
	12〜50歳	70歳以上	
はい	536	707	1,243
いいえ	464	293	757
合計	1,000	1,000	2,000

a. ある回答者が12〜50歳であることがわかっているとすると、この人がすぐにメール返信する確率は？
b. ある回答者が70歳以上であることがわかっているとすると、この人がすぐにメール返信する確率は？
c. すぐにメール返信するかしないかと年齢層は、独立性を満たしている事象か？またその理由を述べよ。

3 ある調査によれば、18〜25歳の回答者のうち81%が将来の目標として「裕福になること」を挙げた。一方、26〜40歳の回答者で同じように答えたのは62%であった。この調査はそれぞれの年齢層について500名（合計で1,000名）を対象として行われたとする。
a. 分割表を作成せよ。
b. 単純事象と結合事象の例を挙げよ。
c. 無作為に抽出したある1人の回答者が、「裕福になること」を目標としている確率は？
d. 無作為抽出したある1人の回答者が、「裕福になること」を目標としていてかつ26〜40歳の集団に含まれる確率は？
e. 「年齢層」と「裕福になることを目標としている」という2つの事象は独立であるか？またそれはなぜか？

4 一日の食事のうち、ドライブスルーで注文する食事に関する調査が2013年に行われた。本調査の対象者は男性100人、女性100人であり、調査結果は次の通りとなった。

食事	性別 男性	女性	合計
朝食	18	10	28
昼食	47	52	99
夕食	29	29	58
おやつ・飲み物	6	9	15
合計	100	100	200

1名の回答者を無作為に抽出した場合、次の確率はどうなるか。
    a. この回答者が昼食をドライブスルーで注文する確率は？
    b. この回答者が朝食、または、昼食をドライブスルーで注文する確率は？
    c. この回答者が男性、または、夕食をドライブスルーで注文する確率は？
    d. この回答者が男性で、かつ、夕食をドライブスルーで注文する確率は？
    e. 抽出された回答者が女性のとき、この女性が朝食をドライブスルーで注文する確率は？

5 オリーブ建設株式会社は、新規のショッピングセンター建設事業の入札に参加するかどうかを検討している。これまで、同社の主な競合相手であるベース建設株式会社は、70%の案件に応札している。ベース建設が応札しない事業においてオリーブ建設が落札する確率は0.50である。ベース建設が応札する事業でオリーブ建設が落札する確率は0.25である。
    a. オリーブ建設が落札した場合、ベース建設が応札していない確率は？
    b. オリーブ建設が、今回のショッピングセンター建設を落札する確率は？

6 教科書を手掛ける出版社の編集者が、提案されているビジネス統計の教科書を出版するかどうか迷っている。過去に出版した教科書に関するデータからは、10%が「大成功」し、20%は「まあまあ成功」で、40%は「採算ぎりぎり」、30%は「赤字」だったことがわかっている。しかし、出版するか否かの決定を下す前には必ず審査を行っている。これまでに、「大成功」をおさめた教科書の99%が審査時に「良好である」と判断されていた。さらに「まあまあ成功」した教科書の70%、「採算ぎりぎり」の教科書の40%、「赤字」の教科書の20%がそれぞれ審査時に「良好である」と判断された教科書であった。
    a. 今回提案されている教科書の審査結果が「良好である」と判断される場合、それぞれの結果事象が起こる確率はどうなるか？

b. 審査結果が「良好である」と判断される教科書の割合は？

7 野球のメジャーリーグのナショナルリーグ東地区には 5 チーム（アトランタ、フロリダ、ニューヨーク、フィラデルフィア、ワシントン）ある。この 5 チームの成績順は何通りがあり得るか（引き分けはないものとする）？

8 10 名の集団から 4 名を選んでチームを作りたい。4 名の選出は何通りあるか？

第 2 章 Excel ガイド

EG2.1 確率の基本コンセプト

単純確率、結合確率、そして一般の加法定理

Excel の操作方法 基本的な確率を計算するためには、ファイル「**EG02**」の確率ワークシートをテンプレートとして使う（図 EG2.1 参照）。ワークシートでは 63 ページで出てきた購買行動に関するデータを示す表 2.1 が使われている。

ファイル内にある「**確率**」ワークシート、または、「**計算式**」ワークシートを開き、各計算式を参照すること。

図 EG2.1
確率ワークシート

	A	B	C	D	E
1	確率				
2					
3	標本空間		実際に購入		
4			実際「はい」	実際「いいえ」	合計
5	購入を予定	予定「はい」	200	50	250
6		予定「いいえ」	100	650	750
7		合計	300	700	1000
8					
9	単純確率			単純確率	
10	P(予定「はい」)	0.25	="P("&B5&")"	=E5/E7	
11	P(予定「いいえ」)	0.75	="P("&B6&")"	=E6/E7	
12	P(実際「はい」)	0.30	="P("&C4&")"	=C7/E7	
13	P(実際「いいえ」)	0.70	="P("&D4&")"	=D7/E7	
14					
15	結合確率			結合確率	
16	P(予定「はい」かつ 実際「はい」)	0.20	="P("&B5&" かつ "&C4&")"	=C5/E7	
17	P(予定「はい」かつ 実際「いいえ」)	0.05	="P("&B5&" かつ "&D4&")"	=D5/E7	
18	P(予定「いいえ」かつ 実際「はい」)	0.10	="P("&B6&" かつ "&C4&")"	=C6/E7	
19	P(予定「いいえ」かつ 実際「いいえ」)	0.65	="P("&B6&" かつ "&D4&")"	=D6/E7	
20					
21	加法定理			加法定理	
22	P(予定「はい」または 実際「はい」)	0.35	="P("&B5&" または "&C4&")"	=B10+B12−B16	
23	P(予定「はい」または 実際「いいえ」)	0.90	="P("&B5&" または "&D4&")"	=B10+B13−B17	
24	P(予定「いいえ」または 実際「はい」)	0.95	="P("&B6&" または "&C4&")"	=B11+B12−B18	
25	P(予定「いいえ」または 実際「いいえ」)	0.80	="P("&B6&" または "&D4&")"	=B11+B13−B19	

EG2.2 ベイズの定理

Excelの操作方法 基本的な確率を計算するためには、ファイル「EG02」の「ベイズの定理」ワークシートをテンプレートとして使う（図EG2.2参照）。ワークシートには81ページで出てきたテレビのマーケティングに関する表2.4が使われている。ファイル内の「ベイズの定理_計算式」ワークシートを開き、各計算式を参照すること。

図 EG2.2
ベイズの定理ワークシート

	A	B	C	D	E
1	ベイズ定理による計算				
2					
3				確率	
4	事象	事前確率	条件付確率	結合確率	再計算結果
5	S	0.4	0.8	0.32	0.64
6	S'	0.6	0.3	0.18	0.36
7			合計:	0.5	

結合確率	再計算結果
=B5*C5	=D5/$D$7
=B6*C6	=D6/$D$7
=D5+D6	

EG2.3 総数計算ルール

ルール1
Excelの操作方法 k個の事象とn回の試行を条件としたときの結果の総数を計算するためには、セル内の計算式として=POWER(k, n)のワークシート関数を使用する。たとえば、84ページの例2.11を解くには、計算式として=POWER(6, 2)と入れる。

ルール2
Excelの操作方法 ルール2に関する問題を解くには、複数の関数POWER(k, n)の積を取る計算式を使う。たとえば、85ページの州の自動車管理課に関する問を解くには、計算式として=POWER(26, 3)＊POWER(10, 3)と入れる。

ルール3
Excelの操作方法 n個のものを何通りに並べられるかを計算するためには、セル内の計算式として=FACT(n)のワークシート関数を使用する。たとえば、計算式として=FACT(6)と入れると、6!=720の計算結果が得られる。

ルール 4

Excel の操作方法　n 個のものから取り出した x 個のものを順番に何通りに並べられるかを計算するためには、セル内の計算式として ＝PERMUT(n, x) のワークシート関数を使用する。たとえば、86 ページの例 2.14 を解くには、計算式として ＝PERMUT(6, 4) と入れる。

ルール 5

Excel の操作方法　n 個のものから取り出した x 個のものを順番は関係なく何通りに並べられるかを計算するためには、セル内の計算式として ＝COMBIN(n, x) のワークシート関数を使用する。たとえば、87 ページの例 2.15 を解くには、計算式として ＝COMBIN(6, 4) と入れる。

第3章
離散確率分布

統計を使ってみよう
サクソン・ホーム・インプルーブメント社の場合

3.1 **離散確率変数の確率分布**
　　　離散確率変数の期待値（平均値）
　　　離散確率変数の分散と標準偏差

3.2 **二項分布**

3.3 **ポアソン分布**

統計を使ってみよう
再び、サクソン・ホーム・インプルーブメント社の場合

Excel ガイド

学習の目的
本章で学ぶ内容
- 確率分布の特性
- 確率分布の期待値と分散の計算
- 二項分布、ポアソン分布から確率を計算する方法
- ビジネス上で、二項分布とポアソン分布を適用する方法

統計を使ってみよう
サクソン・ホーム・インプルーブメント社の場合

あなたは、家屋のリフォームを専門とするサクソン・ホーム・インプルーブメント社（以下サクソン社）の経理担当である。同社は、最新の会計情報システムを用いて経理と財務処理を行っている。

会計情報システムは経理情報を収集、処理、保存、変換し、その結果を、社内および社外で意思決定を行う担当者に提供している。同時にこれらのシステムは会計情報を絶え間なく監視して、誤りや不完全またはあり得ない情報がないかを見つけ出そうとする。たとえば、同社の顧客がオンラインで何かを発注したときには、その発注フォームをチェックして間違いが含まれていないかをチェックする。疑問点を含む発注書にはタグを付けておき、日々「例外レポート」に記載する。最近収集したデータによると、こうしてタグが付けられた発注書の割合は全体の10％に達している。サクソン社は、指定したサイズの標本中に特定の数のタグ付き発注書が含まれる確率を見極めたいと考えている。たとえば、標本数を4としたときに、その中にタグの付けられた発注書がまったく含まれていない確率はどれくらいか？あるいは、1例だけが含まれる確率はどれくらいか？

このような確率問題への解はどのようにして決定できるのだろうか？　1つの方法は、典型的な、しかし小さなサイズに絞り込んだモデルを使用して、実際の処理過程を近似することである。このように近似を用いて、サクソン社のマネジャーたちは実際の発注プロセスの状態を推定することができる。この場合、サクソン社のマネジャーは確率分布（経営者達が直面するタイプの問題を解くために適した数理モデル）を使用することができる。

この章では、確率分布という概念を導入して、それが持つ特性について説明する。

この分布の例として本章では、二項分布とポアソン分布をビジネスの問題に適用するにはどうすれば良いかを学習する。

3.1　離散確率変数の確率分布

序章では、数値として示される変数として数値変数を定義した。たとえば、定期購読している雑誌の数や、背の高さなどが数値変数の例である。数値変数は、離散的であるか連続的であるかのいずれかである。測定プロセスから生成する値（たとえば背の高さ）は連続数値変数である。一方、数をかぞえるプロセスから生成する

値（たとえば、定期購読している雑誌の数）は離散数値変数である。この章では、離散数値変数を表す確率分布について説明する。

> **離散確率変数の確率分布**
>
> **離散確率変数の確率分布 (probability distribution for a discrete random variable)** は、起こり得るすべての出現値一覧と、それぞれの出現値の生起確率とを分離して並記した表として表現される。

たとえば、表 3.1 は大規模コンピューターネットワークで 1 日に発生する障害の回数を表している。表 3.1 に示す一覧は、起こり得る結果をすべて含んでいるという意味で網羅的である。したがって、確率を全部足し合わせれば 1 になる。表 3.1 の内容をグラフで表すと図 3.1 になる。

表 3.1
1 日の障害発生回数の確率分布

1 日の障害発生回数 (X)	確率 $P(X)$
0	0.35
1	0.25
2	0.20
3	0.10
4	0.05
5	0.05

図 3.1
1 日の障害発生回数の確率分布

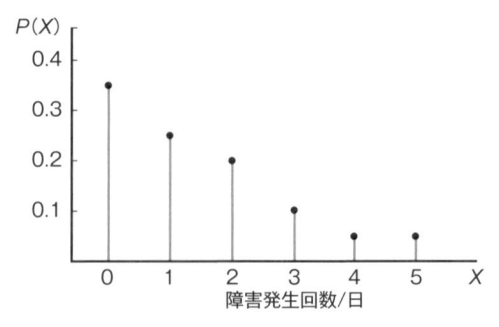

離散確率変数の期待値（平均値）

μ（ミュー）と呼ばれる確率分布の平均は、その確率変数の期待値に他ならない。期待値を計算するには、それぞれの起こり得る結果 x に、それに対応する確率 $P(X = x_i)$ を乗算し、それらの積の総和を計算する。

> **離散確率変数の期待値 μ**
> $$\mu = E(X) = \sum_{i=1}^{N} x_i P(X = x_i) \quad \text{式 (3.1)}$$
> $x_i =$ 離散確率変数 X の i 番目の出現値
> $P(X = x_i) = X$ の i 番目の値が出現する確率

大規模コンピューターネットワークで1日に発生する障害回数の確率分布（表3.1）について考えると、その期待値は式(3.1)を使用して次のように計算される。その結果を表3.2に示す。

$$\mu = E(X) = \sum_{i=1}^{N} x_i P(X = x_i)$$
$$= (0)(0.35) + (1)(0.25) + (2)(0.20) + (3)(0.10) + (4)(0.05) + (5)(0.05)$$
$$= 0 + 0.25 + 0.40 + 0.30 + 0.20 + 0.25$$
$$= 1.40$$

表3.2
1日の障害発生回数期待値を計算する

1日の障害発生回数 (x_i)	$P(X=x_i)$	$x_i P(X=x_i)$
0	0.35	$(0)(0.35) = 0.00$
1	0.25	$(1)(0.25) = 0.25$
2	0.20	$(2)(0.20) = 0.40$
3	0.10	$(3)(0.10) = 0.30$
4	0.05	$(4)(0.05) = 0.20$
5	0.05	$(5)(0.05) = 0.25$
	1.00	$\mu = E(X) = 1.40$

このように、期待値は 1.40 になる。実際には1日の障害発生回数は整数でなければならないため、1日あたりの障害発生回数として 1.4 という値は実際にあり得

る値ではない。期待値は、また1日あたりの障害発生回数の平均値という意味をも持つ。

離散確率変数の分散と標準偏差

確率分布の分散を計算するには、出現するそれぞれの値の差の平方 $[x_i - E(X)]^2$ に対応する確率の値 $P(X = x_i)$ を掛け算し、得られる積の総和を計算する。すなわち、**離散確率変数の分散**（variance of a discrete random variable）は式 (3.2) で定義される。

> **離散確率変数の分散**
>
> $$\sigma^2 = \sum_{i=1}^{N} [x_i - E(X)]^2 P(X = x_i) \quad 式(3.2)$$
>
> x_i = 離散確率変数 X の i 番目の出現値
> $P(X = x_i)$ = X の i 番目の値が出現する確率

離散確率変数の標準偏差（standard deviation of a discrete random variable）は式 (3.3) で定義される。

> **離散確率変数の標準偏差**
>
> $$\sigma = \sqrt{\sigma^2} = \sqrt{\sum_{i=1}^{N} [x_i - E(X)]^2 P(X = x_i)} \quad 式(3.3)$$

1日の障害発生件数の分散と標準偏差は表3.3に示すように、式 (3.2)、式 (3.3) を使用して次のように計算される。

$$\begin{aligned}
\sigma^2 &= \sum_{i=1}^{N} [x_i - E(X)]^2 P(X = x_i) \\
&= (0 - 1.4)^2 (0.35) + (1 - 1.4)^2 (0.25) + (2 - 1.4)^2 (0.20) + (3 - 1.4)^2 (0.10) \\
&\quad + (4 - 1.4)^2 (0.05) + (5 - 1.4)^2 (0.05) \\
&= 0.686 + 0.040 + 0.072 + 0.256 + 0.338 + 0.648 \\
&= 2.04
\end{aligned}$$

表3.3
1日の障害発生件数の分散と標準偏差を計算する

1日の障害発生件数 (x_i)	$P(X=x_i)$	$x_i P(X=x_i)$	$[x_i - E(X)]^2 P(X=x_i)$
0	0.35	$(0)(0.35) = 0.00$	$(0-1.4)^2(0.35) = 0.686$
1	0.25	$(1)(0.25) = 0.25$	$(1-1.4)^2(0.25) = 0.040$
2	0.20	$(2)(0.20) = 0.40$	$(2-1.4)^2(0.20) = 0.072$
3	0.10	$(3)(0.10) = 0.30$	$(3-1.4)^2(0.10) = 0.256$
4	0.05	$(4)(0.05) = 0.20$	$(4-1.4)^2(0.05) = 0.338$
5	0.05	$(5)(0.05) = 0.25$	$(5-1.4)^2(0.05) = 0.648$
	1.00	$\mu = E(X) = 1.40$	$\sigma^2 = 2.04$

したがって

$$\sigma = \sqrt{\sigma^2} = \sqrt{2.04} = 1.4283$$

このように、1日の障害発生件数平均値は1.4、分散は2.04、標準偏差は約1.43となる。

3.2 二項分布

次の2つの節では、数理モデルを使用してビジネスの問題を解いていく。

> **数理モデル**
> ある変数を、数式を用いて表現するのが**数理モデル(mathematical model)**である。

適用できる数式が存在すれば、変数の特定の値が出現する確率を正確に計算することができる。

最も有用な数理モデルの1つが**二項分布(binomial distribution)**である。離散確率変数が、観測により得られたn個の標本に含まれる事象の生起数であるときに使用できるのが二項分布である。二項分布が持つ基本特性は次の4つである。

1. 標本は、n回の観測数で構成される。

2. 観測された値は、2つの事象が相互排他的なカテゴリー変数であり、すべての事象はその2つのカテゴリーのいずれかに属する。
3. その事象がおこる確率は、どの観測でも同じである。したがって、特定した事象が起る（また起こらない）確率はどの観測においても一定である。
4. 一つの観測から得られる値は、他の観測とは独立（影響を与えない）である。

先に挙げたサクソン社の経理情報システムに関する問題に立ち返って考えてみると（p.97参照）、注目する事象とは、たとえば注文フォームにタグが付いているかどうかである。一定の数の標本（発注）の中に「タグ付き」発注フォームが何件含まれるかが注目の対象である。

起こり得るのはどのような結果か。標本が4件の発注を含むとすれば、「タグ付き」発注フォームの数として可能性があるのは0、1、2、3、または4のいずれかである。「タグ付き」発注フォームの数が標本数nを超えることはなく、ゼロ以下ということもあり得ないため、上記以外の結果は起こらない。したがって、二項確率変数の取り得る値の範囲は0からnまでと考えられる。

4件の発注から構成される標本を観測して、以下の結果が得られたとする。

1番目の発注	2番目の発注	3番目の発注	4番目の発注
「タグ付き」	「タグ付き」	「タグなし」	「タグ付き」

上に示した4件の発注の並びについて考えたとき、その中の3件の発注が「タグ付き」である確率はどのようになるか。過去の経験から、「タグ付き」発注フォームが生起する確率は0.10であることが分かっている。そのため、上記の並びの個々の発注についての確率は次のようになる。

1番目の発注	2番目の発注	3番目の発注	4番目の発注
$\pi = 0.10$	$\pi = 0.10$	$1 - \pi = 0.90$	$\pi = 0.10$

標本の発注フォームは、極めて大きく、実質的に無限とも言える母集団から選択されたものであり、1つの発注フォームが複数回選択されることもない。そのため、それぞれの事象の生起は他から完全に独立している。したがって、上記の特別な並びが発生する確率は次のように表現される。

$$\pi\pi(1-\pi)\pi = \pi^3(1-\pi)^1$$
$$= (0.10)^3(0.90)^1$$
$$= (0.10)(0.10)(0.10)(0.90)$$
$$= 0.0009$$

この結果は、4個の標本の中に3個の「タグ付き」発注フォーム（注目する事象）が特定の順番に並んで出現する確率を表している。n 個の物体から x 個を選択する方法の数（並び順は問わない）を見つけ出すために、式 (3.4) で与えられる**組み合わせ規則 (rule of combinations)** を使用する（前章の式 (2.14) でも同じ式が定義されている）。

組み合わせ

n 個の物体から x 個の物体を選び出す組み合わせの数は、次式で表される。

$$_nC_x = \frac{n!}{x!(n-x)!} \quad \text{式 (3.4)}$$

$n! = (n)(n-1)\cdots(1)$ を n の階乗と呼ぶ。定義により、$0! = 1$。

$n = 4$、$x = 3$ とすれば、次式で表される数の組み合わせが存在する。

$$_nC_x = \frac{n!}{x!(n-x)!} = \frac{4!}{3!(4-3)!} = \frac{4 \times 3 \times 2 \times 1}{(3 \times 2 \times 1)(1)} = 4$$

これらの組み合わせで可能な並び順を列記すると、次のようになる。

並び順1 =「タグ付き」「タグ付き」「タグ付き」「タグなし」：これらの事象が起きる確率は
$$\pi\pi\pi(1-\pi) = \pi^3(1-\pi)^1 = 0.0009$$

並び順2 =「タグ付き」「タグ付き」「タグなし」「タグ付き」：これらの事象が起きる確率は
$$\pi\pi(1-\pi)\pi = \pi^3(1-\pi)^1 = 0.0009$$

並び順3＝「タグ付き」「タグなし」「タグ付き」「タグ付き」：これらの事象が起きる確率は
$$\pi(1-\pi)\pi\pi = \pi^3(1-\pi)^1 = 0.0009$$

並び順4＝「タグなし」「タグ付き」「タグ付き」「タグ付き」：これらの事象が起きる確率は
$$(1-\pi)\pi\pi\pi = \pi^3(1-\pi)^1 = 0.0009$$

したがって、3件の「タグ付き」発注フォームが現れる確率は、次式で表される。

（可能な並び数）×（特定の並びが出現する確率）
= (4) × (0.0009) = 0.0036

上記以外に可能な確率変数が起こる頻度（「タグ付き」発注フォーム数が0, 1, 2, 4）についても、同様、直観的に導くことが可能である。しかし、標本サイズ n が大きくなるにしたがって、このような直観的な方法では計算量が膨大になってしまう。n および π が与えられたときに、二項分布から注目する事象を、任意の個数 (x) 取り出す確率を計算する一般公式を与えてくれるのが、式 (3.5) で示される数理モデルである。

二項分布の確率

$$P(X=x|n, \pi) = \frac{n!}{x!(n-x)!}\pi^x(1-\pi)^{n-x} \quad \text{式}(3.5)$$

ここに、
$P(X=x|n, \pi) = n$ および π が与えられときに、事象 X が x 回起こる確率
$n = $ 観測の数
$\pi = $ 注目する事象が起こる確率
$1-\pi = $ 注目する事象が起こらない確率
$x = $ 標本 ($X = 0, 1, 2, \cdots, n$) の中で注目する事象が起こった数
$\dfrac{n!}{x!(n-x)!} = n$ 回の観測の中で、注目する事象が x 回起こる組み合わせの数

式 (3.5) は、前の節で直観的な方法で導いた結果をより明確に定義する。X は、0 から n までの範囲の任意の整数値をとる二項変数である。式(3.5)において、次

に示す積

$$\pi^x(1-\pi)^{n-x}$$

は、n 回の観測の中で注目する事象が x 回、特定の並び順で起こる確率を表す。

次の項は、起こり得る n 個の観測の中で、注目する事象が x 個含まれる組み合わせの数を表す。

$$\frac{n!}{x!(n-x)!}$$

したがって、観測の数 (n) と注目する事象の起きる確率 (π) が与えられたとすれば、注目する事象が x 回起こる確率は次式で表現される。

$$P(X=x|n,\pi) = (組み合わせの数) \times (特定の組み合わせの生起確率)$$
$$= \frac{n!}{x!(n-x)!}\pi^x(1-\pi)^{n-x}$$

式 (3.5) の具体的な使用法を例 3.1 に示す。

例 3.1
$P(X=3)$ を決定する ($n=4$、$\pi=0.1$ の場合)

発注フォームが「タグ付き」の可能性が 0.1 であるとする場合、4 個の要素を持つ標本の中に 3 件の「タグ付き」発注フォームが含まれる確率を求めよ。

解 4 個の要素を持つ標本の中に 3 件の「タグ付き」注文フォームが含まれる確率は式 (3.5) を用いて次のように計算される。

$$P(X=3|n=4, \pi=0.1) = \frac{4!}{3!(4-3)!}(0.1)^3(1-0.1)^{4-3}$$
$$= \frac{4!}{3!(1)!}(0.1)^3(0.9)^1$$
$$= 4(0.1)(0.1)(0.1)(0.9) = 0.0036$$

異なる X の値に対応する計算を例 3.2 および例 3.3 に示す。

例 3.2
$P(X \geq 3)$ を決定する（$n=4$、$\pi=0.1$ の場合）

発注フォームにタグが付けられる可能性が 0.1 であるとすれば、4 個の要素を持つ標本の中に 3 件またはそれ以上の「タグ付き」発注フォーム（少なくとも 3 件）が含まれる確率は？

解 例 3.1 で見たとおり、4 個の要素を持つ標本の中に正確に 3 件の「タグ付き」発注フォームが含まれる確率は 0.0036 である。3 件の「タグ付き」発注フォームが含まれる確率を計算するには、3 件の「タグ付き」発注フォームが含まれる確率と 4 件が含まれる確率を足し合わせる必要がある。4 件の「タグ付き」発注フォームが含まれる確率は、

$$P(X=4|n=4,\ \pi=0.1) = \frac{4!}{4!(4-4)!}(0.1)^4(1-0.1)^{4-4}$$

$$= \frac{4!}{4!(0)!}(0.1)^4(0.9)^0 = 1(0.1)(0.1)(0.1)(0.1)(1) = 0.0001$$

したがって、少なくとも 3 件の「タグ付き」発注フォームが含まれる確率は次のように計算される。

$$P(X \geq 3) = P(X=3) + P(X=4)$$
$$= 0.0036 + 0.0001$$
$$= 0.0037$$

すなわち、4 件の発注フォームから構成される標本が少なくとも 3 件の「タグ付き」発注フォームを含む確率は 0.37% である。

例 3.3
$P(X<3)$ を決定する（$n=4$、$\pi=0.1$ の場合）

発注フォームが「タグ付き」の可能性が 0.1 であるとすれば、4 個の要素を持つ標本の中に 3 件未満の「タグ付き」発注フォームが含まれる確率は？

解 「タグ付き」発注フォームが 3 件未満である確率は次式で表される。

$$P(X<3) = P(X=0) + P(X=1) + P(X=2)$$

式 (3.5) を使用して、これらの個々の項目の確率は次のように計算される。

$$P(X=0|n=4, \pi=0.1) = \frac{4!}{0!(4-0)!}(0.1)^0(1-0.1)^{4-0} = 0.6561$$

$$P(X=1|n=4, \pi=0.1) = \frac{4!}{1!(4-1)!}(0.1)^1(1-0.1)^{4-1} = 0.2916$$

$$P(X=2|n=4, \pi=0.1) = \frac{4!}{2!(4-2)!}(0.1)^2(1-0.1)^{4-2} = 0.0486$$

したがって、求める確率は、$P(X<3) = 0.6561 + 0.2916 + 0.0486 = 0.9963$。別の求め方は、$P(X<3)$ の余事象である $P(X \geq 3)$ を利用して次のように計算することもできる。

$$\begin{aligned} P(X<3) &= 1 - P(X \geq 3) \\ &= 1 - 0.0037 = 0.9963 \end{aligned}$$

二項確率の計算は、n が大きくなるにしたがって煩雑で退屈なものになってしまう。図 3.2 に示すのは、Excel を使用した二項確率の計算例である。二項確率は確率表から探し出すことも可能である。

図 3.2
$n = 4$ および $\pi = 0.1$ のときの二項確率計算：Excel ワークシート例による計算結果。

	A	B	
1	二項確率		
2			
3	データ		
4	標本数	4	
5	ある事象が起こる確率	0.1	
6			
7	統計量		
8	平均値	0.4	=B4*B5
9	分散	0.36	=B8*(1−B5)
10	標準偏差	0.6	=SQRT(B9)
11			
12	二項確率表		
13	X	P(X)	
14	0	0.6561	=BINOM.DIST(A14,$B$4,$B$5,FALSE)
15	1	0.2916	=BINOM.DIST(A15,$B$4,$B$5,FALSE)
16	2	0.0486	=BINOM.DIST(A16,$B$4,$B$5,FALSE)
17	3	0.0036	=BINOM.DIST(A17,$B$4,$B$5,FALSE)
18	4	0.0001	=BINOM.DIST(A18,$B$4,$B$5,FALSE)

二項確率分布の形状はnとπの値によって変化する。$\pi = 0.5$である場合は、nの値の大小にかかわらず、二項分布は左右対称になる。逆に、$\pi \neq 0.5$であれば常に非対称になる。πの値が0.5に近くなるほど、そして観測値の数nが大きくなるほど、分布の非対称性がより小さくなる。たとえば、「タグ付き」発注フォームの例では$\pi = 0.1$、$n = 4$であるから、その分布は右側の裾が長い（図3.3）。

図 3.3
二項確率分布（$\pi = 0.1$, $n = 4$の場合）のヒストグラム

二項分布のヒストグラム

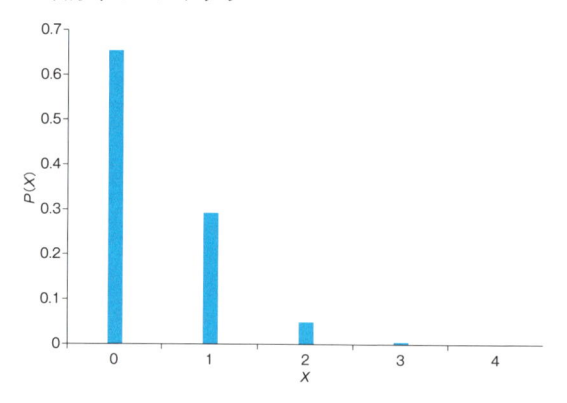

図3.3を見ると分かるとおり、1章で説明した連続変数のヒストグラムとは異なり、値を表す棒が非常に細く、かつ、ある値から次の値までの間が大きく開いてしまう。その理由は、このヒストグラムが離散的な変数を表しているからである（理論的には、棒は幅を持たない垂直な直線として表現されるべきものである）。

二項分布の平均（または期待値）はnとπの積に一致する。変数が二項分布にしたがう場合は、式(3.1)を使用して確率分布の平均を計算する代わりに、式(3.6)を利用して確率分布の平均を計算することができる。

二項分布の平均

二項分布の平均μは、標本数nに注目する事象の生起確率πを掛け算した値に等しくなる。

$$\mu = E(X) = n\pi \quad \text{式(3.6)}$$

平均として、4件の発注フォームから構成される標本に含まれる「タグ付き」発注フォームの期待値は、最終的に $\mu = E(X) = n\pi = (4)(0.1) = 0.4$ となる。

二項分布の標準偏差を計算するには式(3.7)を使用する。

二項分布の標準偏差

$$\sigma = \sqrt{\sigma^2} = \sqrt{Var(X)} = \sqrt{n\pi(1-\pi)} \quad \text{式(3.7)}$$

「タグ付き」発注フォームの数の標準偏差は、次のように計算される。

$$\sigma = \sqrt{4(0.1)(0.9)} = 0.60$$

式(3.3)を使用しても同じ結果が得られる。

例 3.4 は、ファーストフードレストランのサービスへ二項分布を適用した例である。

例 3.4
二項確率を計算する

ファーストフードレストランチェーンにとって、ドライブスルーの注文窓口で正確に注文を受け取るかどうかは非常に重要な問題である。ある業界紙が定期的に調査結果を公表している。受注の精度は、正しく記入された注文が全体に占める割合(パーセント)によって評価される。最近のデータによれば、ウェンディーズで正しく注文を受けた割合は約89%であった。ウェンディーズのドライブスルー窓口で注文することを考えてみよう。また、2人の友人も同じウェンディーズのドライブスルー窓口に別々に注文を出すとする。このとき3件の注文がすべてが正しい確率、全部が間違っている確率、少なくとも2件が正しい確率はどうなるか? 正しい注文の数を表す二項分布の平均と標準偏差はどのような値になるか?

解 注文の数が3件であり、注文を正しく受ける確率が0.89であることから、式(3.6)および式(3.7)に $n = 3$、$\pi = 0.89$ を適用して計算すると次の結果が得られる。

$$\mu = E(X) = n\pi = 3(0.89) = 2.67$$

$$\sigma = \sqrt{\sigma^2} = \sqrt{Var(X)} = \sqrt{n\pi(1-\pi)}$$
$$= \sqrt{3(0.89)(0.11)}$$
$$= \sqrt{0.2937} = 0.5419$$

式(3.5)を使用すると

$$P(X=3 | n=3, \pi=0.89) = \frac{3!}{3!(3-3)!}(0.89)^3(1-0.89)^{3-3}$$
$$= \frac{3!}{3!(3-3)!}(0.89)^3(0.11)^0$$
$$= 1(0.89)(0.89)(0.89)(1) = 0.7050$$

$$P(X=0 | n=3, \pi=0.89) = \frac{3!}{0!(3-0)!}(0.89)^0(1-0.89)^{3-0}$$
$$= \frac{3!}{0!(3-0)!}(0.89)^0(0.11)^3$$
$$= 1(1)(0.11)(0.11)(0.11) = 0.0013$$

$$P(X=2 | n=3, \pi=0.89) = \frac{3!}{2!(3-2)!}(0.89)^2(1-0.89)^{3-2}$$
$$= \frac{3!}{2!(3-2)!}(0.89)^2(0.11)^1$$
$$= 3(0.89)(0.89)(0.11) = 0.2614$$

$$P(X \geq 2) = P(X=2) + P(X=3)$$
$$= 0.2614 + 0.7050$$
$$= 0.9664$$

3件の発注から構成される標本において、正しく受けた発注の平均数は2.67、標準偏差は0.5419である。3件の発注すべてが正しい確率は0.7050、すなわち70.50%である。3件の発注がすべて誤りの確率は0.0013、すなわち0.13%である。3件の発注の中の、少なくとも2件が正しい確率は0.9664、すなわち96.64%となる。

この節では、二項分布について学習した。二項分布はビジネスの多くの状況において重要な役割をはたす数理モデルである。

3.3 ポアソン分布

　研究者の多くは、ある事象が起きる機会領域（または空間）が与えられたときに、その中で特定の事象が何回起こるかを考察の対象としている。機会領域とは、その中である事象が複数回起こり得る連続した時間幅、体積、あるいは任意の物理的領域を表す。たとえば、新品の冷蔵庫における欠陥の個数、1日の間に発生するネットワーク障害の回数、銀行に来店する顧客数、1匹の犬の体に発見されるノミの数などがポアソン分布にしたがう変数の例である。注目する対象が次のような性質を持つとき、**ポアソン分布（Poisson distribution）** を利用して上記のような事象の確率を計算することができる。

1. 注目する変数は、ある特定された領域（または空間）で発生する回数で表現される。
2. ある領域（または空間）でその事象が発生する確率は、他の領域においても同じである。
3. その事象が発生する回数は、他の領域から独立（影響を与えない）である。
4. その領域（または空間）で2回以上事象が発生する確率は、領域が小さくなれば同様に小さくなりゼロに近づく。

　たとえば、大きな都市の中心ビジネス街に立地する銀行に、昼食時に来店する顧客数を考えるとする。時間を分で区切り、1分間に訪れる顧客数に注目する。この状況は、上に列挙したポアソン分布の4つの特性に適合するか？

　1番目の特性では、注目する事象は顧客の訪問であり、機会領域は1分間の時間間隔である。1分の間に銀行に来店する顧客数がゼロなのか、1人なのか、2人なのか、それ以上なのかに注目する。

　2番目の特性として、ある1人の顧客がある特定の1分間に来店する確率と、それ以外の1分間に1人の顧客が来店する確率は同じであると見なすのが妥当である。

　3番目の特性として、ある任意の1分間に来店する顧客数が何人であったとしても、その値は他の任意の1分間に来店する顧客数に影響を与えない（独立している）。

　4番目の特性として、ある与えられた時間幅の間に来店する顧客数は、時間幅を狭くするほど少なくなる。たとえば時間幅を0.01秒とすれば、その時間内に2人の顧客が来店する確率は実質的にゼロと考えられる。

　したがって、昼食時の1分間に銀行を来店する顧客の数に関連した確率の計算にポアソン分布を使用できる。

　ポアソン分布は、1単位あたりで生起する事象の期待数を表す λ（ギリシャ小文字、

「ラムダ」)と呼ばれる特性値を持っている。ポアソン分布の分散もλに等しくなり、標準偏差は$\sqrt{\lambda}$となる。ポアソン確率変数の事象数Xが取り得る値の範囲は0から無限大(∞)までである。

ポアソン分布を数学的に表現したものが式(3.8)であり、事象の期待値(平均値)がλであるときに、事象生起数を表す変数Xの値がxである確率を表す。

ポアソン分布の確率

$$P(X=x|\lambda) = \frac{e^{-\lambda}\lambda^x}{x!} \quad \text{式(3.8)}$$

ここで、
$P(X=x|\lambda) = \lambda$で与えられる機会領域においてXが表す事象の生起数がxである確率
λ = 事象が起こる期待値、または平均値
e = 自然対数の底(近似値 2.71828)
x = 事象の生起数($x = 0, 1, 2, \ldots, \infty$)

正午から午後1時までの時間帯の任意の1分間に銀行に来店する顧客の平均数が3人である場合の、ポアソン分布の応用例を考えてみる。

ある任意の1分が指定されたとき、その1分間に正確に2名の顧客が来店する確率はどれだけになるか? さらに、ある任意の1分間に2名を超える顧客が来店する確率はどれだけになるか?

$\lambda=3$であるとして、式(3.8)を使用すると、ある任意の1分の間に正確に2名の顧客が来店する確率は次のように計算される。

$$P(X=2|\lambda=3) = \frac{e^{-3.0}(3.0)^2}{2!} = \frac{9}{(2.71828)^3(2)} = 0.2240$$

任意の1分間に2名を超える顧客が来店する確率は次式で計算される。

$$P(X>2) = P(X=3) + P(X=4) + \cdots P(X=\infty)$$

ある確率分布で計算される確率をすべて足し合わせると、その総和は必ず1になるから、上式の右辺はXが2またはそれ未満となる事象の余事象の確率$[1 - P(X \leq 2)]$を表している。したがって、

$$P(X>2) = 1 - P(X \leq 2) = 1 - [P(X=0) + P(X=1) + P(X=2)]$$

これに式(3.8)を適用すると、

$$P(X>2) = 1 - \left[\frac{e^{-3.0}(3.0)^0}{0!} + \frac{e^{-3.0}(3.0)^1}{1!} + \frac{e^{-3.0}(3.0)^2}{2!} \right]$$
$$= 1 - [0.0498 + 0.1494 + 0.2240]$$
$$= 1 - 0.4232 = 0.5768$$

したがって、1分の間に2名を超える顧客が来訪する確率は57.68%となる。

ポアソン分布から確率を計算するには、煩雑で退屈な計算が必要となる。図3.4に示すのはExcelを使用したポアソン確率の計算例である。ポアソン確率は、確率表から見つけ出すことも可能である。

図3.4
λ＝3のときのポアソン確率計算：Excelワークシート例

	A	B	C
1	ポアソン確率		
2			
3	データ		
4	ある事象が起こる平均値	3	
5			
6			
7	ポアソン確率表		
8	X	P(X)	
9	0	0.0498	=POISSON.DIST(A9,$B$4,FALSE)
10	1	0.1494	=POISSON.DIST(A10,$B$4,FALSE)
11	2	0.2240	=POISSON.DIST(A11,$B$4,FALSE)
12	3	0.2240	=POISSON.DIST(A12,$B$4,FALSE)
13	4	0.1680	=POISSON.DIST(A13,$B$4,FALSE)
14	5	0.1008	=POISSON.DIST(A14,$B$4,FALSE)
15	6	0.0504	=POISSON.DIST(A15,$B$4,FALSE)
16	7	0.0216	=POISSON.DIST(A16,$B$4,FALSE)
17	8	0.0081	=POISSON.DIST(A17,$B$4,FALSE)
18	9	0.0027	=POISSON.DIST(A18,$B$4,FALSE)
19	10	0.0008	=POISSON.DIST(A19,$B$4,FALSE)
20	11	0.0002	=POISSON.DIST(A20,$B$4,FALSE)
21	12	0.0001	=POISSON.DIST(A21,$B$4,FALSE)
22	13	0.0000	=POISSON.DIST(A22,$B$4,FALSE)
23	14	0.0000	=POISSON.DIST(A23,$B$4,FALSE)
24	15	0.0000	=POISSON.DIST(A24,$B$4,FALSE)
25	16	0.0000	=POISSON.DIST(A25,$B$4,FALSE)
26	17	0.0000	=POISSON.DIST(A26,$B$4,FALSE)
27	18	0.0000	=POISSON.DIST(A27,$B$4,FALSE)
28	19	0.0000	=POISSON.DIST(A28,$B$4,FALSE)
29	20	0.0000	=POISSON.DIST(A29,$B$4,FALSE)

例3.5
ポアソン確率を計算する

ある製造工場で1カ月に発生する労働災害は、月に平均2.5件のポアソン分布に従うことが知られている。ある1カ月間を考えたとき、労働災害がゼロ件である確率はいくらか？　また、少なくとも1件の労働災害が発生する確率はい

くらか？

解 式 (3.8) に λ = 2.5 を代入する（または、Excel を使用する、またはポアソン確率表から数値を探す）ことにより、ある 1 カ月の間に労働災害が全く発生しない確率は次のように計算される。

$$P(X = 0 | \lambda = 2.5) = \frac{e^{-2.5}(2.5)^0}{0!} = \frac{1}{(2.71828)^{2.5}(1)} = 0.0821$$

ある 1 カ月の間に発生する労働災害がゼロ件である確率は 0.0821、すなわち 8.21% である。したがって、少なくとも 1 件の労働災害が発生する確率は次式によって計算され、その値は 0.9179（すなわち、91.79%）となる。

$$\begin{aligned} P(X \geq 1) &= 1 - P(X = 0) \\ &= 1 - 0.0821 \\ &= 0.9179 \end{aligned}$$

統計を使ってみよう

再び、サクソン・ホーム・インプルーブメント社の場合

　この章の最初に説明したサクソン社のシナリオでは、あなたの役割は経理担当者であった。同社の会計情報システムは、顧客から寄せられる発注フォームを自動的にチェックして記入に間違いがないかを確認している。

　不明な点を含む発注書にはタグをつけておき、毎日の例外レポートに記載する。オーダーにタグが付けられる確率が 10% であることが分かっていることから、二項分布を使用してサイズが 4 である標本の中に、特定の数のタグ付きフォームが含まれる確率を計算することができた。「タグ付き」フォームが全く含まれない確率は 65.5%、1 つ含まれる確率は 29.2%、2 つまたはそれ以上含まれる確率は 5.2% という具合であった。また、含まれると予想される「タグ付き」フォームの数の平均が 0.4 であること、その標準偏差が 0.6 であることも計算することができた。確率が 0.10、標本サイズが 4 と分かっている場合に二項分布を使用するメカニズムを学習して理解したので、読者は同じ方法で確率と標本サイズが任意に与えられたケースに二項分布を適用することができる。これにより、オンライン発注プロセスに関する推定を行うことが可能になるが、さらに重要なのは、プロセスに何らかの変更が発生したとき、あるいは何らかの変更を実施しようとするときに、その結果

を評価することができることである。

> #### まとめ
>
> この章では、数学的な期待値と2種類の重要な離散確率分布（二項分布とポアソン分布）について学習した。次の章では最も重要な連続分布である正規分布について学習する。
>
> ある特性が与えられたとき、どの確率分布を適用すべきかを決定するには、以下の疑問について考えてみることが有効である。
>
> - 事象が何回観測されるかを表す n は数値で表現されるか？それぞれの標本があるカテゴリーに属するか否か？また、事象が起きる機会領域（または空間）が特定されるか？
> - 観測数 n が存在し、かつ特定したカテゴリーに属するか否かの2つで決まる時、二項分布を使用する。また、事象が起きたことを回数で表現し、かつその事象の起きる領域（または空間）が特定される時、ポアソン分布を使用する。

> #### 重要な公式

離散確率変数の期待値、μ

$$\mu = E(X) = \sum_{i=1}^{N} x_i P(X = x_i) \qquad 式(3.1)$$

離散確率変数の分散

$$\sigma^2 = \sum_{i=1}^{N} [x_i - E(X)]^2 P(X = x_i) \qquad 式(3.2)$$

離散確率変数の標準偏差

$$\sigma = \sqrt{\sigma^2} = \sqrt{\sum_{i=1}^{N} [x_i - E(X)]^2 P(X = x_i)} \qquad 式(3.3)$$

組み合わせの数

$$_nC_x = \frac{n!}{x!(n-x)!} \qquad 式(3.4)$$

二項分布の確率

$$P(X = x | n, \pi) = \frac{n!}{x!(n-x)!} \pi^x (1-\pi)^{n-x} \qquad 式(3.5)$$

二項分布の平均

$$\mu = E(X) = n\pi \qquad \text{式}(3.6)$$

二項分布の標準偏差

$$\sigma = \sqrt{\sigma^2} = \sqrt{Var(X)} = \sqrt{n\pi(1-\pi)} \qquad \text{式}(3.7)$$

ポアソン分布の確率

$$P(X = x|\lambda) = \frac{e^{-\lambda}\lambda^x}{x!} \qquad \text{式}(3.8)$$

キーワード

離散確率変数の確率分布　p.98
離散確率変数の分散　p.100
離散確率変数の標準偏差　p.100
数理モデル　p.101
二項分布　p.101
組み合わせ規則　p.103
ポアソン分布　p.111

復習問題

1 次の表は、ある小さな市において発生する一日の交通事故件数とその確率を記録したものである。

一日の事故件数 (X)	$P(X=x_i)$
0	0.10
1	0.20
2	0.45
3	0.15
4	0.05
5	0.05

a. 1日あたりの事故の平均を計算せよ。
b. 標準偏差を計算せよ。

2 ある大銀行の不動産担保融資の部門長が、過去2年間に承認された不動産担保融資の数を1週間ベースで集計してみた。過去2年間（合計104週）の集計結果が次の表に示されている。

不動産担保の融資承認件数	頻度（週）
0	13
1	25
2	32
3	17
4	9
5	6
6	1
7	1
合計	104

a. 不動産担保貸し付けの1週間あたりの融資承認数の期待値（平均値）を計算せよ。
b. 標準偏差を計算せよ。

3 ダウ平均が創設された1896年から2009年に至る期間において、64％の確率でダウ平均は上昇した。この情報をもとに、二項分布に従うと想定し、以下の年に株式市場が上昇する確率はどれくらいと考えるか。

a. 来年に株式市場が上昇する確率は？
b. 再来年に株式市場が上昇する確率は？
c. 来年以降5年間のうち4年間で株式市場が上昇する確率は？
d. 来年以降5年間は全く株式市場が上昇しない確率は？
e. この状況を考えるとき、二項分布を使う前提条件のうち妥当性が疑われる条件は？

4 米国大統領選挙が行われる年には、ダウ平均が上昇するという説がある。1964年から2008年までの期間について見ると、大統領選挙が行われた12年の中の9年でダウ平均が上昇した。この事を二項分布に従う確率事象と見なし、毎回50％の確率でこの事象が起こるとする。

a. 12回の米国大統領選挙年の中で、ダウ平均が9回以上上昇する確率を計算せよ（ダウ平均が上昇する確率を0.5とする）。
b. この事象が起こる確率が75％のとき、12回の米国大統領選挙年の中で、ダウ平均が9回以上上昇する確率を計算せよ。

5 料金計算で発生する誤りは顧客の不満を高め、最終的には純利益を圧迫することにつながる。ある企業では、料金計算の40％に何らかの誤りがあるとする。品質向上運動の

結果、誤りを含む料金計算の割合が20%へ減少したとする。10件の料金処理が行われたとき、次の二項分布に従う確率を計算せよ。
    a. 誤りを含む料金計算がゼロ件である確率は？
    b. ちょうど1件が誤りを含む確率は？
    c. 2件以上が誤りを含む確率は？
    d. 確率分布の平均と標準偏差は？

6 家庭電化製品メーカーにとって大きな問題の1つは、顧客が製品にいたずらに問題を見つけて返却しようとすることである。最近の報告によれば、すべての返品の68%は全く故障が発見されなかった。製品を返却した顧客20人を標本と考え、二項分布モデルを使用して、全く故障が発見されない場合の数についての以下の質問に回答せよ。
    a. その二項分布の期待値、または平均はどのようになるか？
    b. その二項分布の標準偏差はどうか？
    c. 20人の顧客の中の15人からの返品に「全く故障が発見されない」確率は？
    d. 20人の顧客の中の10人、またはそれ以下の数の顧客からの返品に「全く故障が発見されない」確率は？
    e. 20人の顧客の中の10人以上からの返品に「全く故障が発見されない」確率は？

7 米国運輸省は、航空機の乗客1,000人ごとに何件の荷物取り扱いミスが発生するかの統計をとっている。2010年初の9カ月間で見ると、デルタ航空では乗客1,000人について3.52件の荷物取り扱いミスが発生していた。続く1,000人の乗客について、デルタ航空で以下の事象が発生するポアソン分布を用いた確率を計算せよ。
    a. 荷物の取り扱いミスがゼロ件である確率は？
    b. 少なくとも1件の荷物取り扱いミスが発生する確率は？
    c. 少なくとも2件の荷物取り扱いミスが発生する確率は？

8 ある1年間に国内で見失われたゴルフボールの数は約3億個に達した。1回の18ホールラウンドで見失うゴルフボールの数は、平均5個のポアソン分布に従うとする。
    a. 1回の18ホールラウンドで見失うボール（ロストボール）の数がポアソン分布に従うと見なせるために必要な前提条件は何か？
    b. (a)の前提条件を使用して以下の確率を計算せよ。
    c. 1回の18ホールラウンドでロストボールの数がゼロである確率は？
    d. 1回の18ホールラウンドでロストボールの数が5個以下である確率は？
    e. 1回の18ホールラウンドでロストボールの数が6個以上である確率は？

第3章 Excel ガイド

EG3.1　離散確率変数の確率分布

Excelの操作方法　離散確率変数の期待値、分散、標準偏差を計算するために、テンプレートとしてファイル「**EG03**」の「**離散確率変数**」ワークシートを使用する。このワークシートには、3.1節のデータ（大規模コンピューターネットワークにおいて1日あたり発生する障害数に関するデータ）が含まれている。たとえば、セルA4～A9は一日の障害発生回数 X が入力され、セルB4～B9には対応する発生確率 $P(X)$ の値が入力されている。これらのデータに基づいて計算される期待値、分散、標準偏差の結果とそれぞれの計算式は下図に示す。

	A	B	C	D	E	F	G	H	I
1	離散確率変数の確率分布								
2							統計量		
3	X	P(X)	X*P(X)	[X-E(X)]^2	[X-E(X)]^2*P(X)		平均値	1.40	=SUM(C4:C9)
4	0	0.35	0.00	1.96	0.686		分散	2.040	=SUM(E4:E9)
5	1	0.25	0.25	0.16	0.040		標準偏差	1.43	=SQRT(H4)
6	2	0.20	0.40	0.36	0.072				
7	3	0.10	0.30	2.56	0.256				
8	4	0.05	0.20	6.76	0.338				
9	5	0.05	0.25	12.96	0.648				

X*P(X)	[X-E(X)]^2	[X-E(X)]^2*P(X)
=A4*B4	=(A4-$H$3)^2	=D4*B4
=A5*B5	=(A5-$H$3)^2	=D5*B5
=A6*B6	=(A6-$H$3)^2	=D6*B6
=A7*B7	=(A7-$H$3)^2	=D7*B7
=A8*B8	=(A8-$H$3)^2	=D8*B8
=A9*B9	=(A9-$H$3)^2	=D9*B9

EG3.2　二項分布

Excelの操作方法　テンプレートとしてファイル「**EG03**」の「**二項分布**」ワークシートを使用する。このワークシートには、二項確率を計算するためのテンプレートがあり（p.107の図3.2に示す）、このテンプレートを使用する。ここには3.2節で説明したタグ付き発注のデータが記入されている。二項確率を計算するにはワークシート内の **BINOM.DIST** 関数を使用する。この関数は BINOM.DIST（**成功数，試行回数，成功率，関数形式**）の形式で入力する。ここに、「成功数」としては注目する事象の発生数 (X) を指定し、「試行回数」としては標本数を指定、「成功率」としては注目する事象が起こる確率を指定、「関数形式」には「True－累積分布関数」、または「False－確率質量関数」のいずれかを指定する。この「関数形式」が「True－累積分布関数」の場合、この関数は注目する事象が X 回またはそれよりも少ない回数で発生する確率を計算してくれる。また「関数形式」が「False－確率質量関数」の場合は、注目する事象が正確に X 回だけ発生する

確率を計算してくれる（成功数の回数だけ成功する確率を示す）。本問題では「False－確率質量関数」を選択する。結果は、図 3.2 または「**二項分布**」ワークシートを参照すること。

EG3.3 ポアソン分布

Excelの操作方法 テンプレートとしてファイル「**EG03**」の「**ポアソン分布**」ワークシートを使用する。このワークシートには、ポアソン確率を計算するためのテンプレートがあり（p.113の図 3.4 に示す）、このテンプレートを使用する。ポアソン確率の計算には、ワークシート内の **POISSON.DIST** 関数を使用する。この関数は **POISSON.DIST (イベント数，平均，関数形式)** の形式で入力する。**イベント数**としては注目する事象の発生数（X）を指定し、**平均**としては事象が起こる平均値（ラムダ）を指定、「関数形式」には「True－累積分布関数」または「False－確率質量関数」のいずれかを指定する。「関数形式」が「True－累積分布関数」の場合、この関数は注目する事象が X 回またはそれよりも少ない回数で発生する確率を計算してくれる。また「関数形式」が「False－確率質量関数」の場合は、注目する事象が正確に X 回だけ発生する確率を計算してくれる（成功数の回数だけ成功する確率を示す）。本問題では「関数形式」に「False－確率質量関数」を選択する。結果は、図 3.4 または「**ポアソン分布**」ワークシートを参照すること。

第4章
正規分布

統計を使ってみよう
マイキャンパス社の場合

4.1 **連続確率分布**

4.2 **正規分布**
   正規確率を計算する

統計を使ってみよう
再び、マイキャンパス社の場合

Excel ガイド

学習の目的
本章で学ぶ内容
- 正規分布から確率を計算する
- 正規分布を使用してビジネスの問題を解く方法
- 正規確率プロットを使用して、データセットが近似的に正規分布に従うか否かを判定する

統計を使ってみよう
マイキャンパス社の場合

あなたは、大学生を対象としたソーシャルネットサイト「マイキャンパス」のウェブデザイナーである。学生にとって魅力あるサイトを作るため、他にはない動画コンテンツを毎日更新し、ユーザーが簡単にダウンロードして再生できるようにしておかなければならない。ダウンロード時間、すなわち、ウェブサイトのホームページへリンクしてから動画が再生可能な状態になるまでの時間（秒）については、使用するストリーミングメディア技術と、ウェブサイトに同時にログオンしているユーザー数の関数となる。

動画ダウンロードの迅速性をチェックするため、マイキャンパス社のオフィスにあるパソコン上でブラウザを開いてダウンロード時間を測定してみると、ダウンロードに要する平均は7秒、標準偏差は2秒であった。およそ3分の2のケースではダウンロード時間は5秒から9秒までの範囲内にあり、およそ95％の確率でダウンロード時間は3秒から11秒までの範囲に収まる。言い換えると、ダウンロード時間は平均値である7秒の周りに集中した釣り鐘型の分布をしている。最初の動画のダウンロード時間に関する疑問に答えるために、この情報はどのように役立つのだろうか？

第3章のサクソン社のマネジャーが必要とした情報は、所定の数の標本に含まれる「タグ付き」項目の数であった。マイキャンパス社のウェブデザイナーは、これとは異なる問題に対応しなければならない。すなわち、ダウンロード時間は整数値を含む任意の値を取り得るため、連続的な測定値を取り扱わなければならない。たとえば、次のような連続数値変数の問題に対して、どのように答えたらいいだろうか？

- 9秒以上のダウンロード時間を要する動画は全体の何割くらいか？
- 複数のダウンロードを考えたときに、10％が完了するまでに経過する時間は何秒か？
- 複数のダウンロードを考えたときに、99％が完了するまでに経過する時間は何秒か？
- ストリーミングメディア技術を強化することは、これらの問題への解答にどのような影響を与えるのか？

3章と同じように、確率分布をモデルとして使用することが可能である。この章では、連続確率分布の諸特性の理解に役立ち、ビジネスの問題に正規分布を適用する方法を学習していく。

4.1 連続確率分布

連続確率変数の値がどのように分布するかを数学的に定義する式を**確率密度関数**（**probability density function**）と呼ぶ。図4.1には3種類の確率密度関数のグラフが示されている。

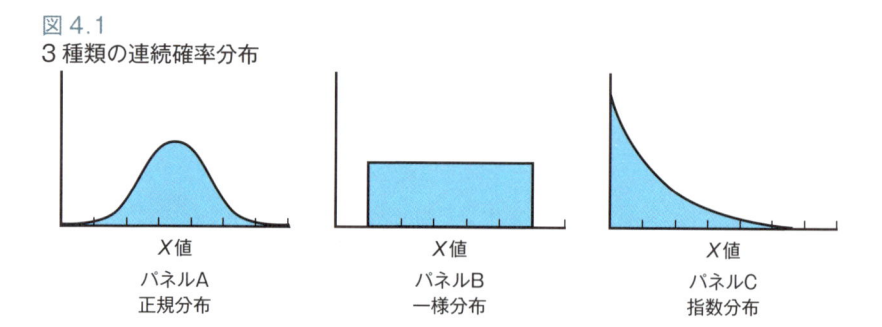

図 4.1
3種類の連続確率分布

パネルA　　　　　　パネルB　　　　　　パネルC
正規分布　　　　　　一様分布　　　　　　指数分布

パネルAは正規分布を表す。正規分布は対称な釣り鐘型であるため、大部分の値は平均値の周りに集中し、左右対称な形状を持つことから平均と中央値が等しくなる。正規分布の値は、理論的には負の無限大から正の無限大までの値をとり得るが、極端に大きな、または小さな値が起こることはほとんどない。

パネルBは一様分布を示す。この分布では、すべての値が範囲の最小値から最大値までの範囲で同じ生起確率を持つ。この分布は左右対称であることから平均と中央値が同じ値になる。

パネルCに示すのは指数分布の例である。この分布は右側の裾が長いため、平均が中央値よりも大きくなる。指数分布の値はゼロから正の無限大までの範囲をとり得るが、分布の形状から分かるとおり、極端に大きな値は実際には起こらない。

4.2 正規分布

正規分布［（**normal distribution**）またはガウス分布］は、統計学で最も一般的に使用される連続分布である。主として以下の3つの理由により、正規分布は統計学において根本的な重要性を持っている。

- ビジネスで普通に現れる連続変数の多くは、正規分布に極めて類似した分布に従う
- 正規分布を利用して、各種の離散確率分布を近似することができる
- 正規分布は中心極限定理（5.4節で議論する）とも深い関係があり、この理由によって古典的な統計的推測の基礎となる

正規分布は、図4.1のパネルAが示す古典的な釣り鐘型の分布で表される。正規分布を使用して、値がある範囲または区間内で起こる確率を計算することが可能である。ただし、連続変数の確率は曲線の下の面積として計算されるため、特定の厳密な値の確率を連続分布（たとえば正規分布）から計算すると、その値はゼロになってしまう。たとえば、時間（秒単位）を測定することはできるが、カウントすることはできない。したがって、たとえば、動画をウェブブラウザにダウンロードする時間が7秒から10秒の間である確率、ダウンロード時間が8秒から9秒の間である確率、あるいはダウンロード時間が7.99秒から8.01秒の範囲にある確率などを計算することはできるが、ダウンロード時間が厳密に8秒である確率を計算すると、その値はゼロになってしまう。

正規分布は、次のようないくつかの理論的に重要な特性を持っている。

- 左右対称な分布であるため、平均と中央値が等しい
- 形状が釣り鐘型である
- 両側の範囲に制限がない（$-\infty < X < \infty$）

実際問題として、多くの変数は正規分布の理論的特性に非常に密接に類似した分布を持っている。表4.1のデータは、最近のある1日に10,000本の1リットルボトルに充填されたソフトドリンクの量を表している。ここで注目する連続変数であるソフトドリンクの充填量は近似的に正規分布に従う。10,000本のボトルのソフトドリンク充填量測定値は1.05リットルから1.055リットルまでの範囲に密集しており、このグループを中心として上下に対称に分布する釣り鐘型パターンを形成している。

表 4.1
10,000 本のボトルに充填されたソフトドリンクの量

充填量（リットル）	相対頻度
< 1.025	48/10,000 = 0.0048
1.025 < 1.030	122/10,000 = 0.0122
1.030 < 1.035	325/10,000 = 0.0325
1.035 < 1.040	695/10,000 = 0.0695
1.040 < 1.045	1,198/10,000 = 0.1198
1.045 < 1.050	1,664/10,000 = 0.1664
1.050 < 1.055	1,896/10,000 = 0.1896
1.055 < 1.060	1,664/10,000 = 0.1664
1.060 < 1.065	1,198/10,000 = 0.1198
1.065 < 1.070	695/10,000 = 0.0695
1.070 < 1.075	325/10,000 = 0.0325
1.075 < 1.080	122/10,000 = 0.0122
1.080 以上	48/10,000 = 0.0048
合計	1.0000

図 4.2 は、10,000 本のボトルに充填された量の相対頻度ヒストグラムとポリゴンを示す。

図 4.2
10,000 本のボトルに充填されたソフトドリンクの相対頻度ヒストグラムとポリゴン表示

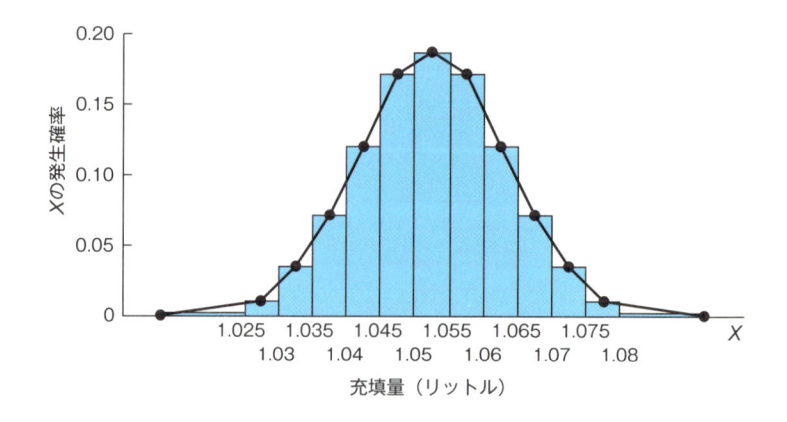

これらのデータを見ると、正規分布の理論特性の中の最初の2項目は近似的に満たされている。しかし、3番目の項目、すなわち範囲が無限であるという条件は満たされていない。ボトルへの充填量がゼロまたはそれ以下になることはなく、ボトルの容量を超えて充填されることもあり得ない。表 4.1 を見ると分かるように、充填量が 1.08 リットル以上になると期待されるのは 10,000 本のボトルの中のわずか 48 本に過ぎず、1.025 リットル未満となると期待されるのもこれと同数である。

確率密度関数を表すシンボルとして $f(X)$ を使用する。**正規分布の確率密度関数 (probability density function for the normal distribution)** は式(4.1)で与えられる。

正規確率密度関数

$$f(X) = \frac{2}{\sqrt{2\pi}\sigma} e^{-(1/2)[(X-\mu)/\sigma]^2} \quad \text{式(4.1)}$$

e = 自然対数の底（近似値 2.71828）
π = 円周率（近似値 3.14159）
μ = 平均
σ = 標準偏差
X = 連続変数の任意の値 $\quad -\infty < X < \infty$

式(4.1)は複雑に見えるが、e と π は定数であるため、確率変数 X の確率は正規分布の2つのパラメータ（平均 μ と標準偏差 σ）のみによって決まる。μ と σ として特定の値を指定すれば、その度に異なる確率分布が生成される。図 4.3 にその例を示す。分布 A と B は、平均 (μ) は同じであるが標準偏差 (σ) が異なる。分布 A と C は同じ標準偏差 (σ) を持つが平均 (μ) が異なる。分布 B と C では μ と σ の両方の値が異なる。

図 4.3
3 種類の正規分布

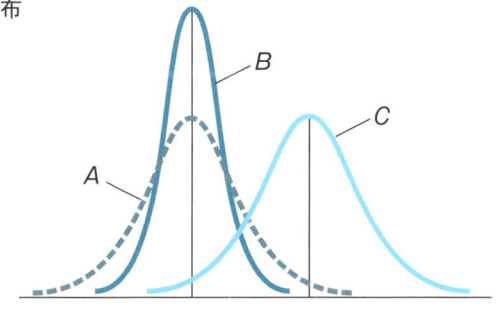

正規確率を計算する

　正規確率を計算するために、まず式(4.2)に示す変換式を使用して正規分布する確率変数 X を**標準化正規確率変数**（standardized normal random variable）の Z へ変換する。式(4.1)をそのまま使用すると面倒で複雑な計算が必要となるが、この公式を用いて変換しておくことにより、正規確率表が値を簡単に見つけ出すことができるようになる。

> **標準化のための変換式**
>
> Z の値は、X と平均 μ との差を標準偏差 σ で除算することによって得られる。
>
> $$Z = \frac{X - \mu}{\sigma} \quad 式(4.2)$$

　この標準化により、X の平均 μ からの乖離を、標準偏差を単位として表現した Z 値（標準化した単位、p.37 参照）が計算される。

　確率変数 X が任意の平均 μ と標準偏差 σ をとり得るのに対して、標準化確率変数 Z の場合は常に $\mu = 0$ であり、標準偏差は常に $\sigma = 1$ となる。この特性を持つことから、巻末資料 B の表 B.1 の**累積標準化正規分布**（cumulative standardized normal distribution）を参照して確率を決定することが可能になる。例として、この章の「統計を使ってみよう」で説明したシナリオを思い出してみよう。過去のデータから動画のダウンロード時間は平均 $\mu = 7$ 秒、標準偏差 $\sigma = 2$ 秒の正規分布に従うことが分かっている。図 4.4 から分かるように、すべての X の測定値に対応して、式(4.2)から計算された標準化測定値 Z が存在する。この図から、ダウンロード時間の 9 秒は、次式から計算されるように、平均から上方へ 1 標準偏差だけ離れた位置を表す。

$$Z = \frac{9 - 7}{2} = +1$$

図 4.4
標準化

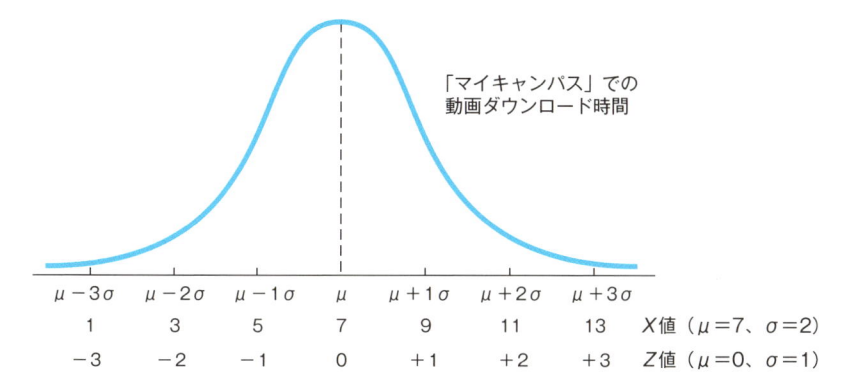

```
          μ-3σ  μ-2σ  μ-1σ   μ   μ+1σ  μ+2σ  μ+3σ
            1     3     5    7     9    11    13    X値（μ=7、σ=2）
           -3    -2    -1    0    +1    +2    +3    Z値（μ=0、σ=1）
```

「マイキャンパス」での動画ダウンロード時間

ダウンロード時間の1秒は、次式から計算されるように、平均から下方へ-3標準化単位(3標準偏差)だけ離れた位置を表す。

$$Z = \frac{1-7}{2} = -3$$

図4.4から分かるように、標準偏差が測定値の単位として使用されている。言い換えれば、9秒という時間は平均時間7秒よりも2秒(1標準偏差)だけ長い(ダウンロードが遅い)時間を意味する。同じように、1秒は平均時間よりも6秒(すなわち3標準偏差)だけ短い(ダウンロードが速い)時間を意味する。

変換公式のもう1つの例として、別なウェブサイトでは動画のダウンロード時間が平均$\mu = 4$秒、標準偏差$\sigma = 1$秒の正規分布に従うものとする。この分布を図4.5に示す。

図 4.5
別の標準化の例

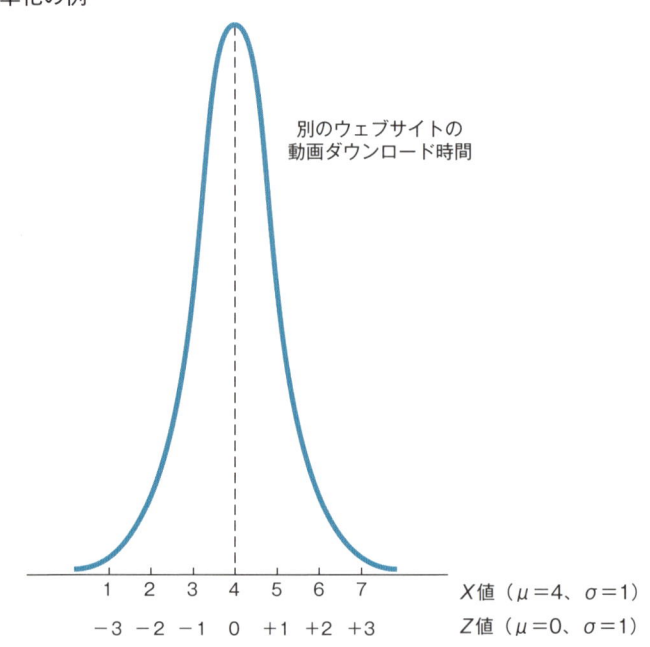

別のウェブサイトの
動画ダウンロード時間

1	2	3	4	5	6	7	X値（$\mu=4$、$\sigma=1$）
-3	-2	-1	0	$+1$	$+2$	$+3$	Z値（$\mu=0$、$\sigma=1$）

　これらの結果をマイキャンパス社のウェブサイトの例と比較すると、ダウンロード時間5秒が平均ダウンロード時間よりも1標準偏差だけ長い時間を表している。

$$Z = \frac{5-4}{1} = +1$$

時間1秒は、平均ダウンロード時間よりも3標準偏差だけ短い時間を表す。

$$Z = \frac{1-4}{1} = -3$$

　Z値を計算すると、累積標準化正規分布の数値表（たとえば、巻末資料Bの表B.1）から希望する正規確率を見つけ出すことができる。たとえば、「マイキャンパス」サイトでのダウンロード時間が9秒未満となる確率を見つけたいとする。平均が$\mu=7$秒、標準偏差が$\sigma=2$秒であるとすれば、$X=9$を標準化単位へ変換して

得られる Z の値は +1.00 となる。

表 B.1 にこの値を適用すれば、正規曲線上で Z = +1.00 よりも左側の曲線の下の累積面積を見つけることができる。曲線の下の、Z の値が +1.00 よりも小さな値となる確率を読み取るには、表 B.1 の Z 行 (値が 0.1 刻みで変化する行) を下方向へ移動した Z が 1.0 となる行を探す。次に、その行を横へ移動してゆき、Z の値の 1/100 の桁の値が希望する値と一致する場所を探す。したがって、この表の中で Z = 1.00 に対応する位置は、Z = 1.0 の行と Z = .00 の列が交わる位置ということになる。

表 B.1 から、この交差した部分を含む領域を抜き出して示したのが表 4.2 である。行と列の交差位置に示されている確率値は 0.8413 であるため、これは、ダウンロード時間が 9 秒未満となる確率が 84.13% であることを意味する。この確率をグラフで示しているのが図 4.6 である。

表 4.2
正規曲線の下の累積面積を見つけ出す

標準正規分布表

Z	.00	.01	.02	.03	.04	.05	.06	.07	.08	.09
0.0	.5000	.5040	.5080	.5120	.5160	.5199	.5239	.5279	.5319	.5359
0.1	.5398	.5438	.5478	.5517	.5557	.5596	.5636	.5675	.5714	.5753
0.2	.5793	.5832	.5871	.5910	.5948	.5987	.6026	.6064	.6103	.6141
0.3	.6179	.6217	.6255	.6293	.6331	.6368	.6406	.6443	.6480	.6517
0.4	.6554	.6591	.6628	.6664	.6700	.6736	.6772	.6808	.6844	.6879
0.5	.6915	.6950	.6985	.7019	.7054	.7088	.7123	.7157	.7190	.7224
0.6	.7257	.7291	.7324	.7357	.7389	.7422	.7454	.7486	.7518	.7549
0.7	.7580	.7612	.7642	.7673	.7704	.7734	.7764	.7794	.7823	.7852
0.8	.7881	.7910	.7939	.7967	.7995	.8023	.8051	.8078	.8106	.8133
0.9	.8159	.8186	.8212	.8238	.8264	.8289	.8315	.8340	.8365	.8389
1.0	.8413	.8438	.8461	.8485	.8508	.8531	.8554	.8577	.8599	.8621

表 B.1 より抜粋

図 4.6
累積標準化正規分布から Z よりも小さな領域の面積を決定する

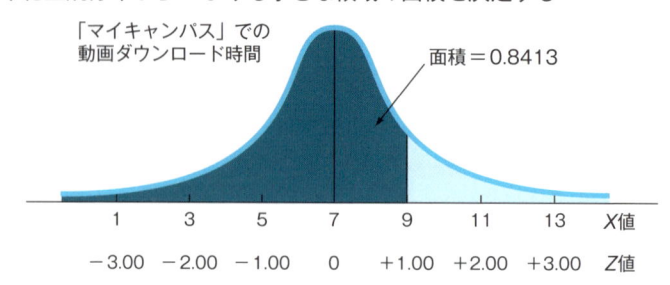

「マイキャンパス」での動画ダウンロード時間 面積＝0.8413

ただし、上で説明した別のウェブサイトの場合は、5秒は平均時間4秒を1標準化単位超えた値であったため、ダウンロード時間が5秒を下回る確率はやはり0.8413になる。

図 4.7 は、ある任意の変数が正規分布に従うのであれば、その平均 μ と標準偏差 σ の値が何であれ、式(4.2)を使用して X 値を Z 値に変換できることを示している。

図 4.7
標準化の図による説明：2つの異なる正規曲線の対応する累積面積を標準化する

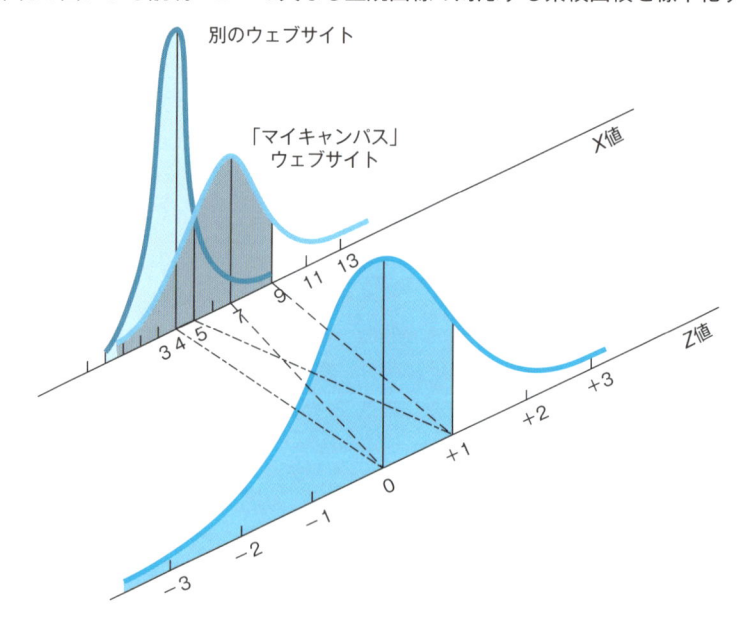

みなさんはすでに式(4.2)で変換してから表B.1を使用する方法を学習しているため、正規分布にこの知識を適用し、「マイキャンパス」の動画ダウンロードに関連した様々な質問に答えることができる。

例 4.1
$P(X>9)$ の値を見つけ出す

ウェブサイト「マイキャンパス」における動画ダウンロードに、少なくとも9秒を要する確率はどうなるだろうか？

解 ダウンロード時間が9秒未満となる確率は 0.8413 である（図 4.6 参照）。ダウンロード時間が9秒以上となるのは、ダウンロード時間が9秒未満となる事象の余事象であるため、その確率は、$1 - 0.8413 = 0.1587$ となる。この結果を図 4.8 に示す。

図 4.8
$P(X>9)$ の値を見つけ出す

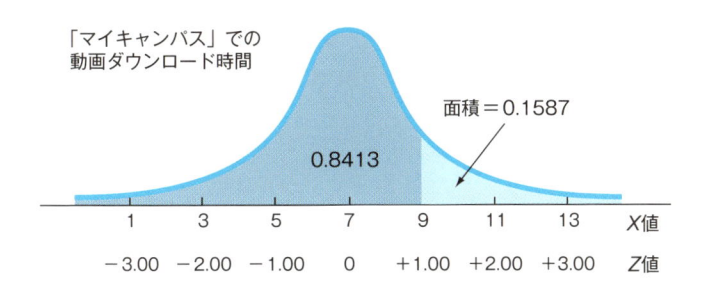

例 4.2
$P(X<7 \text{ または } X>9)$ の値を見つけ出す

ウェブサイト「マイキャンパス」における動画ダウンロードに要する時間が7秒未満であるか、または、9秒を超える確率はどうなるだろうか？

解 この確率を見つけ出すために、次の2つの確率を別々に計算し、その確率の和をとる。つまり、ダウンロード時間が7秒未満となる確率、および、ダウンロード時間が9秒を超える確率である。この結果を示しているのが図 4.9 である。平均が7秒であることから、ダウンロード時間が7秒未満となる割合は

50%である。例4.1から、ダウンロード時間が9秒を超える確率は0.1587であることが分かっている。したがって、ダウンロード時間が7秒未満、または9秒を超える確率は0.5000 + 0.1587 = 0.6587となる。

図4.9
$P(X<7$ または $X>9)$ の値を見つけ出す

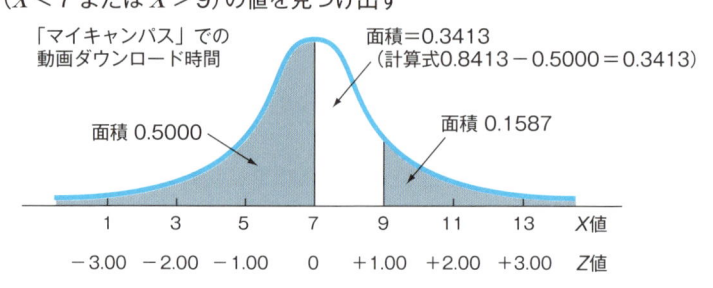

例4.3
$P(5<X<9)$ の値を見つけ出す

ウェブサイト「マイキャンパス」の動画ダウンロードに要する時間が5秒から9秒までの間に入る確率、すなわち、$P(5<X<9)$はどうなるだろうか?

解 図4.10を見るとわかるとおり、注目するのは値が5と9の間に挟まれる領域である。

図4.10
$P(5<X<9)$ の値を見つけ出す

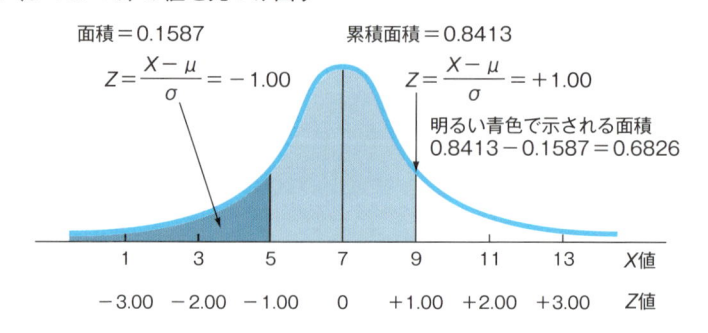

例4.1の結果から、正規曲線の9秒未満の領域の面積は0.8413であることが分かっている。正規曲線の5秒未満の領域の面積を計算するには、

$$Z = \frac{5-7}{2} = -1.00$$

であることから、表 B.1 の該当する数値を探して 0.1587 が得られる。したがって、ダウンロード時間が 5 秒から 9 秒の範囲に収まる確率は、図 4.10 に示すように、0.8413 − 0.1587 = 0.6826 となる。

例 4.3 の結果から、どのような分布であっても正規分布である限りは平均 ± 1 標準偏差の範囲に値が収まる確率は 68.26% であるということが言える。また、図 4.11 から、平均 ± 2 標準偏差の範囲に値の 95.44% が収まることが分かる。したがって、ダウンロード時間の 95.44% は 3 秒から 11 秒までの範囲内にある。図 4.12 から、平均の ± 3 標準偏差の範囲に全ての値の中の 99.73% が収まる。したがって、ダウンロード時間の 99.73% は 1 秒から 13 秒までの範囲内にある。この結果から、ダウンロード時間が 1 秒未満（高速ダウンロード）または 13 秒を超える（低速ダウンロード）のは非常に希であることが分かる（その確率は 0.0027 である。つまり 10,000 回の中で 27 回のみ）。

一般的に、正規分布するデータの範囲の実用的な近似として 6σ（すなわち、平均の下側 3 標準偏差から、上側へ 3 標準偏差までの範囲）を使用することができる。

図 4.11
$P(3 < X < 11)$ の値を見つけ出す

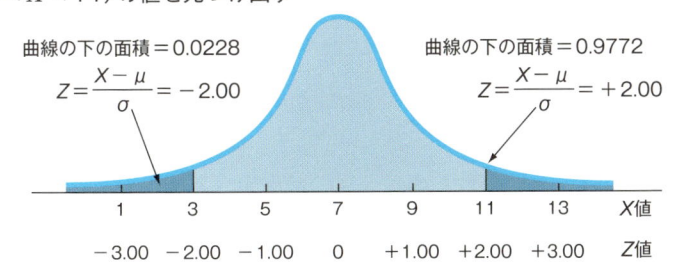

図 4.12
$P(1 < X < 13)$ の値を見つけ出す

曲線の下の面積 = 0.00135　　　曲線の下の面積 = 0.99865

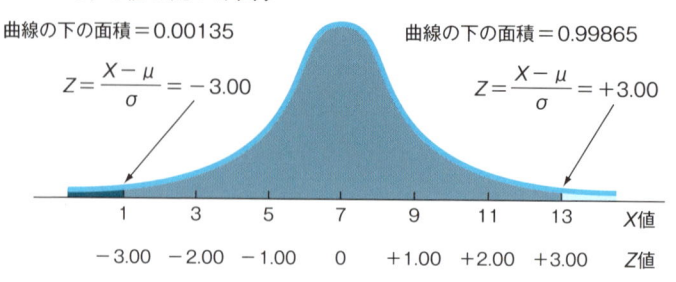

$Z = \dfrac{X - \mu}{\sigma} = -3.00$　　　$Z = \dfrac{X - \mu}{\sigma} = +3.00$

| X値 | 1 | 3 | 5 | 7 | 9 | 11 | 13 |
| Z値 | −3.00 | −2.00 | −1.00 | 0 | +1.00 | +2.00 | +3.00 |

図 4.10、4.11、および 4.12 は、あらゆる正規分布について以下の関係が成立することを示している。

- すべての値の約 68.26% が平均値 ± 1 標準偏差の範囲に分布する。
- すべての値の約 95.44% が平均値 ± 2 標準偏差の範囲に分布する。
- すべての値の約 99.73% が平均値 ± 3 標準偏差の範囲に分布する。

対象とするデータセットがより密接に正規分布に従うほど、この経験則の精度も向上する。

例 4.1 から 4.3 までの問題では、特定の X の値に対応する正規曲線の下の面積を見つけ出すために正規分布数値表 B.1 を参照する必要があった。多くの状況下では、逆に特定の面積値に対応する X の値を見つけ出すことが必要となる。例 4.4 および 4.5 はこのような状況を示す。

例 4.4
累積確率が 0.10 となる X の値を見つけ出す

「マイキャンパス」の最も速い側から 10% のダウンロードが完了するまでに経過する時間（秒）の長さはどれくらいだろうか？

解 動画の 10% が X 秒以下の時間内にダウンロードが完了すると考えるため、この値以下の領域の正規分布の面積は全体の 0.100 となる。したがって、表 B.1 の中から面積または確率が 0.100 となる値を探すことになる。表 4.3（表 B.1 の一部を抜き出したデータ）を見ると、最も近い値は 0.1003 である。

表 4.3
標準正規分布表曲線の下の累積面積が特定の値 (0.10) を示す Z 値を見つけ出す

累積確率

Z	.00	.01	.02	.03	.04	.05	.06	.07	.08	.09
—	—	—	—	—	—	—	—	—	—	—
—	—	—	—	—	—	—	—	—	—	—
—	—	—	—	—	—	—	—	—	—	—
−1.5	.0668	.0655	.0643	.0630	.0618	.0606	.0594	.0582	.0571	.0559
−1.4	.0808	.0793	.0778	.0764	.0749	.0735	.0721	.0708	.0694	.0681
−1.3	.0968	.0951	.0934	.0918	.0901	.0885	.0869	.0853	.0838	.0823
−1.2	.1151	.1131	.1112	.1093	.1075	.0156	.0138	.1020	.1003	.0985

表 B.1 より抜粋

この面積値から、表の該当する上で対応する値を探して Z の値を決定する。対応するのが $Z = -1.2$ の行と .08 の列であることから、Z の値は -1.28 であることが分かる (図 4.13 参照)。

図 4.13
Z の値を見つけ出して X を決定する

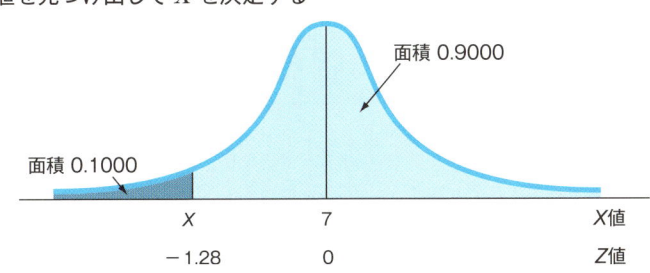

Z の値を決定後、変換式 (式 (4.2)) を使用して X の値を決定する。

$$Z = \frac{X - \mu}{\sigma}$$

を変形すると

$$X = \mu + Z\sigma$$

となることから、この式に $\mu = 7$、$\sigma = 2$、$Z = -1.28$ を代入して

$$X = 7 + (-1.28)(2) = 4.44 \text{ 秒}$$

すなわち、ダウンロード時間の10%は4.44秒以下となる。

一般的には、式(4.3)を使用して X 値を決定する。

既知の確率値から X 値を決定する

X の値は、平均 (μ) に Z 値と標準偏差 (σ) との積を加算した値に一致する。

$$X = \mu + Z\sigma \quad \text{式}(4.3)$$

既知の確率値から、それに対応する特定の値を決定するためには以下のステップを実行する。

1. 正規曲線を描き、X および Z 値上で平均および X の値の位置を決める。
2. X までの累積面積を見つけ出す。
3. 表B.1を参照して、正規曲線の X よりも小さな領域の面積に対応する Z の値を決定する。
4. 式(4.3)を適用して X を決定する。

$$X = \mu + Z\sigma$$

例4.5
ダウンロード時間の95%を含む X 値を見つけ出す

「マイキャンパス」ウェブサイトの動画をダウンロードする時間の95%は、ある2つの値に挟まれる領域に分布している。この領域の下限と上限を規定する X 値(平均の両側に対称に分布する)はどうなるだろうか？

解 まず、下限の X 値 (X_L) を決める必要がある。それによって、上限の X 値 (X_U) も決まる。値の95%が X_L と X_U に挟まれる領域に分布し、X_L と X_U

が平均から左右に等距離であることから、値の 2.5% が X_L よりも左の領域に分布している (図 4.14 参照)。

図 4.14
Z 値を見つけ出して X_L を決定する

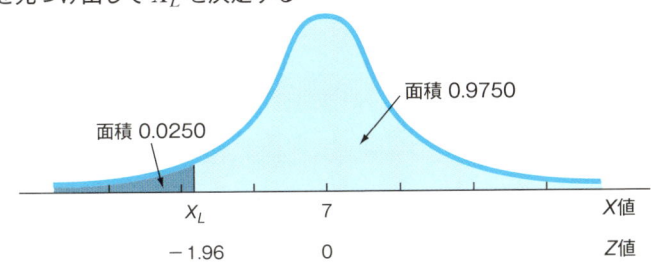

X_L はまだ決まらないが、これに対応する Z 値は決定することができる。なぜならば、この Z 値よりも小さな値に対応する正規曲線の面積が 0.0250 であることが分かっているからである。表 4.4 の数値表の中で確率 0.0250 の位置を探す。

表 4.4
標準正規の下の累積面積が値 0.025 を示す Z 値を見つけ出す

Z	.00	.01	.02	.03	.04	.05	.06	.07	.08	.09
⋮	⋮	⋮	⋮	⋮	⋮	⋮	⋮	⋮	⋮	⋮
−2.0	.0228	.0222	.0217	.0212	.0207	.0202	.0197	.0192	.0188	.0183
−1.9	.0287	.0281	.0274	.0268	.0262	.0256	.0250	.0244	.0239	.0233
−1.8	.0359	.0351	.0344	.0336	.0329	.0232	.0314	.0307	.0301	.0294

表 B.1 より抜粋

数値表から、それに対応する見出しの値を探すと、対応する Z の行は -1.9 であり、列は 0.06 であることが分かる。したがって、Z の値は -1.96 となる。Z の値を決定後、最後のステップとして式 (4.3) を使用して計算する。

$$\begin{aligned} X &= \mu + Z\sigma \\ &= 7 + (-1.96)(2) \\ &= 7 - 3.92 \\ &= 3.08 \text{ 秒} \end{aligned}$$

X_U を決定する方法もこれと同様である。X_U よりもダウンロード時間が長くなるのは全体の 2.5% だけであるため、動画ダウンロード時間の 97.5% は X_U 秒よりも短い時間でダウンロードされることになる。正規分布は左右対称であることから、求める Z 値（図 4.15 に示す）は +1.96 となる（Z は標準化された平均 (0) の右側に位置する）この Z 値は表 4.5 の数値表から見つけ出すことも可能である。この表から分かるとおり、0.975 という値は、正規曲線の Z 値 +1.96 よりも小さな領域の面積に他ならない。

図 4.15
Z の値を見つけ出して X_U を決定する

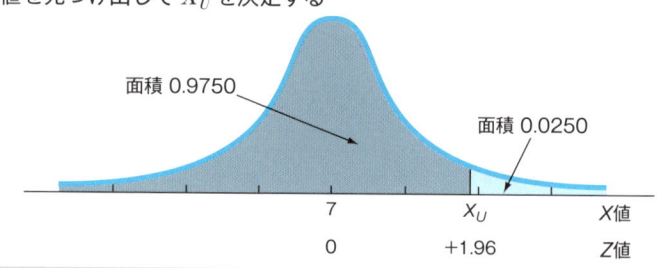

面積 0.9750　　面積 0.0250

　　　　7　　X_U　　　X 値
　　　　0　　+1.96　　　Z 値

表 4.5
正規曲線の下の累積面積が値 0.975 を示す Z 値を見つけ出す

累積面積

Z	.00	.01	.02	.03	.04	.05	.06	.07	.08	.09
⋮	⋮	⋮	⋮	⋮	⋮	⋮	⋮	⋮	⋮	⋮
+1.8	.9641	.9649	.9656	.9664	.9671	.9678	.9686	.9693	.9699	.9706
+1.9	.9713	.9719	.9726	.9732	.9738	.9744	.9750	.9756	.9761	.9767
+2.0	.9772	.9778	.9783	.9788	.9793	.9798	.9803	.9808	.9812	.9817

表 B.1 より抜粋

式 (4.3) を使用すると

$$\begin{align} X &= \mu + Z\sigma \\ &= 7 + (+1.96)(2) \\ &= 7 + 3.92 \\ &= 10.92 \text{ 秒} \end{align}$$

以上により、ダウンロード時間の 95% は 3.08 秒から 10.92 秒までの範囲内にあることが分かる。

数値表から累積確率を見つけ出す方法の代わりとして、Excelを使用して正規確率を計算することも可能である。例4.1から例4.4までの問題に類似した問題を、Excelワークシートを使用して計算した例を図4.16に示す。

図4.16
正規確率を計算するExcelワークシート

	A	B	
1	正規分布		
2			
3	データ		
4	平均	7	
5	標準偏差	2	
6			
7	X値以下の確率		
8	X値	7	
9	Z値	0	=STANDARDIZE(B8,B4,B5)
10	P(X<=7)	0.5	=NORM.DIST(B8,B4,B5,TRUE)
11			
12	X値を超える確率		
13	X値	9	
14	Z値	1	=STANDARDIZE(B13,B4,B5)
15	P(X>9)	0.1587	=1-NORM.DIST(B13,B4,B5,TRUE)
16			
17	X値が7未満または9を超える確率		
18	P(X<7またはX>9)	0.6587	=B10+B15

	A	B	
1	正規分布		
2			
3	データ		
4	平均	7	
5	標準偏差	2	
6	範囲の確率		
7	Xの上部限界値	5	
8	Xの下部限界値	9	
9	X=5に対するZ値	−1	=STANDARDIZE(B7,B4,B5)
10	X=9に対するZ値	1	=STANDARDIZE(B8,B4,B5)
11	P(X<=5)	0.1587	=NORM.DIST(B7,B4,B5,TRUE)
12	P(X<=9)	0.8413	=NORM.DIST(B8,B4,B5,TRUE)
13	P(5<=X<=9)	0.6827	=ABS(B12−B11)
14			
15	累積確率が与えられたときのX値とZ値		
16	累積確率	10.00%	
17	Z値	−1.2816	=NORM.S.INV(B16)
18	X値	4.4369	=NORM.INV(B16,B4,B5)

統計を使ってみよう

再び、マイキャンパス社の場合

冒頭で説明したように、あなたはマイキャンパス社のソーシャルネットワークのウェブデザイナーである。そして、このウェブサイトを訪れる人ができるだけ迅速にダウンロードと動画再生を行えるように改善を図った（動画を迅速に再生できることはサイト訪問者を引きつけて定着させるために有効である）。社内での調査により、ウェブサイトへ最初にリンクしてから動画が完全に表示されるまでの時間（秒）は釣り鐘型の形状に分布しており、平均ダウンロード時間は7秒、標準偏差は2秒であることが分かった。正規分布を適用することにより、ダウンロード時間の約84%は9秒以下であり、ダウンロード時間の95%は3.08秒から10.92秒の範囲内にあるというデータを計算することができた。

あなたすでに正規分布を使用して確率を計算する方法を学んだので、別のウェブページデザインを使用した場合のダウンロード時間を評価することもできる。たとえば、標準偏差は2秒のままであったとして、平均を6秒へ短縮できたとすれば、分布全体が低い方へ1秒だけ移動する。すると、ダウンロード時間の約84%は8秒以下となり、ダウンロード時間の95%は2.08秒から9.92秒の範囲に入る。

長いダウンロード時間を短縮する別のアプローチとして、変動を小さくすることが考えられる。たとえば、平均は初めの説明のとおり 7 秒のままとして、標準偏差が 1 秒へ短縮されたケースを考えてみる。このケースでもダウンロード時間の約 84% は 8 秒以下となるが、ダウンロード時間の 95% は 5.04 秒から 8.96 秒の範囲に入る。

まとめ

みなさんはこの章、および前の章で確率分布として知られる数学モデルについて学習し、ビジネスの問題にどのように応用されるかを見てきた。第 3 章では、離散確率分布を使用した。この確率分布が取り扱うのは数え上げプロセスから生起する事象である（例：学校で受講するクラスの数、会計情報システムが生成するレポートに記載される「ダグ付き」発注フォームの数、など）。この章では、測定プロセスから発生する事象を取り扱う連続確率分布について学習した（例：身長、動画のダウンロード時間、など）。何通りもの形状を持つ複数の連続確率分布が存在するが、その中で最も一般的かつ重要なのが正規分布である。

正規分布は左右対称であるため、平均と中央値が一致する。正規分布は釣り鐘のような形状を持ち、観測値の約 68.26% が平均 ± 1 標準偏差の範囲内に、約 95.44% が平均 ± 2 標準偏差の範囲内に、約 99.73% が平均 ± 3 標準偏差の範囲内にそれぞれ収まる。ビジネスの問題で現れる多くのデータセットは正規分布を使用してかなり精密に近似することができるが、すべてのデータが例外なく正規分布で近似できるとは限らない。具体的な状況を考えたときに、正規分布が妥当な数学モデルであるか否かを判断する（正規性の評価）ための何とおりもの手法が存在する。

第 5 章では、正規分布をさらに展開して統計的推測という主題を取り扱う。

重要な公式

正規確率密度関数

$$f(X) = \frac{2}{\sqrt{2\pi}\sigma} e^{-(1/2)[(X-\mu)/\sigma]^2} \qquad 式(4.1)$$

変換公式

$$Z = \frac{X - \mu}{\sigma} \qquad 式(4.2)$$

既知の確率から X 値を決定する

$$X = \mu + Z\sigma \qquad 式(4.3)$$

キーワード

確率密度関数 p.124
正規分布 p.124
正規分布の確率密度関数 p.127

標準化正規確率変数 p.128
累積標準化正規分布 p.128

復習問題

1 ある運送会社が調べたところ、トラック1台の年間走行距離は正規分布に従うことが分かった。その分布の平均は5万マイル、標準偏差は1万2千マイルであった。

a. 年間走行距離が3万4千マイルから5万千マイルの範囲に入るトラックは全体の何割か？
b. 年間走行距離が3万マイル未満、または6万マイルを超えるトラックの数は全体の何パーセントか？
c. ある走行距離を超えるトラックの数は全体の80%である。この走行距離を求めよ。
d. 標準偏差が1万マイルであるとすれば、(a)から(c)への答えはどのようになるか？

2 2リットルのボトルに充填されるソフトドリンクの量は正規分布に従い、その平均は2.0リットル、標準偏差は0.05リットルである。ボトルへの充填量が正味容量の95%（このケースでは1.90リットル）未満であると、製造メーカーは消費者問題を管轄する省当局から罰金を科される。また、正味容量が2.10リットルを超えると栓を開けたときに吹きこぼれを起こす可能性がある。次のような充填量を持つボトルの割合を計算せよ。

a. 1.90リットルから2.0リットルまでの間の充填量になるボトルの割合は？
b. 1.90リットルから2.10リットルまでの間の充填量になるボトルの割合は？
c. 1.90リットル未満、または、2.10リットルを超える充填量となるボトルの割合は？
d. ボトル全数の99%はある値以上の充填量を持っている。ある値とは何か？
e. ボトル全数の99%は、平均の上と下にある2つの値（対称に分布）に挟まれる充填量を持っている。この2つの値とは何か？

3 あるオレンジジュース製造メーカーは、使用するすべてのオレンジを1つのオレンジ果樹園から購入している。1個ごとのオレンジから絞り出される果汁は近似的に正規分布にしたがい、その平均は4.70オンス、標準偏差は0.40オンスである。

a. 無作為抽出した1個のオレンジが含む果汁の量が4.70から5.00オンスの範囲に入る確率は？
b. 無作為抽出した1個のオレンジが含む果汁の量が5.00から5.50オンスの範囲に入る確率は？
c. 全体の個数の77%のオレンジは少なくともどれくらいの果汁を含むか？

e. 全体の個数の 80％ のオレンジの果汁量（オンス）は、ある 2 つの値に挟まれる範囲に入る。この 2 つの値（母集団平均の両側に対称に分布する）とは何か？

4 ウェブサイトのダウンロード時間は、そのウェブサイトの性能を表す重要な品質特性である。I 社のホームページをダウンロードする平均時間は 1.2 秒であった。ダウンロード時間は正規分布に従うものとし、その標準偏差を 0.2 秒とする。ダウンロード時間について以下の確率を計算せよ。

a. ダウンロード時間が 2 秒未満となる確率は？
b. ダウンロード時間が 1.5 秒と 2.5 秒の範囲にある確率は？
c. ダウンロード時間が 1.8 秒を超える確率は？
d. ダウンロード時間の 99％ はある時間よりも長い（短い）。ある時間（秒）答えよ。
e. ダウンロード時間の 95％ は 2 つの時間（平均の両側に対称に分布）の間に収まる。この 2 つの時間（秒）とは何か？

第 4 章 Excel ガイド

EG4.1　正規分布

エクセルの操作方法　正規確率を計算するには Excel ワークシートの **NORM.DIST** 関数を使用する。X の値を指定して、その値以下の累積確率を返すにはこの関数を **NORM.DIST (X 値，平均，標準偏差，True − 累積分布関数)** で入力する。

正規確率を計算するためのテンプレートとして 141 ページの図 4.16 に示すワークシートを使用する。このワークシートには例 4.1 から例 4.4 までの問題を解くのに必要な計算が書き込まれている。

このワークシートには以下の項目を計算するためにも使用できる。たとえば、**STANDARDIZE (X 値，平均，標準偏差)** 関数を用いて標準化の Z 値を求めることもできる。Z 値が与えられた時の Z 値以下の累積確率を、**NORM.S.INV (確率)** を使うことで求めることができる。また、X 値が与えられた時、X 値以下の累積確率を **NORM.INV (確率，平均，標準偏差)** 関数を使うことで求めることができる。

詳細は、図 4.16 の 2 つの図と Excel ファイル「**EG04**」の「**図 4 − 16 (1)**」ワークシートおよび「**図 4 − 16 (2)**」を参照すること。

第5章
標本抽出と標本分布

統計を使ってみよう
オックスフォード・シリアル社の場合

5.1 **各種の標本抽出法**
　　単純無作為標本
　　系統標本
　　層化標本
　　クラスター標本

5.2 **調査の価値を評価する**
　　調査に関わる誤差

5.3 **標本分布**

5.4 **平均の標本分布**
　　標本平均の不偏特性
　　平均の標準誤差
　　正規分布した母集団からの標本抽出
　　正規分布していない母集団からの標本抽出－中心極限定理

5.5 **比率の標本分布**

統計を使ってみよう
再び、オックスフォード・シリアル社の場合

学習の目的
本章で学ぶ内容
- タイプの異なる標本抽出法について
- 標本分布の考え方
- 標本平均と標本比率に関係した確率の計算
- 中心極限定理の重要性

統計を使ってみよう

オックスフォード・シリアル社の場合

8 時間交代制で稼働しているオックスフォード・シリアル社では、1シフトの間にシリアルを何千箱も箱詰めをする。あなたは工場の運用管理者として、1箱に封入されるシリアルの量を監督している。箱の表記と封入量を一致させるためには、1箱に平均368グラムのシリアルを封入する必要があるが、処理速度のため、どうしても封入量に多少の差が発生する。また、処理工程の調子が悪くなると、箱詰めされる平均重量自体が大きく変化し、表示値である368グラムからの許容範囲を超えてしまう可能性もある。

重量をチェックする方法としては、時間とコスト、そして効率の観点から、すべての箱を検査するのは難しいため、標本を抽出して検査を行う必要がある。さらに、選択した個々の標本について、それぞれの箱の重量を測定して標本平均を計算し、同時に、その標本平均が368グラムの母集団から無作為抽出されたものと見なせる確率も計算する必要がある。この解析の結果が、あなたはシリアル箱詰め工程の運転をそのまま継続するか、変更するか、あるいは停止させるかの重要な判断材料となる。

こでは、オックスフォード・シリアル社がシリアルを封入した箱標本の重量をもとに、封入工程についての判断を下さなければならない。そのためにこの章では、何種類かの異なる標本抽出法と標本分布について学習し、その知識を利用してビジネス上の問題を解決する方法を学ぶ。

5.1　各種の標本抽出法

序章では、解析を目的として抽出した母集団の一部を標本と定義した。統計的標本抽出手続きが注目するのは、母集団のすべての項目を選択するのではなく、大きな母集団の中でそれを代表できる小さな部分だけを収集することである。こうして収集した標本を使用して、母集団全体の特性値を推定する。標本抽出を行う主たる理由は次の3つである。

- 母集団の項目すべてを選択するよりも、標本を抽出した方が短い時間で処理が可能になる。
- 母集団のすべての項目を選択するよりも、標本を抽出した方がコストが低い。

- 母集団全体を解析するよりも、標本を解析した方が手間がかからず現実的である。

標本抽出のプロセスは、まず**フレーム (frame)**、つまり母集団を構成する項目のリストを定義することから始まる。フレームには母集団の一覧や名簿、地図・図表などの情報源をまとめておき、フレームから標本を抜き出す。したがって、母集団の特定の部分がフレームから排除されていると不正確、あるいは偏りのある結果が得られることになってしまう。また、データ生成のために異なるフレームを使用すると、それぞれの結果も異なる。

ではまずフレームを選択し、そのフレームから標本を抜き出してみよう。図5.1に示すように、標本には非確率標本と確率標本という2つのタイプが存在する。

図5.1
標本のタイプ

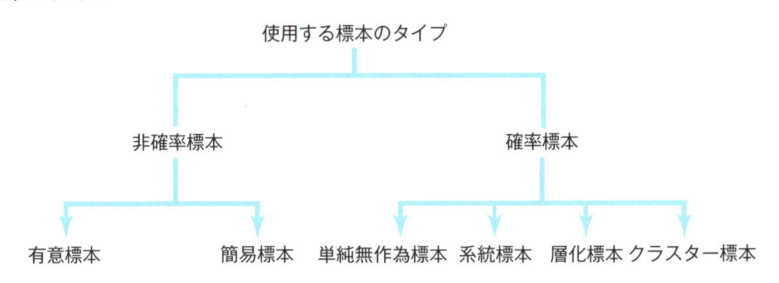

```
              使用する標本のタイプ
              ┌──────────┴──────────┐
          非確率標本                 確率標本
          ┌────┴────┐       ┌──────┬──────┬──────┐
       有意標本  簡易標本  単純無作為標本 系統標本 層化標本 クラスター標本
```

項目または個人を、その選択確率を知ることなく選択するのが**非確率標本 (nonprobability sample)** である。そのため、確率的標本抽出を前提として構築された統計的推測理論を非確率標本に適用することはできない。非確率的標本抽出の典型的な例のひとつが**簡易標本 (convenience sample)** である。簡易標本では、容易性、安価であること、簡便性を考慮して項目を選択する。たとえば、倉庫に積み上げられたタイヤの山を考えると、山の頂上のタイヤから標本を取る方が、底にあるタイヤから標本を取るよりもはるかに簡易である。多くのケースでは、標本に含まれる人々が自分達で標本を選択する。たとえば、多くの会社は、自社のウェブサイトを訪れる顧客に調査フォームを提供し、記入後に電子的に提出してもらうという方法で調査を行っている。この方法で回答を得ることによって大量のデータが迅速かつ安価に得られるが、標本を構成するのはあくまでも自発的に記入してくれたウェブユーザーに限られる。

多くの調査では、手に入れられる標本が非確率標本（たとえば有意標本）に限られる。**有意標本 (judgment sample)** では、ある主題に関連した専門家が予め選定

されており、その人達からの意見が得られる。これらの専門家は豊富な知識を持っているかも知れないが、得られた結果を母集団へ一般化することはできない。

非確率標本は、ある種の利点（簡便性、速度、および低コスト）を備えている。しかし、このような利点を考慮に入れるとしても、選択自体にバイアスが掛かっていること、および得られた結果を統計的推定に使用できないという欠点の方がより大きいと言える。

既知の確率に基づいて項目を選択するのが**確率標本（probability sample）**である。状況が許す限り、確率抽出法を選択するべきである。確率標本をもとにして、注目する母集団に関する統計的推定を行うことができる。何種類かの確率標本が存在するが、その中で最も一般的なのは、単純無作為標本、系統標本、層化標本、および、クラスター標本の4種類である。それぞれの標本抽出法ごとにコスト、精度、複雑さが異なる。

単純無作為標本

単純無作為標本（simple random sample）では、あるフレームからある項目を抽出するときの選択確率はすべての項目について均一である。さらに、数が固定されたあらゆる標本は、同じ数を持つ他のどの標本とも同じ確率で選択される。単純無作為抽出は最も基本的な無作為抽出法であり、それ以外の無作為抽出法はすべてこの手法を基礎としている。

単純無作為抽出では、標本数をnで、フレームの数をNで表す。フレームに含まれるすべての項目に1からNまでの番号を付けるため、フレームの中から任意の1個を選び出す確率は$1/N$となる。

標本抽出には、復元を伴う場合と伴わない場合がある。**復元抽出（復元を伴う標本抽出、sampling with replacement）**とは、ある項目を選択した後でその項目をフレームに戻すことを意味し、復元後の項目はそれまでと同じ抽出確率を持つ。金魚鉢のような容器にN枚の名刺（それぞれが1人に対応）が入っていると仮定しよう。最初の1枚を取り出した所、その1枚はクラバン氏の名刺だった。必要な情報をメモし、その名刺を容器に戻す。容器内の名刺をよく混ぜてから2枚目の名刺を取り出す。この方法では、2回目の抽出で再びクラバン氏の名刺が取り出される確率は前と同じ$1/N$である。希望する標本数nに達するまで、この方法を繰り返す。

しかし、同じ項目が再び抽出されるのは通常望ましくない。1度選択された項目が、再度選択されないようにするのが**非復元抽出（sampling without replacement）**である。フレームから最初の抽出を行うときに、ある特定の項目、たとえばクラバン氏の名刺を選び出す確率は$1/N$である。すると、2回目の抽出

では $N-1$ 枚の中から、それまでに選択されたことのない 1 枚を取り出すことになる。希望する数 n の標本に達するまで、この方法を繰り返す。

復元抽出を使用するにせよ非復元抽出を使用するにせよ、このような (「金魚鉢」からの) 標本抽出方法は大きな難点を抱えている。すなわち、この方法では、名刺を完全に混ぜ合わせ、無作為に抽出するのは困難である。

その結果として、「金魚鉢」法の有用性は限定される。これほど煩雑ではなく、より高度な科学的裏付けのある抽出法を使用しなければならない。

系統標本

系統標本 (systematic sample) の場合は、フレームの N 個の項目を、それぞれが k 個の項目から構成された n 個のグループに分割する。

$$k = \frac{N}{n}$$

k が半端な数になる場合は、k に最も近い整数値とする。系統標本抽出を行う場合は、最初の標本としてフレームの最初の k 個の項目の中から無作為に 1 個を抽出する。これを基点として、フレーム全体から k 個ごとに項目を取り出すことにより、残りの $n-1$ 個を抽出する。

フレームが予め番号付けされた小切手、受領書、または請求書の一覧で構成されているのであれば、系統標本抽出を使用する方が単純無作為抽出よりも迅速かつ簡単である。電話帳や学級名簿、あるいは組み立てラインから連続的に出てくる製品からのデータ収集を考える場合にも、系統標本は便利なメカニズムを提供してくれる。

$N = 800$ の常勤従業員母集団の中から $n = 40$ の系統標本を抽出するには、800 の要素を持つフレームを 40 のグループ (1 グループに含まれる従業員 20 名) に分割する。続いて、乱数を使用して最初の 20 人の中から 1 人を抽出し、そこを基点として 20 人ごとに標本を抽出する。たとえば、最初に選択した乱数が 008 であったとすれば、これに続いて 028、048、068、088、108、…、768、788 の順に抽出する。

単純無作為抽出と系統標本抽出法はそれ以外の (より高度な) 確率抽出法よりも単純であるが、一般的にはより大きな標本数を必要とする。これに加えて、系統標本抽出法は選択バイアスの影響を受けやすいという問題がある。系統標本抽出を使用する場合、もしフレーム内にパターンが存在すると重大な選択バイアスが発生す

る可能性がある。単純無作為抽出の非効率性と系統標本抽出に伴う選択バイアスの危険性を克服できる方法として、層化標本抽出またはクラスター標本抽出法を使用することができる。

層化標本

層化標本 (stratified sample) では、まず、フレーム内の N 個の項目を別個の部分母集団（層）へ分割する。層は幾つかの共通特性、たとえば性や学校の学年によって定義される。それぞれの層内では単純無作為抽出を適用し、個々の単純無作為抽出で得られた結果を組み合わせる。この方法による標本は母集団全体を代表することが保証されるため、効率性という点では、単純無作為標本抽出と系統標本抽出のどちらよりも優れている。また、それぞれの層内の項目が同質性を持つことから、その基礎となる母集団のパラメータを推定する場合の精度も優れている。

> **例 5.1**
> **層化標本を選択する**
> ある会社が、常勤労働者の母集団（全体で800人）から32人の標本を選択したいと考えている。その目的は、会社が補助する歯科治療プランへの経費支出状況を推定することである。常勤従業員の内、25%は管理職、残りの75%は非管理職とする。管理職と非管理職従業員の割合を正しく代表できる標本を得るためには、どのような方法で層化標本を選択すればよいか。
>
> **解** 回答率を80%と仮定すると、必要な32件の回答を得るためには40件の調査票を送付する必要がある。フレームは、会社の人事ファイルに記録されている常勤従業員全員（$N = 800$）の名前と電子メールアドレスから構成される。常勤従業員全体の25%が管理職であることから、まず、フレームを次の2つの層に分離する。つまり、管理職レベルにある人員200名すべてをリストアップした部分母集団と、600人の非管理職従業員すべてをリストアップした部分母集団である。最初の層を構成する管理職従業員の数は200であるため、それぞれに001から200までのコード番号を割り付ける。第2の層を構成する非管理職従業員の数は600であるため、それぞれに001から600までのコード番号を割り付ける。
> 層の数に比例した数の層化標本を得るために、全体の標本数の25%を最初の層から、全体の標本数の75%を2番目の層から選択する。そのためには2

回の相互に独立した単純無作為抽出を行い決定する。最初の標本抽出では、最初の層にリストアップされた200人の管理職の中から10人を選択し、第2の標本抽出では2番目の層に含まれる600人の非管理職の中から30人を選択する。続いて、会社全体の構成を反映させるために両方の結果を組み合わせる。

クラスター標本

クラスター標本（cluster sample） では、フレーム内の N 個の項目を、それぞれが何個かの項目を含む複数のクラスターに分割する。多くのケースではクラスターへの分割のために自然に存在する区分（たとえば、国、選挙区、市街区域、世帯、販売区域）が使われる。次に、1つ、または複数のクラスターを無作為に決定し、選択されたそれぞれのクラスターのすべての項目を調べる。

クラスター標本抽出は、多くの、特に母集団が広い地理的領域に分散しているケースにおいて単純無作為抽出よりもコスト面で優れている。しかし、クラスター標本抽出を使用して単純無作為、あるいは層化抽出と同程度の精度を得ようとすると、多くの場合はより大きな標本数が必要となる。

5.2 調査の価値を評価する

データ収集のためには、まず調査が必要である。みなさんも、ほとんど毎日のように新聞やインターネット、あるいはラジオやテレビで、世論調査などの様々な調査について見聞きしていることであろう。客観性や信憑性に欠ける調査を見極めるためには、調査の価値を吟味することにより、読んだり聞いたりする内容を批判的に評価しなければならない。まず、調査の目的を評価する。つまり、何故その調査は行われたのか、誰のために行われたのか、を考える。

調査の価値を評価する第2のステップは、その調査のベースが確率標本なのか、あるいは非確率標本なのかを判定することである（5.1節参照）。標本をもとにして母集団に関する意味のある統計的推測を行うためには、確率標本の使用が不可欠であることを憶えておかなければならない。その調査が非確率的標本抽出にもとづいているとすれば、重大な（おそらく意図していない）バイアスがかかっている恐れがあり、その結果として調査結果が無意味である可能性がある。

調査に関わる誤差

無作為確率標本抽出を使用する調査であったとしても、誤差を拾い込む可能性は残っている。調査に関連する誤差として、次の4項目を挙げることができる。

- 被覆誤差
- 非回答誤差
- 標本誤差
- 測定誤差

調査をうまく設計することにより、これら4種類の誤差を減少／最小化することが可能である。ただし、それなりのコストが必要となる。

被覆誤差 正しい標本抽出のために重要なのは適正なフレームを準備することである。フレームとは、標本抽出の対象となる項目を最新の状態でリストアップした一覧表である。たとえば、項目のある種のグループをフレームから除外したりすると、そのグループは標本として選択される可能性を奪われることになるため、**被覆誤差 (coverage error)** が発生する。被覆誤差の結果として**選択バイアス (selection bias)** が発生する。母集団の中のある項目グループが含まれていないなどの理由により、フレームが適性を欠いている場合、たとえ無作為確率標本抽出を行ったとしても、得られるのはフレーム特性の推定値に過ぎず、実際の母集団の推定値は得られない。

非回答誤差 すべての人が調査に喜んで回答する訳ではありない。実際、経済的な区分で上位と下位に属する人々は、中間層よりも調査に非協力的であるという研究結果がある。**非回答誤差 (nonresponse error)** は、標本内の項目を網羅したデータが得られないことによって起こり、その結果として非回答バイアスが発生する。調査に回答しない人も回答する人も良く類似している、ということを常に仮定することはできないため、一定期間が経過した後で非回答についての追跡調査を行う必要がある。回答してくれない個人には、調査に協力してくれるように何らかの方法で説得を試みるべきである。調査から意味のある推論を行うために、追跡調査で得られた回答を当初の調査で得られた回答と比較検討する。回答を得るために使用する手法も、回答率に影響する。通常、対面聞き取りや電話による聞き取りの方が、メールによる調査よりも高い回答率が得られる（ただし、コストは高くなる）。

標本誤差 すでに議論したように、標本抽出は、母集団の全数調査を行うよりも単純でコストも低く、かつ効率的であるために選択される。しかし、ある個人や項目が標本に含まれるか否かが常に偶然に支配されることも事実である。**標本誤差（sampling error）**は標本間の変動（あるいは「偶然性の相違」）を反映したものであり、特定の個人や項目が特定の標本に包含される確率によって決まる。

新聞や雑誌などで各種の調査や世論調査の結果を読むと、多くの場合、その調査の誤差限界について書いてあるはずである。たとえば、「本調査の結果の実際の値からの乖離は±4パーセント以内と期待される」などである。

　この**誤差限界（margin of error）**は、標本誤差に他ならない。より大きな標本数を使用すると標本誤差を小さくすることができるが、それに応じて調査の実施コストが増大する。

測定誤差 良い調査研究を実施するためには、意味のある情報を収集することを意識して質問表を設計することが重要である。しかし、ここにはジレンマが存在する。意味のある測定値を得ることは言葉で言うほど簡単ではないのである。次のことわざがそれを表している。つまり、

- 1つの時計しか持たない人は常に今何時かを知っている。
- 時計を2つ持つ人は、どちらが正しいか常に悩まなければならない。
- 10個の時計を持つ人は、時間を計るのが如何に難しいかを常に思い知らされる。

　残念ながら、測定を行うという行為は、何が必要かよりも何が便利かによって支配されることが多いのである。そして、得られる測定値は実際に希望する値の代用品に過ぎないことがしばしばである。

　調査状に書かれた文章が曖昧なために測定誤差が生ずる場合が多いため、この側面については多くの注意が払われている。質問は明快でなければならず、曖昧であってはならない。さらに、誘導質問とならないために、中立的な立場で質問しなければならない。

　測定誤差（measurement error）の発生源として、質問文の曖昧さ、ホーソン（Hawthorne）効果、および回答者誤差が挙げられる。数年前に米国労働省が発表した例によれば、国勢調査質問状の文面がお粗末であったため、米国における失業率は10年以上にわたって過小評価されてきたとのことである。特に、質問状の文章が原因で、労働市場における女性の重要性が著しく過小評価されてきた。失業率は福利厚生制度（たとえば州の失業手当）と密接にリンクしているため、調査研究者は質問文を変更して状況を是正しなければならない。

ホーソン効果とは、回答者が質問者を喜ばせなければならないと感じることによって発生する効果である。聞き取り担当者を正しくトレーニングすることによって、ホーソン効果を抑えることができる。

回答者誤差（respondent error） は、回答者が過度の熱意を持っている、あるいは、過度に冷静であることに起因して生ずる誤差を表する。この誤差を抑える方法は次の2つである。(1) データを慎重に吟味し、回答内容が異常と思われる個人には再調査を行う。(2) 無作為抽出した少数の個人を対象として再調査を行い、回答に信頼性があるか否かを判定できる制度を作っておく。

5.3　標本分布

多くの応用で必要となる計算の1つに、標本に統計処理を施して母集団パラメータを推定することがある。続く2つのセクションでは、標本平均（統計量）を利用して母集団平均（パラメータ）を推定する方法、および、標本比率（統計量）からどのようにして母集団比率（パラメータ）を推定するかについて学習する。統計的推測を行う場合の主要な関心事は母集団についての何らかの結論に達することであって、標本自体が関心の中心ではない。たとえば、政治に関する世論調査では標本から得られる結果を論じるが、これはあくまでも投票者母集団の何割が実際に特定の候補者に投票するかを推定するための手段であるに過ぎない。同じように、オックスフォード・シリアル社の操業状態の管理担当者としての読者が関心を寄せるのは、箱詰めシリアルの標本から計算した標本平均重量を使用して箱全体の母集団の平均重量を推定することができるからである。

実際問題としては、あらかじめ数が決められた無作為標本を母集団から選択する。仮定の上の考え方としては、標本統計量を使用して母集団パラメータを推定するために、起こり得るすべての数の標本について調べることができる。**標本分布（sampling distribution）** は、実際にあらゆる可能な標本を抽出したときに得られるであろう結果の分布を表している。実際の試行である1つの結果が得られたとすれば、それは、標本分布に含まれる複数の結果の1つを表す。

5.4　平均の標本分布

第1章では、中心化傾向を表す何種類かの尺度（平均、中央値、最頻値など）について議論した。疑いもなく、中心化傾向を示す尺度として最も広く用いられているのは平均である。多くの場合、母集団平均を推定する目的で標本平均が使用される。**平均の標本分布（sampling distribution of the mean）** とは、指定された数のあ

らゆる組み合わせの標本を選択したときに得られる可能性のある標本平均の分布である。

標本平均の不偏特性

標本平均は、すべての生起可能な（指定された標本数 n の）標本平均の平均は母集団平均 μ に一致するという意味で不偏である。4人の管理スタッフから構成される母集団を対象とする簡単な例を用いてこの特性を説明しよう。人事データベースを更新するにあたり、それぞれの管理スタッフに個別に同じ更新操作をしてもらうとする。その際、それぞれの管理スタッフが犯したエラーの数をまとめたのが表5.1である。この母集団の分布を図5.2に示す。

表5.1
4人の管理スタッフの個人別エラー数

管理スタッフ	エラー数
A 氏	$X_1 = 3$
B 氏	$X_2 = 2$
C 氏	$X_3 = 1$
D 氏	$X_4 = 4$

図5.2
母集団（4人の管理スタッフ）が発生させたエラー数

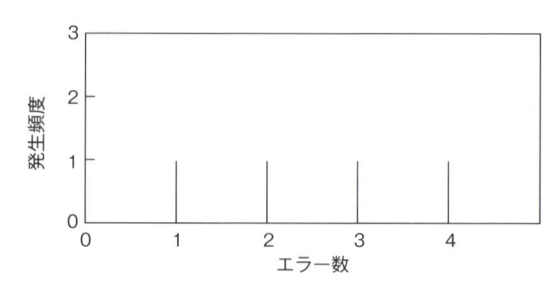

母集団からデータが得られたならば、式(5.1)を使用して平均を計算することができる。

母集団平均

母集団平均は、母集団に含まれる値の総和を母集団の数 N で除算して得られる。

$$\mu = \frac{\sum_{i=1}^{N} X_i}{N} \quad \text{式(5.1)}$$

母集団標準偏差、σ、は式 (5.2) を使用して計算される。

母集団標準偏差

$$\sigma = \sqrt{\frac{\sum_{i=1}^{N}(X_i - \mu)^2}{N}} \quad \text{式(5.2)}$$

表 5.1 のデータにこれらの式を適用すると

$$\mu = \frac{3 + 2 + 1 + 4}{4} = 2.5 \text{ エラー数}$$

および

$$\sigma = \sqrt{\frac{(3-2.5)^2 + (2-2.5)^2 + (1-2.5)^2 + (4-2.5)^2}{4}} = 1.12 \text{ エラー数}$$

復元抽出法を用いて母集団から 2 人の管理スタッフから構成される標本を選択するとすれば、可能性のある標本は 16 通り ($N^n = 4^2 = 16$) である。可能性のある 16 の標本を表 5.2 にリストアップしている。これら 16 標本の標本平均の平均を計算すると、得られる結果は 2.5 となり、この値は母集団平均 μ と一致する。

表5.2
管理スタッフの母集団（$N=4$）から復元抽出法を用いて選択できる全16標本（$n=2$）

標本	管理スタッフ	標本の結果	標本平均
1	A氏, A氏	3, 3	$\overline{X}_1 = 3$
2	A氏, B氏	3, 2	$\overline{X}_2 = 2.5$
3	A氏, C氏	3, 1	$\overline{X}_3 = 2$
4	A氏, D氏	3, 4	$\overline{X}_4 = 3.5$
5	B氏, A氏	2, 3	$\overline{X}_5 = 2.5$
6	B氏, B氏	2, 2	$\overline{X}_6 = 2$
7	B氏, C氏	2, 1	$\overline{X}_7 = 1.5$
8	B氏, D氏	2, 4	$\overline{X}_8 = 3$
9	C氏, A氏	1, 3	$\overline{X}_9 = 2$
10	C氏, B氏	1, 2	$\overline{X}_{10} = 1.5$
11	C氏, C氏	1, 1	$\overline{X}_{11} = 1$
12	C氏, D氏	1, 4	$\overline{X}_{12} = 2.5$
13	D氏, A氏	4, 3	$\overline{X}_{13} = 3.5$
14	D氏, B氏	4, 2	$\overline{X}_{14} = 3$
15	D氏, C氏	4, 1	$\overline{X}_{15} = 2.5$
16	D氏, D氏	4, 4	$\overline{X}_{16} = 4$
			$\mu_{\overline{X}} = 2.5$

　16個の標本平均の平均値を計算すると母集団平均に一致することから、標本平均は母集団平均の不偏推定量であることが分かる。したがって、ある特定の標本だけを考えると、その標本平均が母集団平均にどの程度近いのかを知ることはできないが、母集団から抽出可能なすべての標本の標本平均から計算した平均値が、母集団平均に一致するということは保証されている。

平均の標準誤差

　抽出可能な16種類すべての標本について、その標本平均と発生頻度を示すのが図5.3である。

図 5.3
平均の標本分布
選択可能なすべての標本（管理スタッフ2名から構成）から得られたデータ

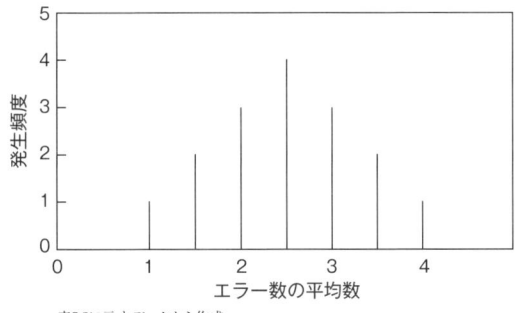

表5.2に示すデータから作成

　この小さな例においても、個々の標本平均は選択された管理スタッフが誰であったかに応じて標本ごとに変動している。そして、これらの標本平均の変動は、母集団を構成する個々の要素（管理スタッフ）よりも小さくなっている。標本平均の変動が母集団の個々の要素と比較して小さいという結果は、標本平均が標本のすべての値を平均化した結果であるという事実の直接的な帰結である。母集団は個々の要素の結果から構成されるが、これらの個々の値は極端に小さな値から極端に大きな値まで、広い範囲の値を示す。標本のある要素が極端な値を持つとすれば、標本平均はその影響を受けるが、その極端な値と同一標本内の他の要素の値との間で平均化されることによって効果は小さくなる。標本数が大きくなるほど、より多くの値との平均化が行われることになるから、ある極端な値が及ぼす効果がそれだけ小さくなる。

　生起可能なすべての標本平均から計算した標準偏差［**平均の標準誤差（standard error of the mean）**］と呼ぶ、標本平均が標本ごとに示す変動の程度を表す。標本数が大きくなるほど、平均の標準誤差は標本数の平方根をファクターとして減少している。

平均の標準誤差

平均の標準誤差$\sigma_{\overline{X}}$は、母集団の標準偏差σを標本数nの平方根で割ることによって得られる。

$$\sigma_{\overline{X}} = \frac{\sigma}{\sqrt{n}} \qquad 式(5.3)$$

式 (5.3) は、標本を復元抽出する場合の平均の標準誤差を定義する。また、非復元抽出であっても母集団が非常に大きい、あるいは無限大と見なせる場合にもこの式を使用できる。

非復元抽出した標本の要素数が母集団全体の5%未満であった場合の平均の標準誤差計算を例5.2に示す。

例 5.2
平均の標準誤差を計算する

本章冒頭の「統計を使ってみよう」で説明したシリアルの箱詰め処理に立ち返って考えると、数千個の箱の中から25箱で構成される標本を非復元無作為抽出した場合、標本に含まれる箱の数は母集団全体の5%よりもはるかに小さくなる。シリアル箱詰め処理の標準偏差が15グラムであるとして、平均の標準誤差を計算せよ。

解 $n = 25$、$\sigma = 15$ を式 (5.3) に適用すれば、平均の標準誤差は次のように計算される。

$$\sigma_{\overline{X}} = \frac{\sigma}{\sqrt{n}} = \frac{15}{\sqrt{25}} = \frac{15}{5} = 3$$

箱数 $n = 25$ の標本平均の変化はシリアルを詰めた個々の箱の変化よりもはるかに小さくなっている ($\sigma = 15$ であるのに対して$\sigma_{\overline{X}} = 3$)。

正規分布した母集団からの標本抽出

これまでの説明で標本分布という概念が導入され、平均の標準誤差が定義された。このとき、標本平均 $\overline{X}$ はどのような分布に従うであろうか？ 正規分布する母集団 (平均μ、標準偏差σ) から標本を抽出する場合、標本数nが何であっても平均の

標本分布は正規分布に従う。このときの平均は$\mu_{\overline{X}} = \mu$、標準偏差は$\sigma_{\overline{X}} = \sigma/\sqrt{n}$となる。

最も単純なケースとして$n = 1$の標本を抽出することを考えると、母集団から抽出できるすべての可能な標本平均は次式に従う単一の値を持つ。

$$\overline{X} = \frac{\sum_{i=1}^{n} X_i}{n} = \frac{X_1}{1} = X_1$$

したがって、母集団が正規分布（平均μ、標準偏差σ）に従うのであれば、$n = 1$の標本の標本平均も正規分布に従い、このときの平均は$\mu_{\overline{X}} = \mu$、標準偏差は$\sigma_{\overline{X}} = \sigma/\sqrt{1} = \sigma$となる。標本数が大きくなったとしても、平均の標本分布はやはり$\mu_{\overline{X}} = \mu$の正規分布に従うが、平均の標準誤差は小さくなっていくので、標本平均のより大きな部分がさらに母集団平均へ近づいていく。変動性が小さくなっていく様子を示すのが図5.4である。ここでは、数がそれぞれ1、2、4、8、16および32の500標本が正規分布した母集団から無作為に抽出されている。図5.4に示す折れ線から見て取れるように、どの標本数をとっても平均の標本分布は近似的に「正規」であるが、標本数が大きくなるにしたがって母集団平均の周りにより密に分布している。

図5.4
正規母集団から抽出した複数の数（$n = 1, 2, 4, 8, 16, 32$）の500標本の平均の標本分布

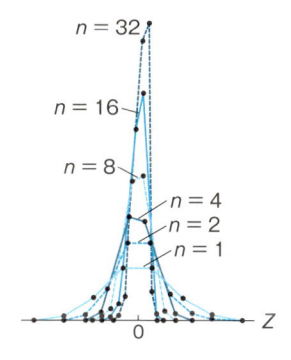

平均の標本分布という概念について更に詳しく調べるために、本章の「統計を使ってみよう」で説明したシナリオを考えてみよう。既定値368グラムの箱にシリアルを詰める装置は、シリアル箱詰め量が平均368グラムの正規分布となるよう

に設定されている。これまでの経験から、この箱詰め処理の母集団標準偏差は15グラムであることが分かっている。

一日に詰められる何千もの箱の中から25箱で構成される標本を無作為に選択し、この標本の平均重量を計算したとすると、その結果についてどのようなタイプの結果が期待されるであろうか？　たとえば、標本平均が368グラムとなる可能性はあるであろうか？　200グラムや365グラムではどうであろうか？　母集団をより小さい値で表すのが標本であるため、母集団の値が正規分布しているとすれば、標本の値も近似的に正規分布するはずである。したがって、母集団平均が368グラムであるのならば、標本平均も高い確率で368グラムに近い値を示すはずである。

25箱の標本から計算した平均が365グラムを下回る確率を決定するにはどうしたら良いであろうか？　正規分布の説明（4.2節）から、変数を標準化してZ値に変換すれば、ある値Xよりも小さな値に対応する面積を決定できることが分かっている。

$$Z = \frac{X - \mu}{\sigma}$$

4.2節の例題では、ある任意の値Xが母集団平均とどのように異なるのかを学習した。ここで示す例で学習したいのは、標本平均が母集団平均からどのように異なっているかを知ることである。上の式においてXを$\overline{X}$、μを$\mu_{\overline{X}}$、σを$\sigma_{\overline{X}}$で置き換えることにより式(5.4)が得られる。

> **平均の標本分布におけるZを決定する**
>
> Z値は、標本平均と母集団平均との差を、平均の標準誤差で割ることによって得られる。
>
> $$Z = \frac{\overline{X} - \mu_{\overline{X}}}{\sigma_{\overline{X}}} = \frac{\overline{X} - \mu}{\frac{\sigma}{\sqrt{n}}} \qquad 式(5.4)$$

365グラム未満に対応する面積を求めるには、式(5.4)から、

$$Z = \frac{\overline{X} - \mu_{\overline{X}}}{\sigma_{\overline{X}}} = \frac{365 - 368}{\frac{15}{\sqrt{25}}} = \frac{-3}{3} = -1.00$$

$Z = -1.00$ に対応する面積を表 B.1 で探すと 0.1587 であることが分かる。したがって、25 個の箱で構成されるあらゆる標本の中で 365 グラム未満の標本平均を持つ標本の割合は 15.87% である。

上の文は、「個々の箱の中で、ある割合が 365 グラム未満の箱詰め量を持つ」という説明と同じではないことに注意する。後者のパーセント値は次のようにして計算できる。

$$Z = \frac{X - \mu}{\sigma} = \frac{365 - 368}{15} = \frac{-3}{15} = -0.20$$

$Z = -0.20$ に対応する面積を表 B.1 で探すと 0.4207 であることが分かる。したがって、個々の箱を調べたときに箱詰め量が 365 グラム未満である割合は 42.07% であると期待される。これらの結果を比較すると分かるように、個々の箱を考えると、標本平均を考えた場合よりも大きな割合で 365 グラム未満の事象が発生する。この結果は次のように説明される。つまり、それぞれの標本は 25 個の異なる値（大きな値も小さな値も含む）から構成されるが、平均化処理を行うことにより、個々の値の重要度が「希釈」される（この効果は標本数が大きいと特に顕著である）。そのため、25 個の箱で構成される標本の平均が母集団平均から大きく乖離する確率は、個々の箱の値が乖離する確率よりも小さくなる。

標本数が異なることによって結果がどのように影響を受けるのかを示すのが例 5.3 および例 5.4 である。

例 5.3
標本数が $\sigma_{\overline{X}}$ の計算に及ぼす効果

標本数を 25 から 100（箱）へ増加させることによって、平均の標準誤差はどのような影響を受けるか？

解 標本数が $n = 100$（箱）とすれば、式 (5.3) を使って次の結果が得られる。

$$\sigma_{\overline{X}} = \frac{\sigma}{\sqrt{n}} = \frac{15}{\sqrt{100}} = \frac{15}{10} = 1.5$$

標本数が 4 倍（25 から 100）となったことにより、平均の標準誤差は二分の一になっている（3 グラムから 1.5 グラム）。この結果は、より大きな標本を使用することによって標本平均の標本間の変化を小さくできることを示している。

> **例 5.4**
> **標本分布の平均値の集中化傾向に標本数が及ぼす効果**
> 100箱の標本を選択したとき、標本平均が365グラム未満となる確率はどうなるか？
>
> **解** 式(5.4)を使用すると、
>
> $$Z = \frac{\overline{X} - \mu_{\overline{X}}}{\sigma_{\overline{X}}} = \frac{365 - 368}{\frac{15}{\sqrt{100}}} = \frac{-3}{1.5} = -2.00$$
>
> 表B.1から、$Z = -2.00$ よりも小さな値に対応する面積は0.0228である。したがって、100個の箱で構成される複数の標本の中で、平均値が365グラム未満であるのは全体の2.28%である(25箱で構成される標本では15.87%であった)。

場合によっては、標本平均のある固定した割合がその中に入る区間を見つけ出すことが必要になる。そのためには、正規曲線が囲む面積が指定の値となるような2つの限界値(母集団平均の上限と下限)を決定しなければならない。式(5.4)から

$$Z = \frac{\overline{X} - \mu}{\frac{\sigma}{\sqrt{n}}}$$

この式を $\overline{X}$ について解くと、式(5.5)が得られる。

平均の標本分布における $\overline{X}$ を決定する

$$\overline{X} = \mu + Z\frac{\sigma}{\sqrt{n}} \quad 式(5.5)$$

式(5.5)の具体的な使用法を例5.5に示す。

例 5.5
標本平均の一定の割合が含まれる区間を決定する

シリアルの箱詰めプロセスにおいて、母集団平均の両側に対象な区間を考えると標本平均の95%がその範囲に含まれるという。標本は25箱から構成されるものとしてこの区間を決定せよ。

解 標本平均の95%が区間内に含まれるため、区間から外れるのは5%である。この5%を両側に均等に分割すれば、それぞれは2.5%となる。正規曲線の値が小さい方の端で、面積0.0250に対応するZの値を表B.1で探すとその値は-1.96となり、累積面積0.9750（つまり、正規曲線の大きい方の端0.0250）に対応するZ値は$+1.96$となる。式(5.5)を使用して、下限の$\overline{X}$値（$\overline{X}_L$と呼ぶ）と上限の$\overline{X}$値（$\overline{X}_U$と呼ぶ）を決定することができる。

$$\overline{X}_L = 368 + (-1.96)\frac{15}{\sqrt{25}} = 368 - 5.88 = 362.12$$

$$\overline{X}_U = 368 + (1.96)\frac{15}{\sqrt{25}} = 368 + 5.88 = 373.88$$

したがって、25箱から構成される標本を考えるならば、すべての標本平均の中の95%は362.12と373.88グラムの範囲にあると言える。

正規分布していない母集団からの標本抽出 − 中心極限定理

本節のここまでの説明では、正規分布する母集団のみを対象として平均の標本分布を考えてきた。しかし、母集団が正規分布にしたがわないことが分かっているケースや、正規分布を仮定することが非現実的であるケースも数多く存在する。統計学における重要定理である**中心極限定理**（central limit theorem）は、このような状況への対応を教えてくれる。

中心極限定理

中心極限定理は次の事実を述べている。つまり、標本数（すなわち、個々の標本が含む値の数）が十分に大きくなると、標本の平均分布は近似的に正規分布にしたがう。この定理は、母集団の個々の値がどのような分布形状を持つかによらず成立する。

それでは、標本数がどの程度になれば「十分に大きい」と言えるのであろうか？統計学では、非常に多くの研究でこの問題を取り扱っている。一般則としては、多くの母集団分布について、標本数が少なくとも30以上あれば平均の標本分布を近似的に正規分布とみなせることが分かっている。

しかも、母集団分布が近似的に釣り鐘型をしていることが分かっているのであれば、さらに小さな標本数であっても中心極限定理を適用することができる。変数の分布が著しく歪んでいる場合、あるいは複数のモードを持つ場合は、平均の標本分布の正規性を担保するために30を超える標本数が必要となることもある。

中心極限定理を異なる母集団に適用した例を図5.5に示す。3種類の異なる連続分布（正規、一様、指数）の異なる標本数（$n = 2, 5, 30$）について図示してある。

図 5.5
異なる母集団の異なる標本数（$n = 2, 5, 30$）から得られる平均の標本分布

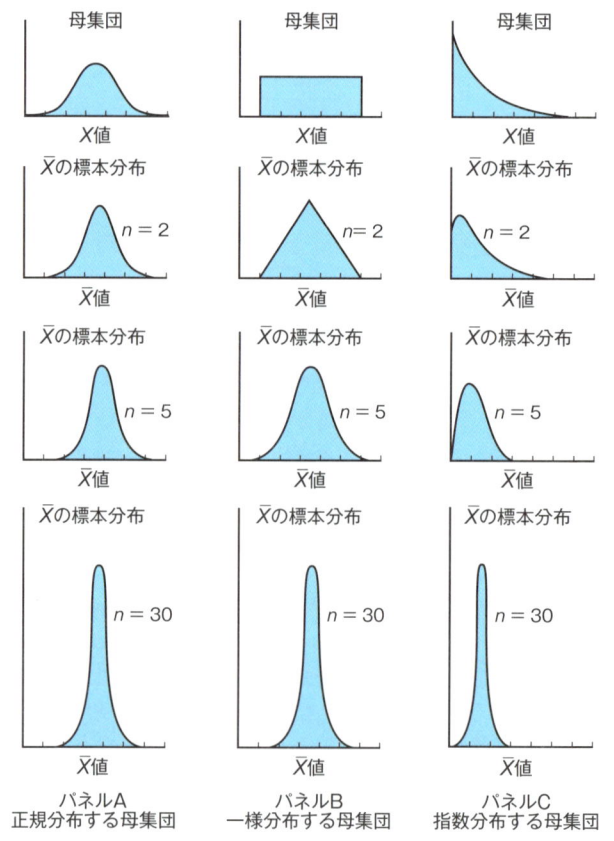

パネルA
正規分布する母集団

パネルB
一様分布する母集団

パネルC
指数分布する母集団

それぞれのパネルについて考えると、標本平均は母集団平均の不偏推定量であることから、どの標本分布をとってもその平均は常に母集団の平均と一致する。

図 5.5 のパネル A は、正規母集団から抽出した標本の平均の標本分布を示す。この節の前の方でも触れたように、母集団が正規分布であれば、平均の標本分布は標本の数が何であっても正規分布する。[式 (5.3) を使用して平均の標準誤差を計算すれば、変動性を測定することができる。]

図 5.5 のパネル B は、一様 (矩形) 分布する母集団から抽出した場合の標本分布を示す (4.1 節参照)。標本数がわずか $n = 2$ のケースでさえ、ピーク効果 (中心極限効果) がすでに働いていることが分かる。標本数 $n = 5$ のケースを見ると、標本分布は釣り鐘型を示し、ほぼ正規分布に近い形状になっている。さらに $n = 30$ になると、標本分布は正規分布に極めて類似した形状を示している。一般的に、標本数が大きくなるほど、標本分布はより密接に正規分布にしたがう。他のすべてのケースも含めて、それぞれの標本分布の平均は母集団平均と一致し、標本数が大きくなるにしたがって母集団平均からの変動は小さくなっていく。

図 5.5 のパネル C は指数分布を示する (4.1 節参照)。この母集団は極端に右側に裾が長い。標本数 $n = 2$ のケースでは標本分布はまだ大きく右側に裾が長いが、母集団に比較すれば裾の長さは小さくなっている。標本数 $n = 5$ のケースでも標本分布は若干右側に裾が長いが、$n = 30$ になるとほぼ正規分布に近い形状になっている。

ここでも、それぞれの標本分布の平均は母集団平均と一致し、標本数が大きくなるにしたがって母集団平均からの変化は小さくなっていく。

3 種類の分布 (正規、一様、指数) から得られた結果をもとに、中心極限定理について以下の結論が得られた。

- 大部分の母集団分布について、その形状を問わず、数が 30 以上の標本を抽出すれば、その平均の標本分布は近似的に正規分布にしたがう。
- 良好な対称性を示す母集団分布であれば、数が 5 の小さな標本であっても、平均の標本分布は近似的に正規分布と見なすことができる。
- 母集団が正規分布にしたがうのであれば、平均の標本分布は標本数が何であっても正規分布にしたがう。

中心極限定理は、統計的推定を使用して母集団について何らかの結論を得ようとする場面で極めて重要な役割を果たす。この定理を適用することによって、母集団分布の具体的な形状を知る必要なく、母集団平均についての推定を行うことが可能になる。

5.5 比率の標本分布

2つのカテゴリー（たとえば、顧客が「あなたの会社のブランドを好む」と、「競合他社のブランドを好む」という2つのカテゴリー）のみを持つカテゴリー変数を考える。ここであなたが注目するのは、いずれかのカテゴリーに属する項目の比率である（たとえば、「あなたの会社のブランドを好む」顧客の割合がどれくらいか？）。母集団比率（πで表示する）は母集団のすべての項目の中で、注目する特性を持つ項目が占める割合である。標本比率（pで表示する）は標本のすべての項目の中で、注目する特性を持つ項目が占める割合である。標本比率は1つの統計量であり、母集団比率（こちらは1つのパラメータ）を推定する目的で使用される。標本比率を計算するには、まず、注目する特性が存在するか否かを表現するために2つの可能な値（1または、0）のいずれかを割り付ける。すべての1と0を足し合わせてから、その値を標本数nで割り算する。たとえば、5人の顧客で構成される標本の中の3人があなたのブランドを好み、残りの2人が他ブランドを好むとすれば、標本には3個の1と2個の0が含まれることになる。3個の1と2個の0を足し合わせてから標本数5で割り算することによって、標本比率0.60が得られる。

標本比率

$$p = \frac{X}{n} = \frac{\text{注目する特性を持つ項目の数}}{\text{標本数}} \qquad \text{式}(5.6)$$

標本比率pがとり得る値は0から1までの範囲である。すべての項目が注目する特性を備えているとすれば、それぞれの項目にスコア1を割り付けるから、得られるpの値は1になる。半分の項目が注目する特性を備えているとすれば、半分の項目に1を割り付け、残りの項目に0を割り付けるから、pの値は0.5になる。注目する特性を備えている項目が皆無とすれば、それぞれの項目にスコア0を割り付けるから、得られるpの値は0ということになる。

5.4節で学習したように、標本平均$\overline{X}$は母集団平均μの推測量である。同じように、統計量pは母集団比率πの推測量である。平均の標本分布の標準誤差は$\sigma_{\overline{X}} = \dfrac{\sigma}{\sqrt{n}}$で表現された。この結果から類推できるように、**比率の標準誤差（standard error of the proportion）**であるところのσ_pは式(5.7)で表される。

比率の標準誤差

$$\sigma_p = \sqrt{\frac{\pi(1-\pi)}{n}} \quad 式(5.7)$$

比率の標本分布（sampling distribution of the propotion）は、5.2 節で議論したように、復元抽出を行うのであれば二項分布に従う（非常に大きな母集団を考えるのであれば、非復元抽出であっても二項分布に従う）。ただし、$n\pi$ および $n(1-\pi)$ それぞれが 5 以上であるならば、正規分布を使用して二項分布を近似することが可能である。比率に関する推定を行う問題では、大部分のケースの標本数は正規分布近似を許容する条件を満たしている。したがって、多くの事例において、比率の標本分布を推定するために正規分布を利用することができる。

式 (5.4) において $\overline{X}$ を p、μ を π、$\dfrac{\sigma}{\sqrt{n}}$ を $\sqrt{\dfrac{\pi(1-\pi)}{n}}$ で置き換えることによって式 (5.8) が得られる。

比率の標本分布における Z を決定する

$$Z = \frac{p - \pi}{\sqrt{\dfrac{\pi(1-\pi)}{n}}} \quad 式(5.8)$$

比率の標本分布を具体的に説明するために、次の例を考えてみよう。ある銀行の地方支店の支店長が調べた結果、その銀行に口座を持つ預金者の 40％ は総合口座の所有者であった。ここで、200 人の預金者を無作為抽出したとすれば、$n\pi = 200(0.40) = 80 \geq 5$、かつ、$n(1-\pi) = 200(0.60) = 120 \geq 5$ となるため、この標本は比率の標本分布を正規分布で近似できる十分な標本を持っている。したがって、式 (5.8) を使用することが許され、この式を使用して総合口座を持つ預金者の標本比率が 0.30 未満である確率を計算する。

$$Z = \frac{p - \pi}{\sqrt{\dfrac{\pi(1-\pi)}{n}}}$$

$$= \frac{0.30 - 0.40}{\sqrt{\dfrac{(0.40)(0.60)}{200}}} = \frac{-0.10}{\sqrt{\dfrac{0.24}{200}}} = \frac{-0.10}{0.0346}$$

$$= -2.89$$

表 B.1 を参照すると、正規曲線の -2.89 未満の領域の面積は 0.0019 であることが分かる。したがって、注目する特性を備えた項目の母集団比率を 0.40 とすれば、0.30 未満の標本比率を持つことが期待される標本は全体の 0.19% に過ぎないことが分かる。

統計を使ってみよう

再び、オックスフォード・シリアル社について

あなたは オックスフォード・シリアル社社の工場運用管理者として、1 箱に封入されるシリアルの量を監督する任務についている。箱の表記と一致させるためには、1 箱に平均 368 グラムのシリアルを封入する必要がある。1 シフトだけを考えても数千個の箱詰めが行われるため、全部の箱の重量を検査することは時間、コストの観点から問題外であり、非効率である。その代わりとして、箱の標本を抽出する。標本を解析した結果をもとにして、あなたはシリアル箱詰め工程の運転をそのまま継続するか、変更するか、あるいは停止させるかの判断を下さなければならない。

平均の標本分布という考え方を用いることによって、そのような標本平均が平均 368 グラムの母集団から無作為抽出されたものであるという確率を決定することが可能になった。具体的には、数が $n = 25$ である標本を、平均が 368、標準偏差が 15 である母集団から抽出されたものであったとして計算した結果によれば、平均が 365 グラム以下の標本を抽出した確率は 15.87% であった。さらに大きな標本数を選択すれば、標本平均はさらに母集団平均に近づく。標本数を $n = 100$ まで大きくして計算した結果は、この傾向を示す良い例となっている。標本数を大きくして計算したことにより、365 グラム以下の平均を持つ標本を抽出した確率は 2.28% であるという結果が得られた。

まとめ

ここで学習したとおり、ビジネスが置かれた多くの状況においては母集団が非常に巨大であるため、個々のすべての項目についての情報を収集することはできない。代わりに、統計的標本抽出では、大きな母集団を代表する小さなグループを選択する方法に注目する。こうして収集した標本からの結果を使用して、母集団全体の特性値を推定する。母集団全体を解析するよりも、標本を抽出した方が時間とコストの節約になり、より実用的なのである。

この章では、一般的に利用される4種類の確率抽出法（単純無作為、系統、層化、およびクラスター抽出法）について学習した。また、標本平均の標本分布と標本比率の標本分布についても学習し、両者が中心極限定理とどのように関係づけられるかを学んだ。ここで学習したとおり、標本平均は母集団平均の不偏推定量であり、標本比率は母集団比率の不偏推定量である。

統計的な推定を行うためには、信頼区間と仮説の検定という方法が一般的に使用される。ここから先の5つの章では、これらの方法について学習する。

重要な公式

母集団平均

$$\mu = \frac{\sum_{i=1}^{N} X_i}{N} \qquad 式(5.1)$$

母集団標準偏差

$$\sigma = \sqrt{\frac{\sum_{i=1}^{N}(X_i - \mu)^2}{N}} \qquad 式(5.2)$$

平均の標準誤差

$$\sigma_{\overline{X}} = \frac{\sigma}{\sqrt{n}} \qquad 式(5.3)$$

平均の標本分布における Z を決定する

$$Z = \frac{\overline{X} - \mu_{\overline{X}}}{\sigma_{\overline{X}}} = \frac{\overline{X} - \mu}{\frac{\sigma}{\sqrt{n}}} \qquad 式(5.4)$$

平均の標本分布における $\overline{X}$ を決定する

$$\overline{X} = \mu + Z\frac{\sigma}{\sqrt{n}} \qquad 式((5.5)$$

標本比率

$$p = \frac{X}{n} \qquad 式(5.6)$$

比率の標準誤差

$$\sigma_p = \sqrt{\frac{\pi(1-\pi)}{n}} \qquad 式(5.7)$$

比率の標本分布における Z を決定する

$$Z = \frac{p - \pi}{\sqrt{\dfrac{\pi(1-\pi)}{n}}} \qquad 式(5.8)$$

キーワード

フレーム p.148
非確率標本 p.148
簡易標本 p.148
有意標本 p.148
確率標本 p.149
単純無作為標本 p.149
復元抽出 p.149
非復元抽出 p.149
系統標本 p.150
層化標本 p.151
クラスター標本 p.152
被覆誤差 p.153

選択バイアス p.153
非回答誤差 p.153
標本誤差 p.154
誤差限界 p.154
測定誤差 p.154
回答者誤差 p.155
標本分布 p.155
平均の標本分布 p.155
平均の標準誤差 p.159
中心極限定理 p.165
比率の標準誤差 p.168
比率の標本分布 p.169

復習問題

1 ある産業用ミシンは、直径 0.75 インチを目標値として製造されたボールベアリングを使用している。このボールベアリングの仕様上の直径限界値は、下限が 0.74 インチ、上限が 0.76 インチである。これまでの経験によれば、ボールベアリングの実際の直径は近似的に正規分布に従い、その平均は 0.753 インチ、標準偏差は 0.004 インチである。25 個のボールベアリングから構成される無作為標本を選択したとすれば、標本平均が次の値を持つ確率を計算せよ。

   a. 目標値と母集団平均 (0.753) の間の値を持つ確率はいくらか？
   b. 仕様下限値と目標値の間の値を持つ確率はいくらか？
   c. 仕様上限値を超える確率はいくらか？
   d. 仕様下限値を下回る確率はいくらか？
   e. 標本平均直径がある値を超える確率は 93% であるという。その値を答えよ。

2 あるオレンジジュース製造業者は単一種だけを栽培しているある大規模オレンジ園からオレンジを購入している。1 個ごとのオレンジから搾り取れる果汁量は近似的に正規分布にしたがい、その平均は 4.70 オンス、標準偏差は 0.40 オンスである。25 個のオレンジから構成される標本を考えた場合、次の確率を計算せよ。

   a. 果汁の標本平均が 4.60 オンス以上となる確率はいくらか？
   b. 果汁の標本平均の 70% は 2 つの値（平均の両側に対称に分布）で挟まれる範囲に入るという。この 2 つの値を求めよ。
   c. 果汁の標本平均がある値を超える確率は 77% であるという。その値とは何か？

3 2010 年のチリ株式市場は高い収益率を示した。この年、株式の母集団は平均として 49.6% の収益を上げた。チリ株式市場における株の収益は正規確率変数として分布し、その平均は 49.6、標準偏差は 20 であったとする。16 種類の銘柄から構成する無作為標本をこの母集団から選択したとき、標本の平均収益が次のようなる確率を計算せよ。

   a. 平均収益が 50% 未満である確率はいくらか？
   b. 平均収益が 40% から 60% の間である確率はいくらか？
   c. 平均収益が 40% を超える収益である確率はいくらか？

第6章 信頼区間の推定

統計を使ってみよう
サクソン・ホーム・インプルーブメント社の場合

6.1 **平均の信頼区間推定（σが既知の場合）**
   母集団標準偏差を知ることは可能か？

6.2 **平均の信頼区間推定（σが未知の場合）**
   スチューデントの t 分布
   t 分布の特性
   自由度という概念
   信頼区間について

6.3 **比率の信頼区間推定**

6.4 **標本数を決定する**
   平均推定のための標本数を決定する
   比率推定のための標本数を決定する

統計を使ってみよう
再び、サクソン・ホーム・インプルーブメント社の場合

Excel ガイド

学習の目的
本章で学ぶ内容
● 平均および比率の信頼区間を推定し、それを解釈する
● 平均および比率の信頼区間推定に必要な標本数をどのように決定するか？

統計を使ってみよう
サクソン・ホーム・インプルーブメント社の場合

ホームセンターを全国展開しているサクソン・ホーム・インプルーブメント社（以下、サクソン社）は、家のリフォームに使用する各種材料を販売している。あなたは同社の会計士として、在庫全体の管理と販売情報システムにおける責任を負っている。仕事の進め方として、すべての記録を見直し、システムの精度をチェックするのも方法のひとつではあるが、このような詳細なチェックは明らかに時間がかかりすぎるし、コスト面でも問題がある。そのため統計的推定を用いる。この方法では、監査の過程で抽出した比較的少数の標本から全記録母集団についての結論を導いていく。たとえば、月末に売り上げ請求書の標本を抽出し、以下の項目を推定すれば良い。

- 当月度の売り上げ請求書に記載された平均金額
- 在庫品に関する社内管理規格に違反する記載を含む売り上げ請求書の割合

標本から得られる結果には、どの程度の正確さがあるか？　また、この情報をどう活用するのが有効的か？　どの程度の標本数があれば、必要な情報の取得に十分と言えるだろうか？

第5章の5.4節では、母集団平均から一定距離だけ離れた位置の範囲内に標本平均が収まる割合（%）を、中心極限定理と母集団分布を利用して計算した。たとえば、第5章を通して論じたシリアルの箱詰めの問題（p.165の例5.5参照）では、すべての標本平均の95%は362.12グラムから373.88グラムまでの範囲内にあることが分かった。これは演繹的推論の例である。すなわち、（ある母集団に対して）一般的に真であると見なせる事項にもとづいて、それを特定の事象（この場合は標本平均）に適用して結論を得ている。

サクソン社が必要とする結果を得るために欠かせないのが、帰納的な推論である。いくつかの特定の結果が得られれば、帰納的推論を適用してより広い範囲に一般化することができる。一般化した結果が常に正しいと保証されるわけではないが、個別事象を慎重に選択して厳密な方法論を用いることにより、有益な結論を得ることは可能である。サクソン社の会計士であるあなたは、標本から得られた何通りかの結果（何種類かの個別事象）を利用して、未知の母集団パラメータ（母集団平均、母集団比率など）を推定する（すなわち、「一般化」する）ために推測統計学を使用す

る必要がある。統計学者は「推定」という言葉を日常言語と同じ意味で使用する。すなわち、ある事柄についてかなりの信頼水準で正しいと見なせるが、絶対に間違いなく正しいとまでは言い切れない。

母集団パラメータを推定するためには、点推定または区間推定を使用する。**点推定（point estimate）**とは、ある1つの標本統計量の値、たとえば標本平均を推定する方法である。**信頼区間推定値（confidence interval estimate）**とは、点推定値の周りのある範囲（区間と呼ぶ）に存在する値の集合を意味する。

ある信頼区間が定義されたとすれば、注目する母集団パラメータがその区間内に存在する確率がすでにわかっていることを意味する。

仮に、自分が通学する大学の全学生の平均 GPA（Grade Point Average：成績評価平均値）を推定したいとする。全学生の平均 GPA がこの問題における未知の母集団平均（μ と表記）である。学生の中から標本を抽出して標本平均（$\bar{X}$）を計算した結果は 2.80 であった。これが母集団平均の点推定量であり、次に問題にしなければならないのは 2.80 という値が母集団平均 μ の推定値としてどの程度正確かということである。この問題に答えるには、抽出する標本ごとの値の変化を考慮し（平均の標本分布に関する 5.4 節の説明参照）、母集団平均の信頼区間を推定することができる。

信頼区間を構築するときは、対象とする母集団パラメータ（μ）を推定する信頼水準を明示する。これにより、区間として定義された数値の範囲に μ が収まる可能性を明らかにすることができる。

この章を学習することで、あなたは、通学する大学の学生の平均 GPA の 95% 信頼区間（たとえば、$2.75 \leq \mu \leq 2.85$ のように表現される）の計算ができるようになる。区間推定の解釈を「あなたの大学の学生の平均 GPA は、2.75 から 2.85 の範囲にあります、と言って間違いではない信頼水準は 95% です」と表現できる。

この章では、母集団平均および母集団比率の信頼区間を構築する方法について、また、希望する幅を持つ信頼区間を構築するのに必要となる標本数の決定法について学習する。

6.1 平均の信頼区間推定（σ が既知の場合）

5.4 節では、母集団平均から一定の距離だけ離れた位置の範囲内に標本平均が収まる割合（%）を、中心極限定理と母集団分布を利用して計算した。シリアルの箱詰めを扱ったこの問題において、1つの標本から得られる情報をもとに、母集団平均を推定するとする。5.4 節では、μ の両側の上下限を決定するために $\mu \pm (1.96)(\sigma/\sqrt{n})$ を計算したが、今度は値が分かっていない μ の代わりに $\bar{X}$ を使

用し、区間 $\overline{X} \pm (1.96)(\sigma/\sqrt{n})$ を未知の値 μ の区間推定量とする。実際問題としては、n 個の値を持つ標本を1つ選択して平均 $\overline{X}$ を計算することになるが、区間推定の真の意味を理解するためには、n 個の値を持つすべての可能な標本を常に想定しなければならない。

25 個の箱から構成される標本を1つ考え、その平均は 362.3 グラム、標準偏差は 15 グラムであるとする。μ の区間推定範囲は $362.3 \pm (1.96)(15)/(\sqrt{25})$ となり、これを書き換えると 362.3 ± 5.88 となる。すなわち、μ の推定値は次のように表現される。

$$356.42 \leq \mu \leq 368.18$$

母集団平均（具体的には 368）はこの区間に含まれているため、この標本から μ に関して導いた結論は正しかったと言える（図 6.1 参照）。

図 6.1
パラメータが既にわかっている場合（$\mu = 368$、$\sigma = 15$）の母集団から抽出された5個の標本（$n = 25$）から計算した信頼区間推定値

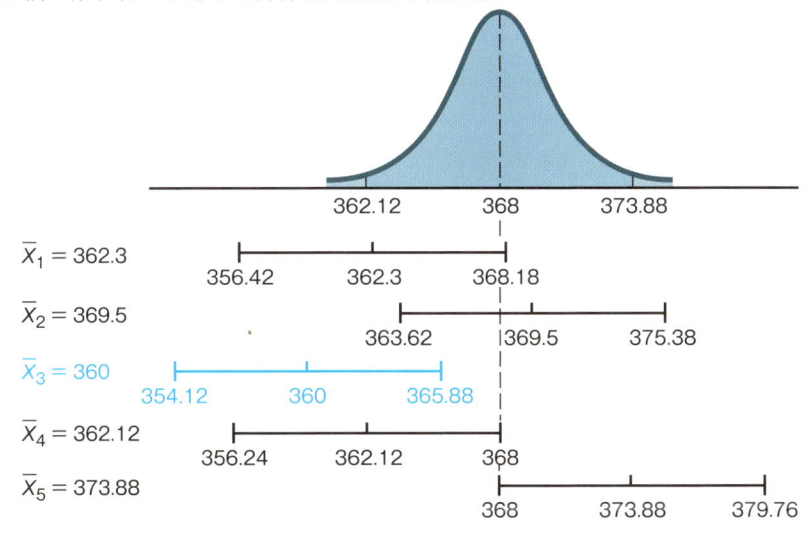

この仮定的な例を更に検討するため、別の標本（やはり $n = 25$ 個の箱）を考え、その平均は 369.5 であったとする。この標本から導かれる区間は次のとおりであり、

$$369.5 \pm (1.96)(15)/\sqrt{25}$$

その計算結果は 369.5 ± 5.88 であることから、推定範囲は次のようになる。

$$363.62 \leq \mu \leq 375.38$$

母集団平均（= 368）はこの区間に含まれている。したがって、この式はやはり正しいと言うことができる。

信頼区間推定量を計算すれば、常に母集団平均μに関する正しい式が得られると考えてしまう前に、第3の仮想的な標本（$n = 25$）を考えてみよう。その標本平均は 360 グラムであるとする。この標本から計算される区間は $360 \pm (1.96)(15)/\sqrt{25}$、すなわち 360 ± 5.88 となり、推定範囲は次のように表現される。

$$354.12 \leq \mu \leq 365.88$$

母集団平均μはこの標本から計算した推定範囲に含まれていない。したがって、この式は正しくない（図 6.1 参照）ことが分かる。このように、μの区間推定を正しく与える標本もあるが、そうでない標本もあり得る。実際の問題では1つだけの標本を選択することになり、かつ母集団平均は未知であるため、区間推定が正しいか否かを確定させることはできない。ある場合には母集団平均μの正しい推定値を与える区間が得られ、またある場合には正しい推定区間が得られないという問題が発生する。この問題を解決するためには、母集団平均に関する正しい推定区間を与える標本が、標本全体のどれくらいの割合であるのかを決定しなければならない。そのために、別な2つの仮定的な標本を考えてみよう。一方は $\overline{X} = 362.12$ を持つ標本であり、他方の標本平均は $\overline{X} = 373.88$ である。$\overline{X} = 362.12$ ならば区間は $362.12 \pm (1.96)(15)/(\sqrt{25})$、すなわち 362.12 ± 5.88 となり、区間は次式で与えられる。

$$356.24 \leq \mu \leq 368.00$$

母集団平均 368 が区間の最大値として含まれていることから、この式は正しい区間を与えている（図 6.1 参照）。

$\overline{X} = 373.88$ のケースでは、区間が $373.88 \pm (1.96)(15)/(\sqrt{25})$、すなわち 373.88 ± 5.88 となり、区間を与える不等式は次のように表現される。

$$368.00 \leq \mu \leq 379.76$$

このケースにおいても、母集団平均 368 は区間の最小値として含まれているため、式は正しい区間を与えている。

図 6.1 を見ると、標本平均が 362.12 から 373.88 までの範囲にある場合は、母集団平均が区間のどこかに含まれていることが分かる。例 5.5 (p.165) では、標本平均の 95% は 362.12 から 373.88 グラムの範囲に存在することが分かった。したがって、$n = 25$ 個の箱から構成されるすべての標本の 95% は母集団平均を含む区間内に標本平均を持つ。

実際の問題で選択するのは 1 つの標本 (サイズ n) だけであり、さらに μ は既知ではないため、計算される区間が母集団平均を含むか否かは定かではない。しかし、すべての可能な n 個の標本を対象として、それらの 95% 信頼区間を計算したとすれば、それらの区間の 95% は母集団平均を内部に含み、母集団平均が区間から外れてしまうのは 5% に過ぎない。言い換えれば、母集団平均は 95% の可能性で計算した区間内に含まれる。

この節で最初に議論した例題に立ち戻って考えてみよう。25 個の箱から構成される標本の標本平均が 362.3 グラムであったとすれば、μ の推定区間は次のように表現される。

$$362.3 \pm (1.96)(15)/\sqrt{25}$$
$$362.3 \pm 5.88$$
$$356.42 \leq \mu \leq 368.18$$

356.42 から 368.18 までの範囲を 95% 信頼区間と呼ぶ。ビジネスの分野で活躍している大部分の専門家は、この信頼区間の意味を次のように解釈している。

> 「シリアルを詰めた箱の母集団を考えたとき、平均値が 356.42 から 368.18 グラムまでの範囲のどこかにある確率は 95% である」

信頼区間について、あるウェブサイトにおける注文処理の例を挙げて説明しよう。注文処理には何段階かのステップが存在する。注文の受け付け、受注した部品の確保、注文の内容チェック、梱包、そして発送などである。ファイル 注文 には最近のある 1 日における処理の所要時間 (分) が記載されているため、その母集団を構成する注文数は $N = 200$ である。実際に遭遇する問題の多くでは、母集団の特性が既知であるのはむしろ希なことであるが、この母集団 (注文) については平均が

69.637 分、標準偏差が 10.411 分であること、および母集団が正規分布することが分かっているものとする。抽出する標本によって標本平均と標本標準偏差がどのように変化するのかを具体的に示すために、全体で 200 件の発注から構成される母集団の中から 20 個の異なる標本（標本数 $n = 10$）を選択し、それぞれについて標本平均と標本標準偏差（および、他の統計量）を計算した。これらの結果をまとめて図 6.2 に示す。

図 6.2
注文件数 $N = 200$ の母集団から無作為抽出された 20 個の標本（$n = 10$）から計算した統計量と 95% 信頼区間

サンプル番号	n 数	平均値	標準偏差	最小値	中央値	最大値	範囲	95% 信頼区間
サンプル 1	10	74.15	13.39	56.10	76.85	97.70	41.60	(67.6973, 80.6027)
サンプル 2	10	61.10	10.60	46.80	61.35	79.50	32.70	(54.6473, 67.5527)
サンプル 3	10	74.36	6.50	62.50	74.50	84.00	21.50	(67.9073, 80.8127)
サンプル 4	10	70.40	12.80	47.20	70.95	84.00	36.80	(63.9473, 76.8527)
サンプル 5	10	62.18	10.85	47.10	59.70	84.00	36.90	(55.7273, 68.6327)
サンプル 6	10	67.03	9.68	51.10	69.60	83.30	32.20	(60.5773, 73.4827)
サンプル 7	10	69.03	8.81	56.60	68.85	83.70	27.10	(62.5773, 75.4827)
サンプル 8	10	72.30	11.52	54.20	71.35	87.00	32.80	(65.8473, 78.7527)
サンプル 9	10	68.18	14.10	50.10	69.95	86.20	36.10	(61.7273, 74.6327)
サンプル 10	10	66.67	9.08	57.10	64.65	86.10	29.00	(60.2173, 73.1227)
サンプル 11	10	72.42	9.76	59.60	74.65	86.10	26.50	(65.9673, 78.8727)
サンプル 12	10	76.26	11.69	50.10	80.60	87.00	36.90	(69.8073, 82.7127)
サンプル 13	10	65.74	12.11	47.10	62.15	86.10	39.00	(59.2873, 72.1927)
サンプル 14	10	69.99	10.97	51.00	73.40	84.60	33.60	(63.5373, 76.4427)
サンプル 15	10	75.76	8.60	61.10	75.05	87.80	26.70	(69.3073, 82.2127)
サンプル 16	10	67.94	9.19	56.70	67.70	87.80	31.10	(61.4873, 74.3927)
サンプル 17	10	71.05	10.48	50.10	71.15	86.20	36.10	(64.5973, 77.5027)
サンプル 18	10	71.68	7.96	55.60	72.35	82.60	27.00	(65.2273, 78.1327)
サンプル 19	10	70.97	9.83	54.40	70.05	84.60	30.20	(64.5173, 77.4227)
サンプル 20	10	74.48	8.80	62.00	76.25	85.70	23.70	(68.0273, 80.9327)

図 6.2 から次のようなことがわかる。

- 標本統計量は標本ごとに異なる。つまり、標本平均は 61.10 から 76.26（分）の間で変化し、標本標準偏差は 6.50 から 14.10（分）の間で変化し、標本の中央値は 59.70 から 80.60（分）の間で変化し、さらに標本範囲は 21.50 から 41.60（分）の間で変化している。
- 何例かの標本平均は母集団平均（この例では 69.637 分）より大きい値を示し、何例かの標本平均は母集団平均よりも小さい値を示す。
- 何例かの標本標準偏差は母集団標準偏差（この例では 10.411 分）より大きい値を示し、何例かの標本標準偏差は母集団標準偏差よりも小さい値を示す。
- 標本範囲の変化は標本標準偏差の変化よりもはるかに大きい。

標本統計量が標本ごとに変化を示すとき、この変化を標本誤差と呼ぶ。標本誤差とは、母集団からある 1 つの標本を選択することによって発生する変化である。標本誤差の大きさは主として母集団自体が含む変化と標本数によって決定される。大きな標本の方が小さな標本よりも標本誤差は小さくなるが、標本数が大きくなるとそれだけ抽出に係わるコストも大きくなる。

図 6.2 の右端の列には、20 個の標本（いずれも $n = 10$）から推定した注文処理時間母集団平均の 95% 信頼区間が記載されている。まず、最初に選択した標本について調べてみよう。この標本の標本平均は 74.15 分、母集団平均の区間推定の範囲は 67.6973 分から 80.6027 分までである。母集団平均の値が既知であることはまれなため、多くの調査ではこの区間推定が正しいかどうかを確実に知ることはできない。

ただし、ここで取りあげた注文処理時間の例だけについて言えば、母集団平均が 69.637 分であることが分かっている。計算された区間 67.6973 から 80.6027（分）を調べてみると、母集団平均 69.637（分）はその上限と下限で囲まれる範囲内に収まっていることが分かる。このように、最初の標本は母集団平均が存在する区間を正しく推定している。

他の 19 の標本についても調べてみると、サンプル 2、5、12 を除くすべての標本で正しい推定結果が得られていることが分かる。母集団平均 69.637（分）は、それぞれの標本から作られる区間内に含まれている（サンプル 2、5、12 は除く）。

除外された 3 件の標本の数値は次のとおりである。サンプル 2 の標本平均 54.6473（分）は、区間 54.6473 から 67.5527（分）。サンプル 5 の標本平均 62.18（分）は、区間 55.7273 から 68.6327（分）。サンプル 12 の標本平均 76.26（分）は、区間 69.8073 から 82.7127（分）である。

これらの標本では、計算した区間内に母集団平均 69.637 を含んでおらず、したがって、これらの区間は正しい母集団平均推定値を与えていない。この例では 20 件の区間の中の 3 件はその範囲内に母集団平均を含まなかったが、もし、$N = 200$ の母集団から抽出できる $n = 10$ の標本をすべて網羅したとすれば、そこから計算される区間の 95% は母集団平均がその範囲内に含まれる。

　場合によっては、区間内に母集団平均を含む信頼水準をより高くして（たとえば 99%）計算したいことがある。逆に、母集団平均を推定する信頼水準をさらに低くしてもよい（たとえば 90%）のであれば、それに合わせて計算することも可能である。一般的には、**信頼水準 (level of confidence)** を $(1 - \alpha) \times 100\%$ で表記する。ここに、α は分布の端の部分において信頼区間から外れる確率を表している。分布の値が大きい側における外れる確率が $\alpha/2$ であり、値が小さい側における外れる確率が $\alpha/2$ である。σ が既知であるとすれば、式 (6.1) を使用して平均の $(1 - \alpha) \times 100\%$ 信頼区間を計算することができる。

平均の信頼区間（σ が既知）

$$\overline{X} \pm Z_{\alpha/2} \frac{\sigma}{\sqrt{n}}$$

または

$$\overline{X} - Z_{\alpha/2} \frac{\sigma}{\sqrt{n}} \leq \mu \leq \overline{X} + Z_{\alpha/2} \frac{\sigma}{\sqrt{n}} \qquad 式(6.1)$$

ここに、$Z_{\alpha/2}$ は標準化正規分布において上位の信頼区間から外れる確率が $\alpha/2$ となる位置（すなわち、累積面積が $1 - \alpha/2$）に対応する Z 値である。

　信頼区間を計算するために必要となる $Z_{\alpha/2}$ の値を、分布の**限界値 (critical value)** と呼ぶ。95% の信頼水準に対応する α の値は 0.05 である。また、累積面積 0.975 に対応する限界点の Z 値は（分布の上位側の裾野に 0.025 の面積が存在することから）1.96 となり、$Z = 1.96$ よりも下側の累積面積は 0.975 となる。

　要求する信頼水準 $(1 - \alpha)$ ごとに異なる限界値が存在し、信頼水準を 95% とすると、そのときの Z 値は 1.96 になる（図 6.3 参照）。信頼水準を 99% とすると、それに対応する α の値は 0.01 である。この場合の Z 値は約 2.58 である（分布上端の裾野の面積が 0.005 であり、$Z = 2.58$ よりも下側の累積面積が 0.995 となる。図 6.4 参照）。

図 6.3
Z 値を決定するための正規曲線：信頼水準 95%

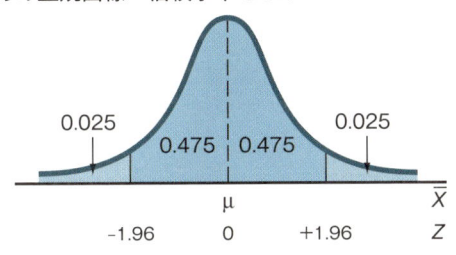

0.025　0.475　0.475　0.025
−1.96　0　+1.96

図 6.4
Z 値を決定するための正規曲線：信頼水準 99%

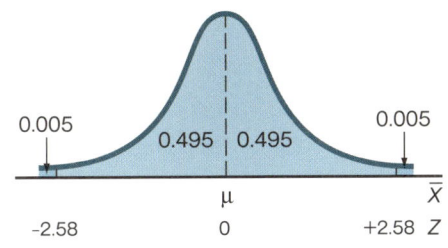

0.005　0.495　0.495　0.005
−2.58　0　+2.58

　ここまで何段階かの信頼水準について考察してきたが、100% に限りなく近い信頼水準を設定しないのはなぜだろうか？　信頼水準を設定するにあたっては、次の事実を考慮しなければならない。信頼水準を上げると必然的に信頼区間が広がってしまう（推定精度の低下）。そう「都合のよい話」はないのである。信頼水準を上げると、それだけ高い確信をもって母集団平均はこの範囲内にあると言えるが、範囲が広くなってしまうため、信頼区間の解釈という点では有用性が損なわれてしまう。信頼区間の幅と信頼水準の間のトレードオフについては、標本数を決めるという観点から 6.4 節でさらに詳しく議論する。信頼区間推定の応用例を例 6.1 に示す。

例 6.1
紙の長さの平均値を 95% の信頼水準で推定する
　ある製紙メーカーの製造プロセスは、シフト制で 24 時間連続運転している。製造される用紙の長さは平均で 11 インチとされているため、用紙長の標準偏差は 0.02 インチである。用紙の平均的長さが 11 インチであることを確認するために（また、用紙長が変わってしまうような問題が製造プロセスに発生していないか確認するために）、一定時間間隔で標本を抽出している。100 枚の用

紙を無作為抽出して長さを測定し平均値を計算すると、結果は 10.998 インチであった。用紙の長さの母集団平均の 95% 信頼区間を計算せよ。

解 95% 信頼水準に対応する $Z_{a/2}$ の値は 1.96 である。これを式 (6.1) に適用して

$$\overline{X} \pm Z_{a/2}\frac{\sigma}{\sqrt{n}} = 10.998 \pm (1.96)\frac{0.02}{\sqrt{100}}$$
$$= 10.998 \pm 0.0039$$
$$10.9941 \leq \mu \leq 11.0019$$

計算の結果、母集団平均の 95% 信頼区間は 10.9941 から 11.0019 インチの範囲である。信頼区間内に 11（製造プロセスの正常動作を示す基準値）を含むことから、製造プロセスに何らかの問題が発生していると疑う理由はない。

99% 信頼区間を適用した場合については、例 6.2 を参照のこと。

例 6.2
紙の長さの平均値を 99% の信頼水準で推定する

紙の長さの母集団平均の 99% 信頼区間を計算せよ。

解 99% 信頼水準に対応する $Z_{a/2}$ の値は 2.58 である。これを式 (6.1) に適用して

$$\overline{X} \pm Z_{a/2}\frac{\sigma}{\sqrt{n}} = 10.998 \pm (2.58)\frac{0.02}{\sqrt{100}}$$
$$= 10.998 \pm 0.00516$$
$$10.9928 \leq \mu \leq 11.0032$$

となる。区間の幅は広がったが、やはり 11 はこの範囲に含まれている。したがって、製造プロセスに何らかの問題が発生していると考える理由はない。

5.4 節で議論したように、注目する母集団に含まれる値 X が正規分布に従うと仮定すると、その標本平均 $\overline{X}$ の標本分布も正規分布に従うことになる。X の母集団が正規分布に従わないとしても、n が大きければ $\overline{X}$ はほぼ確実に正規分布に従うと見なすことができる（**中心極限定理**）。

しかし、標本数が小さく、かつ、その母集団が正規分布に従わない場合、標本分

布は正規分布とはならず、したがってこの節で議論した信頼区間を適用することはできない。ただし、実際に遭遇する問題において標本数が十分に大きく、母集団が極端に歪んでいないのであれば、式 (6.1) を利用して母集団平均の信頼区間を推定することは可能である（σ は既知とする）。

母集団標準偏差を知ることは可能か？

式 (6.1) を解くには、母集団標準偏差 σ の値が既知である必要がある。σ の値が分かっているということは、母集団全体のすべての値が既知であることを意味する（そうでなければ、この母集団パラメータの値を知ることはできない）。しかし、母集団全体のすべての値がすでに分かっているのであれば、母集団平均を直接計算すれば良いことになる。その場合、そもそも推測統計学の手法を用いて演繹的に母集団平均を推定する必要はない。言い換えれば、σ が分かっているのであれば、本当は式 (6.1) を使用して「平均の信頼区間推定（σ が既知の場合）」を構築する必要はないことになる。

さらに重要なのは、現実に遭遇するビジネスの場面においては、母集団標準偏差を知る術がないことである。ビジネスの場面で遭遇する母集団は、一般に規模が大きすぎて個々の値をすべて調べることはできない。では、平均の信頼区間推定（σ が既知）を学習する意味は何であろうか？ この節で説明した手法は、第 4 章と第 5 章ですでに詳しく学習した正規分布を利用して信頼区間という概念へ導くための重要な導入部として役立つ。次の節では、σ が未知である場合に信頼区間推定を行うためには、本書ではまだ説明していない新しい分布（t 分布）が必要となることを学習する。

信頼区間という概念は、本書をさらに読み進めて理解する上で非常に重要である。たとえあなたが、平均の信頼区間推定（σ が既知）を使用する機会は現実にはないであろうと考えていたとしても、本節の内容を注意深く読み、根底にある考え方をよく理解してほしい。

6.2 平均の信頼区間推定（σ が未知の場合）

前節で学習したように、実際のビジネスの現場では母集団標準偏差 σ が未知であるケースが大部分である。この節では、母集団パラメータ σ の代替推定量として標本統計量 S を使用し、μ の信頼区間を推定する方法を学習する。

スチューデントの t 分布

今世紀の始め、ウィリアム・ゴセットは、アイルランドのギネス社でビール発酵のコストを下げるという問題に取り組んでいた。手に入る標本の数が非常に限られていることから、彼はσを知ることなしに平均を推定できる方法を見つけ出す必要に迫られていた。ゴセット氏は現在「**スチューデントの t 分布 (student's t distribution)**」(あるいは単に t 分布) と呼ばれる分布を考え出してこの問題を解決し、"Student"[1] というペンネームで結果を発表した。

確率変数 X が正規分布にしたがうとすれば、次に示す統計量は**自由度 (degrees of freedom)** $n-1$ の t 分布にしたがう。

$$t = \frac{\overline{X} - \mu}{\frac{S}{\sqrt{n}}}$$

この式は第 5 章の式 (5.4) に現れた統計量 Z と同じ形をもっているが、相違点は未知のσの推定量として S が使用されていることである。

t 分布の特性

t 分布は、一見したところでは、標準正規分布に非常によく似ている。どちらの分布も左右対称な釣り鐘形を持ち、平均と中央値は共にゼロである。ただし、標準正規分布と比較すると、t 分布の方が裾野部分の面積がより大きく、中心部分の面積はより小さくなっている (図 6.5 参照)。その理由は、未知のσの推定量として S 値を使用したことにより、t 値は Z 値よりも大きな変動性を持つためである。

---

[1] ギネス社は実施するすべての研究を自己の独占所有物・企業秘密と見なしていたため、従業員が研究成果を発表することを禁じていた。ゴセットはこの制約を回避するために "Student" というペンネームを使用して自分の成した発見を公表した。

図6.5
標準正規分布と、自由度5のt分布

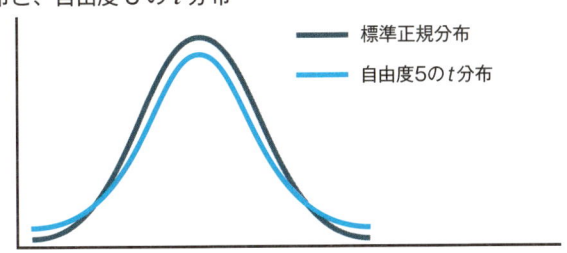

自由度は標本数nに直接的に関係する。自由度の概念については、次項（p.189）でさらに詳しく説明する。標本数と自由度が大きくなるほど、Sはσのより良い推定量となり、それにつれてt分布は標準化正規分布に漸近していく。最終的に両者は実質的に同じと見なせるようになる。標本数がほぼ120、またはそれ以上になるとSは十分な精度でσを近似できるようになり、したがってt分布とZ分布との差異はほとんど無くなる。

前にも触れたように、t分布は確率変数Xが正規分布することを仮定している。実際問題としては、標本数が十分に大きく、母集団が極端に歪んでいないのであれば、ほとんどの問題でt分布を利用してσ値が不明な分布の母集団平均を推定することができる。標本数が小さく、かつ母集団分布が歪んでいる場合、信頼区間を計算しても有意な母集団平均推定値が得られないこともある。正規性を仮定することの妥当性を評価するには、たとえば、ヒストグラムや正規確率プロットを作成して標本データの分布形状を調べればよい。ただし、標本数が小さい場合、これらのグラフによる正規性の検証能力にも自ずと制限が生ずる。

様々な自由度に対応するtの限界値をt分布表から見つけ出すことができる（表E.2参照）。この表の横軸は最も一般的に使用される累積確率の値とそれに対応する分布曲線の面積（上側の裾野の面積）を表している。表の縦軸は自由度を表し、個々のセルにはtの限界値が示されている。たとえば、自由度が99であったときに95%の信頼水準を希望したとすれば、それに対応するtの値を表6.1から次のようにして探し出すことができる。信頼水準が95%ということは、値の集合の中の2.5%（面積として0.025）が分布の両側の裾野に含まれることを意味する。

表 6.1
両側の裾野の面積 0.025 に対応する限界値を t 分布表（自由度 99）から決定する

自由度	累積確率					
	0.75	0.90	0.95	0.975	0.99	0.995
	上側裾野面積					
	0.25	0.10	0.05	0.025	0.01	0.005
1	1.0000	3.0777	6.3138	12.7062	31.8207	63.6574
2	0.8165	1.8856	2.9200	4.3027	6.9646	9.9248
3	0.7649	1.6377	2.3534	3.1824	4.5407	5.8409
4	0.7407	1.5332	2.1318	2.7764	3.7469	4.6041
5	0.7267	1.4759	2.0150	2.5706	3.3649	4.0322
–	–	–	–	–	–	–
–	–	–	–	–	–	–
–	–	–	–	–	–	–
96	0.6771	1.2904	1.6609	1.9850	2.3658	2.6280
97	0.6770	1.2903	1.6607	1.9847	2.3654	2.6275
98	0.6770	1.2902	1.6606	1.9845	2.3650	2.6269
99	0.6770	1.2902	1.6604	1.9842	2.3646	2.6264
100	0.6770	1.2901	1.6602	1.9840	2.3642	2.6259

表 B.2 より抜粋

累積確率 0.975（上側裾野面積 0.025）の列に対応する自由度 99 の行を探すと、これに対応する t の限界値が 1.9842 であることが分かる（図 6.6 参照）。t は平均がゼロの対称分布であることから、上側の裾野の値が +1.9842 である場合、下側の裾野面積（下側 0.025）に対応する値は −1.9842 である。この値は、t が −1.9842 を下回る確率が 0.025（2.5%）であることを意味する。

図 6.6
自由度 99 の t 分布

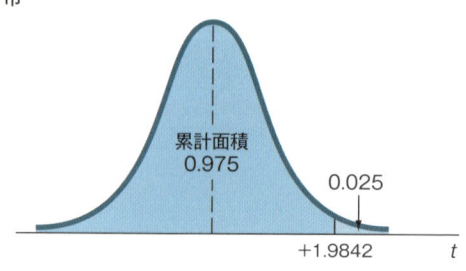

95%信頼区間の累積確率は常に0.0975となるため、上側の裾野面積0.025を意味することに留意する。同様に、99%信頼区間を問題にするのであればこれらの値は0.995と0.005であり、90%を問題にするのであれば0.95と0.05となる。

自由度という概念

第1章では標本分散S^2について学習したが、この値を得るために次の計算が必要であった(式(1.6)参照)。

$$\sum_{i=1}^{n}(X_i - \overline{X})^2$$

S^2を計算するためにはまず$\overline{X}$を知る必要がある。したがって、標本値の中で自由に変化できるのは$n-1$のみである。これは自由度が$n-1$であることを意味する。例として、5個の値から構成される標本の平均が20であったとする。このケースにおいて、何個の標本値が分かれば残りの値を決定できるであろうか? $N=5, \overline{X}=20$であるという知識から、次の式が成り立つことが分かる。

$$\sum_{i=1}^{n} X_i = 100$$

なぜならば

$$\frac{\sum_{i=1}^{n} X_i}{n} = \overline{X}$$

もし4つの値が分かっているとすれば、全部を合算すれば100になるという条件を満たす必要があるため、5番目の値は自由に変化することができない。たとえば、4個の値が18、24、19、および16であったとすれば、5番目の値は23でなければならない(そうでなければ合計が100にならない)。

信頼区間について

σが未知である分布の平均の$(1-\alpha)\times 100\%$信頼区間推定値は式(6.2)によって定義される。

> **平均の信頼区間（σ が未知）**
>
> $$\overline{X} \pm t_{\alpha/2} \frac{S}{\sqrt{n}}$$
>
> または
>
> $$\overline{X} - t_{\alpha/2} \frac{S}{\sqrt{n}} \leq \mu \leq \overline{X} + t_{\alpha/2} \frac{S}{\sqrt{n}} \qquad 式(6.2)$$
>
> $t_{\alpha/2}$ は、自由度 $n-1$ の t 分布から導かれる上側の裾野の確率が $\alpha/2$（累積面積は $1-\alpha/2$）に対応する限界値である。

標準偏差が未知である平均の信頼区間を推定する問題の具体的な例として、175 ページで説明したサクソン社の問題に立ち返って考えてみよう。第 1 章で最初に議論した各ステップ（定義、収集、整理、可視化、および解析）を使用して、この問題では月間の売り上げ請求書に記載された金額を注目する変数と定義する。ビジネスとしての目標は金額の平均を推定することである。次に、母集団（月間の売り上げ請求書全体）の中から 100 件の売り上げ請求書を抽出して標本（データ）とする。収集されたデータをワークシートに記入して整理する。金額の分布をより分かり易く可視化するために、何種類ものグラフを作成することができる。データを解析するために 100 件の売り上げ請求書から標本平均を計算した結果は 110.27 ドル、標準偏差は 28.95 ドルであった。信頼水準を 95% とすると、t 分布から得られる限界値は 1.9842 である（表 6.1 参照）。式 (6.2) に適用して計算すると次のようになる。

$$\overline{X} \pm t_{\alpha/2} \frac{S}{\sqrt{n}}$$
$$= 110.27 \pm (1.9842)\frac{28.95}{\sqrt{100}}$$
$$= 110.27 \pm 5.74$$
$$104.53 \leq \mu \leq 116.01$$

図 6.7 に、Excel を使用して、この平均金額の信頼区間推定値を推定した例を示す。

図 6.7
Excel を使用して計算した売り上げ請求書平均金額の信頼区間推定値
(サクソン社の例)

	A	B	
1	売上げ請求書平均額の信頼区間推定値		
2			
3	データ		
4	標本標準偏差	28.95	
5	標本平均	110.27	
6	標本数	100	
7	信頼水準	95%	
8			
9	計算値		
10	平均の標準誤差	2.8950	=B4/SQRT(B6)
11	自由度	99	=B6−1
12	t 値	1.9842	=T.INV.2T(1−B7,B11)
13	中心から限界値までの距離	5.7443	=B12*B10
14			
15	信頼区間		
16	下部限界値	104.53	=B5−B13
17	上部限界値	116.01	=B5+B13

　以上の結果から、95% の信頼水準をもって、すべての売り上げ請求書の平均金額は 104.53 ドル〜 116.01 ドルの範囲にあると言うことができる。信頼水準が 95% ということは、100 件の請求書から構成されるあらゆる標本を抽出したときに (実際にこのような事が行われるとは考えられないが)、これらの標本から計算される区間の 95% は区間内のどこかに母集団平均を含むことを意味する。この信頼区間推定が正しいか否かは、売り上げ請求書の金額分布が正規性を持つという仮定に依存している。標本の数が 100 もあれば、正規性を仮定することはそれほど難しいことではない (中心極限定理参照、p.165)、したがって、t 分布の使用は妥当であると言える。例 6.3 は、標準偏差が未知である母集団の平均の信頼区間を計算する方法を示している。

例 6.3
電気絶縁材を破壊するために必要な力の平均を推定する

電気絶縁材を製造している会社について考えてみよう。第 1 章で最初に議論した各ステップ (定義、収集、整理、可視化、および解析) を使用して、この問題では絶縁材の強度を注目する変数と定義する。使用中に絶縁材が破損すると回路がショートしてしまう可能性が高い。絶縁材の強度を調べるため、破壊試験を実施して絶縁材が破損するのに必要な力を測定する。絶縁材が破損するのに必要な力 (ポンド) を知るために、印加した力を測定する。30 個の絶縁材を

選択して試験を行い、データを収集する。収集したデータは1枚のワークシートに整理する。この試験から得られた30個の値をまとめたものが表6.2であり、このデータは（ファイル 力 ）に保管されている。データの解析のために、絶縁材の破損に必要な力の母集団平均を推定する95%信頼区間を計算する必要がある。

表6.2
絶縁材を破壊するために必要な力（単位はポンド）

1,870	1,728	1,656	1,610	1,634	1,784	1,522	1,696	1,592	1,662
1,866	1,764	1,734	1,662	1,734	1,774	1,550	1,756	1,762	1,866
1,820	1,744	1,788	1,688	1,810	1,752	1,680	1,810	1,652	1,736

解 データを目で見て理解できるようにするため、力の正規確率プロット（図6.8）を作成する。また、データを解析するために、信頼区間推定値（図6.9）を計算する。

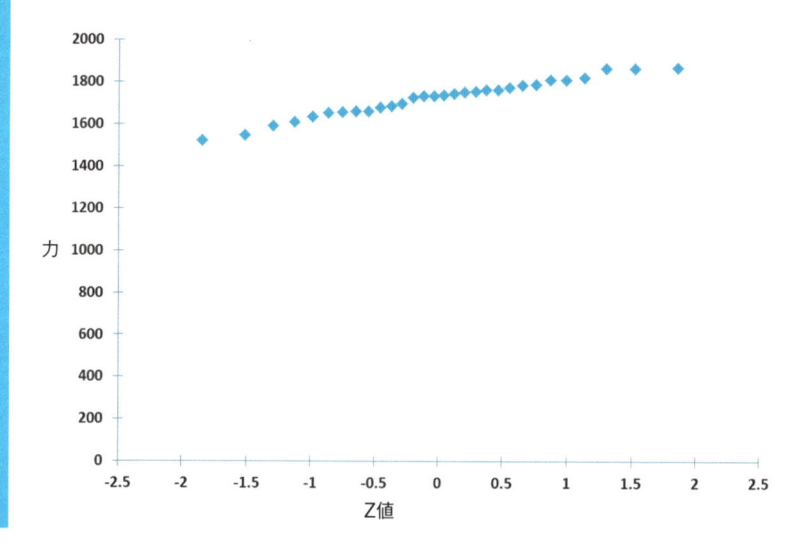

図6.8
電気絶縁材を破壊するために必要な力を表す正規確率プロット
（Excelを使用して作成）

電気絶縁材を破壊するために必要な力

図6.9
電気絶縁材を破壊するために必要な力の平均を推定する信頼区間
（Excelを使用して作成）

	A	B	
1	必要な力の平均を推定する信頼区間		
2			
3	データ		
4	標本標準偏差	89.55	
5	標本平均	1723.4	
6	標本数	30	
7	信頼水準	95%	
8			
9	計算値		
10	平均の標準誤差	16.3495	=B4/SQRT(B6)
11	自由度	29	=B6−1
12	t 値	2.0452	=T.INV.2T(1−B7,B11)
13	中心から限界値までの距離	33.4385	=B12∗B10
14			
15	信頼区間		
16	下部限界値	1689.96	=B5−B13
17	上部限界値	1756.84	=B5+B13

図6.9が示すように、標本平均は $\overline{X}$ = 1,723.4（ポンド）であり、標本標準偏差は S = 89.55（ポンド）である。

式 (6.2) を使用して信頼区間を作成する。そのためには、t 表から限界値を決定しなければならない（自由度29に対応する行から読み取る）。信頼水準を95%とするため、上側裾野面積が0.025（累積確率0.975）に対応する行を使用する。表E.3から読み取った値は $t_{\alpha/2}$ = 2.0452 である。これらの値（$\overline{X}$ = 1,723.4、S = 89.55、n = 30、$t_{\alpha/2}$ = 2.0452）を代入すると、

$$\overline{X} \pm t_{\alpha/2} \frac{S}{\sqrt{n}}$$
$$= 1{,}723.4 \pm (2.0452)\frac{89.55}{\sqrt{30}}$$
$$= 1{,}723.4 \pm 33.44$$
$$1{,}689.96 \leq \mu \leq 1{,}756.84$$

この式から、絶縁材母集団の破壊に必要な力の平均は 1,689.96 ～ 1,756.84（ポンド）の間にあるということを95%の信頼水準で結論付けることができる。この信頼区間推定の妥当性は、必要な力の強さが正規分布するという仮定に基づいている。

しかし、標本数が大きければこの仮定をある程度緩めることができることを

思い出してほしい。したがって、標本数が 30 もあれば、たとえ必要な力の分布が若干歪んでいたとしても、t 分布を適用することができる。実際、図 6.8 の正規確率プロットが示すように、必要な力の強さは若干左に歪んでいるように見える。このようなデータであっても、t 分布を適用することができる。

信頼区間の解釈は、σ が既知であっても σ が未知であっても同じである。平均の信頼区間は σ が未知であると変化がより大きくなる。この事実を具体例で示すために、6.1 節で議論した注文処理時間の例に立ち返って考えてみる。このケースにおいて、母集団標準偏差は未知であると仮定し、その代わりとして標本標準偏差を使用して平均の信頼区間を推定するものとする。20 個の標本（注文数 $n = 10$）それぞれの計算結果を図 6.10 に示す。

図 6.10 を観察すると、標本標準偏差は 6.25（サンプル 17）〜 14.83（サンプル 3）までの範囲で変化している。そのため、計算された信頼区間の幅も 8.94（サンプル 17）〜 21.22（サンプル 3）までの範囲で変化している。あなたは注文処理時間母集団の平均が $\mu = 69.637$（分）であることをすでに知っているため、サンプル 8 の区間（69.68 〜 85.48）とサンプル 10 の区間（56.41 〜 68.69）は母集団平均を正しく推定していないことがわかるはずである。それ以外のすべての区間は、母集団平均を正しく推定している。

図 6.10
注文処理時間の母集団（σ が未知）から無作為抽出した 20 個の標本から推定した平均の信頼区間

サンプル番号	n 数	平均値	標準偏差	平均の標準誤差	95% 信頼区間
サンプル 1	10	71.64	7.58	2.40	(66.22, 77.06)
サンプル 2	10	67.22	10.95	3.46	(59.39, 75.05)
サンプル 3	10	67.97	14.83	4.69	(57.36, 78.58)
サンプル 4	10	73.90	10.59	3.35	(66.33, 81.47)
サンプル 5	10	67.11	11.12	3.52	(59.15, 75.07)
サンプル 6	10	68.12	10.83	3.43	(60.37, 75.87)
サンプル 7	10	65.80	10.85	3.43	(58.03, 73.57)
サンプル 8	10	77.58	11.04	3.49	(69.68, 85.48)
サンプル 9	10	66.69	11.45	3.62	(58.50, 74.88)
サンプル 10	10	62.55	8.58	2.71	(56.41, 68.69)
サンプル 11	10	71.12	12.82	4.05	(61.95, 80.29)
サンプル 12	10	70.55	10.52	3.33	(63.02, 78.08)
サンプル 13	10	65.51	8.16	2.58	(59.67, 71.35)
サンプル 14	10	64.90	7.55	2.39	(59.50, 70.30)
サンプル 15	10	66.22	11.21	3.54	(58.20, 74.24)
サンプル 16	10	70.43	10.21	3.23	(63.12, 77.74)
サンプル 17	10	72.04	6.25	1.96	(67.57, 76.51)
サンプル 18	10	73.91	11.29	3.57	(65.83, 81.99)
サンプル 19	10	71.49	9.76	3.09	(64.51, 78.47)
サンプル 20	10	70.15	10.84	3.43	(62.39, 77.91)

実際問題としては、選択する標本の個数は1個だけであることをここでも思い出してほしい。その1個の標本から計算した信頼区間が、母集団平均を含むか否かを確実に知ることはできないのである。

6.3 比率の信頼区間推定

信頼区間という概念は、カテゴリーデータにも当てはまる。カテゴリーデータを取り扱う場合は、ある注目する特性を持つ項目が母集団の中で占める割合はどれくらいかという比率が推定の対象となる。未知の母集団比率をギリシャ文字πで表す。πの点推定は標本比率$p = X/n$であり、ここにnは標本数、Xは標本の中で注目する特性を持つ項目の数を表す。母集団比率の信頼区間推定を定義するのが式(6.3)である。

比率推定の信頼区間

$$p \pm Z_{\alpha/2}\sqrt{\frac{p(1-p)}{n}}$$

または

$$p - Z_{\alpha/2}\sqrt{\frac{p(1-p)}{n}} \leq \pi \leq p + Z_{\alpha/2}\sqrt{\frac{p(1-p)}{n}} \qquad 式(6.3)$$

ここに、

$p = $ 標本比率 $= \dfrac{X}{n} = \dfrac{注目する特性を持つ項目の数}{標本数}$

$\pi = $ 母集団比率

$Z_{\alpha/2} = $ 標準化正規分布から得られる限界値

$n = $ 標本数

注:この式を使用して信頼区間を計算するためには、標本数nが十分に大きく、Xと$n - X$の両方が5よりも大きくなければならない。

たとえば、誤りを含む売り上げ請求書の比率(サクソン社の例、p.175)を計算するために、式(6.3)で定義される比率の区間推定式を使用することができる。定義、収集、整理、可視化、および解析というステップを用いて、請求書が誤りを含むか否か(はい/いいえ)を注目する変数として定義する。

次に、100件の売り上げ請求書で構成される1つの標本からデータを収集する。

データをワークシートに記入して整理した結果、10件の請求書が誤りを含むことが分かった。データ解析のため、これらのデータから標本比率を計算した結果は $p = X/n = 10/100 = 0.10$ である。X と $n - X$ はいずれも 5 より大であることから、式 (6.3) を適用することができる。95% の信頼水準に対応する $Z_{a/2} = 1.96$ を使用すると

$$p \pm Z_{a/2}\sqrt{\frac{p(1-p)}{n}}$$
$$= 0.10 \pm (1.96)\sqrt{\frac{(0.10)(0.90)}{100}}$$
$$= 0.10 \pm (1.96)(0.03)$$
$$= 0.10 \pm 0.0588$$
$$0.0412 \leq \pi \leq 0.1588$$

となる。以上の計算により、すべての売り上げ請求書から構成される母集団の中で誤りを含む請求書の母集団比率は 95% の信頼水準で 0.0412 から 0.1588 までの間にあると結論できる。この結果は、すべての売り上げ請求書の中で、誤りを含む請求書の割合は 4.12% から 15.88% であることを意味する。この例の信頼区間推定を図 6.11 に示す。

図 6.11
売り上げ請求書母集団の中で誤りを含む請求書の比率の信頼区間推定
（Excel を使用して計算）

	A	B	
1	請求書の誤り比率の信頼区間推定		
2			
3	データ		
4	標本数	100	
5	誤り数	10	
6	信頼水準	95%	
7			
8	計算値		
9	標本比率	0.1	=B5/B4
10	Z値	−1.9600	=NORM.S.INV((1−B6)/2)
11	比率の標準誤差	0.03	=SQRT(B9*(1−B9)/B4)
12	中心から限界値までの距離	0.0588	=ABS(B10*B11)
13			
14	信頼区間		
15	下部限界値	0.0412	=B9−B12
16	上部限界値	0.1588	=B9+B12

比率の信頼区間推定を取り扱う別なケースを例 6.4 に示す。

例 6.4
印刷済み新聞紙の規格外れ品の比率を推定する

大手新聞会社の運用管理者が、印刷された新聞の中で規格外れがどれくらいの割合になるかを推定したいと考えている。定義、収集、整理、可視化、および解析というステップを使用して、次のような項目を注目する変数として定義する。たとえば過剰な背文字写り、レイアウトのずれ、落丁、ページの重複などである。ある一日に印刷される新聞全体の中からサイズ $n = 200$ の標本を無作為抽出してデータを収集する。結果をワークシートとして整理したところ、35 件が何らかの規格外れ項目を持っていることが分かった。データを解析するために、一日に印刷される新聞の中で、規格外れ属性を持つ新聞の比率を 90% の信頼区間を計算して推定する。

解 式 (6.3) に以下の値を適用する。

$p = \dfrac{X}{n} = \dfrac{35}{200} = 0.175$、および、90% 信頼水準に対応する値として $Z_{a/2} = 1.645$ である。

$$p \pm Z_{a/2}\sqrt{\dfrac{p(1-p)}{n}}$$
$$= 0.175 \pm (1.645)\sqrt{\dfrac{(0.175)(0.825)}{200}}$$
$$= 0.175 \pm (1.645)(0.0269)$$
$$= 0.175 \pm 0.0442$$
$$0.1308 \leq \pi \leq 0.2192$$

その日に印刷された新聞全体の中で規格外れが占める母集団比率は、90% の信頼水準で、0.1308 から 0.2192 の範囲内にあると結論付けることができる。すなわち、その日に印刷された新聞の 13.08% から 21.92% は何らかの規格外れ特性を持っている。

式 (6.3) は統計量 Z 値を含んでいる (標本数が十分に大きければ二項分布を正規分布で近似できることを反映している)。例 6.4 では、X と $n - X$ が共に 5 よりも大きいことから、Z を使用することによって母集団比率の近似が得られる。しかし、

標本数が十分に大きくないケースにおいては、式 (6.3) ではなく二項分布を使用するべきである。

6.4 標本数を決定する

　これまでに取りあげた信頼区間計算ではその都度標本数を報告してきたが、信頼区間の幅については殆ど議論してこなかった。ビジネスの世界で意思決定の手段として信頼区間を使用するためには、この幅を十分に狭くする必要がある。そのため、予め標本の大きさを決定してデータ収集を行うことが多い。適切な標本数を決定するためには込み入った手続きが必要であり、様々な要素（予算、時間、許容可能な標本誤差など）からの制約を受ける。サクソン社の例において、もし売り上げ請求書の平均金額を推定したいのであれば、母集団平均の推定のために許容可能な標本誤差を予め決定しておかなければならない。また、母集団パラメータを推定するために適用する信頼水準（90%、95%、あるいは 99% など）も予め決定しておかなければならない。

平均推定のための標本数を決定する

　平均の信頼区間を推定するためにどの程度の標本数が必要か？　これを決定する式を作成するにあたり、まず、式 (6.1) を思い出してみよう。

$$\overline{X} \pm Z_{\alpha/2} \frac{\sigma}{\sqrt{n}}$$

　$\overline{X}$ に加算、または $\overline{X}$ から減算する量は区間幅の 2 分の 1 である。この量が推定の不正確さを表しており、標本誤差から生ずる。標本誤差 e は次式で定義される。

$$e = Z_{\alpha/2} \frac{\sigma}{\sqrt{n}}$$

　e がこの文脈で使用される場合、統計学者によってはこの値を誤差限界と呼ぶことがある。
　この式を n について解くことにより、平均の信頼区間を適切に推定するために必要な標本数が与えられる。ここで言う「適切」は、計算の結果として得られる区間が含む標本誤差が許容可能な範囲に収まっているという意味である。

平均推定のための標本数を決定する

標本数 n は、値 $Z_{a/2}$ の二乗と標準偏差 σ の二乗との積を計算し、それを標準誤差 e の二乗で割った値に等しい。

$$n = \frac{Z_{a/2}^2 \sigma^2}{e^2} \quad \text{式(6.4)}$$

したがって、標本数を計算するために次の3項目を知る必要がある。

1. 希望する信頼水準。このレベルに応じて限界値 $Z_{a/2}$ が決定される（標準化正規分布[2]から導かれる）。
2. 許容可能な標本誤差 e
3. 標準偏差 σ

企業間の取引関係では、しばしば重要パラメータの推定を必要とすることがある。そのようなケースでは、標本誤差の許容レベルや信頼水準の要件を契約で法的に定めることがある。食品や製薬分野の企業に対しては政府が様々な規制を課しているため、標本誤差や信頼水準が具体的に指定されている。しかし、一般的に言えば、標本数の決定に必要なこれら3種類のファクターを指定するのはそれほど簡単ではない。信頼水準や標本誤差を決定するにはどうすれば良いだろうか？ 多くの場合、これらの疑問に答えられるのは、その問題を熟知した専門家だけである（たとえば、調査対象である変数に慣れ親しんだ人）。最も一般的に使用される信頼水準は95%であるが、より高い信頼水準が必要とされるケースでは、99%の方がより適切であり、より低い信頼水準でも許容可能なケースならば90%を使用することもある。標本誤差について言えば、どの程度の標本誤差であれば良いと考えるべきではなく（もともと誤差ゼロが望ましい）、信頼区間から意味のある結論を得るために許すことのできる誤差の量はどれくらいか、と考えるべきである。

信頼水準と標本誤差を指定することに加えて、標準偏差の推定量が必要である。残念なことに、母集団標準偏差 σ が既知であるのは非常に希である。

幾つかのケースでは、過去のデータから標準偏差を推定できることがあり、また、様々な知識に基づいて変数の範囲と分布を考慮することによって標準偏差を推定できる場合もある。たとえば、正規分布を仮定したとすれば、範囲が近似的に 6σ （平

---

[2] t ではなく Z を使用する。その理由は、t の限界値を決定するためには標本数を知る必要があるが、ここでは標本数がまだ決められていないからである。ただし、大部分の調査においては必要とされる標本数が十分に大きいため、標準化正規分布は t 分布に近似する。

均の両側 ±3σ) と見なせることを利用して、範囲を 6 で割れば標準偏差の推定値が得られる。この方法で推定できない場合は、規模を縮小して調査を行い、そこで得られたデータから標準偏差を推定することができる。

　母集団平均の推定に必要な標本数を決定するとい問題をさらに詳しく調べるため、サクソン社の監査について再び考察する。6.2 節では 100 件の売り上げ請求書から構成される標本を選択し、そのデータから売り上げ請求書金額の母集団平均を推定する 95% 信頼区間を作成した。この標本数はどのようにして決定されたのか? また、別の標本数を選択する必要はなかったか?

　こう考えてみよう。あなたは会社の担当者と協議を行い、その結果から信頼水準を 95% に設定し、それに加えて標本誤差を ±5 ドル以内に抑えるのが望ましいと判断した。過去のデータが示すところによれば、請求書あたりの売り上げ金額の標準偏差はほぼ 25 ドルである。したがって、$e = 5$ ドル、$\sigma = 25$ ドル、$Z_{\alpha/2} = 1.96$ (信頼水準を 95% とする) である。式 (6.4) にこれらの値を適用すると、次のようになる。

$$n = \frac{Z_{\alpha/2}^2 \sigma^2}{e^2} = \frac{(1.96)^2 (25)^2}{(5)^2}$$
$$= 96.04$$

標本数に端数が生じた場合は、上方向へ切り上げて 1 つ大きな整数値を選択することにより基準よりも少し良い結果を得ようとするのが一般則である。そのため、ここでは標本数として 97 を選択すべきである。したがって、標準偏差推定値と希望する信頼水準、および標本誤差を基準として考えるならば、190 ページで使用した標本数 $n = 100$ という値は会社の要求を満たすために必要な値よりも少し大きい。標本標準偏差の計算結果は予期した値よりも若干大きく (期待値 25 ドルに対して 28.95 ドル)、信頼区間は希望値よりも若干幅が広い。標本数決定のために使用した Excel ワークシートを図 6.12 に示す。

図 6.12
売り上げ請求書の平均金額推定に適した標本数を決定する Excel ワークシート
（サクソン社の例）

	A	B
1	売上げ請求書の平均額推定のための必要標本数	
2		
3	データ	
4	母集団標準偏差	25
5	標本誤差	5
6	信頼水準	95%
7		
8	計算値	
9	Z値	−1.9600　=NORM.S.INV((1−B6)/2)
10	標本数	96.0365　=((B9*B4)/B5)^2
11		
12	結果	
13	必要とする標本数	97　=ROUNDUP(B10,0)

別の応用例を例 6.5 に示す。この例も平均の信頼区間推定に必要な標本数を決定するための手順を示している。

例 6.5
平均推定のための標本数を決定する

例 6.3 に立ち戻って考えてみよう。絶縁材料の破壊に必要な力の母集団平均を 95% の信頼水準で、かつ、推定区間の幅を ±25 ポンド以内として推定したいとする。前年度に実施した調査結果にもとづいて、標準偏差は 100 ポンドであると考える。必要な標本数を決定せよ。

解 $e = 25$、$\sigma = 100$、および 95% 信頼水準に対応する $Z_{\alpha/2}$ の値 1.96 を式 (6.4) に適用する。

$$n = \frac{Z_{\alpha/2}^2 \sigma^2}{e^2} = \frac{(1.96)^2 (100)^2}{(25)^2}$$
$$= 61.47$$

端数が生じた場合は、端数を切り上げて 1 つ上の整数値を選択することにより、希望する基準より若干でも良い値を得るという原則に従う。ここでは、絶縁材標本数を 62 とする。62 個の標本から計算した標本標準偏差が 100 よりも大きくなると、実際の標本誤差は 25 よりも若干大きくなり、標本標準偏差が 100 よりも小さい場合は若干小さくなる。

比率推定のための標本数を決定する

この節では、母集団平均推定のために必要な標本数を決定する方法について学習してきた。ここでは、母集団比率を推定するために必要な標本数を決定したいとする。

母集団比率を推定する場合も、母集団平均を推定する場合も、標本数を決定する方法はほぼ同じである。平均の信頼区間を計算するための標本数を決定しようとするとき、それに付随する標本誤差が次の式で定義されたことを思い出してみよう。

$$e = Z_{\alpha/2} \frac{\sigma}{\sqrt{n}}$$

比率推定の場合は、この式のσを$\sqrt{\pi(1-\pi)}$で置き換える。したがって、標本誤差は次の式で表現される。

$$e = Z_{\alpha/2} \sqrt{\frac{\pi(1-\pi)}{n}}$$

この式をnについて解くことにより、比率の信頼区間推定に必要な標本数を表す式が得られる。

比率推定のための標本数を決定する

標本数nは3項の積($Z_{\alpha/2}$の二乗、母集団比率π、および1から母集団比率を引いた値)を計算し、それを標本誤差eの二乗で割った値に等しい。

$$n = \frac{Z_{\alpha/2}^2 \pi(1-\pi)}{e^2} \qquad 式(6.5)$$

したがって、標本数を決定するために次の3項目を知る必要がある。

1. 希望する信頼水準。このレベルに応じて限界値$Z_{\alpha/2}$が決定される(標準化正規分布から導かれる)。
2. 許容可能な標本誤差(誤差限界)e。
3. 母集団比率π。

実際問題として、これらの値の選択にはプランが必要である。希望する信頼水準を決定することで、それに適合する $Z_{\alpha/2}$ の値は標準化正規分布から見つけ出すことができる。標本誤差 e は、母集団比率を推定するにあたって許容できる誤差の大きさを表す。3番目の量として π が現れるが、これが実際に推定したい母集団パラメータである。それでは、決定しようとする値をどのように表現したらよいのであろうか？

ここには2つの選択肢がある。多くの場合、過去に得られた様々な情報や関連性のある経験をもとにして π を推測することができる。あるいは、過去の情報や経験に乏しいのであれば、必要な標本数を過小評価しないような π の値を与えようとするべきである。式 (6.5) を見ると、$\pi(1-\pi)$ という値は分子の項として現れている。したがって、$\pi(1-\pi)$ という量ができるだけ大きくなるように π の値を決定しなければならない。積 $\pi(1-\pi)$ が最大値をとるのは $\pi = 0.5$ のときである。これを示すために、π を変化させたときに積 $\pi(1-\pi)$ がどのように変化するかを考えてみよう。

$\pi = 0.9$ のとき：$\pi(1-\pi) = (0.9)(0.1) = 0.09$
$\pi = 0.7$ のとき：$\pi(1-\pi) = (0.7)(0.3) = 0.21$
$\pi = 0.5$ のとき：$\pi(1-\pi) = (0.5)(0.5) = 0.25$
$\pi = 0.3$ のとき：$\pi(1-\pi) = (0.9)(0.7) = 0.21$
$\pi = 0.1$ のとき：$\pi(1-\pi) = (0.1)(0.9) = 0.09$

したがって、母集団比率に関する予備知識がなく、予測も困難な場合は、$\pi = 0.5$ を使用して標本数を決定するのがよい。$\pi = 0.5$ を使用することによって可能な標本数の最大値が得られることになり、したがって、最も幅が狭く確度の高い信頼区間が計算される。標本数が大きくなるにしたがい、標本に係わる時間と経費が増大する。これが精度向上の代償である。また、$\pi = 0.5$ を使用し、かつ、比率が 0.5 とは異なる場合は必要な標本数を過大に評価したことになる（すなわち、本来意図したよりも狭い信頼区間が得られる）。

サクソン社の問題 (p.175) に戻って考えると、監査処理が必要とするのは 95% の信頼水準で売り上げ請求書の母集団比率を推定することであり、そのための誤差は ±0.07 未満に抑えなければならない。過去何カ月かの結果を見ると、比率が 0.15 を超えたことはない。この事実を利用して、$e = 0.07$、$\pi = 0.15$、$Z_{\alpha/2} = 1.96$（信頼水準 95% に対応）を式 (6.5) に適用すると次の結果が得られる。

$$n = \frac{Z^2_{\alpha/2}\pi(1-\pi)}{e^2}$$

$$= \frac{(1.96)^2(0.15)(0.85)}{(0.07)^2}$$

$$= 99.96$$

標本数に端数が出たときは、上方向へ切り上げて1つ大きな整数値を選択することにより基準よりも少し良い結果を得ようとするのが一般則であることから、ここで必要な標本数は100となる。したがって、会社が要求する条件を満たす標本数を何種類かのファクター（比率推定値、希望する信頼水準、標本誤差）を勘案して決定した結果は、196ページで使用した標本数で同じであることが分かった。ただし、式(6.5)ではπの値として0.15を使用したのに対して、標本比率は0.10であることから、実際に計算される信頼区間は要求レベルよりも狭くなる。標本数決定のために使用した Excel ワークシートを図6.13に示す。

図 6.13
売り上げ請求書の比率推定（誤差を考慮）に適した標本数を決定する
Excel ワークシート（サクソン社の例）

	A	B	
1	請求書の誤り比率推定のための必要標本数		
2			
3	データ		
4	真の比率推定	0.15	
5	標本誤差	0.07	
6	信頼水準	95%	
7			
8	計算値		
9	Z値	−1.9600	=NORM.S.INV((1−B6)/2)
10	標本数	99.9563	=(B9^2*B4*(1−B4))/B5^2
11			
12	結果		
13	必要とする標本数	100	=ROUNDUP(B10,0)

母集団比率推定のための標本数決定に関する別な応用例を例6.6に示す。

例 6.6
母集団比率推定のための標本数を決定する

受信した電子メールに 1 時間以内に応答する事務職員の比率を 90% の信頼水準で、かつ ± 0.05 の範囲内で推定したい。今までこのような調査を行ったことがないため、過去のデータから情報を得ることはできない。必要な標本数を決定せよ。

解 過去のデータからの情報が存在しないため、$\pi = 0.05$ として計算する。$e = 0.05$、$\pi = 0.50$、および 90% 信頼水準に対応する $Z_{a/2}$ の値 1.645 を式 (6.5) に適用すると次のようになる。

$$n = \frac{Z^2_{a/2}\pi(1-\pi)}{e^2}$$

$$= \frac{(1.645)^2(0.50)(0.50)}{(0.05)^2}$$

$$= 270.6$$

したがって、90% の信頼水準と ± 0.05 の範囲内で母集団比率を推定するために必要な標本数(事務職員数)は 271 である。

統計を使ってみよう

再び、サクソン・ホーム・インプルーブメント社の場合

サクソン・ホーム・インプルーブメント社の例において、あなたの役割は、家庭リフォーム用品を卸売りする業者の会計担当であった。販売情報システムを管理して、在庫全体を一元的に把握するのがあなたの責任である。監査の過程で抽出される、比較的少数の標本から得られる記録をフルに活用して母集団についての結論を導くため、あなたは信頼区間を推定する手法を用いた。

月末に 100 件の売り上げ請求書を集めて以下の推測を行った。

- すべての売り上げ請求書から平均金額を計算すると、その値は 95% の信頼水準で 104.53 ドル～ 116.01 ドルの範囲にある。
- すべての売り上げ請求書の中で誤りを含む請求書の割合は、95% の信頼水準で 4.12% ～ 15.88% の範囲にある。

これらの推定値は、真の母集団パラメータがその範囲内に存在すると考えられる区間を指定している。サクソン社が下すべき判断に照らして、これらの区間幅が広すぎる（言い換えれば、標本誤差が大きすぎる）のであれば、標本数を大きくしなければならない。標本誤差を許容可能な範囲に抑えるためにどの程度の標本数が必要となるかは、6.4節で説明した標本数の式を使用して決定することができる。

まとめ

この章では、母集団の特性を推定する信頼区間について議論するとともに、必要となる標本数についても説明した。また、どのようにしてこれらの手法を数値データとカテゴリーデータに適用できるかについても学習した。本章で議論したトピックスをまとめて表6.3に示す。

特定の状況にどの公式が適合するのかを決定するには、以下の質問に答える必要がある。

- 信頼区間を計算しようとしているのか？ あるいは、標本数を決定しようとしているのか？
- 取り扱おうとしているのは数値データなのか？ あるいは、カテゴリーデータなのか？

続く3つの章では、母集団パラメータに関する決定を行うために「仮説検定」という方法論を展開する。

表6.3
第6章で考察したトピックスのまとめ

解析のタイプ	データのタイプ	
	数値解析	カテゴリー解析
母集団パラメータの信頼区間	平均の信頼区間推定（6.1節、6.2節）	比率推定の信頼区間（6.3節）
標本数の決定	平均推定のための標本数決定（6.4節）	比率推定のための標本数決定（6.4節）

重要な公式

平均の信頼区間（σが既知）

$$\overline{X} \pm Z_{\alpha/2} \frac{\sigma}{\sqrt{n}}$$

または

$$\overline{X} - Z_{\alpha/2} \frac{\sigma}{\sqrt{n}} \leq \mu \leq \overline{X} + Z_{\alpha/2} \frac{\sigma}{\sqrt{n}} \qquad 式(6.1)$$

平均の信頼区間（σが未知）

$$\overline{X} \pm t_{\alpha/2} \frac{S}{\sqrt{n}}$$

または

$$\overline{X} - t_{\alpha/2} \frac{S}{\sqrt{n}} \leq \mu \leq \overline{X} + t_{\alpha/2} \frac{S}{\sqrt{n}} \qquad 式(6.2)$$

比率推定の信頼区間

$$p \pm Z_{\alpha/2} \sqrt{\frac{p(1-p)}{n}}$$

または

$$p - Z_{\alpha/2} \sqrt{\frac{p(1-p)}{n}} \leq \pi \leq p + Z_{\alpha/2} \sqrt{\frac{p(1-p)}{n}} \qquad 式(6.3)$$

平均推定のための標本数を決定する

$$n = \frac{Z_{\alpha/2}^2 \sigma^2}{e^2} \qquad 式(6.4)$$

比率推定のための標本数を決定する

$$n = \frac{Z_{\alpha/2}^2 \pi (1-\pi)}{e^2} \qquad 式(6.5)$$

キーワード

点推定　p.176
信頼区間推定値　p.176
信頼水準　p.182
限界値　p.182
スチューデント t 分布　p.186
自由度　p.186

復習問題

1 ある家電製品メーカーの市場調査担当者が、特定地域のテレビ視聴傾向を調べたいと考えている。住民回答者40人を無作為に抽出し、それぞれの人が指定された週にテレビを視聴した時間を詳しく記録してもらった。その結果は次のとおりである。

- 一週間のテレビ視聴時間：$\overline{X} = 15.3$ 時間、$S = 3.8$ 時間
- 27人の回答者はイブニングニュースを少なくとも3夜視聴した。

a. この地域の住人が一週間にテレビを視聴する時間の95%信頼区間を推定せよ。

b. 夜のニュースを1週間あたり少なくとも3回視聴する住人の、母集団比率の95%信頼区間を推定せよ。

その市場調査担当者は、別の地域でも同様の調査を実施したいと考えている。以下の質問に答えよ。

c. 母集団標準偏差を5時間と仮定したとき、±2時間以内の幅でテレビ視聴時間母集団平均の95%信頼区間を推定するために必要な標本数はどれくらいか？

d. 夜のニュースを毎週少なくとも3夜視聴する人達の母集団比率を、±0.035以内の幅、95%の信頼水準で推定するために必要な標本数はどれくらいか？

e. (c) と (d) の結果にもとづき、1回だけの調査で結果を出すとすれば、市場調査担当者は標本数として何名抽出しなければならないか？

2 ある大企業の人事部長は、本社事務職員の1年間の無断欠勤の実態を調査したいと考えている。25人の事務職員を無作為に抽出したところ、以下の特性が明らかとなった。

- 無断欠勤：$\overline{X} = 9.7$ 日、$S = 4.0$ 日
- 欠勤日数が10日を超える事務職員が12人

a. 事務職員の1年間の平均欠勤日数の95%信頼区間を推定せよ。

b. 1年間に10日を超えて欠勤する事務職員の、母集団比率の95%信頼区間を推定せよ。

人事部長は、支社の事務所についても同様の調査を実施したいと考えている。以下の質問に答えよ。

c. 無断欠勤の母集団比率を±1.5日以内の幅で、95%の信頼水準で推定するために

必要な標本数はどれくらいか（母集団標準偏差は 4.5 日と仮定する）？

d. 利用できる推定値が何もないとしたとき、母集団比率を ±0.075 の範囲で、90% の信頼水準で推定するためには、何人の事務職員を標本として抽出しなければならないか？

e. (c) と (d) の結果をもとに、1 回だけの調査で結果を出すために必要な標本数はどれくらいか？

3 全国に展開する書店チェーンのある支店（大学の近くに立地）の店長は、書店の顧客特性を調査したいと考えている。その管理者は 2 つの変数に着目した。ひとつは顧客が消費した金額（教科書は除く）、もうひとつは顧客が大学院入試の準備に関連した DVD 購入を検討しているかである。70 人の標本を抽出して以下の結果が得られた。

● 消費金額：$\overline{X} = 28.52$ ドル、$S = 11.39$ ドル
● 28 人の顧客は教育用 DVD の購入を検討すると答えた。

a. その書店で消費する金額の母集団平均の 95% 信頼区間を推定せよ。

b. 教育用 DVD 購入を検討する顧客の母集団比率の 90% 信頼区間を推定せよ。

同チェーンの別な書店の店長（単科大学キャンパスの近くに立地）も自分の店舗について同様の調査をしたいと考えている。以下の質問に答えよ。

c. この店舗における消費金額母集団平均の 95% 信頼区間を、±2 ドルの範囲内で推定するために必要な標本数はどれくらいか（標準偏差を 10 ドルと仮定する）？

d. 教育用 DVD の購入を検討する顧客の母集団比率を、±0.04 の範囲内、90% の信頼水準で推定するためには何名の顧客を標本として抽出しなければならないか？

e. (c) と (b) の結果にもとづき、店長が抽出すべき標本数はどれくらいか？

4 高級レストランを経営する S 氏は、顧客の食事に関する特性を調べたいと考えている。特に、次の 2 つの変数に着目することにした。ひとつは顧客が消費する金額、もうひとつは顧客がデザートにも注目するかである。60 人の顧客標本を抽出して以下の結果が得られた。

● 消費金額：$\overline{X} = 38.54$ ドル、$S = 7.26$ ドル
● 18 人の顧客はデザートを注文した。

a. このレストランで消費する金額の母集団平均の 95% 信頼区間を推定せよ。

b. デザートも注文する顧客の母集団比率の 90% 信頼区間を推定せよ。

競合するレストランのオーナーである J 氏も自分のレストランについて同様の調査をしたいと考えている。ただし J 氏は、S 氏の調査で得られた情報を何も知らないとする。以下の質問に答えよ。

c. このレストランにおける消費金額母集団平均の、95% 信頼区間をを ±1.50 ドルの範囲内で推定するために必要な標本数はどれくらいか（標準偏差を 8 ドルと仮定する）？
d. デザートも注文する顧客の母集団比率を、±0.04 の範囲内、90% の信頼水準で推定するためには何名の顧客を抽出しなければならないか？
e. (c) と (b) の結果にもとづき、J 氏が抽出すべき標本数はどれくらいか？

5 寝室家具を販売している家具店は月末にあたり、ベッド（マットレス、ベッドスプリング、フレーム）の在庫調査を行っている。監査担当者は、その時点で在庫として保管されているベッドの平均価格を推定したいと考えている。目標は、平均価格を ±100 ドルの範囲内で、99% の信頼水準で推定することである。過去の経験から、監査担当者はベッド価格の標準偏差を 200 ドルと見積もった。

a. 標本として何台のベッドを抽出したら良いか？
b. (a) で抽出した標本を使用して監査を行い、以下の結果が得られた。

$$\overline{X} = \$1{,}654.27 \quad S = \$184.62$$

月末に在庫されているベッドの平均価格の 99% 信頼区間を推定せよ。

第 6 章 Excel ガイド

EG6.1　平均の信頼区間推定（σ が既知）

Excel の操作方法　ワークシート関数 **CONFIDENCE.NORM** を使用して信頼区間の幅の 2 分の 1 を計算する。この関数にはパラメータ **CONFIDENCE.NORM（1 − 信頼水準，母集団標準偏差，標本数）**を入力する。σ が既知の場合は、信頼区間の推定計算を行うテンプレートとしてはファイル「**EG06**」の「**平均の信頼区間推定（σ が既知）**」ワークシートを使用する。このワークシートで、**NORM.S.INV**（累積確率値）を使用してセル B11 に $(1 − \alpha)$ 値の 2 分の 1 に対応する Z 値を計算する。

このワークシートには、例 6.1 (p.183) で取りあげた用紙の平均長さの問題に関するデータが書き込まれている。「**平均の信頼区間推定（σ が既知）計算式**」ワークシートを開くと、ワークシートで使用しているすべての式を確認できる。

EG6.2　平均の信頼区間推定（σ が未知）

Excel の操作方法　σ が未知の場合の信頼区間推定値を計算するためのテンプレートとして、ファイル「**EG06**」の「**平均の信頼区間推定（σ が未知）**」ワークシート (p.191 の図 6.7 参照) を使用する。このワークシートには、6.2 節で説明した売り上げ請求書の金額平

均を推定する問題のデータが書き込まれている。セル B12 で、ワークシートは **T.INV.2T（1 − 信頼水準，自由度）** を使用して t 分布から導かれる t 値を決定する。

EG6.3　比率の信頼区間推定

Excel の操作方法　比率の信頼区間推定値を計算するためのテンプレートとしてファイル「**EG06**」の「**比率の信頼区間推定**」ワークシート（p.196 の図 6.11 参照）を使用する。このワークシートには、誤りを含む売り上げ請求書の比率を推定する問題（図 6.11）で使用したデータが書き込まれている。セル B10 では、ワークシートは **NORM.S.INV((1 − 信頼水準)/2)** を使用して Z 値を計算し、セル B11 では **SQRT（標本比率＊(1 − 標本比率)/標本数）** を使用して比率の標準誤差を計算している。

EG6.4　標本数を決定する

平均推定のための標本数を決定する

Excel の操作方法　平均の推定に必要な標本数を決定するためのテンプレートとしてファイル「**EG06**」の「**平均推定のための必要標本数**」ワークシートを使用する。このワークシートには、6.4 節で説明した誤りを含む売り上げ請求書の平均金額の問題で使用したデータが書き込まれている。セル B9 では、ワークシートは **NORM.S.INV((1 − 信頼水準)/2)** を使用して Z 値を計算し、セル B13 では **ROUNDUP（標本数計算値，0）** を使用して、計算された標本数の端数を切り上げて 1 つ大きな整数値を算出している。

比率推定のための標本数を決定する

エクセルの操作方法　比率の推定のために必要となる標本数を決定するために **NORM.S.INV** 関数と **ROUNDUP** 関数を使用する。Z 値を計算するために **NORM.S.INV((1 − 信頼水準)/2)** を入力し、計算された標本数の値（端数を含む）を丸めて 1 つ上の整数値を計算するために **ROUNDUP（標本数計算値，0）** を入力する。

　比率の推定に必要な標本数を決定するためのテンプレートとしてファイル「**EG06**」の「**比率推定のための必要標本数**」ワークシート（p.204 の図 6.13）を使用する。このワークシートには、6.4 節で説明した誤りを含む売り上げ請求書の問題で使用したデータが書き込まれている。

第7章 仮説検定の基礎 −1標本検定−

統計を使ってみよう
オックスフォード・シリアル社の場合
その2

7.1 仮説検定法の基礎
帰無仮説と対立仮説
検定統計量の限界値
棄却域と採択域
仮説検定を使った意思決定に伴うリスク
限界値を使った仮説検定
p値を使った仮説検定
信頼区間推定と仮説検定の関係
母集団の標準偏差を知り得ることはできるか？

7.2 平均の仮説のt検定（$σ$が未知）
限界値を使う手法
p値を使う手法
正規性の仮定の確認

7.3 片側検定
限界値を使う手法
p値を使う手法

7.4 比率の仮説のZ検定
限界値を使う手法
p値を使う手法

統計を使ってみよう
再び、オックスフォード・シリアル社の場合
その2

Excel ガイド

学習の目的

本章で学ぶ内容
- 仮説検定の基本原則
- 平均または比率を検証するための仮説検定の使い方
- 各仮説検定手法における仮定とその評価方法、および仮定が大きく侵害された場合の影響

統計を使ってみよう

オックスフォード・シリアル社の場合　その2

第5章と同様、あなたはオックスフォード・シリアル社工場の工程管理部長であり、各製品に充填されるシリアルの量を管理する任務についている。母集団の充填量の平均が368グラムから逸脱するようであれば工程を見直さなければならない。各製品を1つ1つすべて計量するわけにはいかない中、どうすれば工程の見直しの必要性について決定することができるか？　まずあなたは、無作為に25箱の標本を抽出し、これを計量することにした。標本の平均を計算したところで、次はどのようなステップを取ればよいか？

第5章では、標本の平均値が既知の母集団平均と矛盾しないかどうかを判断する方法を学んだ。オックスフォード・シリアル社の事例では、標本平均を使って母集団平均に関する主張を検証しようとしている。この2つは同じことではない。今回の事例のような問題では、**仮説検定（hypothesis testing）** と呼ばれる推定方法を使う。仮説検定では、まずある仮定を明確に設定する必要がある。この場合、「母集団の平均は368グラムである」という仮定を立てる。統計量を割り出し、それが上記の主張、すなわち「帰無仮説」を支持するか、あるいは相互に排他的な対立仮説（この場合、「母集団平均は368グラムではない」）を支持するかを考える。

本章では、仮説検定の応用例をいくつか学ぶ。観測される結果、統計量、および期待する結果の違いを分析し、根底にある仮説が実際に正しいかどうかを見極めるために母集団パラメータについて推論をめぐらせる方法を考える。オックスフォード・シリアル社の事例では、仮説検定をすることにより下記のいずれかの推論を得ることができる。

- 標本中の製品の平均内容量は、母集団全体の平均が368グラムであるとする期待に適合する値である。
- 標本平均は368グラムから著しく外れるため、母集団平均は368グラムではない。

7.1　仮説検定法の基礎

仮説検定は通常、ある母集団のあるパラメータに関する1つの説、主張、宣言から始まる。たとえば、オックスフォード・シリアル社の事例における最初の仮説は、「工程は適切に機能しており、平均充填量は368グラムであるから、是正措置は不

要である」というものである。

帰無仮説と対立仮説

　母集団パラメータがオックスフォード・シリアル社の仕様に等しいとする仮説を**帰無仮説（null hypothesis）**と呼ぶ。帰無仮説は通常、ある1つの現状であり、H_0 という記号を用いて表される。ここでの帰無仮説は、「充填工程は適切に機能しており、したがって平均充填量はオックスフォード・シリアル社が規定する仕様である368グラムである」というものである。これは

$$H_0：\mu = 368$$

と記述される。

　情報自体は標本からしか得られないが、あくまでもすべてのシリアル製品の母集団に関する検定を行いたいのだから、帰無仮説は母集団パラメータを使って表される。つまり、統計量を使って充填工程全体について推論をめぐらせるわけである。1つの推論としては、「標本データに観測される結果は帰無仮説が間違っていることを示唆している」ということが考えられる。帰無仮説が間違いとみなされるのであれば、それ以外の何かが正しいということになる。

　帰無仮説を設定したら、必ず**対立仮説（alternative hypothesis）**も設定しなければならない。対立仮説とは、帰無仮説が正しくないときに必ず正しくなる仮説である。対立仮説 H_1 は、帰無仮説 H_0 の逆となる。オックスフォード・シリアル社の事例では、

$$H_1：\mu \neq 368$$

と記述される。

　対立仮説は、帰無仮説を棄却することによって得られる結論を示す。帰無仮説が間違いであると考えるに足る証拠が標本データから得られた場合に、帰無仮説は棄却される。オックスフォード・シリアル社の事例では、標本製品の内容量が規定の368グラムという期待値を大きく下回る、あるいは上回る場合に帰無仮説は棄却され、平均充填量は368グラムではないとする対立仮説が正しいとみなされる。帰無仮説が棄却されないのであれば、工程は正しく機能しており、したがって是正措置は必要ないと信じ続けることになる。後者の場合、工程が適切に機能していることを証明したわけではない。そうではなく、工程が不適切に機能していることを証

明できなかったのである。したがって、帰無仮説を（証明できてはいないものの）信じ続ける、ということになる。

仮説検定では、標本から得られる証拠から、対立仮説が正しいと考える方がはるかにふさわしい考えられる場合に帰無仮説を棄却する。ただし、帰無仮説を棄却できなかった場合も、それが正しいと証明されたわけではない。帰無仮説の正誤の判断は、母集団全体ではなく標本情報のみに基づいているため、帰無仮説を正しいと証明することはできない。したがって、帰無仮説を棄却できなかった場合に言える結論としては、「棄却するに足る証拠が不十分である」ということにすぎない。下記に、帰無仮説および対立仮説に関する重要なポイントをまとめる。

- 帰無仮説 H_0 は、ある状況において現在信じられていることを表す。
  対立仮説 H_1 は、帰無仮説の逆であり、証明しようとする主張、あるいは特定の推論を表す。
- 帰無仮説を棄却した場合は、対立仮説が正しいといえる統計的証拠があるといえる。
- 帰無仮説を棄却しない場合は、対立仮説を立証できなかったときである。ただし、対立仮説を証明できなかったからといって、帰無仮説を証明したことにはならない。
- 帰無仮説 H_0 は必ず、統計量（$\overline{X}$ など）ではなく母集団パラメータ（μ など）の特定の値を指す。
- 帰無仮説の記述には、母集団パラメータの値に対する等号が用いられる
  （$H_0 : \mu = 368$ グラムなど）。
- 対立仮説の記述には、母集団パラメータの値に対する等号は用いられない
  （$H_1 : \mu \neq 368$ グラムなど）。

例 7.1
帰無仮説と対立仮説

あなたはファーストフード店の店長として、この1カ月間の注文待ち時間がこれまでの母集団平均である 4.5 分から変化したかどうかを判断しようとしている。この場合の帰無仮説と対立仮説を記述せよ。

解 帰無仮説は、「母集団平均はこれまでの 4.5 分から変化していない」となる。

$$H_0 : \mu = 4.5$$

対立仮説は帰無仮説の逆である。帰無仮説が「母集団平均は 4.5 分」であることから、対立仮説は「母集団平均は 4.5 分ではない」となる。これは

$$H_1：\mu \neq 4.5$$

と記述される。

検定統計量の限界値

　仮説検定の理論は、標本から収集されたデータを検討することで、帰無仮説が真実である可能性はどれくらいかを判定することである。オックスフォード・シリアル社の事例では、「シリアル充填工程におけるシリアル製品の平均充填量が 1 箱あたり 368 グラム（同社が規定する母集団パラメータ）である」というのが帰無仮説であった。ここでは、充填工程から製品の標本を選定し、各製品を計量し、標本平均を計算した。この統計値は当該パラメータ（母集団平均 μ）の推定値である。帰無仮説が正しかったとしても、標本抽出による誤差から、統計値（標本平均 $\overline{X}$）はパラメータの値（母集団パラメータ μ）とは異なる可能性がある。しかしながら、帰無仮説が正しければ、統計値は母集団パラメータに近いと考えることができる。統計量が母集団パラメータに近い値を取るとき、帰無仮説を棄却するに足る証拠があるといえる。たとえば、標本平均が 367.9 グラムだった場合、367.9 グラムという標本平均は仮定された 368 グラムという値に極めて近いことから、「母集団平均は変わっていない（すなわち $\mu = 368$）」と結論を得ることになる。母集団平均が 368 のとき標本平均が 367.9 というのは、直感的にあり得ると思える値である。

　一方、統計値と仮定された母集団パラメータの値の間に大きな乖離があった場合、帰無仮説は間違っていると結論を得る。たとえば、標本平均が 320 であれば、期待値 368 からあまりにもかけ離れているため、「母集団平均は 368 ではない（すなわち $\mu \neq 368$）」と結論を得る。この場合、「もし実際に母集団平均が 368 であるのなら、標本平均として 320 という値が出てくるのは非常に考えにくい」と結論になる。したがって、「母集団平均は 368 ではない」という結論がより理に適っている。よって帰無仮説を棄却する。

　しかしながら、意思決定プロセスというのは必ずしも常にこれほどわかりやすいものではない。「非常に近い」とか「かけ離れている」と判断するのは、明確な定義づけを行わない限り恣意的にすぎない。仮説検定法では、差異を評価するための明確な定義を設けている。さらに、帰無仮説が正しい場合に特定の標本結果を得る確率を計算することにより、意思決定プロセスを定量化することもできる。この確

率を計算するには、対象となる統計値の標本分布（標本平均など）を決定し、この標本の結果に基づき特定の**検定統計量（test statistic）**を計算する。検定統計量の標本分布はしばしば、標準正規分布や t 分布など、よく知られた統計分布に従うため、これら分布を用いて帰無仮説の正誤を判断することができる。

棄却域と採択域

検定統計量の標本分布は2つの領域に分けられる。1つが**棄却域（region of rejection）**、もう1つが**採択域**あるいは**非棄却域（region of nonrejection）**である（図7.1参照）。検定統計量が採択域に該当する場合、帰無仮説は棄却されない。オックスフォード・シリアル社の場合、「母集団の平均充填量が368グラムから外れるといえる証拠は不十分である」と結論付けられる。検定統計量が棄却域に該当する場合は、帰無仮説を棄却する。この場合、「母集団平均は368グラムではない」という結論になる。

図7.1
仮説検定における棄却域と採択域

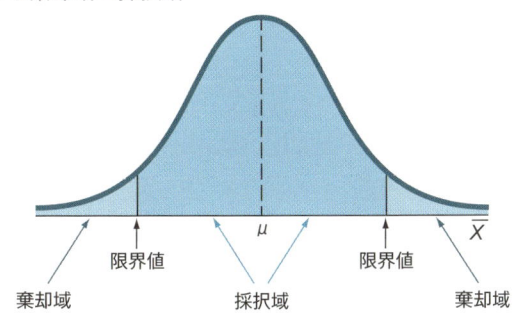

棄却域とは、帰無仮説が正しい場合に得られるとは考えられない検定統計量の値の集合である。これら値は、帰無仮説が正しくない場合に得られやすい。したがって、検定統計量の値がこの棄却域に入る場合、帰無仮説が正しければ発生しないはずの値であるから、帰無仮説は棄却される。

帰無仮説に関する判定を行う場合、まず検定統計量の限界値を決定する。限界値とは、棄却域と採択域を隔てる値である。限界値の決定は棄却域の大きさによって異なる。棄却域の大きさは、ある母集団パラメータに関する決定を標本から得られる証拠によってのみ下すことに伴うリスクに直結している。

仮説検定を使った意思決定に伴うリスク

仮説検定には、誤った結論を導き出してしまうリスクが伴う。帰無仮説 H_0 を正しいのに誤って棄却したり、逆に、間違っているのに誤って棄却しないことが起こり得る。このようなリスクを第1種過誤および第2種過誤と呼ぶ。

> **第1種過誤と第2種過誤**
> **第1種過誤(type I error)** とは、帰無仮説 H_0 は実際には正しく、棄却されるべきではないのに棄却してしまうことである。「偽りの警報」といえる。第1種過誤の発生確率は α と呼ばれる。
> **第2種過誤(type II error)** とは、帰無仮説 H_0 は実際は間違いであり、棄却されるべきなのに棄却しないことである。第2種過誤は是正措置を取る「機会の損失」を表す。第2種過誤の発生確率は β と呼ばれる。

オックスフォード・シリアル社の事例では、母集団の平均充填量が実際は368グラムであるにもかかわらず、368グラムではないと結論付けてしまった場合に第1種過誤を犯したことになる。この過誤の結果、充填工程は正しく機能しているにもかかわらず、不必要に工程変更を行ってしまうことになる(「偽りの警報」)。第2種過誤は、母集団の平均充填量が実際は368グラムではないにもかかわらず、368グラムであると結論付けてしまった場合に起こる。この場合、充填工程は調整が必要にもかかわらず、調整することなくそのまま使い続けてしまうことになる(「機会の損失」)。

通常、帰無仮説が正しいにもかかわらずこれを棄却してしまうリスクに対し自分が望むレベル α (ギリシャ文字アルファの小文字)を決定することで、第1種過誤を制御する。このリスク、すなわち第1種過誤を犯す確率は、有意水準 (α) と呼ばれる。有意水準は仮説検定を実施する前に設定するため、第1種過誤を犯すリスクを直接制御することになる。通常は、0.01、0.05、あるいは 0.10 といった有意水準が選ばれる。第1種過誤を犯すリスクとしてどの確率を選ぶかは、第1種過誤が発生した際のマイナスの影響によって決める。α 値を決定したら、次は棄却域と採択域を分ける限界値を決定する。α は帰無仮説が正しいときに棄却してしまう確率であるから、棄却域の範囲がわかる。これにより、棄却域と採択域を定義する限界値を確定することができる。

第2種過誤を犯してしまう確率はリスク β と呼ばれる。α 値を選定することで制御する第1種過誤とは異なり、第2種過誤を犯してしまう確率は、母集団パラメー

タの期待値と実際の値との差によって決まる。差が大きい方が小さい場合よりも発見しやすいことから、母集団パラメータの期待値と実際の値との差が大きければ、βは小さくなる。たとえば、母集団平均が330グラムであれば、平均値は368グラムから変更していないと決定づける可能性(β)は低いといえる。一方、母集団パラメータの期待値と実際の値との差が小さい場合、βは大きくなる。たとえば、母集団平均が実際に367グラムのとき、平均値は引き続き368グラムであると結論付ける可能性(β)は高い。

> **第1種過誤と第2種過誤の確率**
>
> 統計的検定における**有意水準 [level of significance(α)]** とは、第1種過誤を犯す確率である。
> **リスクβ (riskβ)** またはβリスクは第2種過誤を犯す確率である。

第1種過誤の確率の余事象 $(1-\alpha)$ は信頼係数と呼ばれる。信頼係数とは、帰無仮説 H_0 が実際に正しく、棄却されるべきではないときにこれを棄却しない確率である。オックスフォード・シリアル社の事例における信頼係数は、母集団の平均充填量が実際に368グラムであるときに、これが368グラムであると判断する確率を指す。

第2種過誤の確率の余事象 $(1-\beta)$ は検定力と呼ばれる。検定力とは、帰無仮説が実際には間違いで、棄却されるべきときにこれを棄却する確率である。オックスフォード・シリアル社の事例における検定力は、平均充填量が実際は368グラムではないときに、368グラムではないと正しく判断する確率を指す。

> **第1種過誤と第2種過誤の余事象**
>
> **信頼係数 (confidence coefficient)**、つまり $(1-\alpha)$ とは、帰無仮説 H_0 が実際に正しく棄却されるべきでないときにこれを棄却しない確率である。
> **検定力 (power of a statistical test)**、つまり $(1-\beta)$ とは、帰無仮説 H_0 が実際には間違いで棄却されるべきときにこれを棄却する確率である。

意思決定に伴うリスク：微妙なバランス 表7.1に、あらゆる仮説検定において起こり得る2つの判断(H_0 を棄却しない、または H_0 を棄却する)を行った結果をまとめる。選択肢は正しい判断を下すか、第1種または第2種過誤を犯すか、となる。

表7.1
仮説検定と判断結果

統計的判断	実際の状態	
	H_0 は正しい	H_0 は間違い
H_0 を棄却しない	正しい判断 信頼係数 = $(1-\alpha)$	第2種過誤 P(第2種過誤) = β
H_0 を棄却する	第1種過誤 P(第1種過誤) = α	正しい判断 検定力 = $(1-\beta)$

　第2種過誤の確率を減らす手立てとして標本サイズを大きくすることが挙げられる。標本数が大きい場合、通常、母集団パラメータの期待値と実際の値との微小な差異をも検出することが可能となる。任意のαについて、標本数が大きくなればβは低くなり、したがって、帰無仮説H_0間違いであると検出する検定力は高まる。

　一方、リソースには限度があることから、標本抽出の規模も限られてしまう。任意の標本数を決定した場合、2つの種類の過誤の発生しやすさを天秤にかけなければならない。第1種過誤のリスクは直接制御できることから、αには小さい値を設定することでこのリスクを低減する。たとえば、第1種過誤によるマイナスの影響が大きい場合、αには0.05ではなく0.01を選ぶことが考えられる。ただし、αを低減すればβが上がってしまう。つまり、第1種過誤のリスクを低減すれば第2種過誤のリスクが高まることになる。逆に、βを下げるためにαに大き目な値を選ぶことが考えられる。つまり、第2種過誤を回避する必要性が重大である場合は、αとして0.01ではなく0.05か0.10を選択する。

　オックスフォード・シリアル社の事例では、平均充填量が仮定された368グラムから実際には変化していないのに変化したと判断してしまったとき、第1種過誤のリスクが発生する。第2種過誤は、平均充填量が仮定された368グラムから実際には変化しているのに変化していないと結論付けてしまったときに起こる。αやβとして妥当な値を選択するには、それぞれの過誤が発生した場合のマイナスの影響を考える必要がある。たとえば、シリアル充填工程の変更に莫大な費用が掛かる場合、工程を変更する前に、変更は必要であるという確信を得たいはずである。その場合、第1種過誤が発生するリスクの方がより重要であり、αには低い数値を選ぶ。一方、368グラムという平均値からの乖離をできるだけ検出したいと望む場合は、第2種過誤の発生リスクの方が重要となり、αには高い数値を選ぶ。

　一通り仮説検定について学んだところで、本章冒頭の「統計を使ってみよう」の

事例に立ち戻ってみよう。オックスフォード・シリアル社がかかえる経営課題は、シリアル充填工程が適切に機能しているかどうか（シリアル封入工程全体の平均充填量が規定の368グラムから変化なく、是正措置は必要ではないこと）を判断することであった。368グラムという要件を確認するために、無作為に25箱の製品を標本として抽出し、各製品を計量し、標本平均$\overline{X}$を計算した。次に統計値と母集団パラメータの期待値との差を評価するために、標本の平均内容量（グラム単位）と、同社が規定する368グラムという母集団平均とを比較した。帰無仮定と対立仮定は次の通りである。

$$H_0 : \mu = 368$$
$$H_1 : \mu \neq 368$$

標準偏差σが既知の場合（あまり起こり得ないことではあるが）、母集団が正規分布しているかどうかは**平均のZ検定**（Z test for the mean）で検討する。母集団が正規分布していない場合も、標本数が十分に大きく、中心極限定理が成り立つ（第5章の5.4節参照）場合は、Z検定を用いることができる。式7.1は、標準偏差σが既知の場合の標本平均$\overline{X}$と母集団平均μとの差を割り出すための検定統計量Z値を定義するものである。

平均のZ検定（σが既知）

$$Z = \frac{\overline{X} - \mu}{\frac{\sigma}{\sqrt{n}}} \quad 式(7.1)$$

式(7.1)の分子は、観測された標本平均$\overline{X}$と仮定された平均μとの間の差を示している。分母は平均値の標準誤差で、したがって統計量Z値は、$\overline{X}$とμとの差を標準誤差で割ったものである。

限界値を使った仮説検定

限界値を使う手法では、式 (7.1) で計算された検定統計量 Z 値と正規分布を棄却域と採択域とに分ける限界値とを比較する。限界値は、有意水準により決定づけられる標準化 Z 値として表される。

たとえば、有意水準を 0.05 とした場合、棄却域の大きさは 0.05 となる。棄却域は分布の両端に分かれることから、0.05 を 2 等分し、それぞれを 0.025 とする。**両側検定（two-tail test）**では、正規分布の両端にそれぞれ 0.025 の棄却域を持つことになるため、下部の限界値より下側に累積 0.025 の領域があり、上部の限界値より下側には累積 0.975（1 − 0.025）の領域（つまり上側に 0.025 の領域）が生まれる。累積標準正規分布表（表 B.1）によれば、棄却域と採択域を分ける限界値は −1.96 と +1.96 となる。図 7.2 に、実際の平均が H_0 の主張通りの 368 グラムである場合、検定統計量 Z 値は $Z = 0$（$\overline{X}$ の値が 368 グラム）を中心とした標準正規分布に従うといえる。Z 値が +1.96 を上回るかあるいは −1.96 を下回る場合は、H_0 が正しければそのような $\overline{X}$ 値が得られるはずがないと言えるくらい大幅に、仮定した $\mu = 368$ から $\overline{X}$ が外れていると示唆される。

図 7.2
有意水準を 0.05 とした場合の平均（σ が既知）に対する仮説の検証

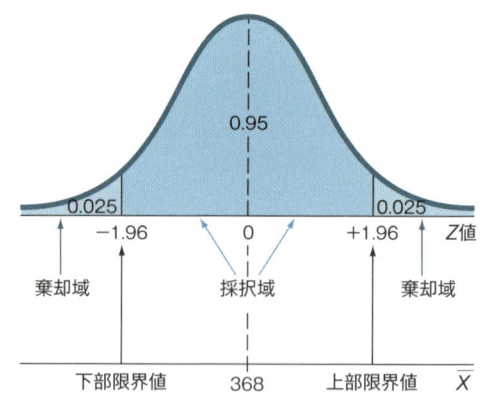

したがって、判断基準は

$$Z\text{値} > +1.96 \text{ または } Z\text{値} < -1.96 \text{ のとき } H_0 \text{ を棄却する}$$
$$\text{それ以外の場合は } H_0 \text{ を棄却しない、となる。}$$

25 箱のシリアル製品の標本平均 $\overline{X}$ が 372.5 グラムだったとする。母集団の標準偏差 σ が 15 グラムの場合、式（7.1）にあてはめると統計量 Z 値は、

$$Z = \frac{\overline{X} - \mu}{\frac{\sigma}{\sqrt{n}}} = \frac{372.5 - 368}{\frac{15}{\sqrt{25}}} = +1.50$$

となる。Z 値 = +1.50 は -1.96 と +1.96 の間に位置することから、H_0 は棄却しない（図7.3参照）。つまり、平均充填量は 368 グラムであると信じ続けることになる。第 2 種過誤の可能性を視野に入れ、結論としては「平均充填量が 368 グラムから外れるといえる証拠は不十分である」ということになる。

図 7.3
有意水準を 0.05 としたときの平均（既知が σ）の仮説を検証する

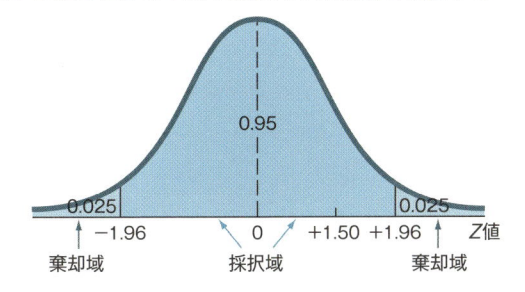

参考 7.1　限界値を使った仮説検定手法

1. 帰無仮説 H_0 と対立仮説 H_1 を記述する。
2. 有意水準 α と標本数 n を決定する。有意水準は第 1 種過誤と第 2 種過誤の発生リスクの相対的重要性を考慮して決定する。
3. 適切な検定統計量と標本分布を決定する。
4. 棄却域と採択域を定義する限界値を決定する。
5. 標本データを収集し、結果を整理し、検定統計量の値を計算する。
   統計的判断を下し、経営上の結論を記述する。検定統計量が棄却域に該当する場合は、帰無仮説を棄却する。経営上の結論は、実際の問題に即して記述する。

例 7.2
オックスフォード・シリアル社の事例に限界値を使った仮説検定手法を応用する

限界値を使った仮説検定手法をオックスフォード・シリアル社の事例に当てはめて説明せよ。

解　ステップ 1　帰無仮説 H_0 と対立仮説 H_1 を記述する。帰無仮説 H_0 は必ず母集団パラメータを用いた数式の形で記述する。平均充填量が 368 グラムかどうかを検定する場合、帰無仮説は $\mu = 368$ となる。対立仮説 H_1 もまた母集団パラメータを用いた数式で表される。したがって、対立仮説は $\mu \neq 368$ となる。

ステップ 2　有意水準 α と標本数 n を決定する。有意水準 α は、第 1 種過誤と第 2 種過誤の発生リスクの相対的重要性に従って決定する。α を小さくすれば、その分第 1 種過誤を犯す危険性は低くなる。この事例では、第 1 種過誤とはすなわち、母集団の平均が実際は 368 グラムなのに 368 グラムではないと結論付けることである。したがって、工程は適切に機能しているにもかかわらず、充填工程に是正措置を施すことになる。ここでは $\alpha = 0.05$ とする。標本数 n は 25 である。

ステップ 3　適切な検定統計量を決定する。充填工程に関する情報から σ は既知であるから、正規分布を用い、検定統計量 Z 値を用いる。

ステップ 4　棄却域を決定する。H_0 が正しいときの α の総領域が棄却域、H_0 が正しいときの $1 - \alpha$ の総領域が採択域となるように、上記で決定した適切な検定統計量に対する限界値を選択する。今回の事例では $\alpha = 0.05$ であるから、検定統計量 Z 値の限界値は -1.96 と $+1.96$ となる。したがって、棄却域は Z 値 < -1.96 または Z 値 $> +1.96$ となり、採択域は $-1.96 \leq Z$ 値 $\leq +1.96$

ステップ 5　標本データを収集し、検定統計量の値を計算する。今回の事例では、$\overline{X} = 372.5$ であった。検定統計量 Z 値 $= +1.50$ である。

ステップ 6　統計的判断を下し、経営上の結論を記述する。まず、検定統計量が棄却域に属するか採択域に属するかを判定する。今回の事例では Z 値 $= +1.50$ であり、$-1.96 \leq Z$ 値 $= +1.50 \leq +1.96$ であるから採択域に属するといえる。

検定統計量が採択域に属することから、統計的判断は「帰無仮説 H_0 を棄却しない」となる。経営上の結論は「平均充填量が 368 グラムと異なることを示す証拠は不十分である」となり、充填工程への是正措置は必要としない。

例 7.3
帰無仮説の検定と棄却

あなたはファーストフード店の店長だとする。この 1 カ月間の注文待ち時間がこれまでの母集団平均である 4.5 分から変わったかどうかを判断しようとしている。過去の経験から、母集団は正規分布していると仮定し、母集団の標準偏差は 1.2 分であった。また、30 分の間に出された注文 25 件を標本として選んだ。その標本平均は 5.1 分であった。223 ページの参考 7.1 に示した 6 ステップを使って、有意水準 0.05 において、過去 1 カ月間の母集団の平均注文待ち時間がこれまでの平均値 4.5 分から変化したという証拠があるかどうか見極めよ。

解 **ステップ 1** 帰無仮説は「母集団平均は過去の 4.5 分から変化していない」である。

$$H_0 : \mu = 4.5$$

対立仮説は帰無仮説の逆となる。帰無仮説では母集団平均が 4.5 分であるから、対立仮説は「母集団平均が 4.5 分ではない」となる。

$$H_1 : \mu \neq 4.5$$

ステップ 2 標本数は $n = 25$ と決定した。有意水準は 0.05 ($\alpha = 0.05$) である。
ステップ 3 σ は既知であると仮定されることから、正規分布と検定統計量 Z 値を用いる。
ステップ 4 $\alpha = 0.05$ であるため、検定統計量 Z 値の限界値は -1.96 と $+1.96$ となる。棄却域は Z 値 < -1.96 または Z 値 $> +1.96$ であり、採択域は $-1.96 \leq Z$ 値 $\leq +1.96$ となる。
ステップ 5 標本データを収集し、$\overline{X} = 5.1$ と計算する。p.221 の式 (7.1) にあてはめて検定統計量を計算すると

$$Z = \frac{\overline{X} - \mu}{\frac{\sigma}{\sqrt{n}}} = \frac{5.1 - 4.5}{\frac{1.2}{\sqrt{25}}} = +2.50$$

となる。

ステップ6 Z値 = $+2.50 > +1.96$ であるから、帰無仮説は棄却される。「母集団平均が過去の4.5分から変化した」証拠が得られたと結論付ける。客が注文するまで待たなければならない時間の平均は、先月よりも長くなったと考えられる。したがって店長として今度は、サービス向上に向けて待ち時間を短縮する方法を考えなければならない。

p 値を使った仮説検定

仮説検定のもう1つのやり方として、p値を用いて棄却と採択を判定する方法がある。

> **p値とは**
>
> p値（p-value）とは、帰無仮説 H_0 が正しいと仮定した場合、検定統計量が標本結果と等しいあるいはそれ以上の極値を得る確率のことである。観測された有意水準ともいう。

p値を使った手法において H_0 を棄却する判断基準は以下の2つである。

- p値がα以上だった場合、帰無仮説を棄却しない
- p値がα未満だった場合、帰無仮説を棄却する

この判断基準を、p値が高いときに棄却すると誤解し、混乱してしまう人は少なくない。そうした混乱を避けるためには、次を決まり事として覚えておくとよい。

> **p値が低いとき、H_0 を手放す。**

オックスフォード・シリアル社の事例を用いてp値を使った手法の理解を深めてみよう。平均充填量が368グラムかどうかを検証した結果、+1.50という検定統計量Z値が得られた。この値は上部限界値+1.96よりも低く、下部限界値-1.96よりも高いことから、帰無仮説は棄却しなかった。

この両側検定にp値を使った手法を用いるには、検定統計量Z値が標準正規分布の中心からの標準誤差1.50に等しくなるあるいはそれ以上の極値になる確率を

求める。すなわち、Z値が $+1.50$ より大きくなる確率と -1.50 より小さくなる確率とを計算する必要がある。表 E.1 が示すように、Z 値が -1.50 を下回る確率は 0.0668 である。また、$+1.50$ を下回る確率は 0.9332 であり、$+1.50$ を上回る確率は $1 - 0.9332 = 0.0668$ である。したがって、この両側検定の p 値は、$0.0668 + 0.0668 = 0.1336$（図 7.4 参照）となる。すなわち、検定統計量が標本結果と等しくなるあるいはそれ以上の極値になる確率は、0.1336 となる。0.1336 は $\alpha = 0.05$ よりも大きいため、帰無仮説は棄却されない。

図 7.4
両側検定の p 値を求める

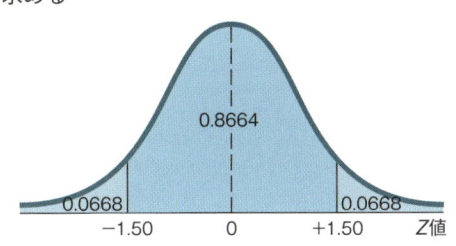

オックスフォード・シリアル社の事例では、観測された標本平均は 372.5 グラム、すなわち期待値よりも 4.5 グラム多く、p 値は 0.1336 であった。すなわち、母集団平均が 368 グラムであるとき、標本平均が 368 グラムから最低 4.5 グラム逸脱する（≥ 372.5 グラムまたは ≤ 363.5 グラムとなる）確率は 13.36% といえる。したがって、372.5 グラムは期待値 368 グラムを上回るものの、母集団平均が 368 のとき、372.5 よりも極端な結果となることは極めて起こりそうにないとはいえない。

正規分布に従う検定統計量を扱っていないのであれば、p 値は分布表から近似させる以外方法はない。しかし、Excel を使えば、いかなる仮説検定の p 値をも計算することができる。よって、仮説検定を行う場合は、限界値を使う手法ではなく p 値を採用することができる。

図 7.5 に、本章で取り上げてきたシリアル充填の事例を Excel で計算した結果を示す。計算結果には検定統計量 Z 値と限界値が含まれる。

図 7.5
Excel を使ったシリアル充填事例の平均 Z 検定（σ が既知）計算結果

	A	B	
1	平均のZ検定		
2			
3	データ		
4	帰無仮説　$\mu=$	368	
5	有意水準	0.05	
6	母集団標準偏差	15	
7	標本数	25	
8	標本平均	372.5	
9			
10	計算値		
11	平均の標準誤差	3	=B6/SQRT(B7)
12	検定統計量　Z値	1.5	=(B8−B4)/B11
13			
14	両側検定		
15	下部限界値	−1.9600	=NORM.S.INV(B5/2)
16	上部限界値	1.9600	=NORM.S.INV(1−B5/2)
17	p値	0.1336	=2*(1−NORM.S.DIST(B12,TRUE))
18	帰無仮説を棄却しない		=IF(B17<B5, "帰無仮説を棄却する", "帰無仮説を棄却しない")

参考 7.2 に p 値を使った仮説検定手法をまとめる。

> ### 参考 7.2　p 値を使った仮説検定手法
> 1. 仮説 H_0 と対立仮説 H_1 を記述する。
> 2. 有意水準 α と標本数 n を決定する。有意水準は第 1 種過誤と第 2 種過誤の発生スクの相対的重要性を視野に入れて決定する。
> 3. 適切な検定統計量と標本分布を決定する。
> 4. 標本データを収集し、検定統計量の値を算出し、p 値を計算する。
> 5. 統計的判断を下し、経営上の結論を記述する。p 値が α 以上の場合は、帰無仮説を棄却しない。p 値が α 未満の場合、帰無仮説を棄却する。経営上の結論は、実際の問題に即して記述する。

> ### 例 7.4
> **p 値を使う手法を用いた帰無仮説の検定と棄却**
> あなたはファーストフード店の店長で、この 1 カ月間の注文待ち時間がこれまでの母集団平均である 4.5 分から変わったかどうかを判断しようとしている。過去の経験から、母集団は正規分布していると仮定し、母集団の標準偏差は 1.2 分とする。60 分の間に出された注文 25 件を標本として選定した。標本平

均は 5.1 分である。参考 7.2 に示す 5 ステップを使って、過去 1 カ月間の母集団の平均注文待ち時間がこれまでの平均値 4.5 分から変化したという証拠があるかどうか見極めよ。

解　ステップ1　帰無仮説は「母集団平均が過去の 4.5 分から変動していない」である。

$$H_0 : \mu = 4.5$$

対立仮説は帰無仮説の逆となる。帰無仮説では母集団平均が 4.5 分であるから、対立仮説は「母集団平均が 4.5 分ではない」となる。

$$H_1 : \mu \neq 4.5$$

ステップ2　標本数は $n = 25$ と決定した。有意水準は 0.05（$\alpha = 0.05$）である。

ステップ3　σ は既知であると仮定することから、正規分布と検定統計量 Z 値を用いる。

ステップ4　標本データを収集し、$\overline{X} = 5.1$ と計算する。式 (7.1) を用い検定統計量を計算すると、

$$Z = \frac{\overline{X} - \mu}{\frac{\sigma}{\sqrt{n}}} = \frac{5.1 - 4.5}{\frac{1.2}{\sqrt{25}}} = +2.50$$

となる。
検定統計量 Z 値が標準正規分布の中心からの標準誤差 2.50 に等しくなるあるいはそれ以上の極値になる確率を求めるために、Z 値が $+2.50$ より大きくなる確率と -2.50 より小さくなる確率とを計算する。表 E.1 が示すように、Z 値が -2.50 を下回る確率は 0.0062 である。また、$+2.50$ を下回る確率は 0.9938 であり、$+2.50$ を上回る確率は $1 - 0.9938 = 0.0062$ である。すなわち、この両側検定の p 値は、$0.0062 + 0.0062 = 0.0124$ となる。

ステップ5　p 値 $= 0.0124 < \alpha = 0.05$　であるから、帰無仮説は棄却される。「母集団平均が過去の 4.5 分から変化した」証拠が得られたと結論付ける。客が注文まで待たなければならない時間の平均は、先月よりも長くなったといえる。

信頼区間推定と仮説検定の関係

　前章と本章にかけて、信頼区間推定と仮説検定という統計的推測を行う主な 2 つの方法について述べてきた。信頼区間推定と仮説検定は、根底にある考え方は同じくしているものの、その使用目的は異なる。第 6 章では、信頼区間はパラメータの推定に用いられた。本章では、母集団パラメータの特定の値に関する判断を下すために仮説検定を用いている。仮説検定は、あるパラメータが特定の値を下回るか、上回るか、あるいはこれと等しくなるかを見極めたいときに用いるものである。一方、信頼区間も、適切な解釈を通じて、あるパラメータが特定の値よりも低いか、高いか、あるいはこれに等しいかを指し示す。たとえば、本節では式 (7.1) を使って、母集団の平均充填量が 368 グラムと異なるかを検証した。

$$Z = \frac{\overline{X} - \mu}{\frac{\sigma}{\sqrt{n}}}$$

　$\mu = 368$ グラムという帰無仮説を検定する代わりに、μ に対する信頼区間推定を行うことでも同じ結果が得られる。$\mu = 368$ という期待値が区間内に含まれる場合、368 グラムは異常値とは考えられないため、帰無仮説を棄却しない。一方、期待値が区間内に収まらない場合は、$\mu = 368$ グラムは異常値とみなされるため、帰無仮説を棄却する。式 (6.1) と下記データを用いると、

$$n = 25, \overline{X} = 372.5 \text{ グラム}, \sigma = 15 \text{ グラム}$$

信頼水準 95% ($\alpha = 0.05$) のとき、

$$\overline{X} \pm Z_{\alpha/2} \frac{\sigma}{\sqrt{n}}$$
$$372.5 \pm (1.96) \frac{15}{\sqrt{25}}$$
$$372.5 \pm 5.88$$

したがって、

$$366.62 \leq \mu \leq 378.38$$

となる。

信頼区間には期待値である 368 グラムが含まれるため、帰無仮説は棄却されない。充填工程全体を通じた平均充填量が 368 グラムではないとする証拠が不十分である。このように両側仮説検定を行った場合と同じ結論が得られる。

母集団の標準偏差を知り得ることはできるか？

第 6 章の 6.1 節の最後に、母集団の標準偏差 σ が既知であることを必要条件とする信頼区間推定方法を学ぶことは、信頼区間という概念の導入として非常に効果的である、と述べた。同じ下りで、ただし現実世界では往々にして、さまざまな理由からこの手法が使えないことがある、とも述べた。

同様に、実務的応用場面で既知の σ を必要とする仮説検定方法を使えることはほとんどない。母集団の標準偏差がわかっているのであれば、母集団の平均もわかることになり、平均に関する仮説を立ててその仮説を検証する必要はないからである。ではなぜ σ が既知であることを必要条件とする平均の仮説検定を学ぶのか？ なぜなら、この検定法を使用することで、仮説検定の基礎の説明がわかりやすくなるからである。母集団の標準偏差が既知であれば、正規分布を使うことができ、正規分布表を用いて p 値を計算できる。

本書を読み進めるにあたり仮説検定の考え方を十分理解しておくことは非常に重要である。そのため、式 (7.1) に示す検定を実際に使う必要が想定できないとしても、本節は入念に検討されたい。

7.2　平均の仮説の t 検定（σ が未知）

母集団平均 μ について仮説検定を行う場合、母集団の標準偏差 σ がわかっていることは通常ない。その代わり、標本の標準偏差 S を使う。母集団が正規分布していると仮定すると、平均の標本分布は自由度 $n-1$ の t 分布に従うため、**平均の t 検定（t test for the mean）** を行う。母集団が正規分布していない場合も、標本数が十分に大きく、中心極限定理が成り立つ（第 5.4 節参照）場合は、t 検定を用いることができる。式 7.2 は、標本の標準偏差 S を使ったときの、標本平均 $\overline{X}$ と母集団平均 μ の差を見極めるための検定統計量を定義するものである。

> **平均の t 検定（σ が未知）**
>
> $$t = \frac{\overline{X} - \mu}{\dfrac{S}{\sqrt{n}}} \quad \text{式(7.2)}$$
>
> ここで検定統計量 t 値は $n-1$ の自由度を持つ t 分布に従う。

　平均の t 検定の活用方法を明示するために、190～191ページ、第6章のサクソン・ホーム・インプルーブメント社の事例に立ち返る。ここでの経営課題は、1件当たりの請求額平均が過去5年間の120ドルから変わっていないかを判断することである。同社の会計士として、平均請求額が変動しているかを見極めなければならない。言い換えれば、1件当たりの平均請求額が増えているか減っているかを判断するために仮説検定を使う。

限界値を使う手法

　両側仮説検定を行うにあたっては、223ページの参考7.1にある6ステップに従う。

ステップ1　次のように仮説を設定する。

$$H_0 : \mu = 120 \text{ ドル}$$
$$H_1 : \mu \neq 120 \text{ ドル}$$

対立仮説には、これから証明したい内容を記述する。帰無仮説が棄却されるのなら、「母集団の1件当たりの平均請求額は120ドルではなくなった」という統計的証拠が得られたことになる。統計的結論が「H_0 を棄却しない」であれば、「平均請求額がこれまでの120ドルから変動したと証明するに足る証拠はない」という結論に至る。

ステップ2　$n = 12$ 件の請求書を標本とし、そこからデータを収集する。α は 0.05 とする。

ステップ3　σ は不明であるため、t 分布と検定統計量 t 値を用いる。標本数は $n = 12$ で中心極限定理が成り立つには小さすぎるため、母集団は正規分布していると仮定する。この仮定については 236 ページ（正規性の仮定の確認）で説明する。

ステップ4 任意の標本数 n に対し、検定統計量 t 値は $n-1$ の自由度を持つ t 分布に従う。$12-1=11$ の自由度を持つ t 分布の限界値は表 E.2 から求められ、表 7.2 および図 7.6 の通りである。対立仮説 $H_1: \mu \neq 120$ ドルには 2 つの領域がある。t 分布下側の棄却域の領域は 0.025 であり、上側の棄却域の領域もまた 0.025 である。

表 E.2 にある t 表から (表 7.2 はその抜粋)、限界値は ±2.2010 となる。判断基準は

t 値 <-2.2010 または t 値 $>+2.2010$ のとき、H_0 を棄却する

それ以外の場合は、H_0 を棄却しない

表 7.2
自由度が 11 のとき、両側の領域がそれぞれ 0.025 である限界値を t 表から求める

	累積確率					
	0.75	0.90	0.95	0.975	0.99	0.995
	上側の領域					
自由度	0.25	0.10	0.05	0.025	0.01	0.005
1	1.0000	3.0777	6.3138	12.7062	31.8207	63.6574
2	0.8165	1.8856	2.9200	4.3027	6.9646	9.9248
3	0.7649	1.6377	2.3534	3.1824	4.5407	5.8409
4	0.7407	1.5332	2.1318	2.7764	3.7469	4.6041
5	0.7267	1.4759	2.0150	2.5706	3.3649	4.0322
6	0.7176	1.4398	1.9432	2.4469	3.1427	3.7074
7	0.7111	1.4149	1.8946	2.3646	2.9980	3.4995
8	0.7064	1.3968	1.8595	2.3060	2.8965	3.3554
9	0.7027	1.3830	1.8331	2.2622	2.8214	3.2498
10	0.6998	1.3722	1.8125	2.2281	2.7638	3.1693
11	0.6974	1.3634	1.7959	2.2010	2.7181	3.1058

表 B.2 より抜粋

図 7.6
自由度が 11 のとき、有意水準 0.05 で、平均値の仮説を検定する（σが未知）

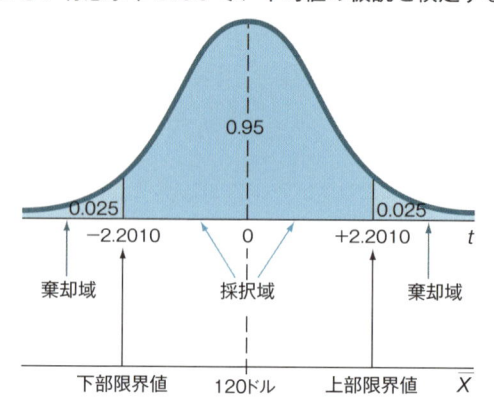

棄却域　　　採択域　　　棄却域
下部限界値　120ドル　上部限界値

ステップ5　ファイル 請求書 から無作為に 12 件の請求書を抽出し、この標本のデータを整理し、保存する。

$$108.98 \quad 152.22 \quad 111.45 \quad 110.59 \quad 127.46 \quad 107.26$$
$$93.32 \quad 91.97 \quad 111.56 \quad 75.71 \quad 128.58 \quad 135.11$$

26 ページの式 (1.3)、および 32 ページの式 (1.7) に当てはめると、次のようになる。

$$\overline{X} = 112.85 \text{ ドル} \quad \text{および} \quad S = 20.80 \text{ ドル}$$

式 (7.2) に当てはめると、次のようになる。

$$t = \frac{\overline{X} - \mu}{\dfrac{S}{\sqrt{n}}} = \frac{112.85 - 120}{\dfrac{20.80}{\sqrt{12}}} = -1.1908$$

図 7.7 に、Excel で計算した仮説検定の結果を示す。

図 7.7
売上げ請求書の t 検定結果

	A	B	
1	平均の t 検定		
2			
3	データ		
4	帰無仮説　$\mu =$	120	
5	有意水準	0.05	
6	標本数	12	
7	標本平均	112.85	
8	標本標準偏差	20.8	
9			
10	計算値		
11	平均の標準誤差	6.0044	=B8/SQRT(B6)
12	自由度	11	=B6−1
13	検定統計量　t 値	−1.1908	=(B7−B4)/B11
14			
15	両側検定		
16	下部限界値	−2.2010	=−T.INV.2T(B5,B12)
17	上部限界値	2.2010	=T.INV.2T(B5,B12)
18	p 値	0.2588	=T.DIST.2T(ABS(B13),B12)
19	帰無仮説を棄却しない		=IF(B18<B5,"帰無仮説を棄却する", "帰無仮説を棄却しない")

ステップ 6　$-2.2010 < t$ 値 $= -1.1908 < 2.2010$ であるから、H_0 は棄却しない。1 件当たりの平均請求額が 120 ドルから変動したと結論付けるに足る証拠はない。監査の結果、平均請求額は変わっていないということがわかった。

p 値を使う手法

この両側仮説検定を行うにあたっては、228 ページの参考 7.2 にある 5 ステップに従う。

ステップ 1〜3　限界値を使う手法のステップ 1〜3 に同じ。
ステップ 4　図 7.7 の結果から、t 値 $= -1.19$、p 値 $= 0.2588$ である。
ステップ 5　0.2588 という p 値は $\alpha = 0.05$ よりも大きいため、H_0 は棄却しない。データ上は、1 件当たりの平均請求額が 120 ドルから変わったと結論付けるに足る証拠は得られない。監査の結果、平均請求額は変動していないことがわかった。p 値は、帰無仮説が正しい場合、12 件の標本の平均が、所定の 120 ドルから 7.15 ドル以上変化している確率は 0.2588 であることを意味している。言い換えれば、もし 1 件当たりの平均請求額が、実際に 120 ドルだった場合、112.85 ドル未満または 127.15 ドル超の標本平均となる可能性は 25.88% であるということになる。

この場合、「帰無仮説が真実である可能性が25.88%である」と述べるのは間違いである。p値は、帰無仮説が真実であると「仮定して」得られた条件付き確率であることを忘れてはならない。一般に、次のように述べるのが適切だといえる。

「帰無仮説が正しい場合、少なくとも標本結果と同程度、帰無仮説に適合しない検定統計量を観測する可能性はp値×100%である」

正規性の仮定の確認

母集団の標準偏差が未知であり、標本の標準偏差Sを用いて推定している場合、t検定を用いる。t検定を使うには、正規分布した母集団から無作為に抽出した標本のデータを扱っていると仮定する。実務上は、標本数が小さすぎることもなく、母集団も極度に歪んでいるわけでもなければ、t分布は、σが未知の場合の平均の標本分布に近似している。

t検定を使うに当たって必要な正規性の仮定を評価する方法は複数ある。統計量が正規分布の理論的特性にどれだけ酷似しているかを調べることがその1つである。また、ヒストグラムを作成し、請求額の分布を可視化することもできる。

図7.8に請求額の記述統計を示す。

図7.8
Excelを用いた請求額の記述統計

	A	B
1	請求額のデータ	
2		
3	平均	112.8508
4	標準誤差	6.0039
5	中央値(メジアン)	111.0200
6	最頻値(モード)	#N/A
7	標準偏差	20.7980
8	分散	432.5565
9	尖度	0.1727
10	歪度	0.1336
11	範囲	76.51
12	最小	75.71
13	最大	152.22
14	合計	1354.21
15	標本数	12

平均値は中央値に非常に近い。正規分布図を見ると、点はほぼ直線的に増加している。すなわち、請求書の母集団はほぼ正規分布していると仮定することができる。正規性の仮定は有効であり、したがって、監査人の監査結果は有効であるといえる。

t検定は強力な検定法といえる。強力な検定法である理由は、母集団のパターン

が正規分布から若干離れても、特に、検定統計量 t が中心極限定理（第5.4節参照）の影響を受けられるくらい十分に大きな標本数のとき、検定力が落ちないからである。しかし、t 検定を正しく使わないと間違った結論を導き出し、検定力を損なうことになる。標本数 n が小さく（30 未満など）、元の母集団が少なくとも近似的にでも正規分布していると仮定し難い場合、ノンパラメトリック検定を使う方が適切である。

7.3　片側検定

　7.1 節では仮説検定を用いて、母集団の平均シリアル充填量が 368 グラムであるかという問題を検討した。対立仮説（$H_1 : \mu \neq 368$）には 2 つの可能性がある。すなわち、平均が 368 グラム未満である場合と 368 グラム超である場合である。このため、棄却域は平均の標本分布の両側に二分されていた。7.2 節では、両側検定を使って 1 件当たりの平均請求額が 120 ドルから変動したかどうかを検討した。

　以上の 2 例とは異なり、多くの場合、対立仮説が特定の方向のみを向いていることがある。たとえば、母集団平均が特定の値未満であるか、といった場合である。ファーストフード店のドライブスルーカウンターにおけるサービス時間に関する経営課題も、そういった状況の 1 例である。ドライブスルーサービスの成功には顧客対応の早さが欠かせない。この 1 年間を調査したところ、マクドナルドの平均サービス時間は 174.22 秒であった。これは実に業界 9 位である。マクドナルドが質改善の取り組みを開始し、サービス時間短縮に向けて 25 店の標本店舗を対象にドライブスルーサービス向上プロセスを導入したとする。マクドナルドとしては、検定標本にこの新しいプロセスによるドライブスルーにかかる時間の減少が見られた場合にのみ新プロセスを全店舗に展開したいわけであるから、棄却域は分布の下側のみとなる。

限界値を使う手法

　ここでは新しいドライブスループロセスの平均が 174.22 秒を下回っているかどうかを調べたい。この片側仮説検定を行うに当たっては、223 ページの参考 7.1 の 6 ステップに従う。

ステップ1 帰無仮説と対立仮説を設定する。

$$H_0 : \mu \geq 174.22$$
$$H_1 : \mu < 174.22$$

対立仮説には、これから証拠を見つけようとしている内容を記述する。検定の結果が「H_0 を棄却する」であれば、平均ドライブスルー時間は従来のプロセスにおけるドライブスルー時間未満であることを示す統計的証拠があるということになる。これを根拠に母集団の全店舗において、ドライブスループロセスを変更することになる。検定の結果が「H_0 を棄却しない」であれば、新しいプロセスによる平均ドライブスルー時間が従来のプロセスによる平均時間から大幅に短縮されたことを示す証拠は不十分であるということになり、その場合、母集団の全店舗に新プロセスを導入する根拠は不十分となる。

ステップ2 $n = 25$ 店舗の標本からデータを収集する。α は 0.05 とする。

ステップ3 σ は不明であるため、t 分布と検定統計量 t 値を用いる。標本数は 25 店舗分のドライブスルー時間しかないため、母集団は正規分布していると仮定する必要がある。

ステップ4 標本平均が 174.22 秒を大幅に下回るときにのみ H_0 を棄却したいわけであるから、棄却域は平均の標本分布の下側だけに収まる。全棄却域が検定統計量の標本分布の片側だけの場合、この検定は、**片側検定（one-tail test）** と呼ばれる。対立仮説に「未満」の符号があるとき、t の限界値はマイナスとなる。表7.3 および図7.9 に示すように、全棄却域が t 分布の片側に収まっており、t 分布が中央値で左右対称であることから領域が 0.05 であるため、自由度 $25 - 1 = 24$ の t 検定統計量の限界値は、-1.7109 となる。

ここで判断基準は以下となる。

t 値 < -1.7109 のとき、H_0 を棄却する。
それ以外の場合は H_0 を棄却しない。

表 7.3
自由度が 24 のとき、下側の領域が 0.05 となる限界値を t 表から求める

			累積確率			
	0.75	0.90	0.95	0.975	0.99	0.995
			上側の領域			
自由度	0.25	0.10	0.05	0.025	0.01	0.005
1	1.0000	3.0777	6.3138	12.7062	31.8207	63.6574
2	0.8165	1.8856	2.9200	4.3027	6.9646	9.9248
3	0.7649	1.6377	2.3534	3.1824	4.5407	5.8409
—	—	—	—	—	—	—
—	—	—	—	—	—	—
—	—	—	—	—	—	—
23	0.6853	1.3195	1.7139	2.0687	2.4999	2.8073
24	0.6848	1.3178	1.7109	2.0639	2.4922	2.7969
25	0.6844	1.3163	1.7081	2.0595	2.4851	2.7874

表 B.2 より抜粋

図 7.9
有意水準 0.05 で、平均値の仮説を検定する（σ が未知）

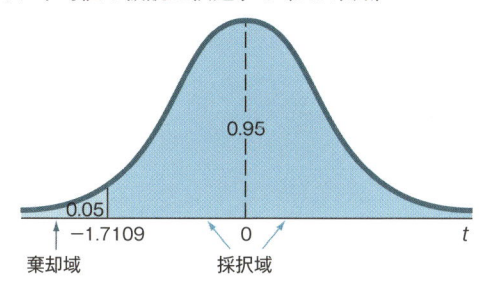

ステップ 5 抽出した 25 店舗の標本から、ドライブスルーでの平均サービス時間は 162.96 秒であり、標準偏差は 20.2 秒であることがわかった。$n = 25$、$\overline{X} = 162.96$、$S = 20.2$ を使い、式 (7.2) に当てはめると、次のようになる。

$$t = \frac{\overline{X} - \mu}{\frac{S}{\sqrt{n}}} = \frac{162.96 - 174.22}{\frac{20.2}{\sqrt{25}}} = -2.7871$$

ステップ 6 t 値 $= -2.7871 < -1.7109$ であることから、帰無仮説は棄却される（図

7.9参照)。その結果、ドライブスルーでの平均サービス時間は174.22秒を下回るという結論に至った。新しいドライブスループロセスを母集団の全店舗に導入するための十分な証拠があるといえる。

p 値を使う手法

228ページの参考7.2にある5ステップを用いて、ドライブスルー時間検討の p 値を使った t 検定を説明する。

ステップ1〜3 限界値を使う手法のステップ1〜3に同じ。

ステップ4 t 値 $= -2.7871$ である(限界値を使う手法のステップ5参照)。対立仮説から、棄却域は標本分布の下側だけに収まることがわかるため、p 値を計算するためには、t 検定統計量が -2.7871 未満となる確率を求める必要がある。図7.10から、p 値は0.0051であることがわかる。

図 7.10
Excelを用いたドライブスルー時間の t 検定結果

	A	B	
1	平均仮説の t 検定		
2			
3	データ		
4	帰無仮説　　$\mu =$	174.22	
5	有意水準	0.05	
6	標本数	25	
7	標本平均	162.96	
8	標本標準偏差	20.2	
9			
10	計算値		
11	平均の標準誤差	4.0400	=B8/SQRT(B6)
12	自由度	24	=B6−1
13	検定統計量　t 値	−2.7871	=(B7−B4)/B11
14			
15	片側検定		
16	下部限界値	−1.7109	=T.INV(B5,B12)
17	p値	0.0051	=IF(B13<0,B20,B21)
18	帰無仮説を棄却する		=IF(B17<B5,"帰無仮説を棄却する", "帰無仮説を棄却しない")
19		途中計算	
20	セルB20	0.005115127	=T.DIST(B13,B12,TRUE)
21	セルB21	0.994884873	=1−B20

ステップ5 0.0051というp値は$\alpha = 0.05$よりも小さい（図7.11参照）。したがって、H_0を棄却し、ドライブスルーの平均サービス時間は174.22秒を下回ると結論付けられる。新しいドライブスループロセスを母集団の全店舗に展開するに足る証拠があるということになる。

図7.11
片側検定におけるp値の計算

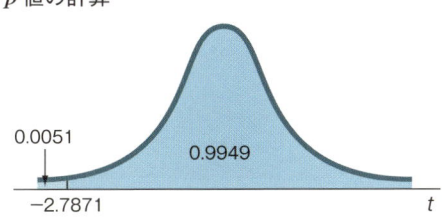

例7.5
平均の片側検定

板チョコを作っているある会社では、商品の平均重量が6.03オンスを超えないよう注意している。50枚の板チョコを標本として抽出したところ、標本平均は6.034、標本標準偏差は0.02オンスであった。有意水準αを0.01としたとき、板チョコの母集団平均重量が6.03オンスを超えるという証拠は得られるか？

解 参考7.1（p.223）の限界値による仮説検定手法を使う。

ステップ1 まず、帰無仮説と対立仮説を設定する。

$$H_0 : \mu \leq 6.03$$
$$H_1 : \mu > 6.03$$

ステップ2 $n = 50$本を標本とし、そこからデータを収集する。αは0.01とする。

ステップ3 σは不明であるため、t分布と検定統計量t値を用いる。

ステップ4 標本平均が6.03を大幅に上回るときにのみH_0を棄却したいわけだから、棄却域は平均の標本分布の上側のみに収まる。全棄却域はt分布の上側のみであり、領域0.01であることから、自由度$50 - 1 = 49$のt分布の限界値は、2.4049となる（表E.2参照）。

ここで判断基準は以下となる。

t 値 ＞ 2.4049 のときは H_0 を棄却する。
それ以外の場合は H_0 を棄却しない。

ステップ5 50 本の板チョコの標本から、標本平均重量は 6.034 グラムで標準偏差は 0.02 グラムであることがわかった。$n = 50$、$\overline{X} = 6.034$、$S = 0.02$ を使い、式 (7.2) に当てはめると、次のようなる。

$$t = \frac{\overline{X} - \mu}{\frac{S}{\sqrt{n}}} = \frac{6.034 - 6.03}{\frac{0.02}{\sqrt{50}}} = 1.414$$

ステップ6 t 値 = 1.414 ＜ 2.4049 であることから、あるいは Excel を使うと、p 値は 0.0818 ＞ 0.01 となるため、帰無仮説は棄却されない。母集団の平均重量が 6.03 グラムを上回ると結論付けるに足る証拠はない。

片側仮説検定を行うには適切な H_0 および H_1 を設定する必要がある。下記に片側検定における帰無仮説および対立仮説についてまとめる。

- 帰無仮説 H_0 は、現状あるいはある状況において現在信じられていることを表す。
- 対立仮説 H_1 は、帰無仮説の逆であり、証明しようとしている検討用主張あるいは特定の推論を表す。
- 帰無仮説を棄却した場合は、対立仮説が正しいといえる統計的証拠があるといえる。
- 帰無仮説を棄却しない場合は、対立仮説を立証できなかった場合である。ただし、対立仮説を証明できなかったからといって、帰無仮説を証明したことにはならない。
- 帰無仮説 H_0 は必ず、統計量（$\overline{X}$ など）ではなく母集団パラメータ（μ など）の特定の値を指す。
- 帰無仮説の記述には、母集団パラメータ値に対する等号が用いられる（$H_0 : \mu \geq 174.22$ など）。
- 対立仮説の記述には、母集団パラメータの特定値に対する等号は用いられない（$H_1 : \mu < 174.22$ など）。

7.4 比率の仮説の Z 検定

状況によっては、母集団の平均ではなく母集団の関心事象の比率πについての仮説を検証したい場合がある。まず、無作為に抽出した標本を使って**標本比率 (sample proportion)**、$p = X/n$ を計算する。そこからこの統計量の値をパラメータの期待値πと比較し、帰無仮説を棄却するかどうかを判断する。関心事象の数 (X) と関心事象以外の事象の数 ($n - X$) がそれぞれ少なくとも5件はある場合、比率の標本分布は近似的に正規分布に従う。標本比率pと母集団の期待値πとの差異について仮説検定を行うためには、式 (7.3) にある**比率の Z 検定 (Z test for the proportion)** を使う。

> **比率の Z 検定**
>
> $$Z = \frac{p - \pi}{\sqrt{\dfrac{\pi(1 - \pi)}{n}}} \qquad 式(7.3)$$
>
> ここで、
>
> $$p = 標本比率 = \frac{X}{n} = \frac{標本に含まれる関心事象の数}{標本数}$$
>
> $$\pi = 母集団に含まれる関心事象の仮定比率$$
>
> である。
> 検定統計量Z値は、X および $(n - X)$ がそれぞれ 5 以上であるとき、標準正規分布に従う。

あるいは、分子と分母にnを掛ければ、式 (7.4) のように、検定統計量Z値を、関心事象数Xを使って表すことができる。

> **関心事象数 X で表した比率の Z 検定**
>
> $$Z = \frac{X - n\pi}{\sqrt{n\pi(1 - \pi)}} \qquad 式(7.4)$$

限界値を使う手法

比率の Z 検定を説明するために、成人が休暇中もインターネットに接続できる環境を求める理由を調べるため、アメリカンエキスプレスが行った調査を検討する。2,000 人の成人のうち 1,540 人は「休暇中も個人メールをチェックするためにインターネットに接続したい」と答えた。前年に行った調査では、同様の回答をした成人は 75% であった。休暇中も個人メールをチェックするためにインターネットに接続できる環境を求める成人の割合は、前年から変化したと示す証拠はあるか？この問題を考えるにあたっては、帰無仮説と対立仮説を次のように設定する。

$H_0 : \pi = 0.75$（休暇中も個人メールをチェックするためにインターネット接続を望む成人の比率は前年から変わっていない）
$H_1 : \pi \neq 0.75$（休暇中も個人メールをチェックするためにインターネット接続を望む成人の比率は前年から変わった）

ここで判断しようとしているのは、休暇中も個人メールをチェックするためにインターネットに接続できる環境を望む成人の、母集団における比率が前年の 0.75 から変化したかどうかであるから、ここでは両側検定を行う。有意水準として $\alpha = 0.05$ を選ぶとすると、棄却域と採択域は図 7.12 の通りとなり、判断基準は

$$Z < -1.96 \quad \text{または} \quad Z > +1.96 \text{ のとき } H_0 \text{ を棄却する}$$
$$\text{それ以外の場合は } H_0 \text{ を棄却しない}$$

となる。

図 7.12
有意水準 0.05 の比率に関する両側仮説検定

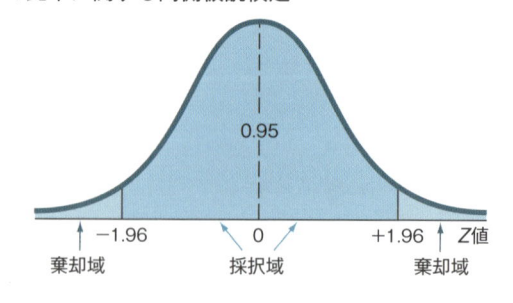

2,000 人のうち 1,540 人が休暇中も個人メールをチェックするためにインターネット接続が欲しいと回答していることから、次のようになる。

$$p = \frac{1,540}{2,000} = 0.77$$

$X = 1,540$、$n - X = 460$ で、いずれも ＞5 であることから、式 (7.3) にあてはめると

$$Z = \frac{p - \pi}{\sqrt{\frac{\pi(1-\pi)}{n}}} = \frac{0.77 - 0.75}{\sqrt{\frac{0.75(1-0.75)}{2,000}}} = \frac{0.02}{0.0097} = 2.0656$$

となる。あるいは式 (7.4) にあてはめると次のようになる。

$$Z = \frac{X - n\pi}{\sqrt{n\pi(1-\pi)}} = \frac{1,540 - (2,000)(0.75)}{\sqrt{2,000(0.75)(0.25)}} = \frac{40}{19.3649} = 2.0656$$

Z 値 = 2.0656 ＞ 1.96 であるから、H_0 は棄却される。休暇中も個人メールをチェックするためにインターネット接続を望む成人の母集団における比率は、前年の 0.75 から変化したとの結論を得た。図 7.13 に Excel で計算したこのデータの結果を示す。

図 7.13
Excel を用いた休暇中も個人メールをチェックするためにインターネット接続を望む成人の比率の Z 検定結果

	A	B	
1	比率仮説のZ検定		
2			
3	データ		
4	帰無仮説　$p=$	0.75	
5	有意水準	0.05	
6	現象の発生数	1540	
7	標本数	2000	
8			
9	計算値		
10	標本比率	0.7700	=B6/B7
11	標準誤差	0.0097	=SQRT(B4*(1−B4)/B7)
12	検定統計量　Z値	2.0656	=(B10−B4)/B11
13			
14	両側検定		
15	下部限界値	−1.9600	=NORM.S.INV(B5/2)
16	上部限界値	1.9600	=NORM.S.INV(1−B5/2)
17	p値	0.0389	=2*(1−NORM.S.DIST(ABS(B12),TRUE))
18	帰無仮説を棄却する		=IF(B17<B5,"帰無仮説を棄却する","帰無仮説を棄却しない")

p 値を使う手法

　限界値を使う手法の代替として、p 値を計算することもできる。棄却域が上部と下部の両側に存在するこの両側検定では、Z 値 −2.0656 未満の領域と Z 値 +2.0656 超の領域を求める必要がある。図 7.14 によれば、p 値は 0.0389 である。この値は設定した有意水準（$\alpha = 0.05$）よりも低いため、帰無仮説は棄却される。

> **例 7.6**
> **比率の仮説を検定する**
> 　あるファーストフードチェーンでは、ドライブスルーでの注文が確実に正しく処理されるよう新しいプロセスを開発した。経営課題として、この新しいプロセスによって正しく処理される注文の比率が高まるかどうかを見極めることにする。従来のプロセスで正しく処理される注文の割合は 85% であった。新しいプロセスを用いて処理した注文 100 件を標本とし、そこからデータを収集したところ、94 件が正しく処理されていた。有意水準 0.01 のとき、この新しいプロセスが正しく処理される注文の割合を引き上げたと結論付けることはできるか？

解 帰無仮説と対立仮説は次の通りである。

H_0：$\pi \leq 0.85$（新しいプロセスによって、正しく処理された注文の母集団における比率は 0.85 以下である。）
H_1：$\pi > 0.85$（新しいプロセスによって、正しく処理された注文の母集団における比率は 0.85 を上回る。）

$X = 94$、$n - X = 6$ で、いずれも >5 であることから、式 (7.3) にあてはめると、次のようになる。

$$p = \frac{X}{n} = \frac{94}{100} = 0.94$$

$$Z = \frac{p - \pi}{\sqrt{\dfrac{\pi(1-\pi)}{n}}} = \frac{0.94 - 0.85}{\sqrt{\dfrac{0.85(1-0.85)}{100}}} = \frac{0.09}{0.0357} = 2.52$$

Z 値 >2.52 の p 値は 0.0059 である。

限界値を使う手法を用いると、Z 値 >2.33 のとき H_0 を棄却することになる。p 値を使う手法を用いれば、p 値 <0.01 のとき H_0 を棄却する。Z 値 = 2.52 $>$ 2.33 または p 値 = 0.0059 $<$ 0.01 であるから、H_0 は棄却される。新しいプロセスが正しく処理される注文の割合を 0.85 超に上げたとの証拠があるといえる。

統計を使ってみよう

再び、オックスフォード・シリアル社の場合　その 2

オックスフォード・シリアル社の工場の工程管理部長であるあなたは、シリアル充填工程の管理責任を担っている。母集団の充填量の平均が同社規定の 368 グラムと異なるようであれば工程を見直さなければならない。各製品を 1 つ 1 つすべて計量するのは時間がかかりすぎ、現実的ではないことから、一部の製品を標本として抽出し、これを計量し、仮説検定を行うことにした。

帰無仮説は「母集団の平均充填量は 368 グラムである」と設定した。標本内の製品の平均重量が、同社が規定する平均量である 368 グラムという期待値を大きく上回る、あるいは下回る場合には、対立仮説である「平均充填量は 368 グラムではない」が正しいとして、帰無仮説を棄却する。その場合、生産を一旦止め、是

正措置として必要な対策を取る。帰無仮説が棄却されないのであれば、現状、すなわち現在の工程は正しく機能しているということを信じ続け、是正措置を取らない。

検定を始める前に、仮説検定に伴うリスクについて検討した。もし、帰無仮説が正しいにもかかわらずこれを棄却してしまえば、第1種過誤を犯すことになり、母集団の平均充填量は368グラムであるにもかかわらず、そうではないと判断してしまう。この過誤の結果、充填工程は正しく機能しているにもかかわらず工程を変更することになる。帰無仮説が間違っているにもかかわらず棄却しなかった場合、第2種過誤を犯すことになり、母集団の平均充填量は368グラムではないにもかかわらず、そうであると判断してしまう。ここでは、工程が正しく機能していないにもかかわらず、一切の調整を行わず、工程をそのまま使い続けることになる。

25箱の製品を無作為に抽出し、限界値を使った仮説検定の6ステップを行った。検定統計量は採択域に該当したため、帰無仮説を棄却しなかった。つまり、平均充填量が368グラムであると証明するに足る証拠は不十分であると判断し、充填工程にはいかなる是正措置をも講じなかった。

まとめ

本章では、仮説検定の基礎を示した。母集団平均や母集団比率についてどのように検定を行うかを学んだ。さらに本章では、限界値を使う手法とp値を使う手法の手順について詳しく解説した。

検定手法の選択にあたっては、検定対象が数値変数か、あるいはカテゴリー変数かを考えなければならない。数値変数を扱っているのであれば平均のt検定を行う。カテゴリー変数を扱っているのであれば、比率のZ検定を使う。表7.4に本章で取り上げた仮説検定の種類を示す。

表7.4

分析の種類	データの種類	
	数値	カテゴリー
単一のパラメータに関する仮説検定	平均のZ検定 (7.1節) 平均のt検定 (7.2節)	比率のZ検定 (7.4節)

重要な公式

平均の Z 検定（σ が既知）

$$Z = \frac{\overline{X} - \mu}{\frac{\sigma}{\sqrt{n}}} \qquad 式(7.1)$$

平均の t 検定（σ が未知）

$$t = \frac{\overline{X} - \mu}{\frac{S}{\sqrt{n}}} \qquad 式(7.2)$$

比率の Z 検定

$$Z = \frac{p - \pi}{\sqrt{\frac{\pi(1 - \pi)}{n}}} \qquad 式(7.3)$$

関心事象数 X で表した比率の Z 検定

$$Z = \frac{X - n\pi}{\sqrt{n\pi(1 - \pi)}} \qquad 式(7.4)$$

キーワード

仮説検定　p.213
帰無仮説（H_0）　p.214
対立仮説（H_1）　p.214
検定統計量　p.217
棄却域　p.217
採択域、非棄却域　p.217
第1種過誤　p.218
第2種過誤　p.218
有意水準（α）　p.219
リスクβ　p.219

信頼係数　p.219
検定力　p.219
平均の Z 検定　p.221
両側検定　p.222
p 値　p.226
平均の t 検定　p.231
片側検定　p.238
標本比率　p.243
比率の Z 検定　p.243

復習問題

1 ある電球製造工場の品質管理責任者は、大口出荷の平均電球寿命が 375 時間であるかを見極めたい。母集団の標準偏差は 100 時間である。無作為に抽出した 64 個の電球の標本からは、標本平均が 350 時間であることがわかった。

  a. 有意水準を 0.05 として、平均寿命が 357 時間と異なるといえる証拠はあるか？
  b. p 値を計算し、その意味を説明せよ。
  c. 母集団の平均寿命について 95% の信頼区間推定は？
上記 (a) と (c) の結果を比較すると、どのようなことがいえるか？

2 あなたはファーストフードチェーンの店長である。先月、あなたが管轄する地域の支店で、ドライブスルーカウンターでの注文から商品提供までの時間を計測したところ、平均待ち時間が 3.7 分であった。無作為に 64 件の標本を抽出すると、標本平均待ち時間は 3.57 分であった。標本標準誤差は 0.8 分である。

  a. 有意水準が 0.05 のとき、母集団の平均待ち時間が 3.7 分と異なるという証拠はあるか？
  b. 標本数 64 は、上記 (a) で t 検定を行った場合、母集団分布の正規性を疑う必要はあるか？

3 ある大学病院では、心臓発作を起こした患者の心筋を調べるために、通常、運動負荷試験を行っている。診断画像科では、運動負荷試験の運転時間を短縮することを目指し、品質向上の新たなプロセスを実施した。運転時間とは、運動負荷試験が発注された時間からレントゲン技師が試験結果に署名するまでの時間である。当初、平均運転時間は 68 時間であった。運動負荷試験のやり方を変更した後、品質改善担当チームは 50 件の運動負荷試験を標本としてその運転時間を収集した。この標本の平均運転時間は 32 時間で、標準偏差は 9 時間であった。

  a. 有意水準を 0.01 として帰無仮説を検定した場合、新しいプロセスが運転時間を短縮したとする証拠はあるか？
  b. この問いにおける p 値の意味を説明せよ。

4 24 歳から 35 歳までの 1,000 人の回答者のうち、「住む場所は問わず自分にとって最高の仕事を見つける」よりも「住みたい場所で仕事を見つける」方が大事だと答えた人は 65% であった。有意水準を 0.05 としたとき、「住む場所は問わず自分にとって最高の仕事を見つける」よりも「住みたい場所で仕事を見つける」方が大事と答えた求職中の若者

の母集団における割合が 60% ではないといえる証拠はあるか？

5 あるガソリンスタンドのオーナーは同スタンドを利用する運転手のガソリン購入習慣を調べようとしている。ある 1 週間の期間に訪れた利用客から 60 人を無作為に選んだ結果、次の通りとなった。
- ガソリン購入量は $\overline{X} = 11.3$ ガロン、$S = 3.1$ ガロンであった。
- 11 人の利用客がプレミアムガソリンを購入した。

a. 有意水準を 0.05 とし、母集団の平均購入量が 10 ガロンと異なるといえる証拠はあるか？
b. 上記 (a) における p 値を求めよ。
c. 有意水準が 0.05 のとき、このガソリンスタンドの利用客のうちプレミアムガソリンを入れたのは 20% に満たないことを示す証拠はあるか？
d. 標本平均が 10.3 ガロンだった場合、上記 (a) の回答はどうなるか？
e. プレミアムガソリンを入れた利用客が 7 人だった場合、上記 (c) の回答はどうなるか？

6 ある都市の商業地区に立地しているある銀行の支店では、正午から午後 1 時までのランチタイムの顧客対応のプロセスを改善するという経営課題を掲げている。無作為に抽出した 15 人の標本から、待ち時間（利用客がラインに並んでから窓口に至るまでの時間（分））を収集した結果（ファイル 銀行 1 ）を下記のようにまとめた。

```
4.21  5.55  3.02  5.13  4.77  2.34  3.54  3.20
4.50  6.10  0.38  5.12  6.46  6.19  3.79
```

a. 有意水準が 0.05 のとき、母集団の平均待ち時間が 5 分を下回るという証拠はあるか？
b. 上記 (a) で t 検定を行うためには母集団の分布についてどのような仮定を行うべきか？
c. ランチタイムにこの支店に女性客が入って来た。「どれくらい待つか？」、と聞かれ、支店長は「5 分以上待たないことはほぼ確実です」と答えた。上記 (a) の結果に基づき、この発言を評価せよ。

第7章 Excel ガイド

EG7.1　仮説検定手法の基礎

Excelの操作方法　228ページの図7.5に示したような両側 Z 検定を行うためのテンプレートとして、ファイル「**EG07**」の「**平均の Z 検定**」ワークシートを使う。

このワークシートには7.1節のシリアル充填工程の事例に関するデータが入っている。

セル B15 と B16 で **NORM.S.INV((有意水準)/2)** と **NORM.S.INV((1－有意水準)/2)** により上部と下部の限界値を計算する。**2*(1－NORM.S.DIST(Z 検定統計量の絶対値, TRUE)** の式で、セル B17 に両側検定の p 値を計算する。セル A18 では、**＝IF (p 値＜有意水準)**, "**帰無仮説を棄却する**", "**帰無仮説を棄却しない**" として、セル内に表示するメッセージを決める。

EG7.2　平均の仮説の t 検定（σ が未知）

Excelの操作方法　235ページの図7.7に示したような両側 t 検定を行うためのテンプレートとして、ファイル「**EG07**」の「**平均の t 検定**」ワークシートを使う。このワークシートには7.2節の請求書の事例に関するデータが入っている。

セル B16 と B17 で **－T.INV.2T (有意水準, 自由度)** と **T.INV.2T (有意水準, 自由度)** によりそれぞれ上側と下側の限界値を計算する。**T.DIST.2T (t 検定統計量の絶対値, 自由度)** の式で、セル B18 に p 値を計算する。セル A19 では、IF 関数を使ってセル内に表示するメッセージを決める。

EG7.3　比率の信頼区間推定

Excelの操作方法　片側検定を行うには、EG7.1 と EG7.2 で説明した関数を変更する。EG7.1 の Z 検定では、下部または上部の限界値を計算するのに **NORM.S.INV (有意水準)** または **NORM.S.INV (1－有意水準)** を入力する。下側または上側の p 値を計算するためには、**NORM.S.DIST (検定統計量 Z 値, TRUE)** または **1－NORM.S.DIST (検定統計量 Z 値, TRUE)** を入力する。EG7.2 の t 検定では、下部または上部の限界値を計算するのに **T.INV (有意水準, 自由度)** または **T.INV (1－有意水準, 自由度)** と入力する。

p 値の計算は、下側の p 値は **T.DIST (検定統計量 t 値, 自由度, TRUE)** に等しくなり、上側の p 値は **1－T.DIST (t 検定統計量 t 値, 自由度, TRUE)** に等しくなる。

EG7.4　比率の仮説の Z 検定

Excelの操作方法　246ページの図7.13に示したような両側 Z 検定を行うためのテンプレートとして、「**比率の Z 検定**」ワークシートを使う。このワークシートには7.4節の休暇中のインターネット接続に関する調査の事例に関するデータが入っている。それ以外の問題では、セル B4～B7 の値を適宜変更する。

このワークシートでは、**NORM.S.INV（有意水準/2）** と **NORM.S.INV（（1 − 有意水準）/2）** を使ってセル B15 と B16 に上部と下部の限界値を算出する。**2 ∗ (1 − NORM.S.DIST (検定統計量 Z の絶対値), TRUE)** の式で、セル B17 に p 値を算出する。また、IF 関数を用いてセル A18 に表示するメッセージを決める。

第 8 章
2 標本検定と一元配置分散分析

統計を使ってみよう
BLK ビバレッジ社の場合

8.1 **独立 2 母集団の平均を比較する**
2 つの平均の差の合併分散 t 検定
2 つの平均の差の信頼区間推定
不等分散を前提としたときの 2 つの平均の差の t 検定

8.2 **関連 2 母集団の平均を比較する**
ペア t 検定（対応のある t 検定）
平均の差の信頼区間推定

8.3 **独立 2 母集団の比率を比較する**
2 つの比率の差の Z 検定
2 つの比率の差の信頼区間推定

8.4 **2 つの分散の比の F 検定**

8.5 **一元配置分散分析（ANOVA）**
2 つを超える平均の差の一元配置分散分析 F 検定
多重比較：チューキー・クラマー法
分散分析の前提
分散の均一性のレーベン検定

統計を使ってみよう
再び、BLK ビバレッジ社の場合

Excel ガイド

学習の目的
本章では下記に挙げる差について比較したいときの仮説検定の使い方について学ぶ。
- 独立 2 母集団の平均の差
- 関連 2 母集団の平均の差
- 独立 2 母集団の比率の差
- 独立 2 母集団の分散の差
- 3 つ以上の母集団の平均の差

統計を使ってみよう
BLK ビバレッジ社の場合

スーパーマーケット店内の陳列方法によって商品の売上は上下するか？ BLK ビバレッジ社の地域販売責任者であるあなたは、コーラを通常の陳列棚に並べたときの売上と、陳列棚の端の特別コーナーに置いたときの売上を比較したいと考えている。特別コーナーでの展開に効果があるかを検証するべく、小売チェーン「フードプライド」の店舗のうち、店舗全体の売上規模が同等である 20 店を選定した。この 20 店のうち 10 店を無作為に抽出し、「標本 1」とし、残る 10 店を「標本 2」とした。「標本 1」の 10 店では他社のコーラ商品と一緒にコーラを通常の陳列棚に並べてもらい、「標本 2」の 10 店では特別コーナーに置いてもらった。そして 1 週間のコーラの売上を記録してもらった。特別コーナーを使った場合の売上が通常の陳列棚を使った場合と同じかどうか？ どのように評価すればよいか？ また、陳列方法の異なる 2 標本間で店舗間での売上のばらつきに違いがないかをどう見極めればよいか？ コーラの売上を伸ばすためには、以上の結果をどのように活用することができるか？

仮説検定は、データ分析の確証を得るための手段である。第 7 章では、1 つの母集団から抽出されたデータの標本 1 つについて一般に使用されている仮説検定法をいくつか学んだ。本章では、仮説検定をさらに拡大させ、2 つの母集団から抽出されたデータの標本を統計的に比較する 2 標本検定法について学ぶ。たとえば、BLK ビバレッジの事例では「通常の陳列棚に並べられたコーラの 1 週間の売上（1 つ目の母集団）の平均は、特別コーナーを使った場合のコーラの 1 週間の売上（2 つ目の母集団）の平均と等しいか」を検定することが考えられる。

8.1 独立 2 母集団の平均を比較する

第 6 章の 6.1 節と第 7 章 7.1 節では、分析対象の母集団の標準偏差が通常は分かっていないと述べた。同様に、2 つの独立した母集団からそれぞれ無作為に標本を抽出した場合、いずれの母集団についても標準偏差がわかっていることはない。ただし、この独立 2 母集団の分散が互いに等しいと仮定できるかについては把握しておく必要がある。なぜなら、2 つの母集団の分散が等しいと仮定できるか否かによって、母集団平均比較に使える手法は異なるからである。

2つの平均の差の合併分散 t 検定

　2つの母集団からそれぞれ独立して抽出した無作為標本があり、この2つの母集団はそれぞれ正規分布していて分散は互いに等しいと仮定できる場合、この2母集団の平均に有意差があるかどうかを判断するためには、**合併分散 t 検定 (pooled-variance t test)** を使うことができる。母集団が正規分布していない場合にも、標本数が十分に大きい（通常各標本が30以上で構成されている）場合はこの手法を用いることができる。

　1母集団目の平均と2母集団目の平均を区別するために、下付き文字を使ってそれぞれ μ_1, μ_2 とすると、「独立2母集団の平均には差がない」とする帰無仮説は、

$$H_0 : \mu_1 = \mu_2 \quad \text{または} \quad \mu_1 - \mu_2 = 0$$

と記述することができ、「この平均には差がある」とする対立仮説は、次のように記述できる。

$$H_1 : \mu_1 \neq \mu_2 \quad \text{または} \quad \mu_1 - \mu_2 \neq 0$$

　この帰無仮説の検定には式8.1に示す合併分散 t 検定を用いる。「合併分散 t 検定」という名称は、2つの母集団の分散が等しいと仮定されるとき、検定統計量でこの2母集団に共通した分散の最もあり得る値 S_P^2 を計算するのに2つの標本の分散 S_1^2 と S_2^2 を合併すなわち足し合わせるところから来ている。

2つの平均の差の合併分散 t 検定

$$t = \frac{(\overline{X}_1 - \overline{X}_2) - (\mu_1 - \mu_2)}{\sqrt{S_P^2 \left(\dfrac{1}{n_1} + \dfrac{1}{n_2} \right)}} \quad \text{式(8.1)}$$

ここで、

$$S_P^2 = \frac{(n_1 - 1)S_1^2 + (n_2 - 1)S_2^2}{(n_1 - 1) + (n_2 - 1)}$$

そして、

$S_P^2 =$ 合併分散
$\overline{X}_1 =$ 母集団1から抽出された標本の平均
$S_1^2 =$ 母集団1から抽出された標本の分散
$n_1 =$ 母集団1から抽出された標本数
$\overline{X}_2 =$ 母集団2から抽出された標本の平均
$S_2^2 =$ 母集団2から抽出された標本の分散
$n_2 =$ 母集団2から抽出された標本数

検定統計量 t 値は、$n_1 + n_2 - 2$ の自由度を持つ t 分布に従う。

　任意の有意水準 α における両側検定では、算出された検定統計量 t 値が t 分布の上部限界値よりも大きい、または、下部限界値よりも小さい場合に、帰無仮説を棄却する。図8.1 に棄却域を示す。

図 8.1
平均の差の合併分散 t 検定の棄却域と採択域（両側検定）

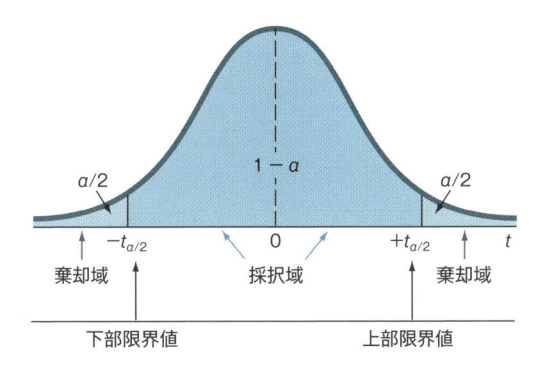

　棄却域が下部にある片側検定の場合、算出された検定統計量 t 値が t 分布の下部限界値よりも小さい場合に帰無仮説を棄却した。棄却域が上部にある片側検定の場合、算出された検定統計量 t 値が t 分布の上部限界値よりも大きい場合に帰無仮説を棄却した。
　合併分散 t 検定を具体的に説明するため、冒頭の BLK ビバレッジ社の事例に戻ろう。ここで通常の陳列棚に並べた場合と、特別コーナーを使った場合とで、コーラの1週間あたりの売上平均に差がないかを判断することを経営課題とする。対象となる母集団は2つである。1つ目の母集団はフードプライドスーパー全店で通常

の陳列棚を使ってコーラを販売した場合の推定売上高である。2つ目の母集団はフードプライドスーパー全店で特別コーナーを使ってコーラを販売した場合の推定売上高である。通常の陳列棚による販売を割り当てられたフードプライド10店と、特別コーナーによる販売を割り当てられたフードプライド10店を標本にデータを収集した。その結果を整理し、ファイル BLK コーラ に保存した。表8.1に両標本のBLKコーラ売上高（販売ケース数）を示す。

表8.1
2種類の陳列方法によるコーラ週間売上（販売ケース数）を比較する

陳列方法									
通常の陳列棚					特別コーナー				
22	34	52	62	30	52	71	76	54	67
40	64	84	56	59	83	66	90	77	84

帰無仮説および対立仮説は、次のとおりとなる。

$$H_0 : \mu_1 = \mu_2 \quad または \quad \mu_1 - \mu_2 = 0$$
$$H_1 : \mu_1 \neq \mu_2 \quad または \quad \mu_1 - \mu_2 \neq 0$$

両標本は、正規分布した母集団のものであり、その分散は互いに等しいと仮定すると、合併分散 t 検定を使うことができる。統計検定量 t 値は、$10 + 10 - 2 = 18$ の自由度を持つ t 分布に従う。有意水準を $\alpha = 0.05$ として両側検定の両側に棄却域を設ける（両側にそれぞれ 0.025 の棄却域）。表E.2から、本両側検定の限界値は $+2.1009$ と -2.1009 であることがわかる。ここで判断基準は、図8.2に示すようになる。

t 値 $> +2.1009$ 　または　 t 値 < -2.1009 のとき
　H_0 を棄却する。
　それ以外の場合は棄却しない。

図 8.2
有意水準 0.05、自由度 18 のときの平均の差に対する両側仮説検定

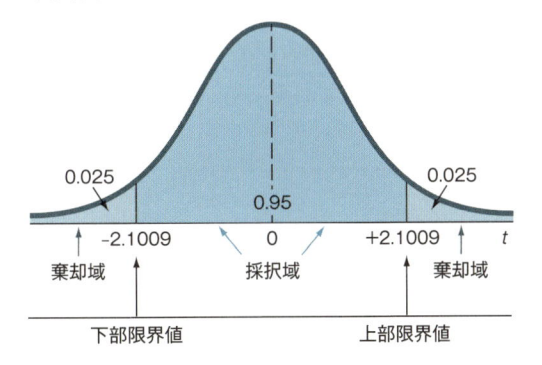

図 8.3 から、本検定の検定統計量 t 値は -3.0446 と計算され、p 値は 0.0070 となる。

図 8.3
Excel を使った BLK コーラの陳列方法に関する合併分散 t 検定の結果

	A	B	
1	2平均差の合併分散　t検定		
2	(等分散を仮定した2標本によるt検定)		
3	データ		
4	仮説差	0	
5	有意水準	0.05	
6	母集団1の標本		
7	標本数	10	=COUNT(BLKコーラ!A2:A11)
8	標本平均	50.3	=AVERAGE(BLKコーラ!A2:A11)
9	標本標準偏差	18.7264	=STDEV.S(BLKコーラ!A2:A11)
10	母集団2の標本		
11	標本数	10	=COUNT(BLKコーラ!B2:B11)
12	標本平均	72	=AVERAGE(BLKコーラ!B2:B11)
13	標本標準偏差	12.5433	=STDEV.S(BLKコーラ!B2:B11)
14			
15	計算値		
16	母集団1 標本の自由度	9	=B7−1
17	母集団2 標本の自由度	9	=B11−1
18	自由度合計	18	=B16+B17
19	合併分散	254.0056	=((B16*B9^2)+(B17*B13^2))/B18
20	標準誤差	7.1275	=SQRT(B19*(1/B7+1/B11))
21	標本平均の差	−21.7	=B8−B12
22	検定統計量t値	−3.0446	=(B21−B4)/B20
23			
24	両側検定		
25	下部限界値	−2.1009	=−T.INV.2T(B5,B18)
26	上部限界値	2.1009	=T.INV.2T(B5,B18)
27	p値	0.0070	=T.DIST.2T(ABS(B22),B18)
28	帰無仮説を棄却する		=IF(B27<B5,"帰無仮説を棄却する","帰無仮説を棄却しない")

式 8.1 と図 8.3 にある記述統計を用いると

$$t = \frac{(\overline{X}_1 - \overline{X}_2) - (\mu_1 - \mu_2)}{\sqrt{S_P^2 \left(\frac{1}{n_1} + \frac{1}{n_2}\right)}}$$

となる。ここでは

$$S_P^2 = \frac{(n_1 - 1)S_1^2 + (n_2 - 1)S_2^2}{(n_1 - 1) + (n_2 - 1)}$$
$$= \frac{9(18.7264)^2 + 9(12.5433)^2}{9 + 9} = 254.0056$$

であり、したがって次のようになる。

$$t = \frac{(50.3 - 72.0) - 0.0}{\sqrt{254.0056 \left(\frac{1}{10} + \frac{1}{10}\right)}} = \frac{-21.7}{\sqrt{50.801}} = -3.0446$$

　t 値 $= -3.0446 < -2.1009$ であり、p 値は 0.0070 であることから帰無仮説を棄却する。すなわち、t 値 > 3.0446 または t 値 < -3.0446 となる確率は 0.0070 である。この p 値が意味するところは、母集団平均が等しいと仮定すると、2 つの標本の平均にこれほど、またはこれ以上の差が見られる確率は 0.0070 しかない、ということである。p 値は $\alpha = 0.05$ よりも小さいことから、帰無仮説を棄却する十分な証拠があるといえる。通常の陳列棚と特別コーナーに並べた場合とでは、平均売上高に差がある（特別コーナーの方が高い）と結論付けることができる。
　平均の差を検定する際、それぞれの母集団は正規分布しており、互いに分散は等しいと仮定する。両母集団が等分散である限り、標本数が大きければ、合併分散 t 検定は正規分布の仮定から多少逸脱しても影響を受けない。このような場合、合併分散 t 検定を用いてもその検定力を大きく損なうことはない。ただし、両母集団が正規分布していると仮定できない場合には 2 つの選択肢がある。1 つは、ウィルコクソン順位和検定など両母集団の正規性の前提に依存しないノンパラメトリックな手法を用いるか、あるいはそれぞれの結果について正規変換を行った上で合併分散 t 検定を行うことができる。

例 8.1 に合併分散 t 検定を使った別の例を示す。

> **例 8.1**
> **平均配達時間の差を検証する**
> あなたは友人数名と共に、あるピザの全国チェーンの支店よりも早く学生寮にピザを届けるという地元ピザ店の宣伝文句の妥当性を検証することにした。地元のピザ店も全国チェーンの支店も大学のキャンパスから通りを隔てたところにある。ピザを注文した時点から実際にピザが配達されるまでの配達時間（単位は分）を変数とした。地元のピザ店とチェーン店それぞれから 10 枚のピザを別々の時に注文し、収集したデータを整理してファイル　ピザ時間　に保存した。表 8.2 に配達時間を示す。
>
> **表 8.2**
> **地元ピザ店と全国チェーン店の配達時間（単位は分）**
>
> | 地元 | | チェーン | |
> | --- | --- | --- | --- |
> | 16.8 | 18.1 | 22.0 | 19.5 |
> | 11.7 | 14.1 | 15.2 | 17.0 |
> | 15.6 | 21.8 | 18.7 | 19.5 |
> | 16.7 | 13.9 | 15.6 | 16.5 |
> | 17.5 | 20.8 | 20.8 | 24.0 |
>
> 有意水準を 0.05 とすると、地元ピザ店の平均配達時間が全国チェーンの平均配達時間よりも短いといえる証拠はあるか？
>
> **解** 地元ピザ店の配達時間が全国チェーンよりも「短い」かどうかを知りたいのだから、ここでは片側検定を行う。帰無仮説と対立仮説は次のとおりとなる。
>
> $H_0 : \mu_1 \geq \mu_2$（地元ピザ店の平均配達時間は全国チェーン店の平均配達時間と等しいあるいはそれ以上である）
> $H_1 : \mu_1 < \mu_2$（地元ピザ店の平均配達時間は全国チェーン店の平均配達時間未満である）
>
> 図 8.4 に以上のデータを用いた合併分散 t 検定の結果を示す。

図 8.4
Excel を使ったピザ配達時間の合併分散 t 検定結果

	A	B
1	合併分散 t 検定	
2	等分散を仮定した2標本によるt検定	
3	データ	
4	仮説差	0
5	有意水準	0.05
6	母集団 1 の標本	
7	標本数	10
8	標本平均	16.7
9	標本標準偏差	3.0955
10	母集団 2 の標本	
11	標本数	10
12	標本平均	18.88
13	標本標準偏差	2.8662
14		
15	計算値	
16	母集団 1 標本の自由度	9
17	母集団 2 標本の自由度	9
18	自由度合計	18
19	合併分散	8.8987
20	標準誤差	1.3341
21	標本平均の差	−2.18
22	検定統計量t値	−1.6341
23		
24	下側検定	
25	下部限界値	−1.7341
26	p 値	0.0598
27	帰無仮説を棄却しない	

この計算を具体的に説明すると、式 (8.1) を用いて次のようになる。

$$t = \frac{(\overline{X}_1 - \overline{X}_2) - (\mu_1 - \mu_2)}{\sqrt{S_P^2 \left(\dfrac{1}{n_1} + \dfrac{1}{n_2}\right)}}$$

ここでは

$$\begin{aligned}S_P^2 &= \frac{(n_1 - 1)S_1^2 + (n_2 - 1)S_2^2}{(n_1 - 1) + (n_2 - 1)} \\ &= \frac{9\,(3.0955)^2 + 9\,(2.8662)^2}{9 + 9} = 8.8987\end{aligned}$$

であり、したがって次のようになる。

$$t = \frac{(16.7 - 18.88) - 0.0}{\sqrt{8.8987 \left(\frac{1}{10} + \frac{1}{10}\right)}} = \frac{-2.18}{\sqrt{1.7797}} = -1.6341$$

t 値 = $-1.6341 > -1.7341$ であることから帰無仮説を棄却しない。(図 8.4 で計算された) p 値は 0.0598 である。この p 値が意味するところは「t 値 < -1.6342 となる確率は 0.0598 に等しい」ということである。すなわち、母集団平均が等しいと仮定した時、地元ピザ店の平均配達時間の標本が全国チェーンの平均配達時間の標本よりも 2.18 分以上早い確率は 0.0598 である。p 値は $\alpha = 0.05$ より大きいため、帰無仮説を棄却するに足る証拠はない。以上の結果から、地元ピザ店が全国チェーンよりも早く配達すると宣伝できる十分な証拠はないといえる。

2 つの平均の差の信頼区間推定

独立 2 母集団の平均の差を検定する代わりに、あるいはこれに加えて、式 (8.2) を用いて平均差について信頼区間を推定することができる。

独立 2 母集団の平均の差の信頼区間推定

$$(\overline{X}_1 - \overline{X}_2) \pm t_{\alpha/2} \sqrt{S_P^2 \left(\frac{1}{n_1} + \frac{1}{n_2}\right)}$$

または

$$(\overline{X}_1 - \overline{X}_2) - t_{\alpha/2} \sqrt{S_P^2 \left(\frac{1}{n_1} + \frac{1}{n_2}\right)} \leq \mu_1 - \mu_2 \leq (\overline{X}_1 - \overline{X}_2) + t_{\alpha/2} \sqrt{S_P^2 \left(\frac{1}{n_1} + \frac{1}{n_2}\right)}$$

式(8.2)

ここで $t_{\alpha/2}$ は、$n_1 + n_2 - 2$ の自由度を持つ t 分布で上位の領域が $\alpha/2$ である限界値である。

図 8.3 で出てきたスーパー店内の 2 種類の陳列方法に関する標本統計量について信頼水準 95% として式 (8.2) に当てはめると、次のようになる。

$\overline{X}_1 = 50.3$、$n_1 = 10$、$\overline{X}_2 = 72.0$、$n_2 = 10$、$S_P^2 = 254.0056$、自由度 $10 + 10 - 2 = 18$ で $t_{0.025} = 2.1009$ であるから

$$(50.3 - 72.0) \pm (2.1009)\sqrt{254.0056\left(\frac{1}{10} + \frac{1}{10}\right)}$$
$$-21.7 \pm (2.1009)(7.1275)$$
$$-21.7 \pm 14.97$$
$$-36.67 \leq \mu_1 - \mu_2 \leq -6.73$$

したがって、信頼水準95%で通常の陳列棚と特別コーナーを使ったときの平均売上の差は $-36.67 \sim -6.73$ の間であるといえる。言い換えれば、特別コーナーでは通常より平均 $6.73 \sim 36.67$ 多く売上がある。仮説検定の考え方から見ると、区間にはゼロが含まれないことからこの2母集団の平均には差がないとする帰無仮説を棄却する。

不等分散を前提としたときの2つの平均の差の t 検定

独立2母集団の分散が等しいと仮定できない場合、この2つの標本の分散を共通の推定値 S_P^2 に合併することはできない。したがって、合併分散 t 検定は使えないことになる。その場合、合併分散 t 検定に代わり、**個別分散 t 検定 (separate-variance t test)** を使用する。この手法は、2つの異なる標本の分散を計算した上で、検定統計量 t 値の自由度を計算する。

図8.5に陳列方法のデータに関する個別分散 t 検定の結果を示す。同図によれば、検定統計量 t 値は -3.0446、p 値は $0.0082 < 0.05$ である。よって、個別分散 t 検定の結果は合併分散 t 検定の結果とほぼ同じである。この場合、母集団は等分散であるという前提は、検定結果に目に見える違いをもたらさなかった。しかし、場合によっては、等分散の前提が損なわれているために、合併分散 t 検定と個別分散 t 検定の結果が合致しないことがある。したがって、前提を吟味し、吟味した結果を参考に検定手法を選ぶことは非常に重要である。8.4節では、2つの母集団の分散に差があるかどうかを判断するために、2つの分散の比に対する F 検定を用いる。F 検定結果を用いると、どちらの t 検定手法（合併分散か個別分散か）が適切かを判断しやすくなる。

図 8.5
Excel を使った陳列方法に関する個別分散 t 検定結果

	A	B	
1	2平均差の個別分散t検定		
2	(分散が等しくないと仮定した2標本による検定)		
3	データ		
4	仮説差	0	
5	有意水準	0.05	
6	母集団 1 の標本		
7	標本数	10	=COUNT(BLKコーラ!A2:A11)
8	標本平均	50.3	=AVERAGE(BLKコーラ!A2:A11)
9	標本標準偏差	18.7264	=STDEV.S(BLKコーラ!A2:A11)
10	母集団 2 の標本		
11	標本数	10	=COUNT(BLKコーラ!B2:B11)
12	標本平均	72	=AVERAGE(BLKコーラ!B2:B11)
13	標本標準偏差	12.5433	=STDEV.S(BLKコーラ!B2:B11)
14			
15	計算値		
16	分子の自由度	2580.7529	=(E18+E19)^2
17	分母の自由度	164.1430	=(E18^2)/(B7−1)+(E19^2)/(B11−1)
18	自由度合計	15.7226	=B16/B17
19	自由度	15	=INT(B18)
20	標準誤差	7.1275	=SQRT(E18+E19)
21	標本平均の差	−21.7	=B8−B12
22	個別分散 t 検定統計量	−3.0446	=B21/B20−B4
23			
24	両側検定		
25	下部限界値	−2.1314	=−T.INV.2T(B5,B19)
26	上部限界値	2.1314	=T.INV.2T(B5,B19)
27	p値	0.0082	=T.DIST.2T(ABS(B22),B19)
28	帰無仮説を棄却する		=IF(B27<B5,"帰無仮説を棄却する","帰無仮説を棄却しない")

8.2 関連 2 母集団の平均を比較する

8.1 節で説明した仮説検定法では、2 つの「独立した」母集団の平均を比較したり、その差を検討したりすることができた。本節では 2 つの関連した母集団から収集された標本データを用いて母集団平均の差を分析する手法を学ぶ。「関連した」母集団とは、一方の母集団の結果がもう一方の母集団の結果から「独立していない」という意味である。

同じ物または人に対して反復測定を行う場面では、この物や人は同じ扱われ方をした場合、同じ反応を示すと仮定できる。ここでの課題は、同じ物または人に対して条件を変えて 2 回測定を行った場合、測定結果に差があるかを示すことである。たとえば、飲料 2 種類の味比べをするならば、標本内の各個人をそれぞれの対象とすることで、同じ個人に対し「反復測定」することができる。

反復測定の別の例としては、同一の商品に対する供給業者 2 社の価格付けが挙げられる。たとえば、新しく教科書を購入するとき、最寄りの大学書店の値段と大手

オンライン小売店の値段は同じかと迷ったことはないだろうか？ 2つの独立した標本、すなわち異なる教科書を集めた2つのグループを選定し、これについて8.1節で説明した仮説検定を実施してみるのもよいだろう。

しかしながら、一方の標本には大判の分厚い単行本ばかりが入っていて、もう一方の標本には新書や文庫本ばかりが含まれている可能性もなくはない。その場合、購入場所にかかわらず1母集団目はどれを取ってみても2母集団目の教科書よりも高いことになってしまう。こう考えると、8.1節の手法はここではふさわしくないということになる。よりふさわしい手法としては、2つの関連した標本、すなわち大学書店とオンライン書店でそれぞれ全く同じ教科書を選定して同じ標本を取り、その価格を評価するというものである。

母集団間の関連したデータを扱う状況の2番目は**符合標本（matched samples）**を扱うときである。ここでは関心対象となるなんらかの特徴に応じて物または人をペアにする。たとえば、ある商品を2つの異なる販促キャンペーンでテストマーケティングする場合、各標本はテストマーケティングの対象とする人口規模やその他人口動態にかかわる変数を基準に符合させることができる。対象とする人口規模やその他人口動態にかかわる変数の違いを明白にすることで、2つの異なる販促キャンペーンの効果の違いをより正確に測ることができる。

符合標本であろうと反復測定であろうと、ここでの目的は、物または個人によるばらつきの影響を低減させることで2つの測定結果の差を検討することである。表8.3に、関連2母集団の個々の値の差を示す。この表は、一方の標本に含まれるn個の値がそれぞれX_{11}、X_{12}、... X_{1n}で、X_{21}、X_{22}、... X_{2n}はもう一方の標本で対応するn個の符合値あるいは1母集団目の標本で対応するn個の反復測定値を表すものとする。また、D_1, D_2... D_nは、下記に示すように対応するn個の「差分」を表す。

$$D_1 = X_{11} - X_{21}、D_2 = X_{12} - X_{22}... \text{ および } D_n = X_{1n} - X_{2n}$$

関連2母集団の平均差について検証するには、各差分（D_i）を1つの標本から得られる値として扱う。

表 8.3
2つの関連した標本の差を評価する

値	標本 1	標本 2	差分
1	X_{11}	X_{21}	$D_1 = X_{11} - X_{21}$
2	X_{12}	X_{22}	$D_2 = X_{12} - X_{22}$
.	.	.	.
.	.	.	.
.	.	.	.
i	X_{1i}	X_{2i}	$D_i = X_{1i} - X_{2i}$
.	.	.	.
.	.	.	.
.	.	.	.
n	X_{1n}	X_{2n}	$D_n = X_{1n} - X_{2n}$

ペア t 検定（対応のある t 検定）

ある正規分布した母集団から無作為かつ独立的に抽出した差分がある仮定した場合、母集団平均に有意差があるかどうかを判断するには、関連した母集団の**平均の差のペア t 検定**（paired t test for the mean difference）を使うことができる。7.2 節で紹介した 1 標本 t 検定［式 (7.2)］と同様、ペア t 検定統計量は $n-1$ の自由度を持つ t 分布に従う。ペア t 検定では母集団が正規分布していることを前提とするが、標本数が極端に小さくなく、母集団が極端に歪んでいなければ、ペア t 検定を使うことができる。

関連 2 母集団の平均に差はないとする帰無仮説

$$H_0 : \mu_D = 0 \quad (\text{ただし } \mu_D = \mu_1 - \mu_2)$$

を、平均は同じではないとする対立仮説

$$H_1 : \mu_D \neq 0$$

に対して検定するには、式 8.3 を用いて検定統計量 t 値を計算する。

平均の差のペア t 検定

$$t = \frac{\overline{D} - \mu_D}{\dfrac{S_D}{\sqrt{n}}} \quad 式(8.3)$$

ここで

$$\mu_D = 仮説の平均差$$

$$\overline{D} = \frac{\sum_{i=1}^{n} D_i}{n}$$

$$S_D = \sqrt{\frac{\sum_{i=1}^{n}(D_i - \overline{D})^2}{n-1}}$$

検定統計量 t 値は $n-1$ の自由度を持つ t 分布に従う。

任意の有意水準 α の両側検定では、算出された検定統計量 t 値が t 分布の上部限界値 $t_{\alpha/2}$ よりも大きい、あるいは下部限界値 $-t_{\alpha/2}$ よりも小さい場合に帰無仮説を棄却する。ここでの判断基準は、次のようになる。

t 値 $> t_{\alpha/2}$ または t 値 $< -t_{\alpha/2}$ のとき H_0 を棄却する。
それ以外の場合は H_0 を棄却しない。

本節冒頭に出てきた疑問について調べるには平均差のペア t 検定を使うことできる。地元の大学書店における新しい教科書の値段は、果たして大手オンライン小売店での価格と異なるのだろうか？

この反復測定実験では、1つの教科書群を扱う。各教科書について大学書店での価格とオンライン書店での価格を評価する。同じ教科書に対する2つの価格を評価することで、異なる教科書を集めた独立2母集団を評価する場合に見られるばらつきを減らすことができる。この手法を使えば、同じ教科書の値段が2つの書店で異なるかどうかに焦点を当てることができる。

地元の大学のビジネススクール課程で2014年の夏学期に使われた $n = 19$ の主要な教科書を集めた標本について実験を行い、データを収集する。それぞれ大学書

店での価格とオンライン諸元での価格を評価する。このデータを整理し、ファイル 教科書価格 に保存した。表8.4にこの結果を示す。

表8.4
大学書店とオンライン書店における教科書の価格（ドル）

著者	書籍名	大学書店	オンライン
プライド	ビジネス（第10版）	132.75	136.91
キャロル	ビジネスと社会	201.50	178.58
クイン	情報社会の倫理	80.00	65.00
ベイド	ミクロ経済学の基礎（第5版）	153.50	120.43
ケース	ミクロ経済学の原理（第9版）	153.50	217.99
ブリガム	経営財務論（第13版）	216.00	197.10
グリフィン	組織行動論（第9版）	199.75	168.71
ジョージ	組織行動の理解と管理（第5版）	147.00	178.63
グレウォル	マーケティング（第2版）	132.00	95.89
バーロウ	異常心理学	182.25	145.49
フォーナー	アメリカ自由の物語（シーガル版）下巻（第2版）	45.50	37.60
フェデラー	数学的利息の法則（第2版）	89.95	91.69
ホイル	会計学 上級（第9版）	123.02	148.41
ハヴィランド	人について語る（第4版）	57.50	53.93
フラー	情報システムプロジェクト管理	88.25	83.69
ピンディック	マクロ経済学（第7版）	189.25	133.32
マンキュー	マクロ経済学（第7版）	179.25	151.48
シャピロ	多国籍企業の財務管理（第9版）	210.25	147.30
ロスコ	米国政府 2010年度版	66.75	55.16

ここでは、大学書店とオンライン書店で教科書の平均価格に、果たして差があるかどうかを判断することが目的である。つまりは、両書店間で平均価格が異なるといえる証拠があるかどうかを知りたい。よって、帰無仮説と対立仮説は次のようになる。

$H_0: \mu_D = 0$（大学書店とオンライン書店とで平均価格に差はない）
$H_1: \mu_D \neq 0$（大学書店とオンライン書店とで平均価格に差はある）

有意水準 $\alpha = 0.05$ とし、価格差は正規分布していると仮定し、ペア t 検定（式 8.3）を用いる。教科書19冊から成る $n = 19$ の標本の自由度は $n - 1 = 18$ である。

表 B.2 から、判断基準は、以下のようになる。

t 値 > 2.1009 または t 値 < $-$ 2.1009 のとき H_0 を棄却する。
それ以外の場合は H_0 を棄却しない。

$n = 19$ の差分(表 8.4 参照)について、標本平均差は

$$\overline{D} = \frac{\sum_{i=1}^{n} D_i}{n} = \frac{240.66}{19} = 12.6663$$

であり、

$$S_D = \sqrt{\frac{\sum_{i=1}^{n}(D_i - \overline{D})^2}{n-1}} = 30.4488$$

となる。
式 8.3 にあてはめると,以下のようになる。

$$t = \frac{\overline{D} - \mu_D}{\frac{S_D}{\sqrt{n}}} = \frac{12.6663 - 0}{\frac{30.4488}{\sqrt{19}}} = 1.8132$$

$-2.1009 < t$ 値 $= 1.8132 < 2.1009$ であることから、帰無仮説 H_0 は棄却しない(図 8.6 参照)。大学書店とオンライン書店とで教科書を購入した場合、平均価格に違いがあるというに足る証拠はない。

図 8.6
有意水準 0.05、自由度 18 の両側ペア t 検定

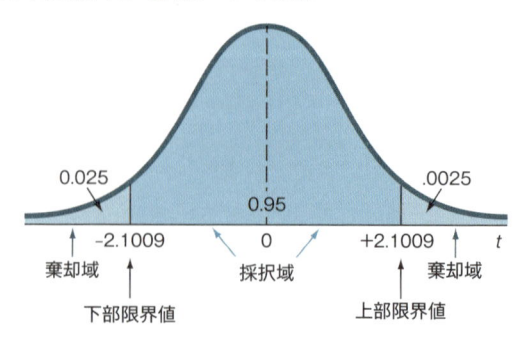

図8.7に本事例の検定統計量 t 値と p 値の計算結果を示す。p 値 $= 0.0865 > \alpha = 0.05$ であることから、H_0 を棄却しない。この p 値は、両教科書販売店における教科書価格の母集団平均が同じであると仮定した時、一方の標本平均が他方の標本平均よりも 12.67 ドル超である確率は 0.0865 であることを意味している。この確率は $\alpha = 0.05$ よりも大きいため、帰無仮説を棄却するに足る証拠はないと結論付ける。

図 8.7
Excel を使った教科書価格のペア t 検定結果

	A	B	
1	ペア t 検定		
2			
3	データ		
4	仮説平均差	0	
5	有意水準	0.05	
6			
7	計算値		
8	標本数	19	=COUNT(教科書価格!A2:A20)
9	差の平均	12.6663	=AVERAGE(教科書価格!C2:C20)
10	自由度	18	=B8−1
11	s_D	30.4488	=SQRT(SUM(教科書価格!D2:D20)/B10)
12	標準誤差	6.9854	=B11/SQRT(B8)
13	検定統計量 t 値	1.8132	=(B9-B4)/B12
14			
15	両側検定		
16	下部限界値	−2.1009	=−T.INV.2T(B5,B10)
17	上部限界値	2.1009	=T.INV.2T(B5,B10)
18	p 値	0.0865	=T.DIST.2T(B13,B10)
19	帰無仮説を棄却しない		=IF(B18<B5,"帰無仮説を棄却する","帰無仮説を棄却しない")

例 8.2
ピザ配達時間のペア t 検定

261 ページの例 8.1 を思い出してもらいたい。大学の目の前の通りを隔てた反対側にある地元ピザ店が全国ピザチェーンの支店よりも早く学生寮にピザを配達すると広告を打っていた。この宣伝文句の妥当性を判断するため、あなたと友人数名とで地元ピザ店から 10 枚、チェーン店から 10 枚のピザを取り寄せることにした。具体的には、あなたが地元ピザ店に注文するたびに、同時に友達にはチェーン店にピザを注文してもらった。よって、ここでは符合標本が揃うわけである。10 回のピザ注文の各回に、地元ピザ店の測定値とチェーン店の測定値が得られる。有意水準を 0.05 とすると、地元ピザ店の平均配達時間は全国チェーン店の平均配達時間よりも短いだろうか？

解 表 8.5 のデータ（ファイル ピザ時間 に保存）を分析するにはペア t 検定

を用いる。図 8.10 にピザ配達時間のペア t 検定結果を示す。

表 8.5
地元ピザ店と全国チェーン店の配達時間

注文	地元	チェーン	時間差
1	16.8	22.0	−5.2
2	11.7	15.2	−3.5
3	15.6	18.7	−3.1
4	16.7	15.6	1.1
5	17.5	20.8	−3.3
6	18.1	19.5	−1.4
7	14.1	17.0	−2.9
8	21.8	19.5	2.3
9	13.9	16.5	−2.6
10	20.8	24.0	−3.2
			−21.8

図 8.8
Excel を使ったピザ配達時間のペア t 検定結果

	A	B
1	ピザ配達時間のペア t 検定	
2		
3	データ	
4	仮説平均差	0
5	有意水準	0.05
6		
7	計算値	
8	標本数	10
9	差の平均	−2.1800
10	自由度	9
11	S_D	2.2641
12	標準誤差	0.7160
13	検定統計量 t 値	−3.0448
14		
15	片側検定	
16	下部限界値	−1.8331
17	p 値	0.0070
18	帰無仮説を棄却する	

帰無仮説と対立仮説は次のようになる。

$H_0: \mu_D \geq 0$（地元ピザ店の平均配達時間は、全国チェーン店の平均配達時

間と同等あるいはそれ以上である）
$H_1 : \mu_D < 0$（地元ピザ店の平均配達時間は、全国チェーン店の平均配達時間より短い）

有意水準 $\alpha = 0.05$ とし、差分は正規分布していると仮定し、ペア t 検定（式 8.3）を用いる。$n = 10$ の配達時間標本の自由度は $n - 1 = 9$ である。表 B.2 から、判断基準は以下となる。

t 値 $< -t_{0.05} = -1.8331$ のとき H_0 を棄却する。
それ以外の場合は H_0 を棄却しない。

計算を具体的に示すと、$n = 10$ の差分について（表 8.5 参照）、標本平均差は

$$\overline{D} = \frac{\sum_{i=1}^{n} D_i}{n} = \frac{-21.8}{10} = -2.18$$

であり、この差の標本の標準偏差は下記のようになる。

$$S_D = \sqrt{\frac{\sum_{i=1}^{n}(D_i - \overline{D})^2}{n-1}} = 2.2641$$

式 8.3 にあてはめると以下のようになる。

$$t = \frac{\overline{D} - \mu_D}{\frac{S_D}{\sqrt{n}}} = \frac{-2.18 - 0}{\frac{2.2641}{\sqrt{10}}} = -3.0448$$

t 値 $= -3.0448$ は -1.8331 よりも小さいため、帰無仮説 H_0 を棄却する（p 値 $0.0070 < 0.05$）。平均配達時間は全国チェーン店よりも地元ピザ店の方が短いといえる証拠がある。

この結論は例 8.1 で合併分散 t 検定を使って得られた結果と異なる。配達のタイミングを揃えることで、注文する時間帯の違いによるばらつきではなく、両ピザ店の配達サービスそのものに焦点を当てることができる。ペア t 検定は、

注文する時間帯を制御しているため、2つのピザ店の配達サービスの差を検出するにはより効果的なより検定力の高い統計的手法といえる。

平均の差の信頼区間推定

関連2母集団の平均差を検定する代わりに、あるいはこれに加えて、式(8.4)を用いて両平均の差について信頼区間を推定することができる。

平均の差の信頼区間推定

$$\overline{D} \pm t_{\alpha/2} \frac{S_D}{\sqrt{n}}$$

または

$$\overline{D} - t_{\alpha/2} \frac{S_D}{\sqrt{n}} \leq \mu_D \leq \overline{D} + t_{\alpha/2} \frac{S_D}{\sqrt{n}} \qquad 式(8.4)$$

ここで、$t_{\alpha/2}$ は自由度 $n-1$、上位に $\alpha/2$ の領域を持つ t 分布の限界値である。

269ページに登場した教科書の価格比較の事例を思い出してもらいたい。式(8.4)に当てはめると、$\overline{D} = 12.6663$、$S_D = 30.4488$、$n = 19$、$t_{\alpha/2} = 2.1009$（信頼水準95%、自由度 $n - 1 = 18$）であるから、以下のようになる。

$$12.6663 \pm (2.1009) \frac{30.4488}{\sqrt{19}}$$

$$12.6663 \pm 14.6757$$

$$-2.0094 \leq \mu_D \leq 27.342$$

よって、信頼水準が95%のとき、大学書店とオンライン書店の教科書価格の平均差は、−2.0094ドルから27.342ドルの間となる。信頼区間にはゼロが含まれることから、母集団平均に差があるという十分な証拠はないと結論付ける。大学書店とオンライン書店における教科書の平均価格に差があるというに足る証拠はない。

8.3 独立2母集団の比率を比較する

2つの母集団の比率について、比較したりその違いを分析したりする必要が生じ

ることは少なくない。独立2母集団から抽出された2つの比率の差を検定するには方法が2つある。本節では、標準正規分布により検定統計量Z値の近似値を求める手法を説明する。第9章9.1節では、カイ二乗分布により検定統計量χ^2値の近似値を求める手法が使われている。そこまで読み進めたとき2種類の検定法から得られる結果は同等であることがわかる。

2つの比率の差のZ検定

2つの母集団の比率の差を評価するには、**2つの比率の差のZ検定（Z test for the difference between two proportions）** を用いることができる。検定統計量Z値は2つの標本比率の差$(p_1 - p_2)$から得られる。式(8.5)に示す検定量は標本が十分に大きい場合、近似的に標準正規分布に従う。

2つの比率の差のZ検定

$$Z = \frac{(p_1 - p_2) - (\pi_1 - \pi_2)}{\sqrt{\bar{p}(1-\bar{p})\left(\frac{1}{n_1} + \frac{1}{n_2}\right)}} \quad 式(8.5)$$

このとき

$$\bar{p} = \frac{X_1 + X_2}{n_1 + n_2} \quad p_1 = \frac{X_1}{n_1} \quad p_2 = \frac{X_2}{n_2}$$

ここで

$p_1 =$ 標本1における関心項目の比率
$X_1 =$ 標本1における関心項目の数
$n_1 =$ 標本1の標本数
$\pi_1 =$ 母集団1における関心項目の比率
$p_2 =$ 標本2における関心項目の比率
$X_2 =$ 標本2における関心項目の数
$n_2 =$ 標本2の標本数
$\pi_2 =$ 母集団2における関心項目の比率
$\bar{p} =$ 関心項目の母集団比率の合併推定値

検定統計量Z値は、近似的に標準正規分布に従う。

2つの比率の差に対する Z 検定の帰無仮説では、2つの母集団比率は同じである ($\pi_1 = \pi_2$) と仮定する。母集団比率の合併推定値は帰無仮説に基づくことから、2つの標本比率を足し合わせ、すなわち合併させ、共通の母集団比率の全体推定値 p を計算する。この推定値は2つの標本を足し合わせた全体における関心項目の数 ($X_1 + X_2$) を2つの標本を足し合わせた全体の標本数 ($n_1 + n_2$) で割ったものに等しい。

下表に示すように、2つの母集団における関心項目の比率に差があるか（両側検定）、あるいは一方の母集団における関心項目の比率はもう一方の母集団における比率よりも高いか（片側検定）を判断するために、2つの母集団比率の差に対する Z 検定を用いることができる。

両側検定	片側検定	片側検定
$H_0: \pi_1 = \pi_2$	$H_0: \pi_1 \geq \pi_2$	$H_0: \pi_1 \leq \pi_2$
$H_1: \pi_1 \neq \pi_2$	$H_1: \pi_1 < \pi_2$	$H_1: \pi_1 > \pi_2$

ここで

$$\pi_1 = 母集団1における関心項目の比率$$
$$\pi_2 = 母集団2における関心項目の比率$$

独立2母集団の比率に差はないとする帰無仮説

$$H_0: \pi_1 = \pi_2$$

これを、2つの母集団比率は同じではないとする対立仮説

$$H_1: \pi_1 \neq \pi_2$$

に対して検定するには、式 (8.5) の検定統計量 Z 値を用いる。任意の有意水準 α において、計算された検定統計量 Z 値が標準正規分布の上部限界値よりも大きい、または下部限界値よりも小さいとき、この帰無仮説を棄却する。

2つの比率が同等であることを検証する Z 検定の使い方を具体的に説明しよう。あなたは、熱帯の島2島に高級リゾートホテル5つを所有するTCリゾート不動産

の責任者である。一方の島にはビーチコーマーとウィンドサーファーというホテル2件があり、利用客のリピート率を上げることを経営課題としている。ホテル利用客に出発前に記入してもらったアンケートでは、「またこのホテルに戻って来たいか？」と訊ねている。この問を含むアンケートへの回答を、ビーチコーマーでは227人から、ウィンドサーファーでは262人から回収した。同質問については、ビーチコーマーを利用した227人のうち163人が「はい。またこのホテルを利用したい」と答えており、ウィンドサーファーの利用者262人のうち154人が「はい。またこのホテルを利用したい」と答えている。有意水準を0.05とすると、両ホテル間で利用客満足度（再度利用の見込みにより判断する）に有意な差があるといえる証拠はあるか？

ここで、帰無仮説と対立仮説は次の通りとなる。

$$H_0: \pi_1 = \pi_2 \quad \text{または} \quad \pi_1 - \pi_2 = 0$$
$$H_1: \pi_1 \neq \pi_2 \quad \text{または} \quad \pi_1 - \pi_2 \neq 0$$

有意水準を0.05とすると、限界値は-1.96と$+1.96$（図8.9参照）となり、判断基準は下記のようになる。

Z値< -1.96またはZ値$> +1.96$のときH_0を棄却する。
それ以外の場合はH_0を棄却しない。

図8.9
有意水準0.05のとき、2つの比率の差についての仮説を検定する場合の棄却域と採択域

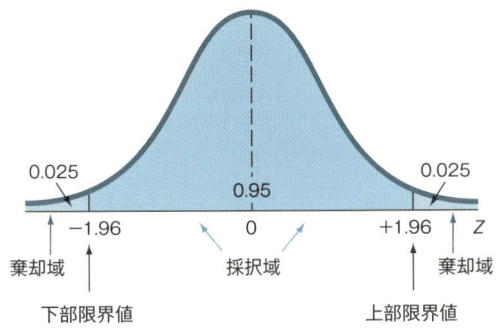

式 (8.5) にあてはめると、

$$Z = \frac{(p_1 - p_2) - (\pi_1 - \pi_2)}{\sqrt{\bar{p}(1-\bar{p})\left(\frac{1}{n_1} + \frac{1}{n_2}\right)}}$$

ここで、

$$p_1 = \frac{X_1}{n_1} = \frac{163}{227} = 0.7181 \qquad p_2 = \frac{X_2}{n_2} = \frac{154}{262} = 0.5878$$

であり、また、

$$\bar{p} = \frac{X_1 + X_2}{n_1 + n_2} = \frac{163 + 154}{227 + 262} = \frac{317}{489} = 0.6483$$

したがって

$$Z = \frac{(0.7181 - 0.5878) - (0)}{\sqrt{0.6483(1 - 0.6483)\left(\frac{1}{227} + \frac{1}{262}\right)}}$$

$$= \frac{0.1303}{\sqrt{(0.228)(0.0082)}}$$

$$= \frac{0.1303}{\sqrt{0.00187}}$$

$$= \frac{0.1303}{0.0432} = +3.0088$$

有意水準を 0.05 とすると、Z 値 $= +3.0088 > +1.96$ であることから帰無仮説を棄却する。ここで p 値は 0.0026 であり (表 B.1 または図 8.10 より)、帰無仮説が正しい場合、検定統計量 Z 値が -3.0088 より低くなる確率は 0.0013 であり、同様に、検定統計量 Z 値が $+3.0088$ より大きくなる確率も 0.0013 であることを意味する。よって、この両側検定の p 値は $0.0013 + 0.0013 = 0.0026$ といえる。$0.0026 < \alpha = 0.05$ であることから帰無仮説を棄却する。利用客満足度という点で両ホテルに

は有意な差がある、具体的にはウィンドサーファーよりもビーチコーマーの方が再度利用したいと思っている利用客の比率は高いといえる証拠がある。

図8.10
Excelを使ったホテル利用客の満足度に関する2つの比率の差のZ検定結果

	A	B	
1	2つの比率差のZ検定		
2			
3	データ		
4	仮説差	0	
5	有意水準	0.05	
6	グループ1		
7	関心項目数	163	
8	標本数	227	
9	グループ2		
10	関心項目数	154	
11	標本数	262	
12			
13	計算値		
14	グループ1 内の関心項目比率	0.7181	=B7/B8
15	グループ2 内の関心項目比率	0.5878	=B10/B11
16	2つの比率の差	0.1303	=B14−B15
17	2つの比率の平均	0.6483	=(B7+B10)/(B8+B11)
18	検定統計量Z値	3.0088	=(B16−B4)/SQRT(B17*(1−B17)*(1/B8+1/B11))
19			
20	両側検定		
21	下部限界値	−1.9600	=NORM.S.INV(B5/2)
22	上部限界値	1.9600	=NORM.S.INV(1−B5/2)
23	p値	0.0026	=2*(1−NORM.S.DIST(ABS(B18),TRUE))
24	帰無仮説を棄却する		=IF(B23<B5,"帰無仮説を棄却する","帰無仮説を棄却しない")

例8.3
2つの比率の差を検定する

インターネット上の個人情報について懸念が高まる中、オンラインの個人情報を監視する人が増えている。この調査によれば、18～29歳のネットユーザーのうち44%が自分に関するオンライン情報量を制限する措置を既に取り始めているという。一方、65歳超のネットユーザーで同様の措置を取り始めている人は20%であった。両グループとも100人いたとする。有意水準を0.05とすると、自分に関するオンライン情報量を制限する措置を既に取り始めている18～29歳のネットユーザーの比率は、同様の措置を取り始めている65歳超のネットユーザーの比率よりも高いか？

解 ここで知りたいのは、18～29歳の方が、65歳超よりも比率が「高い」といえる証拠があるかどうかであるから、片側検定を行う。その帰無仮説と対立仮説は次の通りである。

$H_0: \pi_1 \leq \pi_2$（自分に関するオンライン情報量を制限する措置を取り始めている 18 〜 29 歳のネットユーザーの比率は、同様の措置を取り始めている 65 歳超のネットユーザーの比率と同等かまたはそれ以下である）

$H_1: \pi_1 > \pi_2$（自分に関するオンライン情報量を制限する措置を取り始めている 18 〜 29 歳のネットユーザーの比率は、同様の措置を取り始めている 65 歳超のネットユーザーの比率よりも高い）

有意水準を 0.05 とすると、この片側検定の上部限界値は $+1.645$ であり、判断基準は以下となる。

Z 値 $> +1.645$ であれば H_0 を棄却する。
それ以外の場合は H_0 を棄却しない。

式 (8.5) にあてはめると

$$Z = \frac{(p_1 - p_2) - (\pi_1 - \pi_2)}{\sqrt{\bar{p}(1-\bar{p})\left(\dfrac{1}{n_1} + \dfrac{1}{n_2}\right)}}$$

ここで

$$p_1 = \frac{X_1}{n_1} = \frac{44}{100} = 0.44 \qquad p_2 = \frac{X_2}{n_2} = \frac{20}{100} = 0.20$$

また

$$\bar{p} = \frac{X_1 + X_2}{n_1 + n_2} = \frac{44 + 20}{100 + 100} = \frac{64}{200} = 0.32$$

したがって

$$Z = \frac{(0.44 - 0.20) - (0)}{\sqrt{0.32(1 - 0.32)\left(\dfrac{1}{100} + \dfrac{1}{100}\right)}}$$

$$= \frac{0.24}{\sqrt{(0.2176)(0.02)}}$$

$$= \frac{0.24}{\sqrt{0.004352}}$$

$$= \frac{0.24}{0.06597} = +3.638$$

有意水準が 0.05 のとき、Z 値 = + 3.638 ＞ + 1.645 であることから帰無仮説を棄却する。p 値はおよそ 0.0001 である。したがって、帰無仮説が正しければ、検定統計量 Z 値が + 3.638 よりも大きくなる確率はおよそ 0.0001 といえる（$α$ = 0.05 よりも小さい）。自分に関するオンライン情報量を制限する措置を取り始めている 18 〜 29 歳のネットユーザーの比率は同様の措置を取り始めている 65 歳超のネットユーザーの比率よりも高いといえる証拠があると判断する。

2 つの比率の差の信頼区間推定

独立 2 母集団の比率の差を検定する代わりに、あるいはこれに加えて、式 (8.6) を用いて 2 つの比率の差について信頼区間を推定することができる。

---

2 つの比率の差の信頼区間推定

$$(p_1 - p_2) \pm Z_{\alpha/2}\sqrt{\frac{p_1(1-p_1)}{n_1} + \frac{p_2(1-p_2)}{n_2}}$$

または

$$(p_1 - p_2) - Z_{\alpha/2}\sqrt{\frac{p_1(1-p_1)}{n_1} + \frac{p_2(1-p_2)}{n_2}} \leq (\pi_1 - \pi_2)$$

$$\leq (p_1 - p_2) + Z_{\alpha/2}\sqrt{\frac{p_1(1-p_1)}{n_1} + \frac{p_2(1-p_2)}{n_2}} \quad \text{式(8.6)}$$

ビーチコーマーホテルを再利用したいと思っている利用客の比率とウィンドサーファーホテルを再利用したいと思っている利用客の母集団比率の差について、95% 信頼区間を推定するには、278 ページの結果または 279 ページの図 8.10 を使う。

$$p_1 = \frac{X_1}{n_1} = \frac{163}{227} = 0.7181 \qquad p_2 = \frac{X_2}{n_2} = \frac{154}{262} = 0.5878$$

式 (8.6) にあてはめると、以下のようになる。

$$(0.7181 - 0.5878) \pm (1.96)\sqrt{\frac{0.7181(1-0.7181)}{227} + \frac{0.5878(1-0.5878)}{262}}$$
$$0.1303 \pm (1.96)(0.0426)$$
$$0.1303 \pm 0.0835$$
$$0.0468 \leq (\pi_1 - \pi_2) \leq 0.2138$$

よって、信頼水準 95% で、ビーチコーマーを再利用したいと思っている利用客の比率とウィンドサーファーを再利用したいと思っている利用客の母集団比率の差は 0.0468 〜 0.2138 であるといえる。百分率にすると 4.68% 〜 21.38% となる。ビーチコーマーの方がウィンドサーファーより利用者満足度が高いといえる。

8.4　2つの分散の比の F 検定

多くの場合、2母集団のばらつきが同じかどうかを判断する必要がある。そこで分散を検証することで、独立2母集団のばらつきの差を見つけ出すことができる。2母集団の分散の違いを検証する大きな理由の1つは、独立2母集団の平均を比較するのに合併分散 t 検定（等分散を前提とする）と個別分散 t 検定（等分散を前提としない）のどちらを使うかを判断するためである。

独立2母集団の分散の差の検定は、2つの標本分散の比によって行う。各母集団は正規分布していると仮定すると、S_1^2/S_2^2 の比は **F 分布** (**F distribution**) に従う（表 B.4 参照）。表 B.4 では F 分布の限界値は2つの標本の自由度に依存する。分子の自由度は1つ目の標本を示し、分母の自由度は2つ目の標本の自由度を示す。1母集団目から得られた1つ目の標本は、他方より「大きな」標本分散を持つ標本と定義付けられる。2母集団目から得られた2つ目の標本は、他方より「小さな」標本分散を持つ標本と定義付けられる。式 (8.7) に**分散比の F 検定** (**F test for the ratio of two variances**) を示す。

2つの分散の比を検定するF検定統計量

検定統計量 F 値は、標本 1 の分散（より大きい標本分散）を標本 2 の分散（より小さな標本分散）で除したものである。

$$F = \frac{S_1^2}{S_2^2} \quad \text{式 (8.7)}$$

ここで、

S_1^2 = 標本 1 の分散（分散が大きい方の標本分散）
S_2^2 = 標本 2 の分散（分散が小さい方の標本分散）
n_1 = 母集団 1 から抽出された標本数
n_2 = 母集団 2 から抽出された標本数
$n_1 - 1$ = 標本 1 の自由度（分子の自由度）
$n_2 - 1$ = 標本 2 の自由度（分母の自由度）

検定統計量 F 値は、$n_1 - 1$ と $n_2 - 1$ の自由度を持つ F 分布に従う。

任意の有意水準 α について、母集団分散は等しいとする帰無仮説

$$H_0 : \sigma_1^2 = \sigma_2^2$$

を、2 つの母集団の分散は等しくないとする対立仮説

$$H_1 : \sigma_1^2 \neq \sigma_2^2$$

に対して検定する。計算された検定統計量 F 値が、分子に $n_1 - 1$ の自由度、分母に $n_2 - 1$ の自由度を持つ F 分布の上部限界値 $F_{\alpha/2}$ よりも大きい場合、帰無仮説を棄却する。よって、判断基準は以下となる。

F 値 $> F_{\alpha/2}$ のとき H_0 を棄却する。
それ以外の場合は H_0 を棄却しない。

2 つの分散が等しいかどうかを見極めるために F 検定を使う方法を具体的に説明するために、255 ページに登場した BLK ビバレッジ社の事例に戻る。ここでは、陳列方法の違いによる BLK コーラの売上の差を調べていた。8.1 節に出てきた合併

分散 t 検定と個別分散 t 検定のどちらを使うか決めるに当たり、2つの母集団分散が等しいかを検証することができる。ここで帰無仮説と対立仮説は次の通りとなる。

$$H_0 : \sigma_1^2 = \sigma_2^2$$
$$H_1 : \sigma_1^2 \neq \sigma_2^2$$

標本1はより大きな標本分散を持つ群であると定義付けられていることから、F分布の上側の棄却域には$\alpha/2$が含まれる。有意水準を$\alpha = 0.05$とすると、上側の棄却域は分布の 0.025 の領域となる。

それぞれの陳列方法について 10 店の標本があることから、分子(分散が大きい方の標本)の自由度は $10 - 1 = 9$ であり、分母(分散が小さい方の標本)の自由度もまた $10 - 1 = 9$ である。F 分布の上部限界値 $F_{\alpha/2}$ は表 B.4 から直接得ることができる。また、表 B.4 を部分的に下表 8.6 に示す。分子の自由度が 9、分母の自由度が 9 であることから、上部限界値 $F_{\alpha/2}$ を求めるには、9 の行と 9 の列が交わるところを見ればよい。よって、この F 分布の上部限界値は 4.03 となる。したがって、判断基準は以下となる。

$$F\text{値} > F_{0.025} = 4.03 \text{ のとき } H_0 \text{ を棄却する}$$

それ以外の場合は H_0 を棄却しない、となる。

表8.6
自由度9と自由度9を持つ上側領域が0.025の上部限界値を求める

累積確率＝0.975
上側領域＝0.025

df_2 分母の自由度	\multicolumn{7}{c}{df_1(分子の自由度)}
	1	2	3	⋯	7	8	9
1	647.80	799.50	864.20	⋯	948.20	956.70	963.30
2	38.51	39.00	39.17	⋯	39.36	39.38	39.39
3	17.44	16.04	15.44	⋯	14.62	14.54	14.47
⋮	⋮	⋮	⋮		⋮	⋮	⋮
7	8.07	6.54	5.89	⋯	4.99	4.90	4.82
8	7.57	6.06	5.42	⋯	4.53	4.43	4.36
9	7.21	5.71	5.08	⋯	4.20	4.10	4.03

表 B.4 より抜粋

式 (8.7) にコーラの売上データをあてはめると (表 8.1 参照)

$$S_1^2 = (18.7264)^2 = 350.6778 \qquad S_2^2 = (12.5433)^2 = 157.3333$$

となる。したがって、

$$F = \frac{S_1^2}{S_2^2}$$

$$= \frac{350.6778}{157.3333} = 2.2289$$

F 値 $= 2.2289 < 4.03$ であることから H_0 を棄却しない。図 8.11 に p 値 0.248 を含め、本検定の結果を示す。0.248 > 0.05 であることから、2 種類の陳列方法の売上のばらつきには有意な差があるといえる証拠はないと結論付ける。

図 8.11
Excel を使ったコーラの F 検定結果

	A	B	
1	2つの分散の違いを調べるF検定		
2			
3	データ		
4	有意水準	0.05	
5	分散が大きい方の標本 1		
6	標本数	10	=COUNT(BLKコーラ!A2:A11)
7	標本分散	350.6778	=VAR.S(BLKコーラ!A2:A11)
8	分散が小さい方の標本 2		
9	標本数	10	=COUNT(BLKコーラ!B2:B11)
10	標本分散	157.3333	=VAR.S(BLKコーラ!B2:B11)
11			
12	計算値		
13	統計量F値	2.2289	=B7/B10
14	母集団 1 の標本自由度	9	=B6−1
15	母集団 2 の標本自由度	9	=B9−1
16			
17	両側検定		
18	上部限界値	4.0260	=F.INV.RT(B4/2,B14,B15)
19	p値	0.2482	=2*E17
20	帰無仮説を棄却しない		=IF(B19<B4,"帰無仮説を棄却する", "帰無仮説を棄却しない")

途中計算
セルE17　　=F.DIST.RT(B13,B14,B15)

本節で説明した F 検定を使った 2 つの分散の差を検証する方法では、それぞれの母集団が正規分布していることを前提としている。F 検定は、正規性の前提に大き

く影響を受ける。いずれかの母集団に正規性からの逸脱が少しでも見られる場合は、F検定を使うべきではない。この場合、レーベン検定（8.5節参照）またはノンパラメトリックな手法を使用することが望まれる。

合併分散t検定法の妥当性を評価するために等分散を検証する場合のF検定は、上位に$\alpha/2$の領域を持つ両側検定となる。しかし、合併分散t検定以外の状況でばらつきについて調べたい場面においては、F検定は片側検定として行う。例8.4に片側検定の例を示す。

例 8.4
2つの分散の差の片側検定

あるビジネススクールの会計学科教授は、会計学専攻で会計学入門を受講している学生よりも、会計学専攻ではなく会計学入門を受講している学生の方が、期末試験結果にばらつきがあるかどうかを調べたいと思っている。受講生名簿より、会計学専攻ではない学生13人と会計学専攻の学生10名を無作為に抽出し、期末試験結果に基づき下記の計算結果を得た。

$$会計学専攻以外の学生：n_1 = 13 \quad S_1^2 = 210.2$$
$$会計学専攻の学生：n_2 = 10 \quad S_2^2 = 36.5$$

有意水準を0.05とすると、会計学入門を受講している学生の中で、会計学専攻でない学生の方が、会計学専攻の学生より、期末試験の結果にばらつきがあるという証拠があるか？　母集団の期末試験結果はそれぞれ正規分布していると仮定する。

解　帰無仮説と対立仮説は次の通りである。

$$H_0 : \sigma_{NA}^2 \leq \sigma_A^2$$
$$H_1 : \sigma_{NA}^2 > \sigma_A^2$$

検定統計量F値は式 (8.7) より次の通りである。

$$F = \frac{S_1^2}{S_2^2}$$

表 B.4 を用いて F 分布の上部限界値を求める。分子の自由度は $n_1 - 1 = 13 - 1 = 12$ で、分母の自由度は $n_2 - 1 = 10 - 1 = 9$ であり、$\alpha = 0.05$ とすると、上部限界値 $F_{0.05}$ は 3.07 となる。判断基準は以下のとおりである。

F 値 > 3.07 のとき H_0 を棄却する。
それ以外の場合は H_0 を棄却しない。

式 (8.7) より

$$F = \frac{S_1^2}{S_2^2}$$

$$= \frac{210.2}{36.5} = 5.7589$$

F 値 $= 5.7589 > 3.07$ であることから、H_0 を棄却する。有意水準は 0.05 であるから、会計学専攻で会計学入門を受講している学生よりも、会計学専攻ではなく会計学入門を受講している学生の方が、期末試験結果にばらつきがあるといえる証拠があると結論付ける。

8.5　一元配置分散分析（ANOVA）

　8.1 ～ 8.4 節では 2 つの母集団の間に存在しうる差について、なんらかの判断を下すために仮説検定を活用してきた。しかし、2 つを超えるグループの間の差について検討しなければならないことも少なくない。関心対象となるある要因の水準に応じて、グループが分かれている場合である。たとえば、要因が、ある商品の販売価格だったとすると、たとえば、0.59 ドル、0.79 ドル、0.99 ドルといった数値水準によって複数のグループを作ることができる。あるいは、要因が、パラシュート製造企業にとって好ましい材料供給メーカーである場合は、メーカー 1、メーカー 2、メーカー 3、メーカー 4 といったカテゴリー水準によって複数のグループを作ることができる。このように、対象とする要因が 1 つのみで構成される実験を、完全ランダム化法と呼ぶ。

2つを超える平均の差の一元配置分散分析 F 検定

ある数値変数の分析で一定の前提条件が満たされるとき、複数グループ間の平均を比較するには**分散分析**（ANOVA: Analysis Of Variance）を用いる。完全ランダム化法に対して行う分散分析は、**一元配置分散分析**（one-way ANOVA）と呼ばれ、8.1 節で解説した 2 つの平均の差に対する合併分散 t 検定を拡大したものである。「分散分析」と銘打ってはいるが、実はこの名称は誤解を招きやすい。分散分析の目的は複数グループ間の平均の差について調べることであり、分散を分析するわけではないのである。しかし、グループ間およびグループ内の変動を分析することで、グループ間に存在しうる差についての結論を導き出すことができる。分散分析では、全体に見られる変動（全変動）を、グループの違いによる変動とグループ内の変動とに分けて考える（図 8.12 参照）。**グループ内変動**（among-group variation）では偶然的な変動を見る。**グループ間変動**（within-group variation）はグループが違うことによる変動である。グループの数は c で表される。

図 8.12
完全ランダム化法における全変動を分割する

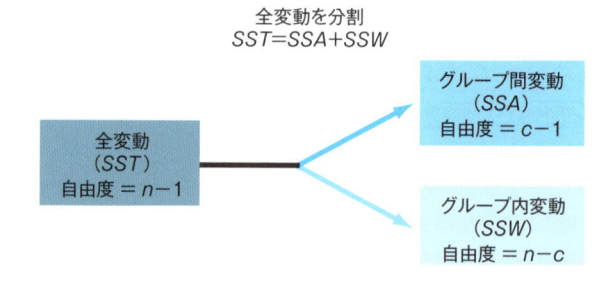

全変動を分割
$SST = SSA + SSW$

- 全変動 (SST) 自由度 $= n-1$
  - グループ間変動 (SSA) 自由度 $= c-1$
  - グループ内変動 (SSW) 自由度 $= n-c$

c 個のグループが、それぞれ無作為かつ独立して抽出された値の集まりで、正規分布および等分散した母集団であると仮定すると、母集団間の平均には差がないとする帰無仮説

$$H_0: \mu_1 = \mu_2 = \cdots = \mu_c$$

を c 個の母集団の平均は等しくないとする対立仮説

$$H_1: すべての \mu_j は等しいわけではない\ (j = 1, 2, \cdots, c)$$

に対して検証する。

母集団平均の等分散について分散分析を行うには、すべての値における全変動を

2つの要素に分ける。グループの違いによる変動とグループ内に見られる変動である。**全変動**(total variation)は**総平方和**(SST: Sum of Squares Total)によって表される。帰無仮説においてc個のグループの平均は等分散していると仮定されていることから、全変動は個々の値と総平均$\overline{\overline{X}}$の差を二乗したものを足し合わせていくことによって求められる。総平均とは、すべてのグループに含まれるすべての値の平均である。式(8.8)に全変動の計算方法を示す。

一元配置分散分析における全変動

$$SST = \sum_{j=1}^{c} \sum_{i=1}^{n_j} (X_{ij} - \overline{\overline{X}})^2 \quad \text{式(8.8)}$$

ここで、

$$\overline{\overline{X}} = \frac{\sum_{j=1}^{c} \sum_{i=1}^{n_j} X_{ij}}{n} = 総平均$$

X_{ij} = グループj内のi番目の値
n_j = グループjに含まれる値の数
n = すべてのグループに含まれるの値の数の合計
　　(すなわち $n = n_1 + n_2 + \cdots + n_c$)
c = グループの数

通常、**グループ間平方和**(SSA:Sum of Squares Among groups)と呼ばれるグループ間変動を計算するには、各グループの標本平均$\overline{X}_j$と総平均$\overline{\overline{X}}$との差を二乗したものを、各グループの標本数n_jで加重して足し合わせる。

一元配置分散分析におけるグループ間変動

$$SSA = \sum_{j=1}^{c} n_j (\overline{X}_j - \overline{\overline{X}})^2 \quad \text{式(8.9)}$$

ここで、

c = グループの数
n_j = グループjに含まれる値の数
$\overline{X}_j$ = グループjの標本平均
$\overline{\overline{X}}$ = 総平均

通常、グループ内変動は**グループ内平方和** (*SSW*: Sum of Squares Within groups) と呼ばれ、各値とそれが属するグループの平均との差を測り、全級におけるこの差を二乗したものを足し合わせたものである。

一元配置分散分析におけるグループ内変動

$$SSW = \sum_{j=1}^{c} \sum_{i=1}^{n_j} (X_{ij} - \overline{X_j})^2 \quad \text{式}(8.10)$$

ここで、

X_{ij} = グループ j 内の i 番目の値
$\overline{X_j}$ = グループ j の標本平均

c 個のグループを比較しているわけであるから、グループ間平方和の自由度は $c-1$ となる。c 個のグループはそれぞれ n_j-1 の自由度を持っていることから、グループ内平方和の自由度は $n-c$ となる。さらに、n 個の値すべてについて各値 X_{ij} を総平均 $\overline{\overline{X}}$ と比較していることから、総平方和の自由度は $n-1$ となる。

これら平方和それぞれを各自由度で除すると、3つの分散が得られる。分散分析ではこれを平均平方と呼ぶ。すなわち、グループ間平均平方 (*MSA*: Mean Square Among)、グループ内平均平方 (*MSW*: Mean Square Within)、および総平均平方 (*MST*: Mean Square Total) である。

一元配置分散分析における平均平方

$$MSA = \frac{SSA}{c-1} \quad \text{式}(8.11a)$$

$$MSW = \frac{SSW}{n-c} \quad \text{式}(8.11b)$$

$$MST = \frac{SST}{n-1} \quad \text{式}(8.11c)$$

c 個のグループ間に存在する差について判断するために c 個のグループの平均を比較しようとしているわけであるが、そのために分散を比較することから分散分析と呼ばれる。帰無仮説が正しく、c 個のグループの平均には差がない場合、MSA、MSW、MST の3つの平均平方（すなわち分散）はデータ全体の分散の推定値とみ

なすことができる。よって、帰無仮説

$$H_0 : \mu_1 = \mu_2 = \cdots = \mu_c$$

を対立仮説

$$H_1 : すべての \mu_j が等しいわけではない\,(j = 1, 2, \cdots, c)$$

に対して検証する場合、式 (8.12) を用いて一元配置分散分析検定統計量 F 値を MSA の MSW に対する比率として計算することになる。

一元配置分散分析検定統計量 F 値

$$F = \frac{MSA}{MSW} \quad \text{式 (8.12)}$$

検定統計量 F 値は、分子の自由度が $c-1$、分母の自由度が $n-c$ である F 分布に従う。任意の有意水準 α について、式 (8.12) により計算された検定統計量 F 値が分子の自由度が $c-1$、分母の自由度が $n-c$ である F 分布の上部限界値 $F\alpha$ よりも大きい場合 (表 B.4 参照)、帰無仮説を棄却する。よって、図 8.13 に示すように、判断基準は次の通りである。

$$F 値 > F\alpha のとき H_0 を棄却する。$$
$$それ以外の場合は H_0 を棄却しない。$$

図 8.13
分散分析を使ったときの棄却域と採択域

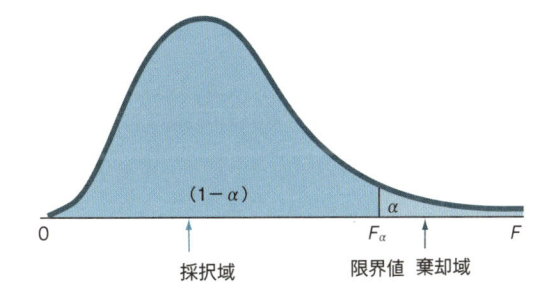

帰無仮説が正しい場合、分子と分母の平均平方の項がデータ全体の変動の推定値であることから、算出された検定統計量F値はほぼ1に等しくなるはずである。H_0が正しくない場合（すなわちグループ間で平均に差がある場合）、分子MSAは、すべての値におけるばらつきに加えグループ間の差を推定している値であり、分母MSWはすべての値における全体のばらつきのみを示すことから、算出された検定統計量F値は1よりも大きくなるはずである。よって、分散分析手法を用いる際は、図8.13に示すように、任意の有意水準αについて、計算された検定統計量F値が、自由度$c-1$と$n-c$を持つF分布の上部限界値F_αよりも大きい場合に、帰無仮説を棄却する。

分散分析の結果は通常、表8.7に示すような**分散分析総括表（ANOVA summary table）**で表す。総括表の入力項目には、変動の原因（グループ間、グループ内、全体）、自由度、平方和、平均平方（すなわち分散）、そして算出された検定統計量F値である。帰無仮説が正しいときにF値の値が算出された値以上である確率を示すp値も通常、総括表に含まれる。p値から、F分布の限界値一覧を参照することなく帰無仮説について結論を出すことができる。p値が選択した有意水準αよりも低ければ、帰無仮説を棄却する。

表8.7
分散分析総括表

	自由度	平方和	平均平方	F
グループ間	$c-1$	SSA	$MSA = \dfrac{SSA}{c-1}$	$F = \dfrac{MSA}{MSW}$
グループ内	$n-c$	SSW	$MSW = \dfrac{SSW}{n-c}$	
全体	$n-1$	SST		

一元配置分散分析F検定を具体的に示すために、メーカー4社から合成繊維を調達し、パラシュートを製造している企業について考えてみよう。ここでの経営課題は、合成繊維供給業者であるメーカー4社の製品の違いによりパラシュートの強度に有意な差が存在するかどうかを見極めることである。パラシュートを両側から引っ張り、パラシュートが破れた時点でかけていた力を測定する検査装置を使ってパラシュートの強度を測定した。強度は引張強度で示され、値が大きいほどパラシュートの強度は高い。

各グループ（メーカー1～4）の合成繊維を使い、それぞれ5枚のパラシュートを作った。全部で20枚のパラシュートに対して強度測定の実験を行い、それぞれ測

定された引張強度を収集した。この結果を級別に整理し、ファイル パラシュート に保存した。この実験結果、ならびに各グループの標本平均と標準偏差を図 8.14 に示す。

図 8.14
メーカー 4 社から供給された合成繊維製パラシュートの引張強度と、標本平均および標本標準偏差

	メーカー 1	メーカー 2	メーカー 3	メーカー 4
	18.5	26.3	20.6	25.4
	24.0	25.3	25.2	19.9
	17.2	24.0	20.8	22.6
	19.9	21.2	24.7	17.5
	18.0	24.5	22.9	20.4
標本平均	19.52	24.26	22.84	21.16
標本標準偏差	2.69	1.92	2.13	2.98

図 8.14 から、メーカー 4 社の標本平均が違うことがわかる。メーカー 1 の平均引張強度は 19.52 であり、メーカー 2 は 24.26、メーカー 3 が 22.84、メーカー 4 が 21.16 である。ここで知りたいのは、この標本間の差が母集団の平均はすべて等しいわけではないと結論付けるに足る差であるかどうかである。

散布図を用いれば、データを可視化し、引張強度の測定値がどう分布しているかを見ることができる。また、グループ間の差とグループ内の差も同様に見ることができる。各グループの標本数がさらに大きければ、正規分布などを作成することもできる。図 8.15 にメーカー 4 社について Excel で作成した散布図を示す。

図 8.15
メーカー 4 社の引張強度を示す Excel 散布図

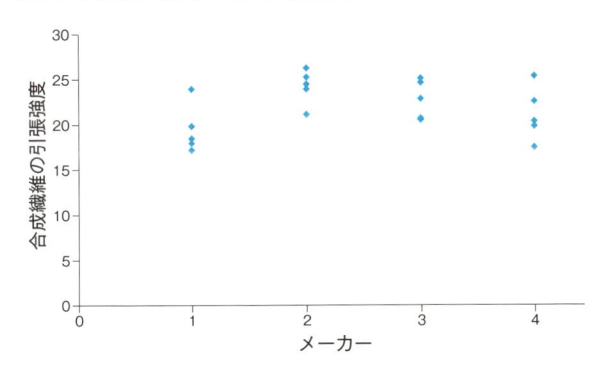

帰無仮説は「メーカー4社間で平均引張強度に差はない」である。

$$H_0 : \mu_1 = \mu_2 = \mu_3 = \mu_4$$

対立仮説は「少なくとも4社の内1社の平均引張強度は異なる」である。

$$H_1 : すべての平均が等しいわけではない。$$

　分散分析総括表を作成するにはまず、各グループの標本平均を計算する（図8.14参照）。続いて、20個の値すべてを足し合わせ、値の総数で割ることで総平均を計算する。

$$\overline{\overline{X}} = \frac{\sum_{j=1}^{c} \sum_{i=1}^{n_j} X_{ij}}{n} = \frac{438.9}{20} = 21.945$$

式8.8〜表8.10を使って平方和を計算する。

$$\begin{aligned} SSA &= \sum_{j=1}^{c} n_j (\overline{X}_j - \overline{\overline{X}})^2 = (5)(19.52 - 21.945)^2 + (5)(24.26 - 21.945)^2 \\ &\quad + (5)(22.84 - 21.945)^2 + (5)(21.16 - 21.945)^2 \\ &= 63.2855 \end{aligned}$$

$$\begin{aligned} SSW &= \sum_{j=1}^{c} \sum_{i=1}^{n_j} (X_{ij} - \overline{X}_j)^2 \\ &= (18.5 - 19.52)^2 + \cdots + (18 - 19.52)^2 + (26.3 - 24.26)^2 + \cdots + (24.5 - 24.26)^2 \\ &\quad + (20.6 - 22.84)^2 + \cdots + (22.9 - 22.84)^2 + (25.4 - 21.16)^2 + \cdots + (20.4 - 21.16)^2 \\ &= 97.5040 \end{aligned}$$

$$\begin{aligned} SST &= \sum_{j=1}^{c} \sum_{i=1}^{n_j} (X_{ij} - \overline{\overline{X}})^2 \\ &= (18.5 - 21.945)^2 + (24 - 21.945)^2 + \cdots + (20.4 - 21.945)^2 \\ &= 160.7895 \end{aligned}$$

平方和を各自由度［式(8.11)参照］で割ることで平均平方を計算する。$c = 4$、$n = 20$ であることから、

$$MSA = \frac{SSA}{c-1} = \frac{63.2855}{4-1} = 21.0952$$

$$MSW = \frac{SSW}{n-c} = \frac{97.5040}{20-4} = 6.0940$$

となり、式(8.12)にあてはめると下記のようになる。

$$F = \frac{MSA}{MSW} = \frac{21.0952}{6.0940} = 3.4616$$

表B.4より、任意の有意水準αについてF分布の上部限界値F_αを求める。表B.4を一部、表8.8に示す。パラシュート会社の事例では、分子の自由度が3、分母の自由度が16であることから、有意水準が0.05のときの上部限界値F_αは3.24である。

表8.8
上側領域0.05のときの自由度3と16を持つF分布の限界値を求める

累積確率＝0.95
上側領域＝0.05

分母の自由度 (df_2)	分子の自由度 (df_1)								
	1	2	3	4	5	6	7	8	9
.	.	.	.	.	.	.	.	.	.
.	.	.	.	.	.	.	.	.	.
.	.	.	.	.	.	.	.	.	.
11	4.84	3.98	3.59	3.36	3.20	3.09	3.01	2.95	2.90
12	4.75	3.89	3.49	3.26	3.11	3.00	2.91	2.85	2.80
13	4.67	3.81	3.41	3.18	3.03	2.92	2.83	2.77	2.71
14	4.60	3.74	3.34	3.11	2.96	2.85	2.76	2.70	2.65
15	4.54	3.68	3.29	3.06	2.90	2.79	2.71	2.64	2.59
16	4.49	3.63	3.24	3.01	2.85	2.74	2.66	2.59	2.54

表B.4より抜粋

F値＝3.4616はF_α＝3.24よりも大きいことから帰無仮説を棄却する（図8.16参照）。メーカー4社の間には、平均引張強度に有意な差があると結論付けられる。

図 8.16
有意水準 0.05、自由度 3 と 16 のときの一元配置分散分析の棄却域と採択域

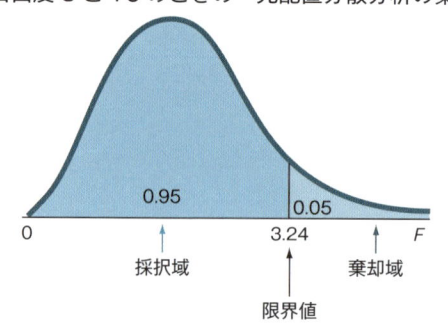

0.95　0.05
0　　3.24　　F
採択域　限界値　棄却域

パラシュートの事例の分散分析結果を、p 値を含め図 8.17 に示す。

図 8.17
Excel を使ったパラシュートの事例の分散分析結果

	A	B	C	D	E	F	G
1	分散分析(ANOVA)：一元配置						
2							
3	概要						
4	グループ	標本数	合計	平均	分散		
5	メーカー 1	5	97.6	19.52	7.237		
6	メーカー 2	5	121.3	24.26	3.683		
7	メーカー 3	5	114.2	22.84	4.553		
8	メーカー 4	5	105.8	21.16	8.903		
9							
10							
11	分散分析表						
12	変動要因	変動	自由度	分散	観測された分散比	P-値	F 境界値
13	グループ間	63.2855	3	21.0952	3.4616	0.0414	3.2389
14	グループ内	97.504	16	6.094			
15							
16	合計	160.7895	19				
17						有意水準	0.05

　帰無仮説が正しいとした場合に、算出された統計量 F 値が 3.4616 以上となる確率 p 値は 0.0414 である。この値は所定の $\alpha = 0.05$ よりも低いことから帰無仮説を棄却する。0.0414 という p 値は、4 社の母集団平均がすべて等しいと仮定した時に、これほどの、あるいはこれ以上の差が見られる可能性が 4.14% あることを示している。一元配置分散分析を行い、材料メーカー 4 社間には有意な差があるとわかったところで、まだ「どの」メーカーが逸脱しているのかはわかっていない。この時点でわかっているのは、母集団平均はすべて同じわけではないというに足る証拠がある、ということだけである。言い換えれば、1 つないし複数の母集団の平均が有

意な差を持っているということである。どのメーカーが逸脱しているのかを見極めるには、チューキー・クラマー法などの多重比較の手法を用いることができる。

多重比較：チューキー・クラマー法

パラシュート製造企業の事例では、一元配置分散分析 F 検定を用いて材料メーカー 4 社間に差があると判断した。次のステップとしては、**多重比較（multiple comparisons）** を行い、どのメーカーにそのような差があるのかを特定することである。

多くの手法が存在する中、本書では一元配置分散分析に対する**チューキー・クラマー多重比較法**（Tukey-Kramer multiple comparisons procedure for one-way ANOVA）を用いて、c 個の平均のうち有意な差を持っているのはどれかを特定する。チューキー・クラマー法を用いると、グループ間のすべての組み合わせを同時に比較することができる。下記の 4 ステップに則り比較を行う。

1. $c(c-1)/2$ 組の標本平均すべてについて、絶対平均差 $|\overline{X}_j - \overline{X}_{j'}|$（ここで $j \neq j'$）を計算する。
2. 式 (8.13) を用いてチューキー・クラマー法の**限界範囲（critical range）** を求める。

> **チューキー・クラマー法の限界範囲**
>
> $$\text{限界範囲} = Q_\alpha \sqrt{\frac{MSW}{2}\left(\frac{1}{n_j} + \frac{1}{n_{j'}}\right)} \quad \text{式 (8.13)}$$
>
> ここで、Q_α は分子の自由度が c、分母の自由度が $n-c$ を持つ**スチューデント化された範囲分布**（Studentized range distribution）の上部限界値を表す（スチューデント化された範囲分布の値は表 E.5 を参照）。

標本数が異なる場合は、標本平均の各組み合わせの比較についてそれぞれ限界範囲を計算する。

3. $c(c-1)/2$ 組の平均の組み合わせを、各対応する限界範囲と比較する。仮に標本平均の絶対差 $|\overline{X}_j - \overline{X}_{j'}|$ が限界範囲よりも大きいとすると、有意な差がある組み合わせが存在すると仮定する。
4. 結果を解釈する。

パラシュート会社の事例では、材料メーカーが4社あった。よって、$4(4-1)/2 = 6$ 組の組み合わせ比較を行う。チューキー・クラマー多重比較法を適用すると、まず全6組の比較について絶対平均差を計算する。全部で6つの比較について同時に推論を得ようとすることから「多重比較」と呼ばれる。

1. $|\overline{X}_1 - \overline{X}_2| = |19.52 - 24.26| = 4.74$
2. $|\overline{X}_1 - \overline{X}_3| = |19.52 - 22.84| = 3.32$
3. $|\overline{X}_1 - \overline{X}_4| = |19.52 - 21.16| = 1.64$
4. $|\overline{X}_2 - \overline{X}_3| = |24.26 - 22.84| = 1.42$
5. $|\overline{X}_2 - \overline{X}_4| = |24.26 - 21.16| = 3.10$
6. $|\overline{X}_3 - \overline{X}_4| = |22.84 - 21.16| = 1.68$

標本数は4グループすべて等しいため、限界範囲は1つを計算するのみでよい。分散分析総括表（図8.17）より、$MSW = 6.094$、$n_j = n_{j'} = 5$ となる。表B.5 より、$\alpha = 0.05$、$c = 4$、$n - c = 20 - 4 = 16$ について、検定統計量の上部限界値 Q_α は 4.05 である（表8.9参照）。

表8.9
$\alpha = 0.05$、自由度4と16のときのスチューデント化された範囲 Q_α 統計量を求める

累積確率 = 0.95
上側領域 = 0.05

分母の自由度 (df_2)	分子の自由度 (df_1)						
	2	3	4	5	6	7	8	9
·	·	·	·	·	·	·	·	·
·	·	·	·	·	·	·	·	·
·	·	·	·	·	·	·	·	·
11	3.11	3.82	4.26	4.57	4.82	5.03	5.20	5.35
12	3.08	3.77	4.20	4.51	4.75	4.95	5.12	5.27
13	3.06	3.73	4.15	4.45	4.69	4.88	5.05	5.19
14	3.03	3.70	4.11	4.41	4.64	4.83	4.99	5.13
15	3.01	3.67	4.08	4.37	4.60	4.78	4.94	5.08
16	3.00	3.65	4.05	4.33	4.56	4.74	4.90	5.03

表B.5 より抜粋

式 (8.13) より

$$限界範囲 = 4.05\sqrt{\left(\frac{6.094}{2}\right)\left(\frac{1}{5}+\frac{1}{5}\right)} = 4.4712$$

となる。

4.74 ＞ 4.4712 であることから、メーカー 1 とメーカー 2 の平均には有意差があるといえる。その他すべての組み合わせの差は 4.4712 未満である。信頼水準 95% のとき、メーカー 1 の繊維を使って作ったパラシュートはメーカー 2 の繊維を使って作ったものよりも引張強度が劣るが、メーカー 1 とメーカー 3、メーカー 1 とメーカー 4、メーカー 2 とメーカー 3、メーカー 2 とメーカー 4、メーカー 3 とメーカー 4 の間には、統計的に有意な差があるとはいえないと結論付けることができる。$\alpha = 0.05$ のとき、この 6 組の比較を全体の誤差率 5% で行うことができる。以上の結果を図 8.18 に示す。

図 8.18
Excel を使ったパラシュート実験のチューキー・クラマー法の結果

	A	B	C	D	E	F	G	H	I
1	チューキー・クラマー多重比較法								
2									
3									
4	グループ	標本平均	標本数		比較	絶対差	標準誤差	限界範囲	結果
5	1: メーカー 1	19.52	5		メーカー1 とメーカー2	4.74	1.103992754	4.4712	平均は異なる
6	2: メーカー 2	24.26	5		メーカー1 とメーカー3	3.32	1.103992754	4.4712	平均は異ならない
7	3: メーカー 3	22.84	5		メーカー1 とメーカー4	1.64	1.103992754	4.4712	平均は異ならない
8	4: メーカー 4	21.16	5		メーカー2 とメーカー3	1.42	1.103992754	4.4712	平均は異ならない
9					メーカー2 とメーカー4	3.1	1.103992754	4.4712	平均は異ならない
10	その他のデータ				メーカー3 とメーカー4	1.68	1.103992754	4.4712	平均は異ならない
11	有意水準	0.05							
12	分子の自由度	4							
13	分母の自由度	16							
14	MSW	6.094							
15	統計量Q値	4.05							

図 8.18 の Excel の結果は、297 ページにある比較を評価する手順に則っている。各平均を計算し、絶対差を決定し、限界範囲を計算し、続いて各比較は有意である（平均は異なる）か有意でない（平均は異ならない）かを判断する。

分散分析の前提

第7章および第8章8.1～8.4節では、各仮説検定法を使う際に必要な前提と、この前提が損なわれた場合の影響について学んだ。一元配置分散分析 F 検定を行うためには、母集団について次の前提が必要である。
- 無作為性と独立性
- 正規性
- 分散の均一性

1つ目の、無作為性と独立性はとりわけ重要である。いかなる実験も、その有効性は標本が無作為に抽出されていることや、あるいはランダム化の手法に依存する。分析結果に偏りを出さないためには、c 個のグループから無作為に標本を抽出するか、あるいは c 個の要因水準に各項目を無作為に振り分けるランダム化法を用いる必要がある。無作為に標本を抽出したり、無作為に水準を割り当てたりすることで、1つのグループの値が実験内の他の値のいずれからも独立していることを確保する。この前提が損なわれると、分散分析から得られる推論に甚大な影響が及ぶ可能性がある。

2つ目の、正規性は、各グループの標本の値は正規分布した母集団からのものとする仮定である。t 検定の場合と同様、一元配置分散分析 F 検定は、正規分布からの逸脱に対して比較的頑強である。正規分布から極端に逸脱しているわけではない限り、分散分析 F 検定の有意水準は通常、特に大きな標本数のものについては、大きく影響を受けることはない。

3つ目の、分散の均一性とは、c 個のグループの分散はそれぞれ等分散しているとする仮定である（すなわち、$\sigma_1^2 = \sigma_2^2 = \cdots = \sigma_c^2$）。各グループの標本数が等しい場合、$F$ 分布に基づく推論は、分散が等しくなくとも甚大な影響を受けることはない。ただし、標本数が異なる場合、等分散でないと、分散分析手法により導出した推論は甚大な影響を受ける可能性がある。よって、可能な限り、全グループにわたり標本数を同じくすることが望まれる。c 個のグループの分散が互いに等しいかを検証するためには、次に説明する分散の均一性のレーベン検定を使うことができる。

正規性の前提のみが損なわれているのであれば、ノンパラメトリック手法であるクラスカルウォリス順位検定法を使うことができる。分散の均一性の前提のみが損なわれている場合は、8.1節で説明した個別分散 t 検定に出てきた手法と似た手法を用いることができる。正規性ならびに分散の均一性の両方の前提が損なわれている場合であれば、対象データを正規化し、分散の違いを低減するようなデータ変換を行うか、あるいはより一般的なノンパラメトリック手法を使うことができる。

分散の均一性のレーベン検定

　一元配置分散分析 F 検定は、各グループは等分散しているとする仮定に比較的頑強ではあるが、各グループの分散の差が大きい場合には有意水準や検定力に影響が生じることもある。等分散を検証する手法で、検定力が高くかつシンプルなものが修正**レーベン検定（Levene test）**である。分散の均一性を検定するには、帰無仮説を

$$H_0 : \sigma_1^2 = \sigma_2^2 = \cdots = \sigma_c^2$$

とし、これを対立仮説

$$H_1 : \text{すべての} \sigma_j^2 \text{は等しくない} \quad (j = 1, 2, 3, \cdots, c)$$

に対して検定する。

　分散は等しいとする帰無仮説を検定するためには、まず各値とそれが属するグループの中央値との差の絶対値を計算する。続いて、こうして得た絶対差に対して一元配置分散分析を行う。統計学の世界では通常、分散分析には有意水準 $\alpha = 0.05$ を使うことが推奨される。修正レーベン検定を具体的に説明するために、図8.14 に出てきたパラシュート製造企業の引張強度を再度参照する。表8.10 に各メーカーの中央値の絶対差を示す。

表8.10　メーカー 4 社の引張強度中央値の絶対差

メーカー 1 （中央値 = 18.5）	メーカー 2 （中央値 = 24.5）	メーカー 3 （中央値 = 22.9）	メーカー 4 （中央値 = 20.4）
|18.5 − 18.5| = 0.0	|26.3 − 24.5| = 1.8	|20.6 − 22.9| = 2.3	|25.4 − 20.4| = 5.0
|24.1 − 18.5| = 5.5	|25.3 − 24.5| = 0.8	|25.2 − 22.9| = 2.3	|19.9 − 20.4| = 0.5
|17.2 − 18.5| = 1.3	|24.0 − 24.5| = 0.5	|20.8 − 22.9| = 2.1	|22.6 − 20.4| = 2.2
|19.9 − 18.5| = 1.4	|21.2 − 24.5| = 3.3	|24.7 − 22.9| = 1.8	|17.5 − 20.4| = 2.9
|18.0 − 18.5| = 0.5	|24.5 − 24.5| = 0.0	|22.9 − 22.9| = 0.0	|20.4 − 20.4| = 0.0

表8.10の絶対差を用いて一元配置分散分析を行う（図8.19参照）。

図8.19
Excelを使ったパラシュート実験の絶対差に関するレーベン検定結果

	A	B	C	D	E	F	G	H	I
1	ANOVA:レーベン検定								
2								計算	
3	概要							c	4
4	グループ	標本数	合計	平均	分散			n	20
5	メーカー1	5	8.7	1.74	4.753				
6	メーカー2	5	6.4	1.28	1.707				
7	メーカー3	5	8.5	1.7	0.945				
8	メーカー4	5	10.6	2.12	4.007				
9									
10									
11	分散分析表								
12	変動要因	変動	自由度	分散	観測された分散比	P-値	F 境界値		
13	グループ間	1.77	3	0.59	0.2068	0.89012	3.2389		
14	グループ内	45.648	16	2.853					
15									
16	合計	47.418	19						
17						有意水準	0.05		

図8.19のExcelの結果を見ると、F値 = 0.2068となっている（Excelでは「観測された分散比」と表示している）。F値 = 0.2068 < 3.2389（またはp値 = 0.8902 > 0.05）であることからH_0を棄却しない。4つの分散の間に有意な差があるといえる証拠はない。別の言い方をすれば、メーカー4社から調達した材料を使って作ったパラシュートのばらつきはすべて同等であると仮定するのは妥当である。したがって、分散分析手法に必要な分散の均一性の前提は守られたことになる。

例8.5に、一元配置分散分析を使った別の事例を紹介する。

> **例 8.5**
> **ファーストフードチェーンにおけるドライブスルーサービス対応時間の分散分析**
>
> ファーストフード店において、ドライブスルーカウンターは収入増の鍵を握っている。ドライブスルーで迅速なサービスを提供するチェーンが、多くの来客増を見込めるといってよい。各ファーストフードチェーンのドライブスルー対応時間（看板のメニューを見てから車を走らせるまでの時間）のある調査結果データによると、平均対応時間はウェンディーズが134.09秒、タコベルが163.17秒、バーガーキングが166.65秒、マクドナルドが174.22秒、ケンタッキー・フライド・チキンが194.58秒であった。この調査は、各チェーンにおいて、20人の客を対象に行ったものとする。表8.11にこの例の分散分析表を示す。

表8.11
ファーストフードチェーンにおけるドライブスルーサービス対応時間の分散分析総括表

	自由度	平方和	平均平方	F値	p値
チェーン間	4	38,191.9096	9,547.9774	73.1086	0.0000
チェーン内	95	12,407.00	130.60		

有意水準を 0.05 とすると、ファーストフードチェーン 5 社のドライブスルー平均対応時間には差があるといえる証拠はあるか？

解

H_0：$\mu_1 = \mu_2 = \mu_3 = \mu_4 = \mu_5$
　　ただし、1 = ウェンディーズ、2 = タコベル、3 = バーガーキング、4 = マクドナルド、5 = ケンタッキーである。

H_1：すべての μ_j が等しいわけではない
　　ここで $j = 1, 2, 3, 4, 5$ である。

判断基準：p 値 < 0.05 のとき H_0 を棄却する。

p 値はほぼ 0 であり、$\alpha = 0.05$ よりも小さいことから H_0 を棄却する。

ファーストフードチェーン 5 社のドライブスルー平均対応時間はすべて等しいわけではないと結論付けるに足る証拠がある。

どの平均がどの平均に対し有意な差を持っているのかを特定するためには、チューキー・クラマー法［式 (8.13)］を用いて限界範囲を特定する。

自由度 5 と 95 を持つ限界値 $Q \approx 3.92$

$$\text{限界範囲} = Q_a \sqrt{\left(\frac{MSW}{2}\right)\left(\frac{1}{n_j} + \frac{1}{n_{j'}}\right)} = (3.92)\sqrt{\left(\frac{130.6}{2}\right)\left(\frac{1}{20} + \frac{1}{20}\right)} = 10.02$$

10.02 よりも大きな差があれば有意な差とみなす。ドライブスルー平均対応時間に有意な差があるのは、ウェンディーズ（平均 134.09 秒）と他 4 社各社、ケンタッキー（平均 194.58 秒）と他 4 社各社である。さらに、マクドナルドとタコベル間にも差が見られる。よって、信頼水準 95% で、ドライブスルー平

均対応時間は、ウェンディーズの方がバーガーキング、タコベル、マクドナルド、ケンタッキーよりも早いと結論付けることができる。また、ケンタッキーの平均対応時間は、ウェンディーズ、バーガーキング、タコベル、マクドナルドよりも遅いといえる。さらに、マクドナルドの平均対応時間はタコベルよりも遅いといえる。

統計学を使ってみよう

再び、BLK ビバレッジ社の場合

あなたは BLK ビバレッジ社の地域販売責任者である。BLK コーラが通常の陳列棚に並べられた時の売上と、陳列棚の端の特別コーナーに並べられた時の売上とを比較した。スーパー 10 店では通常の陳列棚を使い、別の 10 店では特別コーナーを使う実験を行った。2 つの平均の差に対する t 検定を用い、特別コーナーを使ったときの平均売上の方が、通常の陳列棚を使ったときの平均売上よりも高いと結論付けることができた。信頼区間手法を用い、信頼水準 95% で、特別コーナーでの販売は、通常コーナーでの販売よりも平均して 6.73〜36.67 ケース多いと推論することができた。また、2 つの分散の差に対する F 検定を行い、特別コーナーを使った 10 店舗間の売上のばらつきが、通常の陳列棚を使った 10 店舗間の売上のばらつきと異なるかどうかを検討した。その結果、2 つの異なる陳列方法を採用した店舗グループ間で、売上のばらつきに有意な差は見られないと判断した。地域営業責任者として売上を伸ばすために次にすべきことは、より多くのスーパーで特別コーナーに置いてもらうよう説得することである。

まとめ

本章では、2 つ以上の標本に対するさまざまな検定手法を紹介した。標本が互いに独立している場合について、平均、分散、比率の差の有無を分析する統計学的検定手法を学んだ。さらに、2 つの関連した標本の平均の差を分析する際によく使われる検定手法についても学んだ。所与の条件に対して最もふさわしい検定手法を選び、各仮説検定法が必要とする前提が満たされているかどうかを厳しく入念に確認する必要がある。

表 8.12 に本章で網羅した内容を一覧で示す。図 8.20 のフローチャートは、2 標本仮説検定手法を選ぶ際の手順を示したものである。考慮すべきポイントは以下の通りである。

1. 対象とするデータの種類：カテゴリー変数を扱っているのであれば、2 つの比

率の差に対する Z 検定を用いる（この検定は独立した標本を前提とする）。
2. 数値変数を扱っているのであれば、独立した標本を扱っているのか、関連した標本を扱っているのかを判断する。関連した標本であれば、ほぼ正規分布していると想定できるのであれば、ペア t 検定を用いる。
3. 独立した標本を扱っているのであれば、ばらつきと中心傾向のどちらに焦点を当てたいのかを考える。ばらつきを見たいのであれば、かつほぼ正規分布していると想定できるのであれば、F 検定を用いる。
4. 中心傾向にあり、かつほぼ正規分布していると想定できるのであれば、2つの母集団の分散が等しいと想定することができるかを判断する（この仮定は F 検定を用いて検証できる）。
5. 2つの母集団の分散が等しいと仮定できるのであれば、合併分散 t 検定を用いる。2つの母集団の分散が等しいと仮定できないのであれば、個別分散 t 検定を用いる。
6. 2つを超える独立した標本を扱うのであれば、一元配置分散分析を使う。

表8.12
第8章の内容のまとめ

分析の種類	データの種類	
	数値	カテゴリー
2つの母集団を比較する	独立2母集団の平均の差の t 検定（8.1節） ペア t 検定（8.2節） 2つの分散の差の F 検定（8.4節）	2つの比率の差の Z 検定（8.3節）
2つを超える母集団を比較する	一元配置分散分析（8.5節）	

図 8.20
2つ以上の標本に対する仮説検定手法の選び方

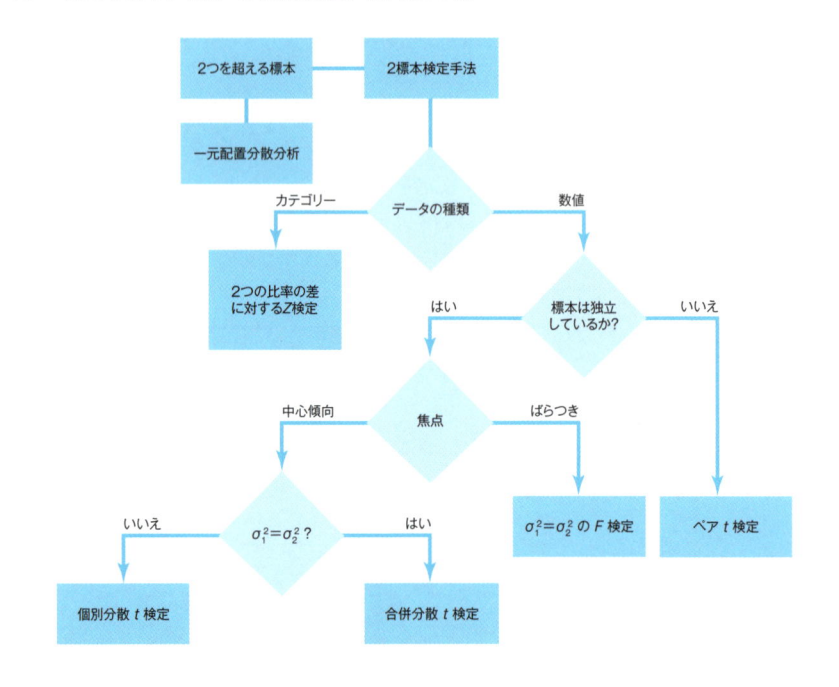

重要な公式

2つの平均の差の合併分散 t 検定

$$t = \frac{(\overline{X}_1 - \overline{X}_2) - (\mu_1 - \mu_2)}{\sqrt{S_P^2 \left(\dfrac{1}{n_1} + \dfrac{1}{n_2}\right)}} \qquad 式(8.1)$$

独立2母集団の平均の差の信頼区間推定

$$(\overline{X}_1 - \overline{X}_2) \pm t_{\alpha/2} \sqrt{S_P^2 \left(\frac{1}{n_1} + \frac{1}{n_2}\right)} \qquad 式(8.2)$$

または

$$(\overline{X}_1 - \overline{X}_2) - t_{\alpha/2} \sqrt{S_P^2 \left(\frac{1}{n_1} + \frac{1}{n_2}\right)} \leq \mu_1 - \mu_2 \leq (\overline{X}_1 - \overline{X}_2) + t_{\alpha/2} \sqrt{S_P^2 \left(\frac{1}{n_1} + \frac{1}{n_2}\right)}$$

平均の差のペア t 検定

$$t = \frac{\overline{D} - \mu_D}{\dfrac{S_D}{\sqrt{n}}} \qquad 式(8.3)$$

平均の差の信頼区間推定

$$\overline{D} \pm t_{\alpha/2} \frac{S_D}{\sqrt{n}} \qquad 式(8.4)$$

または

$$\overline{D} - t_{\alpha/2} \frac{S_D}{\sqrt{n}} \leq \mu_D \leq \overline{D} + t_{\alpha/2} \frac{S_D}{\sqrt{n}}$$

2つの比率の差の Z 検定

$$Z = \frac{(p_1 - p_2) - (\pi_1 - \pi_2)}{\sqrt{\overline{p}(1-\overline{p})\left(\dfrac{1}{n_1} + \dfrac{1}{n_2}\right)}} \qquad 式(8.5)$$

2つの比率の差の信頼区間推定

$$(p_1 - p_2) \pm Z_{\alpha/2} \sqrt{\frac{p_1(1-p_1)}{n_1} + \frac{p_2(1-p_2)}{n_2}} \qquad 式(8.6)$$

または

$$(p_1 - p_2) - Z_{\alpha/2} \sqrt{\frac{p_1(1-p_1)}{n_1} + \frac{p_2(1-p_2)}{n_2}} \leq (\pi_1 - \pi_2)$$
$$\leq (p_1 - p_2) + Z_{\alpha/2} \sqrt{\frac{p_1(1-p_1)}{n_1} + \frac{p_2(1-p_2)}{n_2}}$$

2つの分散の比を検証する F 検定統計量

$$F = \frac{S_1^2}{S_2^2} \qquad 式(8.7)$$

一元配置分散分析の全変動

$$SST = \sum_{j=1}^{c} \sum_{i=1}^{n_j} (X_{ij} - \overline{\overline{X}})^2 \qquad 式(8.8)$$

一元配置分散分析のグループ間変動

$$SSA = \sum_{j=1}^{c} n_j (\overline{X}_j - \overline{\overline{X}})^2 \qquad 式(8.9)$$

一元配置分散分析のグループ内変動

$$SSW = \sum_{j=1}^{c} \sum_{i=1}^{n_j} (X_{ij} - \overline{X}_j)^2 \qquad 式(8.10)$$

一元配置分散分析の平均平方

$$MSA = \frac{SSA}{c-1} \qquad 式(8.11a)$$

$$MSW = \frac{SSW}{n-c} \qquad 式(8.11b)$$

$$MST = \frac{SST}{n-1} \qquad 式(8.11c)$$

一元配置分散分析の検定統計 F 値

$$F = \frac{MSA}{MSW} \qquad 式(8.12)$$

チューキー・クラマー法の限界範囲

$$限界範囲 = Q_\alpha \sqrt{\frac{MSW}{2}\left(\frac{1}{n_j} + \frac{1}{n_{j'}}\right)} \qquad 式(8.13)$$

キーワード

合併分散 t 検定　p.256
個別分散 t 検定　p.264
符合標本　p.266
平均の差のペア t 検定　p.267
2つの比率の差の Z 検定　p.275
F 分布　p.282
分散比の F 検定　p.282
分散分析（ANOVA）　p.288
一元配置分散分析　p.288
グループ内変動　p.288
グループ間変動　p.288
全変動　p.289

総平方和（SST）　p.289
グループ間平方和（SSA）　p.289
グループ内平方和（SSW）　p.290
分散分析総括表　p.292
多重比較　p.297
チューキー・クラマー多重比較法　p.297
限界範囲　p.297
スチューデント化された範囲分布　p.297
レーベン検定　p.301

復習問題

1　コンピュータ不安度評価尺度（CARS）とは、個人のコンピュータに対する不安を20（不安なし）から100（最高の不安度）の尺度で評価するものである。米国のある大学の研究者らは、経営学部の学生172名を対象にCARS測定を行った。本調査の目的の1つは、経営学部の女子学生と男子学生とでコンピュータ不安度に差があるかどうかを見極めることである。調査の結果は下記の通りとなった。

	男性	女性
$\overline{X}$	40.26	36.85
S	13.35	9.42
n	100	72

a. 有意水準を 0.05 とすると、経営学部の女子学生と男子学生の平均コンピュータ不安度に差はあるといえる証拠はあるか？
b. p 値を求め、その意味を説明せよ。
c. ここで t 検定を使うことを正当化するためには、両母集団についてどのような仮定を設定する必要があるか？

2　専門家9名を集めてコロンビアコーヒーの試飲を行った。2種類の銘柄について、風味、香り、芳醇さ、酸味の4つの特性を1（大変好ましくない）から7（大変好ましい）で評価し

てもらった。下記に示すデータ（ファイル コーヒー 内にデータがある）は以上の4項目の合計点である。

専門家	銘柄 A	女性 B
C.C.	24	26
S.E	27	27
E.G.	19	22
B.L.	24	27
C.M.	22	25
C.N.	26	27
G.N.	27	26
R.M.	25	27
P.V.	22	23

a. 有意水準を0.05とすると、この2つの銘柄の評価の平均に差があるといえる証拠はあるか？
b. この検定を行うためには母集団の分布についてどのような前提条件を必要とするか？
c. 上記(a)においてp値を求め、その意味を説明せよ。
d. 2つの銘柄の平均点の差について信頼水準95%で信頼区間を推定し、その意味を解釈せよ。

3 電子メールに返信するタイミングについて年齢層によって考え方が異なるか？ ある研究所が行った調査によれば、70歳を超える回答者のうち70.7%が電子メールには迅速に返信すべきだと考えているのに対し、12～50歳の回答者で同様に答えたのは53.6%であった。調査対象は、70歳超のグループが1,000人、12～50歳のグループが1,000人だったとする。

a. 有意水準を0.01とすると、電子メールにはすぐに返信すべきだと考える人の比率には、両グループの間で有意な差があるといえる証拠はあるか？
b. 上記(a)においてp値を求め、その意味を説明せよ。

4 コンピュータ不安度評価尺度（CARS）とは、個人のコンピュータに対する不安を20（不安なし）から100（最高の不安度）の尺度で評価するものである。ある大学の研究者らは、

経営学部の学生172名を対象にCARS測定を行った。本調査の目的の1つは、経営学部の女子学生と男子学生との間でコンピュータ不安度に差があるかどうかを見極めることである。調査の結果は下記の通りとなった。

	男性	女性
$\overline{X}$	40.26	36.85
S	13.35	9.42
n	100	72

a. 有意水準を0.05とすると、女子学生と男子学生の平均コンピュータ不安度のばらつきに違いはあるといえる証拠はあるか?
b. このp値の意味を説明せよ。
c. ここでF検定を使うことを正当化するためには、両母集団についてどのような仮定をする必要があるか?
d. 上記(a)と(b)の結果に基づき、女子学生と男子学生の間で平均コンピュータ不安度に有意な差があるかを検証するにあたっては、8.1節で説明したt検定のどちらを使用するべきか?

5 ビジネス統計課程の学生らは、4社の製造するゴミ袋の強度を検証するために完全ランダム化法を行った。1ポンド単位の錘を1個ずつゴミ袋に挿入し、袋が破れるまで行った。各社10枚、計40枚のゴミ袋についてこの実験を行った。ファイル ゴミ袋 内のデータ(下記)は袋が破れた時点の錘の重さ(単位はポンド)を表している。

クロガー	グラッド	ヘフティー	タフスタッフ
34	32	33	26
30	42	34	18
40	34	32	20
38	36	40	15
36	32	40	20
30	40	34	20
30	36	36	17
42	43	34	18
36	30	32	19
38	38	34	20

a. 有意水準を 0.05 とすると、4 社のゴミ袋の間で平均強度に差があるといえるか？
b. チューキー・クラマー多重比較法を用いて、会社のゴミ袋の平均強度が他社と違っているかを見極めよ。
c. レーベン検定を用いて、有意水準を 0.05 とすると、4 社のゴミ袋の強度の分散には差があるといえるか？
d. どこ社製のゴミ袋を買うべきか？　またはどこ社製のゴミ袋を買うべきではないか？　説明せよ。

第 8 章 Excel ガイド

EG8.1　独立 2 母集団の平均を比較する

2 つの平均の差の合併分散 t 検定

Excel の操作方法　両側合併分散 t 検定（等分散を仮定した 2 標本による t 検定）を行うためのテンプレートとして、図 8.3 に示したファイル「**EG08**」の「**合併分散 t 検定**」ワークシートを使う。このワークシートには、BLK コーラの事例に関するデータと検定に使うための計算式が入っている。セル B25 と B26 で −**T.INV.2T（有意水準，自由度）**と **T.INV.2T（有意水準，自由度合計）**により下部限界値 B25 と上部限界値 B26 を計算する。**T.DIST.2T（統計量 t 値の絶対値，自由度合計）**の式で、セル B27 に p 値を計算する。

Excel によるデータ分析法　Excel シート内の「データ」→「データ分析」を使用する。もし、「データ」のツールバー右端に分析ツール「データ分析」が表示されていない場合には、アドインを設定する。「データ分析」アドイン設定のためには以下の順序で行う。

1. 「ファイル」→「オプション」をクリックして「Excel のオプション」画面を表示する。
2. 「Excel のオプション」画面の「アドイン」をクリックする。変更した画面の下にある Excel アドインの「設定」をクリックし「アドイン」画面を表示する。
3. 「アドイン」画面で、有効なアドインの中で「分析ツール」をクリックして「OK」ボタンをクリックする。
4. Excel シートにもどり「データ」をクリックし、ツールバー右端に「データ分析」が表示されていることを確認する。

またデータの合併分散 t 検定を行うには、Excel の「データ」→「データ分析」内にある「t 検定：等分散を仮定した 2 標本による検定」を利用することもできる。たとえば、BLK コーラの事例に出てくる図 8.3 の合併分散 t 検定と同様の結果を導き出すには、「**BLK コーラ**」ワークシートを開き、

1. 「データ」→「データ分析」を選択する。

2. 「データ分析」画面上で、「分析ツール」リストから「t 検定：等分散を仮定した 2 標本による検定」を選択し、「OK」ボタンをクリックする。
3. 「変数 1 の入力範囲」に「A1:A11」、「変数 2 の入力範囲」に「B1:B11」と入力する。
4. 「仮説平均との差異」に「0」と入力する。
5. 「ラベル」にチェックを入れ、「α」に「0.05」と入力する。
6. 出力オプションの「新規ワークシート」をクリックする。
7. 「OK」ボタンをクリックする。

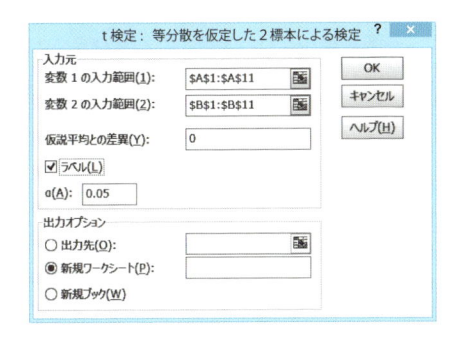

計算結果は（下図参照）新しいワークシートに表示される。ここでは両側検定と片側検定の両方の限界値（Excel では境界値と表示されている）と p 値が出力される。図 8.3 とは異なり、両側検定の限界値については正（上側）の値のみが示される。

	A	B	C
1	t-検定: 分散が等しくないと仮定した 2 標本による検定		
2			
3		通常の陳列棚	特別コーナー
4	平均	50.3	72
5	分散	350.6778	157.3333
6	観測数	10	10
7	仮説平均との差異	0	
8	自由度	16	
9	t	−3.04455	
10	P(T<=t) 片側	0.003863	
11	t 境界値 片側	1.745884	
12	P(T<=t) 両側	0.007726	
13	t 境界値 両側	2.119905	

分散が異なると仮定した場合の 2 つの平均の差の t 検定

Excel の操作方法 図 8.5 に示した個別分散 t 検定（分散が等しくないと仮定した 2 標本による t 検定）を行うためのテンプレートとして、「**個別分散 t 検定**」ワークシートを使う。このワークシートには、BLK コーラの事例に関するデータと分析のための計算式が入っている。セル B25 と B26 で －T.INV.2T（**有意水準，自由度**）と T.INV.2T（**有意水準，自由度**）により下部限界値と上部限界値を計算する。T.DIST.2T（**検定統計量 t 値の絶対値，自由度**）の式で、セル B27 に p 値を計算する。

Excel によるデータ分析法 またデータの個別分散 t 検定を行うには、Excel の「データ分析」内にある「t 検定：分散が等しくないと仮定した 2 標本による検定」を利用することもできる。たとえば、BLK コーラの事例に出てくる図 8.5 の個別分散 t 検定と同様の結果を導き出すには「**BLK コーラ**」ワークシートを開き、

1. 「データ」→「データ分析」を選択する。
2. 「データ分析」画面上で、「分析ツール」の選択リストから「t 検定：分散が等しくないと仮定した 2 標本による検定」を選択し、「OK」ボタンをクリックする。

画面（下図）が開いたら、

3. 「変数 1 の範囲」に「A1:A11」、「変数 2 の範囲」に「B1:B11」を入力する。
4. 「二標本の平均の差」に「0」と入力する。
5. 「ラベル」にチェックを入れ、「α」に「0.05」と入力する。
6. 出力オプションとして「新規ワークシート」をクリックする。
7. 「OK」ボタンをクリックする。

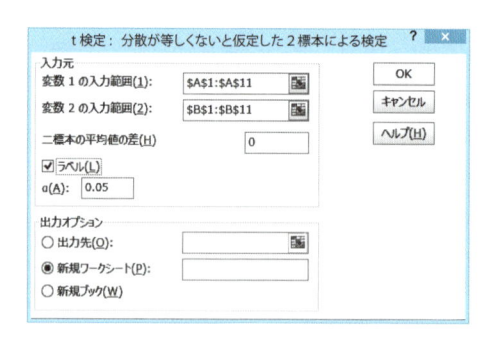

計算結果は新しいワークシート（次ページ参照）に表示される。ここでは両側検定と片側検定の両方の限界値（Excel では境界値と表示）と p 値が含まれている。図 8.5 とは異なり、両側検定の限界値については正（上側）の値のみが示される。分析ツールでは、表索引を用いて限界値と p 値を近似化するため、これらの値は図 8.5 に示される値と若干異なる。

	A	B	C
1	t-検定: 分散が等しくないと仮定した2標本による検定		
2			
3		通常の陳列棚	特別コーナー
4	平均	50.3	72
5	分散	350.6778	157.3333
6	観測数	10	10
7	仮説平均との差異	0	
8	自由度	16	
9	t	−3.04455	
10	P(T<=t) 片側	0.003863	
11	t 境界値 片側	1.745884	
12	P(T<=t) 両側	0.007726	
13	t 境界値 両側	2.119905	

EG8.2　関連2母集団を比較する

ペアt検定

Excelの操作方法　図8.7に示した両側ペアt検定を行うためのテンプレートとして、「**ペアt検定**」ワークシートを使う。「**ペアt検定**」ワークシートと「**教科書価格**」ワークシートには、教科書価格の事例に関するデータと分析に使う計算式が入っている。「**ペアt検定**」ワークシートのセルB16とB17で−**T.INV.2T（有意水準，自由度）**と**T.INV.2T（有意水準，自由度）**により下部限界値と上部限界値を計算する。**T.DIST.2T（検定統計量t値の絶対値，自由度）**の式で、セルB18にp値を計算する。

Excelによるデータ分析法　データのペアt検定を行うには「t検定：一対の標本による平均の検定」を使うこともできる。たとえば、図8.7の教科書価格に関するペアt検定に相当する結果を導き出すには、まず「**教科書価格**」ワークシートを開く。

1. 「データ」→「データ分析」を選択する。
2. 「データ分析」画面上で、「分析ツール」選択リストから「t検定：一対の標本による平均の検定」を選択し、「OK」ボタンをクリックする。

画面が開いたら、

3. 「変数1の入力範囲」に「A1:A20」、「変数2の入力範囲」に「B1:B20」と入力する。
4. 「仮説平均との差異」に「0」と入力する。
5. 「ラベル」にチェックを入れ、「α」に「0.05」と入力する。
6. 出力オプションとして「新規ワークシート」をクリックする。
7. 「OK」ボタンをクリックする。

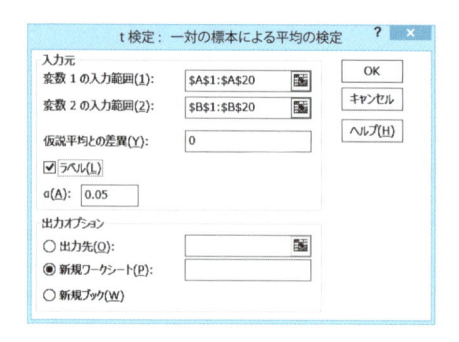

計算結果は新しいワークシートに表示される（下図）。ここでは両側検定と片側検定の両方の限界値（Excel では境界値と表示）と p 値が含まれている。図 8.7 とは異なり、両側検定の限界値については正（上側）の値のみが示される。

	A	B	C
1	t-検定: 一対の標本による平均の検定ツール		
2			
3		大学書店	オンライン
4	平均	139.3668	126.7005
5	分散	3028.359	2704.292
6	観測数	19	19
7	ピアソン相関	0.839615	
8	仮説平均との差異	0	
9	自由度	18	
10	t	1.813248	
11	P(T<=t) 片側	0.043252	
12	t 境界値 片側	1.734064	
13	P(T<=t) 両側	0.086504	
14	t 境界値 両側	2.100922	

EG8.3　独立 2 母集団の比率を比較する

2 つの比率差の Z 検定

Excel の操作方法　図 8.10 に示した 2 つの比率差の両側 Z 検定を行うためのテンプレートとして、「2 つの比率差の Z 検定」ワークシートを使う。このワークシートには、ホテル利用客の満足度調査に関するデータが入っている。セル B21 と B22 で **NORM.S.INV**（有意水準 /2）と NORM.S.INV（(1 − 有意水準) /2）により、下部限界値と上部限界値を計算する。2*(1 − NORM.S.DIST(検定統計量 Z 値の絶対値 , TRUE − 累積分布関数)) の式で、セル B23 に p 値を計算する。

EG8.4　2つの分散比のF検定

Excel の操作方法　図8.11 に示した2つの分散比の両側 F 検定を行うためのテンプレートとして、「**2つの分散の違いを調べる F 検定**」ワークシートを使う。このワークシートには BLK コーラの事例に関するデータとこれを分析する計算式が入っている。セル B18 で F.INV.RT (有意水準 /2, 母集団1の標本自由度, 母集団2の標本自由度) の式により上部限界値を、セル B19 で 2*F.DIST.RT (検定統計量 F 値, 母集団1の標本自由度, 母集団2の標本自由度) の式により p 値を計算する。

Excel によるデータ分析法　2つの分散の違いを調べる F 検定を行うには「F 検定：2標本を使った分散の検定」を使うこともできる。たとえば、図8.11にある BLK コーラ売上データに関する F 検定と同様の結果を導き出すには「**BLK コーラ**」ワークシートを使う。

1. 「データ」→「データ分析」を選択する。
2. 「データ分析」画面上で、「分析ツール」選択リストから「F 検定：2標本を使った分散の検定」を選択し、「OK」ボタンをクリックする。

画面が開いたら、

3. 「変数1の入力範囲」に「A1:A11」、「変数2の入力範囲」に「B1:B11」と入力する。
4. 「ラベル」にチェックを入れ、「α」に「0.05」と入力する。
5. 出力オプションとして「新規ワークシート」をクリックする。
6. 「OK」ボタンをクリックする。

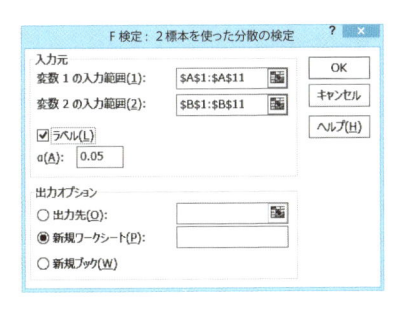

計算結果は新しいワークシートに表示される。ここでは片側検定の p 値 (0.124104) のみが含まれる。図8.11に示す両側検定の p 値を求めたいときには、この値を2倍すれば求められる。

	A	B	C
1	F-検定: 2 標本を使った分散の検定		
2			
3		通常の陳列	特別コーナー
4	平均	50.3	72
5	分散	350.6778	157.3333
6	観測数	10	10
7	自由度	9	9
8	観測された分散比	2.228884	
9	P(F<=f) 片側	0.124104	
10	F 境界値 片側	3.178893	

EG8.5　一元配置分散分析（ANOVA）

2つ以上の平均間の差の一元配置分散分析

Excelによるデータ分析法　分散分析（ANOVA）：一元配置 F 検定を行うには「分散分析：一元配列」を使うことができる。たとえば、296 ページの図 8.17 にあるパラシュート実験に関する一元配置分散分析 F 検定を行うには、「**メーカー**」ワークシートを開き、

1. 「データ」→「データ分析」を選択する。
2. 「データ分析」画面上で、「分析ツール」選択リストから「分散分析：一元配置」を選択し、「OK」ボタンをクリックする。

画面（下図）が開いたら、

3. 「入力範囲」に「A1:D6」と入力する。
4. データ方向「列」をクリックし、「先頭行をラベルとして使用」にチェックを入れ、「α」に「0.05」と入力する。
5. 出力オプションとして「新規ワークシート」をクリックする。
6. 「OK」ボタンをクリックする。

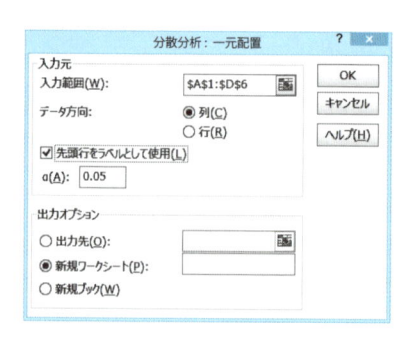

多重比較：チューキー・クラマー法

Excel の操作方法　ファイル「**EG08**」内の「**チューキー・クラマー多重比較法**」ワークシートを使う。

たとえば、本パラシュート実験に関するチューキー・クラマー法は下記の手順で行う。

1. 前述の Excel のデータ分析ツールの「分散分析：一元配列」機能を使って、図 8.17 に示すようなパラシュート実験の分散分析結果を示すワークシートを作成する。
2. この出力シート内の「グループの名称」「標本数」「標本平均」を確認する。また、「分散」の列と、「変動要因」の「グループ内」の行が交わるセルにある「MSW」の値と、「自由度」の列と「グループ内」の行が交わるセルにある「自由度」の値を確認する。これらの値を以下入力項目に利用する。
3. 「**チューキー・クラマー多重比較法**」ワークシートを開き、以下の設定を行う。
4. セル範囲 A5:A8 に各「グループの名称」、B5：B8 に「標本平均」、D5:D8 に「標本数」を上の 2 で得た値を参照するよう設定する。
5. セル B11 に「0.05」と入力する（「分散分析：一元配列」で使った有意水準）。
6. セル B12 に「分子の自由度」として「4」と入力する（グループ数に同じ）。
7. セル B13 に「分母の自由度」として「16」と入力する（または、上の 2 で確認した「自由度」を参照するよう設定する）。
8. セル B14 に「MSW」として「6.094」と入力する（または上の 2 で確認した「MSW」を参照するよう設定する）。
9. セル B15 に「統計量 Q 値」として「4.05」と入力する（表 B.5 で統計量 Q 値を確認する）。

詳細は Excel ファイル「**EG08**」内の「**チューキー・クラマー多重比較法**」ワークシートを参照すること。

分散の均一性のレーベン検定

Excel の操作方法　レーベン検定を行うためのテンプレートとして、図 8.21 に示すファイル「**EG08**」内の「**ANOVA レーベン検定**」ワークシートを使う。これは「**メーカー**」ワークシートの値の絶対差を計算する「**絶対差**」ワークシート内のデータを用いてレーベン検定を行ったものである。これらのワークシートは、各グループの標本数が等しいデータを想定して作られている。

1. 「**メーカー**」ワークシート内の A7 に「中央値」と見出しを入れる。
2. セル A8 に計算式 MEDIAN(A2:A6) と入力する（セル範囲 A2:A6 には 1 つ目のグループ、すなわちメーカー 1 のデータが入っている）。
3. セル A8 の計算式を列 D までコピーする。
4. 「**絶対差**」ワークシートを開く。「**絶対差**」ワークシート上で、

5. 行 1 の列 A〜D に「メーカー 1」「メーカー 2」「メーカー 3」「メーカー 4」と見出しを入れる。
6. セル A2 に計算式 **= ABS(データ !A2 − データ !$A$8)** を入力する。この計算式を行 A6 までコピーする。この式により最初の値（「データ !A2」）とメーカー 1 のデータの中央値（「データ！$A$8」）の絶対差が計算される。
7. セル範囲 A2:A6 にある計算式を D 列までコピーする。その結果、セル範囲 A2:D6 には絶対差が表示される。

Excel によるデータ分析法　レーベン検定を行うには、上記の「絶対差」のデータを使って「分散分析：一元配列」を行う。絶対差がまだ計算されていない場合には、上記の「Excel の操作方法」の 1〜7 までの手順に従い絶対差を計算しておく。この「**ANOVA レーベン検定**」ワークシートは、前述した図 8.17「分散分析 (ANOVA)：一元配置」を作成した同じ手法で作成できる。ただし、データとしては「絶対差」のデータを範囲指定する必要がある。Excel データ分析ツールで作成された出力図は図 8.19 と同じようになる。

第9章
カイ二乗（χ^2）検定

統計を使ってみよう
TC リゾート社の場合

9.1 2つの比率の差のカイ二乗（χ^2）検定

9.2 3つ以上の比率の差のカイ二乗検定

9.3 独立性のカイ二乗検定

統計を使ってみよう
再び、BLK ビバレッジ社の場合

Excel ガイド

学習の目的
本章で学ぶ内容
●分割表のカイ二乗検定：どのような問題にどのような方法で適用するか？

統計を使ってみよう
TC リゾート社の場合

TCリゾート社は、熱帯地域の2つの島に5つの高級ホテルを擁するリゾート不動産企業である。あなたはこの会社の経営者である。ホテル滞在中にその品質とサービスに満足した顧客は、再び宿泊する確率が高いばかりでなく、友人や親戚に口コミでホテルを宣伝してくれることが多い。そこで、あなたはホテルへのリピーター率向上を、ビジネス目標として掲げることにした。ホテルが現在提供しているサービス品質を把握するため、宿泊客にはチェックアウト時に満足度調査票への記入をお願いする。これらの調査をもとに、提供しているサービス全体への満足度、顧客が再度宿泊する確率、また、一部の宿泊客が再訪する意図を示さない理由などを解析する。たとえば、TCリゾート社は一方の島で2つのホテル(ビーチコマー、ウィンドサーファー)を運営している。ビーチコマーホテルのサービス品質は、ウィンドサーファーホテルと同レベルと認識されているだろうか? 品質レベルに違いがあると認識されているのであれば、これらの情報を活用してTCリゾート社全体のサービスレベルを引き上げるにはどうすれば良いだろうか? さらに、再訪の意図なしと回答した顧客については、そう考えるに至った最も一般的な理由は何だろうか? またそこで指摘されているのはホテル固有の理由か? それとも、TCリゾート社が営業するホテル全体に関わることであろうか?

先の2つの章では、仮説検定の手法を用いて数値データとカテゴリーデータを解析した。すなわち、第7章では何種類かの1標本検定を行い、第8章では何種類かの2標本検定を開発して一元配置分散分析(ANOVA)について議論した。この章では、仮説検定の考え方を拡張し、2種類以上の標本にもとづいて母集団比率の間に差異が存在するか否かの解析を行うとともに、2つのカテゴリー変数の独立性の仮説検定について論ずる。

9.1 2つの比率の差のカイ二乗(χ^2)検定

第8章の8.3節では、2つの比率の間の差を調べるZ検定について学習した。この節では、これとは異なる視点からデータを分析する。この仮説検定手続きでは、近似的にカイ二乗(χ^2)分布にしたがう検定統計量を使用する。この検定により得られる結果は、8.3節で説明したZ検定の結果と同じである。

2つの独立したグループを対比させてカテゴリー変数を比較することに興味があ

るのであれば、それぞれのグループにおいて注目している項目とそうではない項目の発生度数を二元分割表としてまとめるのが1つの方法である（第1章1.2節『カテゴリーデータの整理』参照）。また、第2章でも分割表を使用したが、こちらの場合は確率を定義し、それを調べるのが目的だった。

分割表の具体的な例を示すために、この章の「統計を使ってみよう」で取りあげたTCリゾート社の話題に立ち返ってみよう。一方の島で、TCリゾート社は2つのホテル（ビーチコマー、およびウィンドサーファー）を運営しており、同社のビジネス目標としてサービス品質向上を掲げた。そのために顧客満足度調査からデータを収集し、質問項目の1つである「当ホテルをまたご利用頂けますか？」への回答に焦点を合わせた。調査の結果をまとめたところ、ビーチコマーホテルに宿泊した227人の中の163人が「はい」と答え、ウィンドサーファーホテルの宿泊客262人中の154人が同じ質問に「はい」と答えた。あなたはこの結果を解析して、両ホテルの顧客満足度の間に有意な差異が存在するか否かを有意水準0.05で判定したいと考えている。

表9.1に示す分割表（2つの行と2つの列から構成される）は **2×2分割表（2×2 contingency table）** と呼ばれる。この表のセルは、それぞれの行と列の組み合わせに対応する度数を示している。

表9.1
分割表の配置

行変数	列変数（グループ番号）		
	1	2	合計
注目する項目	X_1	X_2	X
注目する以外の項目	$n_1 - X_1$	$n_2 - X_2$	$n - X$
合計	n_1	n_2	n

X_1 = グループ1に含まれる注目する項目の数
X_2 = グループ2に含まれる注目する項目の数
$n_1 - X_1$ = グループ1に含まれる注目する以外の項目の数
$n_2 - X_2$ = グループ2に含まれる注目する以外の項目の数
$X = X_1 + X_2$、注目する項目の合計数
$n - X = (n_1 - X_1) + (n_2 - X_2)$、注目する以外の項目の合計数
n_1 = グループ1の標本数
n_2 = グループ2の標本数
$n = n_1 + n_2$ = 標本数合計

表9.2にはホテル宿泊客満足度調査の分割表が含まれている。この分割表は2つの行（宿泊客が同ホテルを再び利用する意思があるか、または、その意思がないかを示す）、および、それぞれのホテルに対応する2つの列を含んでいる。この表のセルは、それぞれの行と列の組み合わせに対応する度数を示している。行の合計は、ホテルを再度利用する意思ありと答えた宿泊客数、およびその意思なしと答えた宿泊客数を示している。列の合計はそれぞれのホテルの標本数を示している。

表9.2
宿泊客満足度調査の 2×2 分割表

同じホテルを再訪したいか？	ホテル名		合計
	ビーチコマー	ウィンドサーファー	
はい	163	154	317
いいえ	64	108	172
合計	227	262	489

ビーチコマーホテルを再訪したいと考えている宿泊客の母集団比率π_1は、ウィンドサーファーホテルを再訪したいと考えている宿泊客母集団比率π_2に等しいか否かを計算する手法として、**2つの比率の差のカイ二乗（χ^2）検定（χ^2 test for the difference between two proportions）** を使用することができる。2つの比率の間には違いが無いという帰無仮説を立て、

$$H_0 : \pi_1 = \pi_2$$

これを、2つの比率間には違いが存在するという仮説とを対立させる。

$$H_1 : \pi_1 \neq \pi_2$$

両者に対して、式(9.1)に示す検定統計量χ^2値を適用する。

2つの比率の差のカイ二乗(χ^2)検定

この検定統計量は、表のそれぞれのセルごとに観測された度数と予期された度数の差の平方を計算し、それを期待度数度数で割った値を表のすべてのセルについて合算したものである。

$$\chi^2 = \sum \frac{(f_o - f_e)^2}{f_e} \quad \text{式(9.1)}$$

ここに、

f_o = 分割表の1つのセルの**観測度数** (observed frequency)
f_e = 帰無仮説が真であるとしたときの、セルの**期待度数** (expected frequency)

この検定統計量χ^2値は近似的に自由度[1]1のカイ二乗分布にしたがう。

---
[1] 一般的に、分割表の自由度は(行数 − 1) × (列数 − 1)で表される。

任意のセルの度数f_eの期待値を計算するために、帰無仮説が真であるとすれば、2つの母集団の注目する項目の比率は等しくなることを理解する必要がある。その場合、2つのグループから計算する複数の標本比率に違いが出るとしても、それは単に偶然によるものである。個々の標本比率の値が母集団の共通パラメータπの推定値を与える。これら2種類の別々な推定値を組み合わせて、全体としての母集団パラメータ推定値を考えることにより、2つの独立した推定量のいずれよりも豊富な情報を得ることができる。この統計量(記号$\bar{p}$で表す)は、2つのグループの注目する項目の全体としての比率推定値を表す(具体的には、注目する項目の数の総和を全体としての標本数で割り算した値である)。$\bar{p}$の補数(すなわち、$1 - \bar{p}$)は、2つのグループにおける、注目される以外の項目の全体比率を表している。表9.1の表記法を用いて$\bar{p}$を定義すると式(9.2)のようになる。

2つのグループの全体比率を推定する

$$\bar{p} = \frac{X_1 + X_2}{n_1 + n_2} = \frac{X}{n} \quad \text{式(9.2)}$$

注目する項目が関与するセル(このケースでは分割表の最初の行)の期待度数を計算するには、グループの標本数(列の合計)に$\bar{p}$を掛け算する。注目する以外の項目が関与するセル(このケースでは分割表の2番目の行)の期待度数を計算する

には、グループの標本数（列の合計）に $(1-\bar{p})$ を掛け算する。

式 (9.1) が示す検定統計量 χ^2 値は近似的に自由度1の**カイ二乗（χ^2）分布（chi-square χ^2 distribution）**にしたがう（表B.3参照）。有意水準 α を基準として、検定統計量 χ^2 値の計算値が自由度1のカイ二乗分布の上部限界値 χ^2_a を超えると帰無仮説を棄却する。その判断基準は次のとおりである。

$$\chi^2 > \chi^2_a \text{ ならば } H_o \text{ を棄却する。}$$
$$\text{それ以外の場合は } H_o \text{ を棄却しない。}$$

この判断基準を図で示すのが図9.1である。

図9.1
2つの比率の差をカイ二乗検定する場合の棄却域と採択域（有意水準を α とする）

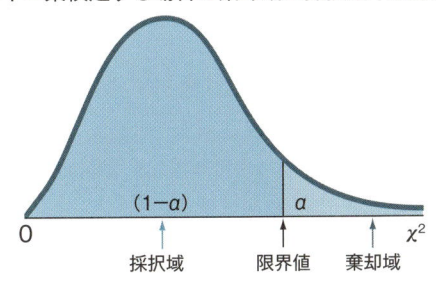

帰無仮説が真であるとすれば、表のそれぞれのセルに記載されている実際に観測される値 f_o と理論的な期待値 f_e の差は小さいはずであり、その平方から計算される検定統計量 χ^2 値はゼロに近い値を示すはずである。もし帰無仮説 H_o が偽であるとすれば、母集団比率に違いがあることから、検定統計量 χ^2 値の計算値はそれだけ大きくなる。ただし、セルの値の差異が大きいか小さいかはあくまでも相対的な問題である。あるセルの f_o と f_e の実際の差異が同じであったとしても、予期される度数が小さければ検定統計量 χ^2 値への寄与は大きくなり、期待度数が大きければ寄与が相対的に小さくなる。

2つの比率の間の差異をカイ二乗検定する具体例を説明するために、TCリゾート社の事例を説明した「統計を使ってみよう」へ立ち戻り、この問題に対応する分割表（表9.2、p.325）を調べてみよう。2つのホテルそれぞれについて再訪を考えている宿泊客の母集団比率を考えたとき、「両者に差異は存在しない」というのが帰無仮説である。まずは次の計算を行ってみよう。

$$\bar{p} = \frac{X_1 + X_2}{n_1 + n_2} = \frac{163 + 154}{227 + 262} = \frac{317}{489} = 0.6483$$

$\bar{p}$ は、帰無仮説が真であるとしたとき、宿泊客の中でいずれかのホテルを再訪しようと考えている客の母集団比率を表す共通パラメータ π の推定値である。いずれのホテルも再訪しそうにない宿泊客の推定比率は $\bar{p}$ の補数 (1 − 0.6483 = 0.3517) で表わされる。これら 2 つの比率にビーチコマーホテル宿泊客の標本数を掛け算することによって、同ホテルを再訪すると期待される客数、および再訪しないと思われる客数が得られる。同じように、ウィンドサーファーの宿泊客に関する 2 つの比率に同ホテルからの標本数を掛け算することによって、このグループの期待度数が計算される。

> **例 9.1**
> **期待度数を計算する**
> 表 9.2 のそれぞれの答えの期待度数を計算せよ。
>
> 解 「はい」—ビーチコマー：$\bar{p}$ = 0.6483 および n_1 = 227 から、f_e = 147.16 が計算される。
> 「はい」—ウィンドサーファー：$\bar{p}$ = 0.6483 および n_2 = 262 から、f_e = 169.84 が計算される。
> 「いいえ」—ビーチコマー：$1 - \bar{p}$ = 0.3517 および n_1 = 227 から、f_e = 79.84 が計算される。
> 「いいえ」—ウィンドサーファー：$1 - \bar{p}$ = 0.3517 および n_2 = 262 から、f_e = 92.16 が計算される。
> 表 9.3 に、実際の観測度数とそれに対応する期待度数が隣り合わせで記載されている。
>
> **表 9.3**
> **観測度数と期待度数との比較**
>
> | 同じホテルを再訪したいか？ | ホテル名 | | | | 合計 |
> |---|---|---|---|---|---|
> | | ビーチコマー | | ウィンドサーファー | | |
> | | 観測値 | 期待値 | 観測値 | 期待値 | |
> | はい | 163 | 147.16 | 154 | 169.84 | 317 |
> | いいえ | 64 | 79.84 | 108 | 92.16 | 172 |
> | 合計 | 227 | 227.00 | 262 | 262.00 | 489 |

検定の対象は母集団比率が同一であるという帰無仮説である。

$$H_0 : \pi_1 = \pi_2$$

これを、2つの比率間には違いが存在するという仮説とを対比させる。

$$H_1 : \pi_1 \neq \pi_2$$

表9.3に書かれている度数の観測値と期待値を使用して、式 (9.1) で与えられる検定統計量 χ^2 値を計算する。この計算結果を表9.4に示す。

表9.4
ホテル宿泊客満足度調査の検定統計量 χ^2 値を計算する

f_o	f_e	$(f_o - f_e)$	$(f_o - f_e)^2$	$(f_o - f_e)^2/f_e$
163	147.16	15.84	250.91	1.71
154	169.84	−15.84	250.91	1.48
64	79.84	−15.84	250.91	3.14
108	92.16	15.84	250.91	2.72
				9.05

カイ二乗 (χ^2) 分布は右側に歪んだ形状を持つ分布であり、その形状は自由度のみによって決定される。カイ二乗検定の限界値は表B.3から見つけ出すことができる (表B.3の一部を表9.5に示す)。

表9.5
自由度1のカイ二乗分布表から限界値を見つけ出す (有意水準 0.05 の場合)

	累積確率						
	0.005	0.01	…	0.95	0.975	0.99	0.995
	上側裾野部の確率						
自由度	0.995	0.99	…	0.05	0.025	0.01	0.005
1			…	3.841	5.024	6.635	7.879
2	0.010	0.020	…	5.991	7.378	9.210	10.597
3	0.072	0.115	…	7.815	9.348	11.345	12.838
4	0.207	0.297	…	9.488	11.143	13.277	14.860
5	0.412	0.554	…	11.071	12.833	15.086	16.750

表B.3より抜粋

表9.5に示すのは、カイ二乗分布の上側の裾野部分の一部である。2×2分割表は $(2-1)(2-1) = 1$ の自由度を持つ。$\alpha = 0.05$、自由度を1として表9.5から χ^2

の限界値を読み取ると、その値は 3.841 である。検定統計量 χ^2 値が 3.841 を超えたら、仮説 H_0 を棄却すればよい（図 9.2 参照）。実際に $\chi^2 = 9.05 > 3.841$ であるから、H_0 は棄却される。結論として、ビーチコマーホテルを再訪しようと考えている宿泊客の比率は、ウィンドサーファーホテルの再訪を考え得ている宿泊客の比率とは異なる。

図 9.2
自由度 1、有意水準 0.05 として χ^2 限界値を決定したときの棄却域の採択域

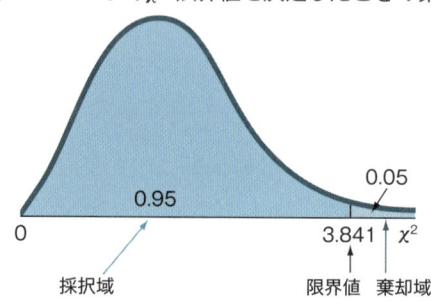

表 9.2 に示す宿泊客満足度分割表をまとめた結果を図 9.3 に示す。

図 9.3
Excel を使用して 2 つのホテルの宿泊客満足度データを χ^2 検定した結果

	A	B	C	D	E	F	G
1	カイ二乗(χ^2)検定						
2							
3			観測度数				
4			ホテル名			途中計算	
5	再訪したいか？	ビーチコマー	ウィンドサーファー	合計		fo-fe	
6	はい	163	154	317		15.8446	−15.8446
7	いいえ	64	108	172		−15.8446	15.8446
8	合計	227	262	489			
9							
10			期待度数				
11			ホテル名				
12	再訪したいか？	ビーチコマー	ウィンドサーファー	合計		(fo-fe)^2/fe	
13	はい	147.1554	169.8446	317		1.7060	1.4781
14	いいえ	79.8446	92.1554	172		3.1142	2.7242
15	合計	227	262	489			
16							
17		データ					
18	有意水準		0.05				
19	行数		2				
20	列数		2				
21	自由度		1	=(B19−1)*(B20−1)			
22							
23		結果					
24	限界値		3.8415	=CHISQ.INV.RT(B18,B21)			
25	検定統計量カイ乗値		9.0526	=SUM(F13:G14)			
26	p 値		0.0026	=CHISQ.DIST.RT(B25,B21)			
27	帰無仮説を棄却する			=IF(B26<B18,"帰無仮説を棄却する","帰無仮説を棄却しない")			
28							
29	期待度数仮定を						
30	満たす。			=IF(OR(B13<5,C13<5,B14<5,C14<5),"満たさない。","満たす。")			

ここに示される結果には度数の期待値、カイ二乗値、自由度、および p 値が含まれている。計算された検定統計量 χ^2 値は 9.0526 であり、これは限界値 3.8415（または、p 値 = 0.0026 < 0.05）よりも大であることから、2 つのホテルの宿泊客満足度の間に差は無いという帰無仮説は棄却される。p 値（このケースでは 0.0026）は、ビーチコマーおよびウィンドサーファーの母集団比率が等しいと仮定したときに、標本比率が実際の両ホテルの間の差異（0.718 − 0.588 = 0.13）と同等、もしくはそれよりも大きくなる確率を表している。

したがって、2 つのホテルの宿泊客満足度（同じホテルを再び利用する考えがあるかどうかを基準として）には顕著な差異があるという強力な証拠が存在することになる。表 9.3 から見て取れるように、再訪を考えているビーチコマーの宿泊客の比率の方がウィンドサーファーの比率よりも大きい。

分割表を対象として正確なカイ二乗検定を行うためには、それぞれの期待度数は少なくとも 5 以上でなければならない。もし、この仮定が満たされないのであれば、別な手法を使用しなければならない。

ホテル宿泊客満足度調査では、標準化正規分布を用いる Z 検定（8.3 節参照）とカイ二乗分布を用いるカイ二乗検定のどちらを使用しても同じ結論が得られた。標準化正規分布と自由度 1 のカイ二乗分布の相互関係から、この結果を説明することができる。このような状況下においては、検定統計量 χ^2 値は検定統計量 Z 値の二乗に等しくなる。たとえば、宿泊客満足度調査において、検定統計量 Z 値の計算値は +3.0088 であり、検定統計量 χ^2 値の計算値は 9.0526 である。数値の丸めにより生ずる差異を別とすれば、この 9.0526 という値は +3.0088 の二乗 [$(3.0088)^2 \cong 9.0526$] に等しい。また、これら 2 つの分布から得られる限界値（有意水準 0.05 とする）を比較すると、自由度を 1 としたときの χ^2 の値 3.841 は、Z 値 ±1.96 の二乗に等しい。さらに、両方の検定の p 値も等しい。したがって、比率が同じであるという帰無仮説

$$H_0 : \pi_1 = \pi_2$$

を 2 つの比率間には違いが存在するという仮説とを対比させて検定すると、

$$H_1 : \pi_1 \neq \pi_2$$

Z 検定とカイ二乗検定は同じである。

両方の仮説に方向性のある差異（たとえば、$\pi_1 > \pi_2$）が存在するか否かに興味があるのであれば、Z 検定を使用しなければならない（その場合、棄却域が標準化正

規分布のいずれか一方の裾野に位置している）。

9.2節ではカイ二乗検定を拡張して2つを超えるグループ間の比率を比較するとともに、それらの差異を評価した。しかし、Z検定の場合は対象となるグループ数が2を超えてはならない。

9.2　3つ以上の比率の差のカイ二乗検定

この節では、カイ二乗検定の手法を拡張して3つ以上の独立した母集団を比較する。考察する独立した母集団の数を文字cで表すものとする。したがって、分割表は2つの行とc個の列を持つことになる。c個の母集団比率の間には違いがないという帰無仮説を立て、

$$H_0 : \pi_1 = \pi_2 = \cdots = \pi_c$$

これを、c個の母集団がすべて同じとは言えないという仮説とを対比させて検定する。つまり、

$$H_1 : すべての \pi_j (j=1,2,\cdots c) が同じとは言えない。$$

ここでも、式(9.1)を使用する。

$$\chi^2 = \sum \frac{(f_o - f_e)^2}{f_e}$$

ここに、

f_o = 分割表の1つのセルの度数（観測値）
f_e = 帰無仮説が真であるとしたときの、セルの度数（期待値）

帰無仮説が真、すなわちc個すべての母集団の比率が等しいとすれば、c個の標本比率に差異が認められたとしてもそれは偶然によるものと考えられる。そのような場合は、c個の別々な推定値を1つの母集団比率統計量としてまとめた方が、個々のc個の推定量よりも多くの情報が得られる。式(9.2)をさらに展開するために、式(9.3)の統計量$\bar{p}$を使用する。この統計量は、c個のグループをすべて組み合わせた全体としての推定比率を表している。

> **c個のグループの全体推定比率を計算する**
>
> $$\bar{p} = \frac{X_1 + X_2 + \cdots + X_c}{n_1 + n_2 + \cdots + n_c} = \frac{X}{n} \quad \text{式(9.3)}$$

　度数の期待値f_eを計算するため、分割表の最初の行の個々のセルにそれぞれの標本数（列合計値）に$\bar{p}$を掛け算する。また、分割表の2番目の行の個々のセルの度数期待値f_eを計算するためには、それぞれの標本数（列合計値）に$(1-\bar{p})$を掛け算する。式(9.1)の検定統計量は近似的にカイ二乗分布にしたがい、その自由度は分割表の行数から1を引いた値に分割表の列数から1を引いた値を掛け算して得られる。したがって、$2 \times c$分割表の場合の自由度は$c-1$となる。

$$自由度 = (2-1) \times (c-1) = c-1$$

　有意水準αを基準として、検定統計量χ^2値の計算値が、自由度$c-1$のカイ二乗分布の上部限界値χ^2_αを超えたときは帰無仮説を棄却する。その判断基準は次のとおりである。

$$\chi^2 > \chi^2_\alpha \text{ならば} H_o \text{棄却。}$$
$$\text{それ以外の場合は} H_o \text{を棄却しない。}$$

この判断基準を図で示すのが図9.4である。

図9.4
c個の比率の差をカイ二乗検定するときの棄却域と採択域

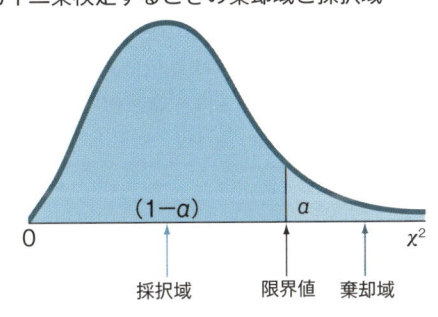

　3個以上のグループを対象としたそれらの比率が同じか否かをカイ二乗検定する

方法を具体的に説明しよう。冒頭であげた「統計を使ってみよう」のTCリゾート社の事例に立ち戻って考える。ここでもビジネスの目標として捉えるのはサービス品質の向上であるが、今回は別な島に立地する3棟のホテルを対象とする。これら3つのホテルで実施した顧客満足度調査のデータを収集し、得られた回答を表9.6に示す分割表としてまとめた。

表9.6
宿泊客満足度調査の 2×3 分割表

ホテルを再度利用するか？	ゴールデンパーム	パームロイヤル	パームプリンセス	合計
はい	128	199	186	513
いいえ	88	33	66	187
合計	216	232	252	700

帰無仮説が述べていることは、これら3棟のホテルの宿泊客の中で同じホテルへの再訪を考えている比率に差異はないということである。式(9.3)を使用して、同じホテルへの再訪を考えている宿泊客母集団比率πの推定値を計算してみよう。

$$\bar{p} = \frac{X_1 + X_2 + \cdots + X_c}{n_1 + n_2 + \cdots + n_c} = \frac{X}{n}$$

$$= \frac{(128 + 199 + 186)}{(216 + 232 + 252)} = \frac{513}{700}$$

$$= 0.733$$

宿泊客の中で同じホテルの利用を考えていない比率は、全体としては$\bar{p}$の補数 0.267 または $(1-\bar{p})$ で表される。ここで計算した2つの比率値に個々のホテルの標本数を乗算することにより、再訪を考えている宿泊客数と、考えていない宿泊客数の期待値が計算される。

例 9.2
期待度数を計算する
表9.6のそれぞれのセルごとに期待度数を計算せよ。

解 「はい」―ゴールデンパーム：$\bar{p} = 0.733$ および $n_1 = 216$ から、$f_e = 158.30$

と計算される。

「はい」―パームロイヤル：$\bar{p} = 0.733$ および $n_2 = 232$ から、$f_e = 170.02$ と計算される。

「はい」―パームプリンセス：$\bar{p} = 0.733$ および $n_3 = 252$ から、$f_e = 184.68$ と計算される。

「いいえ」―ゴールデンパーム：$1 - \bar{p} = 0.267$ および $n_1 = 216$ から、$f_e = 57.70$ と計算される。

「いいえ」―パームロイヤル：$1 - \bar{p} = 0.267$ および $n_2 = 232$ から、$f_e = 61.98$ と計算される。

「いいえ」―パームプリンセス：$1 - \bar{p} = 0.267$ および $n_3 = 252$ から、$f_e = 67.32$ と計算される。

表9.7に示す値はこれらの期待度数を表している。

表9.7
3つのホテルで実施した宿泊客満足度調査から得られた期待度数を表す分割表

ホテルを再度利用するか？	ホテル名			合計
	ゴールデンパーム	パームロイヤル	パームプリンセス	
はい	158.30	170.02	184.68	513
いいえ	57.70	61.98	67.32	187
合計	216.00	232.00	252.00	700

検定するのは比率がすべて同一であるという帰無仮説である。

$$H_0 : \pi_1 = \pi_2 = \pi_3$$

上記を、すべての比率が同じではないという仮説と対比させて検定する。

$$H_1 : すべての \pi_j (j = 1, 2, 3) が同じとは言えない$$

表9.6に書かれている度数観測値と、表9.7の期待度数とを使用して検定統計量χ^2値を計算する［式(9.1)により与えられる］。計算結果を表9.8に示す。

表9.8
3つのホテルの宿泊客満足度調査の検定統計量χ^2値を計算する

f_o	f_e	$(f_o - f_e)$	$(f_o - f_e)^2$	$(f_o - f_e)^2/f_e$
128	158.30	-30.30	918.09	5.80
199	170.02	28.98	839.84	4.94
186	184.68	1.32	1.74	0.01
88	57.70	30.30	918.09	15.91
33	61.98	-28.98	839.84	13.55
66	67.32	-1.32	1.74	0.02
				40.23

　検定統計量χ^2値の限界値を見つけ出すために表B.3を使用する。この宿泊客満足度調査では、対象となるホテルの数が3棟であることから、その自由度は$(2-1)\times(3-1)=2$となる。有意水準として$\alpha=0.05$を使用した場合、自由度2のカイ二乗限界値は5.991である（図9.5参照）。

　検定統計量χ^2値の計算値は40.23であり、限界値よりも大きいことから、帰無仮説は棄却される。

図9.5
3つの比率を、有意水準0.05、自由度2で検定する場合の棄却域と採択域

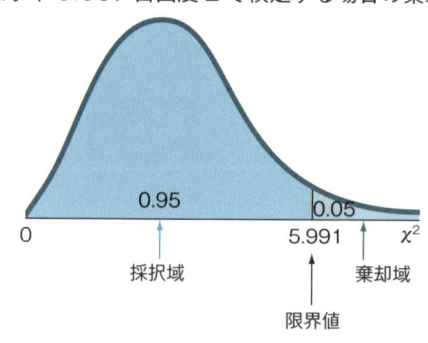

　図9.6はこの問題の結果を示し、併せてp値についても記載されている。p値はほとんどゼロと言ってよい値であり、$\alpha=0.05$よりも小さな値であることから、帰

無仮説は棄却される。さらに、この p 値は次の事実を示している。もし3つのホテルの母集団比率がすべて等しいと仮定すれば、3つの標本比率の間でこの値より大きい差が生ずる確率は実質的にゼロである。すなわち、再訪を考えている宿泊客の比率という観点からは、ホテルの特性に差異が存在すると結論づける十分な証拠がある。

図9.6
Excelを使用してホテルの宿泊客満足度データ（表9.6）をカイ二乗検定した結果

	A	B	C	D	E	F	G	H	I
1	カイ二乗検定								
2									
3			観測度数						
4			ホテル名				途中計算		
5	再訪したいか？	ゴールデンパーム	パームロイヤル	パームプリンセス	合計			fo-fe	
6	はい	128	199	186	513		−30.2971	28.9771	1.32
7	いいえ	88	33	66	187		30.2971	−28.9771	−1.32
8	合計	216	232	252	700				
9									
10			期待度数						
11			ホテル名						
12	再訪したいか？	ゴールデンパーム	パームロイヤル	パームプリンセス	合計			(fo-fe)^2/fe	
13	はい	158.2971	170.0229	184.68	513		5.7987	4.9386	0.0094
14	いいえ	57.7029	61.9771	67.32	187		15.9077	13.5481	0.0259
15	合計	216	232	252	700				
16									
17		データ							
18	有意水準	0.05							
19	行数	2							
20	列数	3							
21	自由度	2	=(B19−1)*(B20−1)						
22									
23		結果							
24	限界値	5.9915	=CHISQ.INV.RT(B18,B21)						
25	検定統計量カイ二乗値	40.2284	=SUM(G13:I14)						
26	p値	0.0000	=CHISQ.DIST.RT(B25,B21)						
27	帰無仮説を棄却する		=IF(B26<B18,"帰無仮説を棄却する","帰無仮説を棄却しない")						
28									
29	期待度数仮定を								
30	満たす		=IF(OR(B13<1,C13<1,D13<1,B14<1,C14<1,D14<1),"満たさない。","満たす。")						

　$2 \times c$ 分割表にカイ二乗検定を適用して正確な結果を得るためには、すべての期待度数が大きな値を持つ必要がある。「大きな値」とは何だろうか？　この問いは統計学者の間でも研究の対象となっている。すべての期待度数が少なくとも0.5以上であれば正確な検定結果が得られるという立場を取る統計学者がいる一方で、より慎重な立場を取る統計学者は、5よりも小さな期待度数を持つセルの数が全体の20%を超えてはならず、1を下回る期待度数を持つセルが存在してはならないと考えている。両方の見解の無理のない妥協点として、検定の有効性を担保するためには、個々の期待度数が少なくとも1またはそれ以上という条件を確保するべきである。そのためには、検定を実施する前に、分割表の中で小さな期待度数を持つ2つ以上のカテゴリーを1つに集約することが必要となるかも知れない。カテゴリーの一体化が望ましくないケースで使用できる代替法も何個か存在する。

9.3 独立性のカイ二乗検定

9.1 節と 9.2 節では、カイ二乗検定を使用して母集団比率の間に差異が存在する可能性について調べた。行数 r、列数 c を持つ分割表を対象としてカイ二乗検定を拡張して、2 つのカテゴリー変数の独立性の検定を行うことができる。

独立性の検定では、帰無仮説および対立仮説は次のようになる。

H_0：2 つのカテゴリー変数は、相互に独立である（すなわち、両者の間に相関関係は存在しない）

H_1：2 つのカテゴリー変数は、相互に独立していない（すなわち、両者の間に相関関係が存在する）

ここでも、式 (9.1) を使用して検定統計量を計算する。

$$\chi^2 = \sum \frac{(f_o - f_e)^2}{f_e}$$

図 9.7
$r \times c$ 分割表を対象とする独立性の検定（カイ二乗検定を適用）における棄却域と採択域

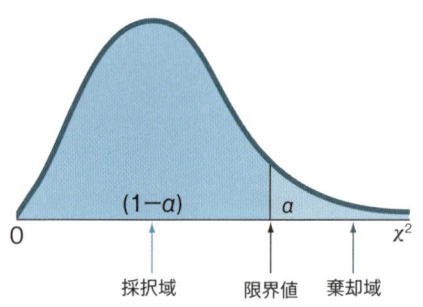

有意水準 α を基準として、検定統計量 χ^2 値の計算値が自由度 $(r-1)(c-1)$ のカイ二乗分布の上部限界値 χ^2_α を超えたときは帰無仮説を棄却する（図 9.7 参照）。その判断基準は次のとおりである。

$\chi^2 > \chi^2_\alpha$ ならば H_o を棄却。
それ以外の場合は H_o を棄却しない。

独立性のカイ二乗（χ^2）検定（χ^2 test of independence）は比率のカイ二乗検定とよく似ている。検定統計量と判断基準は同じであるが、帰無仮説と対立仮説、および結論は異なっている。たとえば、9.1 節と 9.2 節で説明した宿泊客満足度調査の例では、宿泊客の中で同じホテルを再び利用する意思を持つ比率について考え、この比率にはホテル間で有意な差異が存在すると考えるべき十分な証拠があることが分かった。この問題を異なる観点から見ると、ホテルと、その宿泊客が再訪を考える可能性との間には有意な相関関係があると結論付けることも可能である。ただし、この 2 つのタイプの検定では標本の抽出方法に違いがある。

比率が同じであるか否かの検定では注目する因子は 1 つであり、その因子は 2 つ以上のレベルを持っている。これらのレベルは、独立した母集団から抽出される標本を表している。それぞれのグループ（レベル）のカテゴリーを 2 つ（たとえば、注目する項目と、それ以外の項目）に分類する。その目的は、注目する項目の比率を何種類かのレベル間で比較して、その差異を評価することにある。ただし、独立性の検定では注目すべき項目が 2 つ存在し、それぞれが 2 つ以上のレベルを持つ。このケースでは 1 つの標本を選択して 2 つにカテゴリー変数に対する応答を集計し、その結果を分割表のセルに記入する。

独立性の検定を具体的に説明するために、宿泊客満足度調査において同じホテルを再び利用しないだろうと回答した宿泊客に「再訪したいと思わない主な理由は何ですか？」という別な質問をしたとしよう。その結果を 4×3 分割表にまとめたのが表 9.9 である。

表 9.9
同じホテルを再訪しない主な理由の分割表

再訪しない主な理由	ホテル名			合計
	ゴールデンパーム	パームロイヤル	パームプリンセス	
宿泊費	23	7	37	67
ホテルの立地	39	13	8	60
客室設備	13	5	13	31
その他	13	8	8	29
合計	88	33	66	187

表 9.9 にまとめた結果を見ると、ホテルを再訪しない主な理由として、宿泊費をあげた宿泊客は 67 人、ホテルの立地が 60 人、客室設備が 31 人、その他の理由と答えたのが 29 人であった。表 9.6（p.334）が示すように、同じホテルを使いたくな

いと答えた宿泊客の数はゴールデンパームが 88 人、パームロイヤルが 33 人、パームプリンセスが 66 人であった。分割表のセルに記入された観測度数は、同じホテルを使いたくないと考えている宿泊客を、その主な理由という切り口からサンプリングした合計数を表している。このケースにおける帰無仮説と対立仮説は次のようになる。

H_0：ホテルと、そのホテルを再び利用したくない主な理由との間に相関関係は存在しない。
H_1：ホテルと、そのホテルを再び利用したくない主な理由との間には相関関係が存在する。

独立性に関する帰無仮説を対立仮説（すなわち、2 つのカテゴリー変数の間には相関関係が存在する）と対比させて検定するために、式 (9.1) を用いて次の検定統計量 χ^2 値を計算する。

$$\chi^2 = \sum \frac{(f_o - f_e)^2}{f_e}$$

ここに、

f_o = 分割表の 1 つのセルの観測度数
f_e = 独立性に関する帰無仮説が真であると仮定したとき、1 つのセルに期待される期待度数

任意のセルの期待度数を計算するにあたり、第 2 章で議論した独立事象の積算規則［p.78 の式 (2.7) 参照］を使用する。たとえば、独立性に関する帰無仮説の下では、最上段左端のセル（ゴールデンパームを再訪したいと思わない主な理由として宿泊費を挙げた）の期待値は次の 2 つの確率の積で与えられる。つまり、P（宿泊費）かつ P（ゴールデンパーム）である。ここで、宿泊費を理由として挙げる比率 P（宿泊費）は 67/187 = 0.3583 であり、全部の応答の中でゴールデンパームの宿泊客から得られた応答が占める比率 P（ゴールデンパーム）は 88/187 = 0.4706 である。仮に帰無仮説が真であるとすれば、ホテルと、そのホテルを再訪したくない主な理由との間に相関関係は存在しないので以下が成立する。

$$P(宿泊費かつゴールデンパーム) = P(宿泊費) \times P(ゴールデンパーム)$$
$$= (0.3583) \times (0.4706)$$
$$= 0.1686$$

期待度数は全体標本数 n にこの確率を掛け算して得られる。つまり $187 \times 0.1686 = 31.53$ となる。その他のセルの f_e 値も同様の方法で計算される（表 9.10 参照）。

期待度数を計算する単純な方法を示すのが式 (9.4) である。

期待度数を計算する

あるセルの期待度数は、そのセルが属する行の合計値と列の合計値を積算し、それを全体としての標本数で除算することによって得られる。

$$f_e = \frac{行の総数 \times 列の総数}{n} \qquad 式(9.4)$$

ここに、

$$行の総数 = 行の度数の合算値$$
$$列の総数 = 列の度数の合算値$$
$$n = 全体の標本数$$

たとえば、最上行左端のセル（ゴールデンパームの宿泊費）に式 (9.4) を適用すると、

$$f_e = \frac{行総数 \times 列総数}{n} = \frac{(67) \times (88)}{187} = 31.53$$

最下行右端のセル（パームプリンセスのその他の理由）に式 (9.4) の場合、次のようになる

$$f_e = \frac{行総数 \times 列総数}{n} = \frac{(29) \times (66)}{187} = 10.24$$

計算すべき f_e 値全体を表 9.10 に示す。

表9.10
同じホテルを再訪しない主な理由の期待度数を示す分割表

再訪しない主な理由	ホテル名			合計
	ゴールデンパーム	パームロイヤル	パームプリンセス	
宿泊費	31.53	11.82	23.65	67
ホテルの立地	28.24	10.59	21.18	60
客室設備	14.59	5.47	10.94	31
その他	13.65	5.12	10.24	29
合計	88.00	33.00	66.00	187

独立性を検定するために、式 (9.1) に示す検定統計量 χ^2 値を使用する。検定統計量 χ^2 値は近似的にカイ二乗分布にしたがい、その自由度は分割表の行数から1を引き算した値に、分割表の列数から1を引き算した値を掛け算して得られる。

$$\text{自由度} = (r-1) \times (c-1)$$
$$= (4-1) \times (3-1) = 6$$

表9.1に検定統計量 χ^2 値の計算過程を示す。

表9.11
独立性の検定のために検定統計量 χ^2 値を計算する

セル	f_o	f_e	$(f_o - f_e)$	$(f_o - f_e)^2$	$(f_o - f_e)^2 / f_e$
宿泊費／ゴールデンパーム	23	31.53	-8.53	72.76	2.31
宿泊費／パームロワイヤル	7	11.82	-4.82	23.23	1.97
宿泊費／パームプリンセス	37	23.65	13.35	178.22	7.54
立地／ゴールデンパーム	39	28.24	10.76	115.78	4.10
立地／パームロワイヤル	13	10.59	2.41	5.81	0.55
立地／パームプリンセス	8	21.18	-13.18	173.71	8.20
客室／ゴールデンパーム	13	14.59	-1.59	2.53	0.17
客室／パームロワイヤル	5	5.47	-0.47	0.22	0.04
客室／パームプリンセス	13	10.94	2.06	4.24	0.39
その他／ゴールデンパーム	13	13.65	-0.65	0.42	0.03
その他／パームロワイヤル	8	5.12	2.88	8.29	1.62
その他／パームプリンセス	8	10.24	-2.24	5.02	0.49
					27.41

有意水準として $\alpha = 0.05$ を使用すると、自由度6のカイ二乗分布の上側の裾野の限界値は 12.592 である（表 B.3 参照）。$\chi^2 = 27.41 > 12.592$ であることから、独立性に関する帰無仮説は棄却される（図 9.8 参照）。

図 9.8
ホテル宿泊客調査の独立性を、有意水準 0.05、自由度 6 で検定する場合の棄却域と採択域

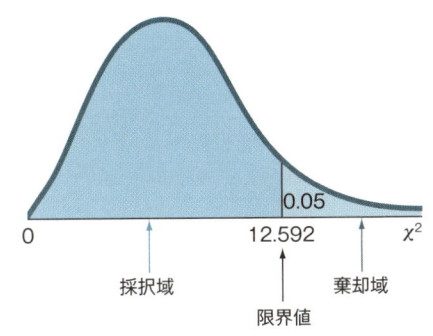

この検定の結果（図 9.9 に示す）には p 値 0.0001 も含まれている。$\chi^2 = 27.4104 > 12.592$ であることから、独立性に関する帰無仮説は棄却される。p 値を使用して判断するとすれば、p 値 0.0001 が 0.05 よりも小さいことから仮説は棄却される。この p 値は、もし特定のホテルを再訪しない主な理由が母集団の中の特定のホテルとは無関係であると仮定すれば、そのホテルと再訪を避ける主な理由との間にこのような強い関係が表れる可能性は実質的にゼロである。したがって、ホテルを再訪しようとしない主な理由と、該当するホテルの間には相関関係があることを示す強い証拠が存在すると言える。

観測度数と期待度数を調べてみると（前ページの表 9.11 参照）、ゴールデンパームホテルを再訪しない理由として宿泊費が過小評価（$f_o = 23$ および $f_e = 31.53$）されているのに対して、パームプリンセスでは過大に評価されていることが分かる。

図 9.9
ホテルのデータおよび再訪しない主な理由のデータ（表 9.9）に、Excel を利用してカイ二乗検定を行った結果

	A	B	C	D	E
1	独立性のカイ二乗検定				
2					
3			観測度数		
4			ホテル名		
5	再訪しない主な理由	ゴールデンパーム	パームロイヤル	パームプリンセス	合計
6	宿泊費	23	7	37	67
7	ホテルの立地	39	13	8	60
8	客室設備	13	5	13	31
9	その他	13	8	8	29
10	合計	88	33	66	187
11					
12			期待度数		
13			ホテル名		
14	再訪しない主な理由	ゴールデンパーム	パームロイヤル	パームプリンセス	合計
15	宿泊費	31.5294	11.8235	23.6471	67
16	ホテルの立地	28.2353	10.5882	21.1765	60
17	客室設備	14.5882	5.4706	10.9412	31
18	その他	13.6471	5.1176	10.2353	29
19	合計	88	33	66	187
20					
21	データ				
22	有意水準	0.05			
23	行数	4			
24	列数	3			
25	自由度	6	=(B23−1)＊(B24−1)		
26					
27	結果				
28	限界値	12.5916	=CHISQ.INV.RT(B22,B25)		
29	検定統計量カイ二乗値	27.4104	=SUM($G$15:$I$18)		
30	p値	0.0001	=CHISQ.DIST.RT(B29,B25)		
31	帰無仮説を棄却する		=IF(B30<B22,"帰無仮説を棄却する","帰無仮説を棄却しない")		
32					
33	期待度数仮定を				
34	満たす。		=IF(OR(B15<1,C15<1,D15<1,B16<1,C16<1,D16<1,B17<1,C17<1,D17<1,B18<1,C18<1,D18<1),"満たさない。","満たす。")		

　宿泊費に関しては、宿泊客はパームプリンセスよりもゴールデンパームにより高い満足度を示している。ホテルの立地に関して言えば、ゴールデンパームの場合は再訪しない理由として過大評価されており、逆にパームプリンセスの場合には著しく過小評価されている。すなわち、宿泊客はゴールデンパームよりもパームプリンセスの立地にはるかに高い満足度を示している。

　$r \times c$ 分割表を対象とするカイ二乗検定を使用して確度の高い結果を得るためには、セルの期待度数がある程度以上大きくなければならない。9.2 節で説明した分割表のように、すべての期待度数は少なくとも 1 以上でなければならない。1 つ以上のセルの期待度数が 1 を下回る分割表を取り扱うのであれば、度数の小さな 2 つ

またはそれ以上の行（または、度数の小さな2つ以上の列）を1つに集約してからカイ二乗検定を適用するという方法がある。行（または列）を合併することによって、正確なカイ二乗を担保できる十分な大きさの期待度数を得ることができる。

> **統計を使ってみよう**

再び、TCリゾート社の場合

あなたは熱帯地域の2つの島で5つの高級ホテルを運営するTCリゾート社の経営者である。同社ではホテルが現在提供しているサービスの品質を把握するため、宿泊客のチェックアウト時に満足度調査票への記入を依頼している。提供しているサービス全体への満足度、ホテルを再訪する可能性、また、再訪したいと思わない宿泊者にはその理由を知るために、調査から得られたデータを解析した。

TCリゾート社は、1つの島で2つのホテル（ビーチコマーおよびウィンドサーファー）を運営している。2つの比率の差異に関するカイ二乗（χ^2）検定を実施した結果、ビーチコマーホテルを再び利用したいと考えている宿泊客の比率は、ウィンドサーファーホテルよりも大きいことが分かった。また、TCリゾート社は別の島でゴールデンパーム、パームロイヤル、およびパームプリンセスホテルを運営している。宿泊客の満足度が3つのホテルで同等かどうかを調べるため、3つ以上の比率間の差異を対象とするカイ二乗検定を行った。

この検定により、3ホテルの宿泊満足度比率に違いがあることが確認され、再訪の可能性が最も高いのはパームロイヤルホテル、最も低いのはゴールデンパームホテルであった。

さらに、再訪しない理由が3つのホテル（ゴールデンパーム、パームロイヤル、およびパームプリンセス）のいずれかに特有なものなのか、それとも、すべてのホテルに共通なのかを調べた。独立性に関するカイ二乗検定を行い、再び利用したいかどうかは宿泊先のホテルに依存することが分かった。観測度数と期待度数を詳細に調べた結果によれば、宿泊客はゴールデンパームの宿泊料金に他よりも高い満足度を示し、パームプリンセスの立地にはそれよりもはるかに高い満足度を示すことがわかった。客室設備についての宿泊客満足度については、3つのホテル間で有意な差は認められなかった。

> **まとめ**

図9.10は、この章で説明した手法をロードマップとしてまとめたチャートである。最初に2つの相互に独立した標本から得られたカテゴリー応答データを解析するた

めに仮説検定を行い、次に、3つ以上の相互に独立な標本を対象として仮説検定を行った。さらに、2つのカテゴリー変数の独立性検定に適用するため、第2章2.2節で説明した確率を発展させ説明した。

図9.10
第9章のロードマップ

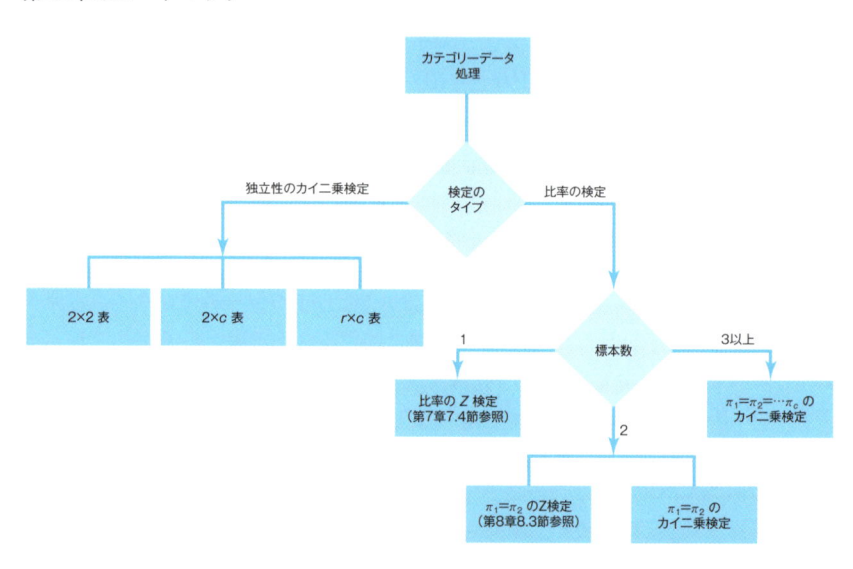

重要な公式

2つの比率の差のカイ二乗（χ^2）検定

$$\chi^2 = \sum \frac{(f_o - f_e)^2}{f_e} \qquad 式(9.1)$$

2つのグループの全体推定比率を計算する

$$\bar{p} = \frac{X_1 + X_2}{n_1 + n_2} = \frac{X}{n} \qquad 式(9.2)$$

c個のグループの全体推定比率を計算する

$$\bar{p} = \frac{X_1 + X_2 + \cdots + X_c}{n_1 + n_2 + \cdots + n_c} = \frac{X}{n} \qquad 式(9.3)$$

期待度数を計算する

$$f_e = \frac{\text{行の総数} \times \text{列の総数}}{n} \qquad \text{式}(9.4)$$

キーワード

2×2分割表　p.324
2つの比率の差のカイ二乗 (χ^2) 検定　p.325
観測度数 (f_o)　p.326
期待度数 (f_e)　p.326
カイ二乗 (χ^2) 分布　p.327
独立性のカイ二乗 (χ^2) 検定　p.339

復習問題

1 多くの消費者は土曜日に食料品のまとめ買いを行い、その人数は一週間の他のどの日よりも多い。しかし、年齢別にグループ分けして考えた場合、土曜日に食料品のまとめ買いをする人達の比率はこれらの年齢グループ間で差は無いのであろうか。ある調査が異なる年齢グループごとに結果を示している。このデータはパーセント値として報告されており、標本数は示されていない。

まとめ買いする日	年齢		
	35才未満	35〜54才	55才以上
土曜日	24%	28%	12%
土曜以外の曜日	76%	72%	88%

もし、各年齢層200人の購買客を対象として調査が行われたものとすると、以下の問いに答えよ。

a. 食料品をまとめ買いする日に関して、年齢グループごとに有意な差があると言えるだろうか？ ($\alpha=0.05$ を使用する)
b. (a) の p 値を求め、その意味することを説明せよ。
c. 店舗経営者の観点から見たときに、(a) および (b) が何を意味するか議論せよ。食料品店はこの情報を営業と販売のためにどのように活用できるだろうか？ 具体的に述べよ。

2 デリバリーピザ店であるピザハットからのピザの購入に、性別と価格がどのように影響するかを評価するため、ある大学の学部学生を対象として調査が行われた。学生には、

その日の夕方に住居まで大型ツートッピングピザを配達してもらうという状況を想定してもらった。学生達はピザハットから割引価格8.49ドル（この時期の大型ツートッピングピザの正規価格は11.49ドルである）で購入するか、あるいは別なピザ店に発注するかを決定しなければならない。この質問への回答を集計したものが次に示す分割表である。

性別	ピザ販売店		合計
	ピザハット	その他	
女性	4	13	17
男性	6	12	18
合計	10	25	35

a. 有意水準を0.05としたとき、男性と女性の間でピザの選択について有意な差異が存在と言えるだろうか？

b. 男子学生の9人がピザハットを選択し、女子学生の9人が他のピザ店を選択したとしたら、(a)への答えはどうなるか？

この調査に続いて、別な価格であればどちらを購入するかについても評価を行った。これらの値をまとめたものが次の分割表である。

ピザ販売店	価格			合計
	8.49ドル	11.49ドル	14.49ドル	
ピザハット	10	5	2	17
その他	25	23	27	75
合計	35	28	29	92

c. 有意水準を0.05として2番目の分割表を使用した場合、ピザの価格によってピザ店の選択に違いが出たと言えるだろうか？

d. (c)のp値を決定し、その意味するところを説明せよ。

3 ある会社では組織変更を考えており、その変更には自己管理された作業チームが関わっている。この変更に対する従業員の態度を査定するために、400人の従業員から構成される標本を選出して、組織内に自己管理作業チームを設置することに賛成か否かを質問した。回答の選択肢は、「賛成」「どちらとも言えない」「反対」の3通りである。調査の結果をまとめると次のようになった。

	自己管理作業チーム			
職種	賛成	どちらとも言えない	反対	合計
時間給職員	108	46	71	225
監督者	18	12	30	60
中間管理職	35	14	26	75
上級管理職	24	7	9	40
合計	185	79	136	400

a. 有意水準を 0.05 としたとき、自己管理作業グループに対する意見に職種間で差異があると言えるか？

この調査は、毎月 1 日の無給休暇を取れるようにする制度の新設についても同じ従業員に質問した。その結果は次のとおりであった。

	無給休暇について			
職種	賛成	どちらとも言えない	反対	合計
時間給職員	135	23	67	225
監督者	39	7	14	60
中間管理職	47	6	22	75
上級管理職	26	6	8	40
合計	247	42	111	400

b. 有意水準を 0.05 としたとき、無給休暇制度に対する意見と職種との間に相関関係があると言えるか？

第 9 章 Excel ガイド

EG9.1　2 つの比率の差のカイ二乗検定

Excel の操作方法　図 9.3 に示すようなカイ二乗検定を実行するためのテンプレートとして、ファイル「**EG09**」の「**2 つの比率の差のカイニ乗検定**」ワークシートを使用する。このワークシートには 2 つのホテルの宿泊客満足度データ (表 9.3) が記入されている。

2 つの比率の差をカイ二乗検定するための計算として関数 **CHISQ.INV.RT** および **CHISQ.DIST.RT** を使用する。

ワークシートはセル B24 で **CHISQ.INV.RT (有意水準, 自由度)** を使用して検定の限界値を計算し、セル B26 で **CHISQ.DIST.RT (検定統計量カイ二乗値, 自由度)** を使用して p 値を計算する。このワークシートが使用している他の公式をチェックするには、同「**カイ二乗検定 _ 計算式**」ワークシートを開いて調べること。

EG9.2 3つ以上の比率の差のカイ二乗検定

Excelの操作方法 この検定を実行するためのモデルとしてファイル「**EG09**」の「**3つ以上の比率の差のカイ二乗2×3**」ワークシート (p.337の図9.6に示す) を使用する。このワークシートには表9.6の宿泊客満足度データ (p.334参照) が記入されている。このワークシートは、EG9.1のエクセルの操作方法で説明したワークシートとほぼ同じ公式を使用して、期待度数と検定統計量カイ二乗値を計算する。このワークシートで使用される計算式についても、「**カイ二乗2×3**」ワークシート上に記されているのでそれを参照すること。

EG9.3 独立性のカイ二乗検定

Excelの操作方法 図9.9 (p.344) に示す独立性のカイ二乗検定を行うには、ファイル「**EG09**」に含まれる「**独立性のカイ二乗4×3**」ワークシートを使用する。ここには、表9.9のホテルの再訪調査のデータが記入されている。このワークシートは、EG9.1のExcelの操作方法で説明した「**2つの比率の差のカイ二乗検定**」ワークシートとほぼ同じ方法で、期待度数と検定統計量カイ二乗値を計算する。

第10章
単純線形回帰分析

統計を使ってみよう
サンフラワーズ・アパレル社の場合

- **10.1 回帰分析モデルの種類**

- **10.2 単純線形回帰式を求める**
  最小二乗法
  回帰分析における推定
  Y 切片 b_0 と傾き b_1 の計算

- **10.3 変動量**
  平方和の計算
  決定係数
  推定値の標準誤差

- **10.4 前提条件**

- **10.5 残差分析**
  前提条件の評価

- **10.6 自己相関の測定：ダービン・ワトソン統計量**
  自己相関を検出する残差グラフ
  ダービン・ワトソン統計量

- **10.7 傾きと相関係数に関する推論**
  傾きの t 検定
  傾きの F 検定
  傾きに対する信頼区間推定
  相関係数の t 検定

- **10.8 平均値の推定と個々の値の推定**
  信頼区間推定
  推定区間

- **10.9 回帰分析における落し穴**

統計を使ってみよう
再び、サンフラワーズ・アパレル社の場合

Excel ガイド

学習の目的
本章で学ぶ内容
- 独立変数を用いて従属変数を推定する回帰分析法
- 回帰係数 b_0 と b_1 の意味
- 回帰分析の前提の評価方法と前提が損なわれる場合の対処法
- 傾きと相関係数の推測方法
- 平均値の推定方法と個々の値の推定方法

統計を使ってみよう
サンフラワーズ・アパレル社の場合

米国の高級婦人服チェーン、サンフラワーズ・アパレル社は、これまでの 12 年間、店舗数を拡大し、売上を伸ばしてきた。同社は従来、新しい店舗の立地選定の際、手ごろな物件があるか、服飾店にふさわしい立地条件であるか、など主観的な要素を根拠としてきた。新しく企画担当責任者に就任したあなたは、立地選定プロセスにおいて、より適切な意思決定ができるような、システム化された手法を編み出さなければならない。まず手始めに、店舗の規模がその店舗の売上に大きく寄与していると踏んで、この関係を意思決定プロセスに活用することを考えた。候補地に店舗を構える場合、その規模から店舗の年商を予想するにはどのように統計を活用することができるだろうか？

本章と次章では、ある数値変数の値を他の変数の値に基づいて推定するモデルを作成する**回帰分析 (regression analysis)** について学ぶ。

回帰分析では、推定しようとしている変数を**従属変数 (dependent variable)** と呼び、従属変数を推定するために用いる変数を**独立変数 (independent variables)** と呼ぶ。回帰分析ではまた、従属変数の値を推定するだけではなく、従属変数と独立変数の間にどのような数学的関係があるかを特定したり、独立変数に生じた変化が従属変数に及ぼす影響を定量化したり、特異な現象を発見したりすることができる。たとえば、サンフラワーズ・アパレル社の企画担当責任者としてあなたは、店舗の規模を使って店舗の売上を推定しようとしている。他にも、マンションの広さから月々の家賃を推定したり、スーパーで特定の商品が並べられている陳列棚のスペースからその商品の月々の売上を推定したりすることが挙げられる。

本章ではまず、**単純線形回帰分析 (simple linear regression)**（または単回帰分析）について説明する。単純線形回帰分析とは、従属変数である変数 Y を推定するのに 1 つの変数を独立変数として用いるものである。たとえば、店舗の規模を使って店舗売上を推定する場合がそうである。第 11 章では、多重回帰（または重回帰）分析モデルについて説明する。多重回帰分析モデルとは、複数の独立変数を使って 1 つの従属数値変数 Y を推定するものである。たとえば、ある商品の広告宣伝費、価格、割り当てられた陳列棚のスペースを用いてその商品の月間売上を推定する場合がそうである。

10.1　回帰分析モデルの種類

第1章1.6節では散布図を用いて、横軸の変数 X と縦軸の変数 Y の関係を調べた。2つの変数は、単純な数学関数で表されるものから複雑なものまで、さまざまな形を取り得る。最もわかりやすい関係は、直線の関係、すなわち**線形関係 (linear relationship)** のものである。図10.1に線形関係を図示する。

図 10.1
線形関係

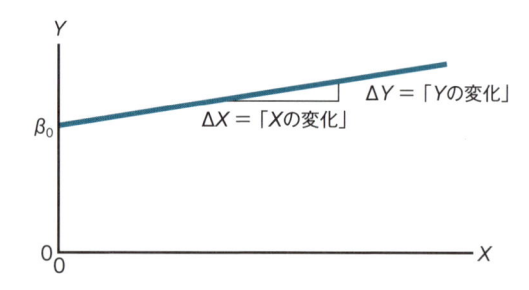

式 (10.1) に線形モデルを示す。

単純線形回帰モデル

$$Y_i = \beta_0 + \beta_1 X_i + \varepsilon_i \quad \text{式 (10.1)}$$

ここで

$\beta_0 =$ 母集団の Y 切片
$\beta_1 =$ 母集団の傾き
$\varepsilon_i =$ 観測 i における推定値 Y との誤差
$Y_i =$ 観測 i における従属変数 [**応答変数 (response variable)** とも呼ばれる]
$X_i =$ 観測 i における独立変数 [**説明変数 (explanatory variable)** とも呼ばれる]

式 (10.1) の単純線形回帰モデルにある $Y_i = \beta_0 + \beta_1 X_i$ の部分は直線である。直線

の**傾き（slope）**であるβ_1は、Xにおける単位変化あたりのYの推定変化を表す。すなわち、Xに1単位分の変化が生じた場合にYが（正負のどちらかに）変化する平均である。**Y切片（Y intercept）**であるβ_0は、Xが0のときのYの平均を表す。単純線形回帰モデルの最後の項であるε_iは各観測iについて、推定値Yとの誤差を表す。すなわちε_iとは、線上のY_i推定値の上または下に現れる実際のY_iの値と線を結ぶ垂直線の距離であるといえる。

適切な数学的モデルを決定できるかどうかは、散布図上のYとXの値の分布状態による。図10.2に6種類の関係を示す。

図10.2
散布図に見られる6種類の関係

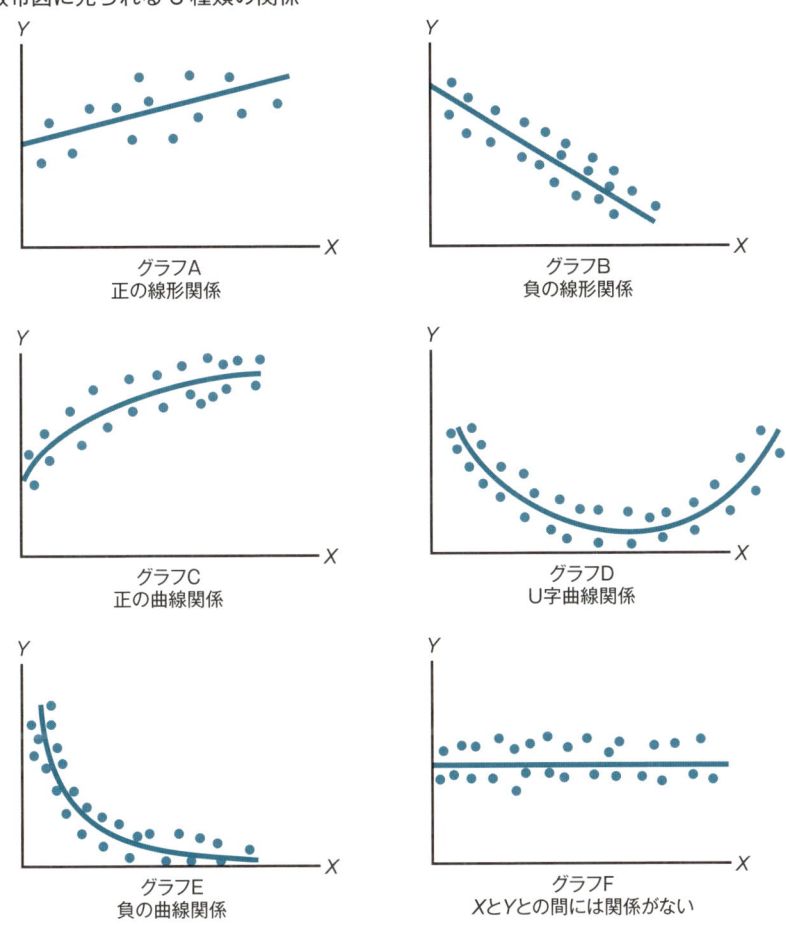

グラフA
正の線形関係

グラフB
負の線形関係

グラフC
正の曲線関係

グラフD
U字曲線関係

グラフE
負の曲線関係

グラフF
XとYとの間には関係がない

グラフAでは、Xが増えるに従いYの値は全般的に直線的に増えている。このグラフは図10.3に示す、婦人服チェーンのサンフラワーズ・アパレル各店舗の店舗面積と売上の正の関係に似たものである。

グラフBは、負の関係の一例である。Xが増えるに従いYの値は全般的に減少している。このような関係は、たとえばある商品の販売価格と売上高との間に見られる。

グラフCは、XとYとの間に正の曲線関係があることを示している。Xが増えるに従いYの値は増えるが、Xがある一定の値を超えたところで増え方が鈍化する。正の曲線関係の例として挙げられるのは、機械の使用年数と維持管理コストの関係などである。機械が古くなってくると、最初は維持管理コストが急増するかもしれないが、ある年数を超えると横ばいになるといった場合がそうである。

グラフDは、XとYの間にU字型の関係があることを示している。Xが増えるにつれ、Yは最初全体的に減少するが、さらにXが増え続けると、Yの減少は止まり、最小値を境に今度は増え始める。この種の関係を示すものとしては、ある業務における1時間当たりのミスの数と業務時間数が考えられる。徐々に業務に慣れてくるため、最初は時間当たりのミスの数は減少していくが、ある点を超えると、疲労や倦怠から増加し出す。

グラフEは、XとYの指数関数的な関係を表している。ここではまずXが増えるにつれYは急速に減少する。しかし、そこからさらにXが増加するとYの減少速度は弱まる。指数関数的な関係を示すものとしては、自動車の価値とその使用年数が考えられる。最初の1年は当初の価格から急激にその価値は下がるが、その後、価値の下がり方は緩やかになる。

最後のグラフF、XとYの間の関係が非常に希薄な場合、あるいは皆無である場合のデータ群である。Xの各値に対し、Yの値は高いものも低いものもある。

ある関係の数学的な形を視覚的に示す上で散布図は有用であるが、ある変数の集合について最も適切なモデルは何かを判断する手段として、より洗練された統計的手法がある。本章では、変数の間に線形関係があるときに使用するモデルについて説明する。

10.2 単純線形回帰式を求める

サンフラワーズ・アパレル社の事例では、企画担当責任者の経営課題は全新店舗の売上を店舗の規模に基づき予想することであった。店舗の床面積（単位は平方フィート）と売上の関係を検討するべく、14店舗を標本としてデータを収集した。表10.1に整理したデータを示す（ファイル サイト ）。

図10.3は、表10.1のデータの散布図である。床面積（X）と売上（Y）の増加関係に着目すると、店舗の規模が大きくなるに従い、売上は近似的に一直線に増加している。したがって、この関係は直線が有用な数学的モデルであると考えることができる。続いてこのデータに最も当てはまる特定の直線が何かを決定する必要がある。

表 10.1
サンフラワーズ・アパレル社の標本14店舗の床面積（千平方フィート）と売上（百万ドル）

店舗番号	床面積（千平方フィート）	売上（百万ドル）	店舗番号	床面積（千平方フィート）	売上（百万ドル）
1	1.7	3.7	8	1.1	2.7
2	1.6	3.9	9	3.2	5.5
3	2.8	6.7	10	1.5	2.9
4	5.6	9.5	11	5.2	10.7
5	1.3	3.4	12	4.6	7.6
6	2.2	5.6	13	5.8	11.8
7	1.3	3.7	14	3.0	4.1

図 10.3
サンフラワーズ・アパレル社のデータの散布図

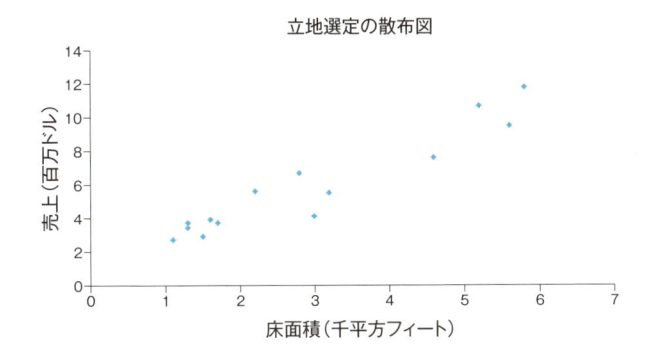

最小二乗法

前節では、サンフラワーズ・アパレル社の全店舗を母集団としたときの床面積と売上という2つの変数の関係を示す統計モデルを仮定した。しかし、図10.1にあ

るように、データは無作為標本から収集したものである。一定の前提が有効であれば（10.4節参照）、標本の Y 切片 b_0 と標本の傾き b_1 を、母集団パラメータである β_0 と β_1 の推定値として使うことができる。式 (10.2) は、これら推定値を用いた**単純線形回帰式 (simple linear regression equation)** である。

> **単純線形回帰式**
>
> Y の推定値は、Y 切片に傾きを X の値で掛け算したものを加えたものに等しい。
>
> $$\hat{Y}_i = b_0 + b_1 X_i \quad 式(10.2)$$
>
> ここで、
>
> $\hat{Y}_i$ = 観測 i における Y の推定値
> X_i = 観測 i における X 値
> b_0 = 標本の Y 切片
> b_1 = 標本の傾き

式 (10.2) では、b_0（標本の Y 切片）と b_1（標本の傾き）という2つの**回帰係数 (regression coefficients)** を求めなくてはならない。最も一般的な b_0 と b_1 の求め方は、最小二乗法を用いたものである。最小二乗法とは、単純線形回帰式を用いて実際の値 (Y_i) と推定値 ($\hat{Y}_i$) の差を二乗した総和を最小化することである。この差分二乗和は下式に等しい。

$$\sum_{i=1}^{n} (Y_i - \hat{Y}_i)^2$$

$\hat{Y}_i = b_0 + b_1 X_i$ であるから、

$$\sum_{i=1}^{n} (Y_i - \hat{Y}_i)^2 = \sum_{i=1}^{n} [Y_i - (b_0 + b_1 X_i)]^2 \quad である。$$

この式では、b_0 と b_1 の2つが未知であるため、差分二乗和は標本 Y 切片 b_0 と標本の傾き b_1 に左右される。**最小二乗法 (least-squares method)** では、推定直線の周辺で差分二乗和が最も小さくなる b_0 と b_1 の値を求めることができる。それ以外の b_0 と b_1 の値は、実際の値 (Y_i) と推定値 ($\hat{Y}_i$) の差分二乗和が、最小二乗法で得られた差分二乗和よりも大きくなるわけである。図10.4 に表10.1 のサンフラワ

ーズ・アパレル社のデータを使った単純線形回帰分析モデルの結果を示す。

図 10.4
Excel を使ったサンフラワーズ・アパレル社の単純線形回帰モデル

	A	B	C	D	E	F	G	H	I
1	単純線形回帰モデル								
2									
3		回帰統計							
4	重相関R	0.9509							
5	重決定R2	0.9042							
6	補正R2	0.8962							
7	標準誤差	0.9664							
8	観測数	14.0000							
9									
10	分散分析表								
11		自由度	変動	分散	観測された分散比	有意F			
12	回帰	1	105.7476	105.7476	113.2335	0.0000			
13	残差	12	11.2067	0.9339					
14	合計	13	116.9543						
15									
16		係数	標準誤差	t	P-値	下限95%	上限95%	下限95.0%	上限95.0%
17	切片	0.9645	0.5262	1.8329	0.0917	−0.1820	2.1110	−0.1820	2.11095
18	床面積(千平方フィート)	1.6699	0.1569	10.6411	0.0000	1.3280	2.0118	1.3280	2.01177

図 10.4 から、$b_0 = 0.9645$、$b_1 = 1.6699$ である。式 (10.2) にあてはめると、このデータの推定直線は下記のようになる。

$$\hat{Y}_i = 0.9645 + 1.6699 X_i$$

傾き b_1 は $+1.6699$ であり、これはすなわち、X が 1 単位増えるごとに Y の推定値は 1.6699 ずつ増えると推定されることを意味する。具体的には、店舗の規模が 1,000 平方フィート増えるごとに、年商の推定値は 1.6699 百万ドル (166 万 9,900 ドル) ずつ増えると推定される。したがって傾きとは、店舗の規模に応じた推定される年商の変化を示す。

Y 切片 b_0 は $+0.9645$ である。Y 切片とは、X が 0 のときの Y の推定値を表す。店舗の床面積が 0 ということはないため、この Y 切片の値は実質的には全く意味を持たない。さらに本事例における Y 切片は、変数 X の観測値の範囲を超えており、よって、b_0 の値を解釈するのであれば、慎重に行うべきである。図 10.5 に、実際の値と推定直線を示す。Y 切片 b_0 に直接的な意味がある場合については、例 10.1 を参照すること。

図 10.5
サンフラワーズ・アパレル社の散布図と推定直線

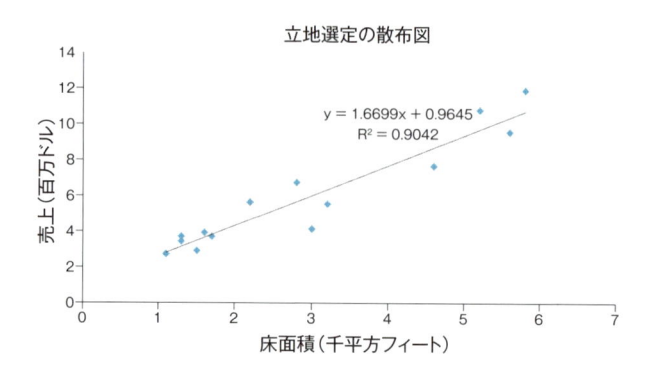

立地選定の散布図

(グラフ: 横軸「床面積(千平方フィート)」0〜7、縦軸「売上(百万ドル)」0〜14、回帰式 y = 1.6699x + 0.9645、R^2 = 0.9042)

例 10.1
Y切片 b_0 と傾き b_1 を解釈する

期末試験の成績(Y)を推定しようとしている。先学期の受講生から収集したデータを用いて回帰モデルをあてはめた。その結果は次の通りである。

$$\hat{Y}_i = 35.0 + 3X_i$$

Y切片 b_0 と傾き b_1 にはどのような意味があるか解釈せよ。

解 Y切片 b_0 = 35.0 とは、学生が期末試験に向けて全く勉強しなかった場合に推定される期末試験の結果が 35.0 点であることを示している。傾き b_1 = 3 とは、勉強時間が 1 時間増えるにつれ、推定される期末試験結果は +3.0 点変化することを意味している。つまり、勉強時間が 1 時間増えると、期末試験の成績は平均して 3 点上昇すると推定される。

本章冒頭のサンフラワーズ・アパレル社の事例に戻ろう。例 10.2 で、どのように推定直線を用いて売上を推定するかを解説する。

例 10.2
店舗床面積から売上を推定する

推定直線から床面積が 4,000 平方フィートの店舗の売上を推定せよ。

解 単純線形回帰式に $X = 4$（4,000 平方フィート）を代入し、推定値を求める。

$$\hat{Y}_i = 0.9645 + 1.6699 X_i$$
$$\hat{Y}_i = 0.9645 + 1.6699(4) = 7.644 \text{ または } 7,644,000 \text{ ドル}$$

したがって、床面積が 4,000 平方フィートの店舗の売上は 7,644,000 ドルと推定される。

回帰分析における推定

　回帰モデルを使って何かを推定するとき、推定は独立変数の適合範囲についてのみ行うべきである。適合範囲には回帰モデルを作成した時に用いた X の値の最小値から最大値のすべてが含まれる。したがって、ある X 値に対する Y を推定するとき、X が取り得るこの適合範囲内で使用することはできるが、範囲外の値について使用すべきではない。売上を推定するために床面積を使うのであれば、床面積（千平方フィート）は 1.1 〜 5.8 までである（p.357 の表 10.1 参照）。よって、床面積が 1,100 〜 5,800 平方フィートの店舗についてのみ推定を立てるべきであって、この範囲に含まれない規模の店舗について売上を推定する場合は、床面積が 1,100 〜 5,800 平方フィートの店舗に見られる店舗の規模と売上の関係がこの範囲に含まれない床面積の店舗についても同じ関係があてはまると仮定するべきである。たとえば、例 10.2 において、5,800 平方フィートを超えて線形関係をあてはめることはできない。8,000 平方フィートの床面積を持つ新店舗の売上を予想するために、同じ推定直線を用いるのは適当ではない。なぜなら、売上と店舗規模の関係は、どこかの時点で収益が縮小し始めるかもしれないからである。だとすれば、5,800 平方フィートからさらに大きくなるにつれ、床面積が売上に及ぼす影響は徐々に小さくなっていくはずである。

Y切片 b_0 と傾き b_1 の計算

データ数が少なければ、計算機を使って最小二乗回帰係数を計算することもできる。式(10.3)と式(10.4)に、下記の値が最も小さくなる b_0 と b_1 の求め方を示す。

$$\sum_{i=1}^{n}(Y_i - \hat{Y}_i)^2 = \sum_{i=1}^{n}[Y_i - (b_0 + b_1 X_i)]^2$$

傾き b_1 の計算式

$$b_1 = \frac{SSXY}{SSX} \quad 式(10.3)$$

ここで

$$SSXY = \sum_{i=1}^{n}(X_i - \overline{X})(Y_i - \overline{Y}) = \sum_{i=1}^{n}X_i Y_i - \frac{\left(\sum_{i=1}^{n}X_i\right)\left(\sum_{i=1}^{n}Y_i\right)}{n}$$

$$SSX = \sum_{i=1}^{n}(X_i - \overline{X})^2 = \sum_{i=1}^{n}X_i^2 - \frac{\left(\sum_{i=1}^{n}X_i\right)^2}{n}$$

Y切片 b_0 の計算式

$$b_0 = \overline{Y} - b_1 \overline{X} \quad 式(10.4)$$

ここで

$$\overline{Y} = \frac{\sum_{i=1}^{n}Y_i}{n}$$

$$\overline{X} = \frac{\sum_{i=1}^{n}X_i}{n}$$

例 10.3
Y 切片 b_0 と傾き b_1 を計算する

サンフラワーズ・アパレル社のデータを使って Y 切片 b_0 と傾き b_1 を計算せよ。

解 式 (10.3) と式 (10.4) では、b_1 と b_0 を求めるために 5 つの数値を計算しなければならない。すなわち、標本数 n、X 値の総和 $\sum_{i=1}^{n} X_i$、Y の値の総和 $\sum_{i=1}^{n} Y_i$、X 値の二乗和 $\sum_{i=1}^{n} X_i^2$、および X と Y の積の総和 $\sum_{i=1}^{n} X_i Y_i$ である。サンフワーズ・アパレル社の事例では、店舗の売上 (Y) を推定するのに床面積の値 (X) を使っている。表 10.2 に、立地選定に必要な各総和の計算を示す。この表にはまた、10.3 節で出てくる SST を計算するために使う Y 値の二乗和 $\sum_{i=1}^{n} Y_i^2$ も含まれている。

表 10.2
サンフラワーズ・アパレル社のデータに関する計算値

店舗番号	床面積(X)	売上(Y)	X^2	Y^2	XY
1	1.7	3.7	2.89	13.69	6.29
2	1.6	3.9	2.56	15.21	6.24
3	2.8	6.7	7.84	44.89	18.76
4	5.6	9.5	31.36	90.25	53.20
5	1.3	3.4	1.69	11.56	4.42
6	2.2	5.6	4.84	31.36	12.32
7	1.3	3.7	1.69	13.69	4.81
8	1.1	2.7	1.21	7.29	2.97
9	3.2	5.5	10.24	30.25	17.60
10	1.5	2.9	2.25	8.41	4.35
11	5.2	10.7	27.04	114.49	55.64
12	4.6	7.6	21.16	57.76	34.96
13	5.8	11.8	33.64	139.24	68.44
14	3.0	4.1	9.00	16.81	12.30
合計	40.9	81.8	157.41	594.90	302.30

式 (10.3) と式 (10.4) を使って b_0 と b_1 を計算する。

$$SSXY = \sum_{i=1}^{n}(X_i - \overline{X})(Y_i - \overline{Y}) = \sum_{i=1}^{n} X_i Y_i - \frac{\left(\sum_{i=1}^{n} X_i\right)\left(\sum_{i=1}^{n} Y_i\right)}{n}$$

$$SSXY = 302.3 - \frac{(40.9)(81.8)}{14}$$

$$= 302.3 - 238.97285$$

$$= 63.32715$$

$$SSX = \sum_{i=1}^{n}(X_i - \overline{X})^2 = \sum_{i=1}^{n} X_i^2 - \frac{\left(\sum_{i=1}^{n} X_i\right)^2}{n}$$

$$= 157.41 - \frac{(40.9)^2}{14}$$

$$= 157.41 - 119.48642$$

$$= 37.92358$$

したがって

$$b_1 = \frac{SSXY}{SSX}$$

$$= \frac{63.32715}{37.92358}$$

$$= 1.6699$$

さらに

$$\overline{Y} = \frac{\sum_{i=1}^{n} Y_i}{n} = \frac{81.8}{14} = 5.842857$$

$$\overline{X} = \frac{\sum_{i=1}^{n} X_i}{n} = \frac{40.9}{14} = 2.92143$$

したがって

$$b_0 = \overline{Y} - b_1 \overline{X}$$

$$= 5.842857 - (1.6699)(2.92143)$$

$$= 0.9645$$

10.3 変動量

あるデータ群の回帰係数を求めるために最小二乗法を用いるには、3つの変動量を計算する必要がある。1つ目は、Y値の平均$\overline{Y}$に対する各Y値の変動量を示す総平方和である。総平方和は**総変動量（total variation）**とも呼ばれ、「**説明される変動量（explained variation）**」と「**説明できない変動量（unexplained variation）**」に分けられる。「説明される変動量」は**回帰平方和（SSR: regression sum of squares）**と呼ばれ、XとYの関係によって説明のつく変動を表す。「説明できない変動量」は**誤差平方和（SSE: error sum of squares）**と呼ばれ、XとYの関係以外の要因によって生じた変動を表す。図10.6にこれら3つの変動量を示す。

図 10.6
変動量

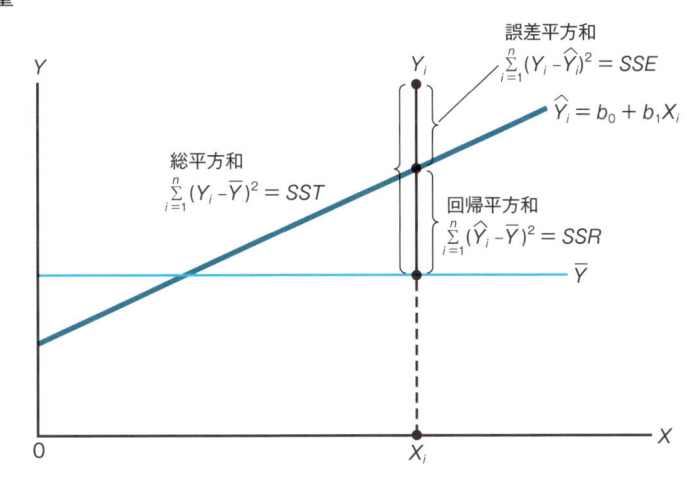

平方和の計算

回帰平方和（SSR）は、$\hat{Y}_i$（推定直線に基づくYの推定値）と$\overline{Y}$（Yの平均値）の差から算出される。誤差平方和（SSE）は回帰によって説明できないYの変動を表し、Y_iと$\hat{Y}_i$の差によって求められる。式（10.5）〜式（10.8）でこれら変動量と総平方和（SST）を定義する。

回帰分析における変動量

総平方和は、回帰平方和 (SSR) に誤差平方和 (SSE) を加算したものに等しい。

$$SST = SSR + SSE \quad 式(10.5)$$

総平方和 (SST)

総平方和 (SST) は、Y の各観測値と Y の平均値の差を二乗したものを足し合わせたものである。

$$SST = 総平方和 = \sum_{i=1}^{n}(Y_i - \overline{Y})^2 \quad 式(10.6)$$

回帰平方和 (SSR)

回帰平方和 (SSR) は、Y の各観測値と Y の平均値の差を二乗したものを足し合わせたものである。

$$SSR = 説明される変動または回帰平方和 = \sum_{i=1}^{n}(\hat{Y}_i - \overline{Y})^2 \quad 式(10.7)$$

誤差平方和 (SSE)

誤差平方和 (SSE) は、Y の各観測値と Y の推定値の差を二乗したものを足し合わせたものである。

$$SSE = 説明できない変動または誤差平方和 \sum_{i=1}^{n}(Y_i - \hat{Y})^2 \quad 式(10.8)$$

図 10.7 に、図 10.4 で示したサンフラワーズ・アパレル社の結果から平方和の部分のみを取り出した。総平方和 (SST) は 116.9543 であり、この値は回帰分析によって説明される平方和 (SSR) の 105.7476 と回帰分析によって説明できない平方和 (SSE) の 11.2067 の 2 つの部分に分けられる。式(10.5)より、以下のようになる。

$$SST = SSR + SSE$$
$$116.9543 = 105.7476 + 11.2067$$

図 10.7
Excel を使ったサンフラワーズ・アパレル社の平方和

	A	B	C	D	E	F
10	分散分析表					
11		自由度	変動	分散	観測された分散比	有意 F
12	回帰	1	105.7476	105.7476	113.2335	0.0000
13	残差	12	11.2067	0.9339		
14	合計	13	116.9543			

決定係数

SSR、SSE、SST はそれぞれ単独ではいかなる情報も伝えない。しかし、総平方和 (SST) に対する回帰平方和 (SSR) の比は、回帰モデルの独立変数 X により説明される Y の変動の比率を表している。この比は決定係数 r^2 と呼ばれ、式 (10.9) により定義される。

> **決定係数**
>
> **決定係数 (coefficient of determination)** は、回帰平方和（説明される変動）を総平方和（総変動量）で除したものに等しい。決定係数は、回帰モデルの独立変数 X により説明される Y の変動の比率を表している。
>
> $$r^2 = \frac{回帰平方和}{総平方和} = \frac{SSR}{SST} \quad 式(10.9)$$
>
> サンフラワーズ・アパレル社のデータについて、SSR = 105.7476、SSE = 11.2067、SST = 116.9543 とすると、下記の式となる。

$$r^2 = \frac{105.7476}{116.9543} = 0.9042$$

つまり、売上に見られる変動の 90.42% が、平方フィート単位で測定される店舗の規模の変動によって説明がつくという意味である。売上推定の変動の 90.42% が回帰モデルで説明されることから、このように r^2 値が大きいということは、2 つの変数の間に強い関係があることを表している。床面積を用いた線形回帰モデルで説

明のつかない他の要因による売上の標本変動は、9.58%のみである。

図10.8に図10.4で示したサンフラワーズ・アパレル社の結果から回帰統計量の部分のみを取り出した。この表には決定係数（Excelでは「重決定R2」として表示）が含まれている。

図10.8
Excelを使って出したサンフラワーズ・アパレル社の回帰統計量

	A	B
3	回帰統計	
4	重相関R	0.9509
5	重決定R2	0.9042
6	補正R2	0.8962
7	標準誤差	0.9664
8	観測数	14.0000

例10.4
決定係数を計算する

サンフラワーズ・アパレル社のデータを使って決定係数 r^2 を計算せよ。

解 式(10.6)〜式(10.8)によって定義される SST、SSR、SSE は、式(10.10)〜式(10.12)を使って計算することができる。

SST の計算式

$$SST = \sum_{i=1}^{n}(Y_i - \overline{Y})^2 = \sum_{i=1}^{n}Y_i^2 - \frac{\left(\sum_{i=1}^{n}Y_i\right)^2}{n} \quad \text{式(10.10)}$$

SSR の計算式

$$SSR = \sum_{i=1}^{n}(\hat{Y}_i - \overline{Y})^2$$
$$= b_0\sum_{i=1}^{n}Y_i + b_1\sum_{i=1}^{n}X_iY_i - \frac{\left(\sum_{i=1}^{n}Y_i\right)^2}{n} \quad \text{式(10.11)}$$

SSE の計算式

$$SSE = \sum_{i=1}^{n}(Y_i - \hat{Y}_i)^2 = \sum_{i=1}^{n}Y_i^2 - b_0\sum_{i=1}^{n}Y_i - b_1\sum_{i=1}^{n}X_iY_i \quad \text{式(10.12)}$$

表 10.2 の結果をあてはめると、次のようになる。

$$SST = \sum_{i=1}^{n}(Y_i - \overline{Y})^2 = \sum_{i=1}^{n} Y_i^2 - \frac{\left(\sum_{i=1}^{n} Y_i\right)^2}{n}$$

$$= 594.9 - \frac{(81.8)^2}{14}$$

$$= 594.9 - 477.94571$$

$$= 116.95429$$

$$SSR = \sum_{i=1}^{n}(\hat{Y}_i - \overline{Y})^2$$

$$= b_0 \sum_{i=1}^{n} Y_i + b_1 \sum_{i=1}^{n} X_i Y_i - \frac{\left(\sum_{i=1}^{n} Y_i\right)^2}{n}$$

$$= (0.9645)(81.8) + (1.6699)(302.3) - \frac{(81.8)^2}{14}$$

$$= 105.74726$$

$$SSE = \sum_{i=1}^{n}(Y_i - \hat{Y}_i)^2$$

$$= \sum_{i=1}^{n} Y_i^2 - b_0 \sum_{i=1}^{n} Y_i - b_1 \sum_{i=1}^{n} X_i Y_i$$

$$= 594.9 - (0.9645)(81.8) - (1.6699)(302.3)$$

$$= 11.2067$$

したがって、

$$r^2 = \frac{105.74726}{116.95429} = 0.9042$$

推定値の標準誤差

　最小二乗法では推定誤差を最も少なく抑えてデータにあてはまる直線を求めることができるが、すべての観測データポイントが 1 本の直線上に並ばないのであれば、推定直線も完全ではない。すべてのデータの値がその平均値と完全に一致し得ないのと同じように、回帰分析における値すべてが推定直線と一致することはあり得な

い。360ページの図10.5に、サンフラワーズ・アパレル社のデータについて推定直線を中心としたばらつきを示す。Yの観測値の多くが推定直線の付近にあるが、どれ1つとっても推定直線上にあるものはないことがわかる。

第1章で説明した標準偏差は標本平均を中心とした各値のばらつきを表していた。同様に、**推定値の標準誤差（standard error of the estimate）**とは、Yの推定値に対するYの観測値のばらつきを示すものである。つまり、第1章の標準偏差が標本平均を中心とした標準偏差を指しているならば、推定値の標準誤差は推定直線を中心とした標準偏差ということができる。式(10.13)で推定値の標準誤差、S_{YX}を定義する。

推定値の標準誤差

$$S_{YX} = \sqrt{\frac{SSE}{n-2}} = \sqrt{\frac{\sum_{i=1}^{n}(Y_i - \hat{Y})^2}{n-2}} \quad \text{式(10.13)}$$

ここで

Y_i = 任意のX_iに対するYの観測値
$\hat{Y}_i$ = 任意のX_iに対するYの推定値
SSE = 誤差の平方和

式(10.8)および図10.4または図10.7より、$SSE = 11.2067$である。したがって、

$$S_{YX} = \sqrt{\frac{11.2067}{14-2}} = 0.9664$$

この推定値の標準誤差、0.9664百万ドル（96万6,400ドル）は、図10.8のExcelの結果では「標準誤差」として表示されている。推定値の標準誤差とは、推定直線を中心とした変動量を表す。単位は従属変数Yと同じである。推定値の標準誤差の解釈は標準偏差の解釈と似ている。標準偏差は平均に対するばらつきを測るものであるのに対し、推定値の標準誤差は推定直線に対するばらつきを測るものである。サンフラワーズ・アパレル社の事例では、ある店舗の実際の売上と回帰式を使って推定した売上の典型的な差は、約96万6,400ドルとなる。

10.4 前提条件

第7章から第9章にかけて仮説検定と分散分析について説明した中で、分析結果の有効性を担保する上で、分析の前提がいかに重要であるかを強調した。回帰分析の前提条件は、分散分析の前提条件に似ている。どちらも広義での「線形モデル」に類するからである。

回帰分析の前提条件 (assumptions of regression) は次の4つである（それぞれの英語の頭文字を取って「LINE」と呼ばれる）。

- 直線性 (Linearilty)
- 誤差の独立性 (Independence of errors)
- 誤差の正規性 (Normality of error)
- 等分散 (Equal variance)

1つ目の前提である**直線性 (linearity)** とは、変数同士の関係が直線的であることを指す。

2つ目の前提である**誤差の独立性 (independence of errors)** とは、誤差 (ε_i) は互いに独立していることを要するものである。この前提は特に、ある期間にわたってデータを収集した場合に重要である。この場合、特定の時間枠に生じた誤差は、場合によってその前の時間枠に生じた誤差と相関していることがある。

3つ目の前提である**正規性 (normality)** とは、誤差 (ε_i) は個々の X の値において正規分布していることを要するものである。t 検定や分散分析 F 検定と同様に、回帰分析は正規性の前提からの逸脱については比較的強い。X の各レベルにおける誤差の分布が正規分布から極端に逸脱していなければ、β_0 と β_1 の推論には大きく影響しない。

4つ目の前提である**等分散 (equal variance)** または**等分散性 (homoscedasticity)** とは、誤差 (ε_i) の分散がすべての X の値について一定であることを要するものである。言い換えれば、X が低い値を取るときの Y のばらつきは、X が高い値を取るときのそれと同じであると仮定するものである。等分散の前提は、β_0 と β_1 について推論を立てる際に重要となる。この前提から大きく逸脱するようであれば、データ変換を行うか、または加重最小二乗法を行う。

10.5 残差分析

10.2 節と 10.3 節では、サンフラワーズ・アパレル社のデータを使って最小二乗法による回帰モデルを作成した。このモデルはサンフラワーズ・アパレル社のデータに対して最適といえるだろうか？ 10.4 節で挙げた各前提条件は満たされているだろうか？ その有効性を確かめるため、**残差分析 (residual analysis)** を行い、回帰分析の前提を視覚的に評価し、決定した回帰モデルが適切かどうかを判断する。

残差 (residual)、すなわち誤差の推定値 e_i は、ある X 値に対する従属変数 Y の観測値 (Y_i) と推定値 ($\hat{Y}_i$) の差を指す。散布図では、推定直線と観測値とを垂直に結んだ距離にあたる。式 (10.14) で残差を定義する。

残差

残差とは、Y の観測値と Y の推定値の差に等しい。
$$e_i = Y_i - \hat{Y}_i \quad 式(10.14)$$

前提条件の評価

10.4 節で説明した回帰分析の 4 つの前提条件を思い出してほしい。すなわち、直線性 **L**、独立性 **I**、正規性 **N**、等分散 **E** (LINE) である。

直線性 直線性を評価するためには、縦軸に残差を、横軸に該当する独立変数 X の値 X_i を表示する。線形モデルが対象データにふさわしければ、このグラフには特定される傾向がない。一方、線形モデルがふさわしくない場合、残差を表すグラフは X_i と残差 e_i の間になんらかの関係が存在する。

図 10.9 には特定される傾向が見られる。グラフ A では、X が増加するに従い Y は増加する傾向が見られるが、X が増え続けると Y の増加傾向が緩やかになっていることから、両者の関係は曲線的であると考えられる。グラフ B ではこの二次効果が一層際立っている。ここでは、X_i と e_i に明白な関係が見られる。残差を表示することにより、X の Y に対する直線的傾向が取り除かれ、単純線形モデルが十分にあてはまっていないことがわかる。したがって、二次モデルの方が適しており、単純線形モデルではなく二次モデルを使うべきである。

図 10.9
単純線形回帰モデルの妥当性を検討する

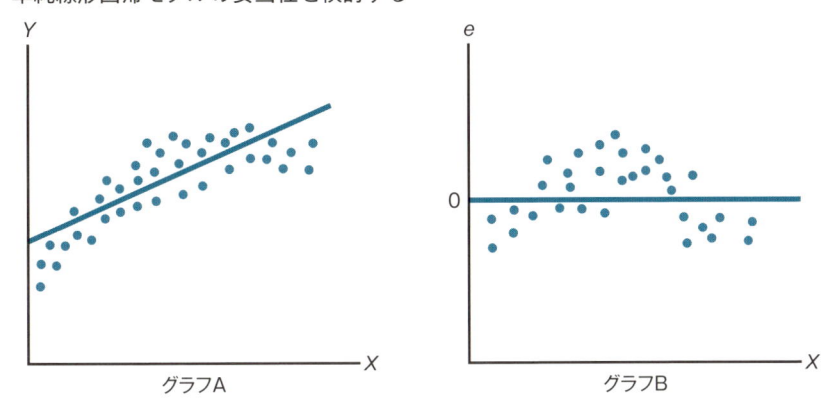

グラフA

グラフB

　単純線形回帰モデルが妥当かどうかを判断するべく、サンフラワーズ・アパレル社のデータの評価に戻る。図 10.10 に売上の推定値と残差を示す。

図 10.10
サンフラワーズ・アパレル社のデータの残差一覧

	A	B	C	D	E
1	観測数	千平方フィート	売上推定値	売上	残差
2	1	1.7	3.803239598	3.7	0.103239598
3	2	1.6	3.636253367	3.9	−0.263746633
4	3	2.8	5.640088147	6.7	−1.059911853
5	4	5.6	10.31570263	9.5	0.815702635
6	5	1.3	3.135294672	3.4	−0.264705328
7	6	2.2	4.638170757	5.6	−0.961829243
8	7	1.3	3.135294672	3.7	−0.564705328
9	8	1.1	2.801322208	2.7	0.101322208
10	9	3.2	6.308033074	5.5	0.808033074
11	10	1.5	3.469267135	2.9	0.569267135
12	11	5.2	9.647757708	10.7	−1.052242292
13	12	4.6	8.645840318	7.6	1.045840318
14	13	5.8	10.6496751	11.8	−1.150324902
15	14	3.0	5.974060611	4.1	1.874060611

　直線性の評価のために、独立変数（千平方フィート単位の店舗規模）に対する残差を表示したものが図 10.11 である。データはグラフ上で広範囲に散布しているが、残差と X_i の間に特定される傾向や関係は見られない。さまざまな X の値に対して残差は 0 を挟んで上下に偏りなく現れている。したがって、サンフラワーズ・アパレル社のデータに関しては、線形モデルは適切であると判断することができる。

図 10.11
サンフラワーズ・アパレル社の店舗床面積に対する残差を示したグラフ

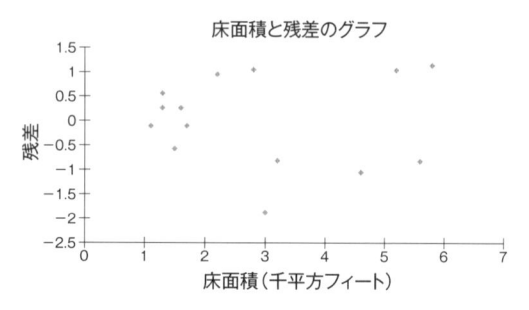

床面積と残差のグラフ

独立性 誤差の独立性の前提を評価するには、データを取得した順に残差を表示する。Yの値が時系列の一環を形成している場合（第1章1.6節参照）は、ある残差の値が直前の残差の値と関連性を持っているかもしれない。連続する残差の間に特定の関係が成り立つ（すなわち独立性の前提が損なわれる）場合は、データ収集の時系列に沿った残差を示すグラフは通常、周期性を示す。サンフラワーズ・アパレル社のデータは同じ時期に収集されているため、独立性の前提を評価する必要はない。

正規性 誤差の正規性の前提を評価するには、表10.3に示すような残差の度数分布表を作成する。標本数が小さすぎるため、ヒストグラムを作成しても意味あるものにはならない。

表10.3
サンフラワーズ・アパレル社のデータより14の残差の度数分布

残差	度数
$-2.25 \sim -1.75$ 未満	1
$-1.75 \sim -1.25$ 未満	0
$-1.25 \sim -0.75$ 未満	3
$-0.75 \sim -0.25$ 未満	1
$-0.25 \sim +0.25$ 未満	2
$+0.25 \sim +0.75$ 未満	3
$+0.75 \sim +1.25$ 未満	4
	14

回帰分析はある程度であれば正規性からの逸脱には強いことから、サンフラワーズ・アパレル社のデータに関して正規性の前提からの逸脱をそれほど心配する必要はない。

等分散 等分散の前提を評価するには、X に対する残差のグラフを使うことができる。図 10.11 に示すサンフラワーズ・アパレル社のデータについては、X_i 値の違いによる残差のばらつきには大きな差は見られない。したがって、X の各レベルにおける等分散の前提が損なわれていない。

等分散の前提が損なわれている場合を考える。図 10.12 では、仮定されたデータ群について、X_i に対する残差を表示した。このグラフは扇形をしており、X が増えるにつれ残差のばらつきが急増している。このグラフから、X のレベルによって残差は等分散していないことがわかるため、等分散の前提は無効となる。

図 10.12
等分散ではない場合

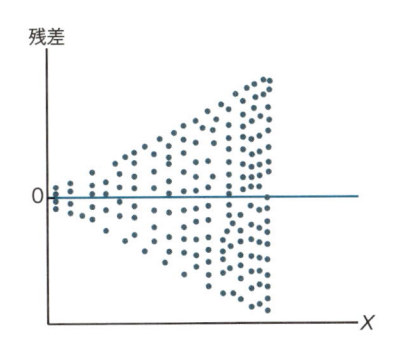

10.6 自己相関の測定：ダービン・ワトソン統計量

回帰モデルの前提条件の 1 つに、誤差の独立性があった。データが連続する時間枠にまたがる場合、ある時間枠の残差が隣り合う時間枠の残差と似た傾向を示すことがある時、独立性の前提が損なわれてしまう。このような残差の傾向を**自己相関 (autocorrelation)** と呼ぶ。あるデータの集合に強い自己相関がみられる場合、回帰モデルの有効性は、極めて疑わしいものとなる。

自己相関を検出する残差グラフ

10.5 節で述べたように、自己相関を検出するために、時間軸に沿った残差グラフを作成することで確認できる。正の自己相関の影響があれば、同じ符号の残差が塊を成しているので、即座に明白な傾向を見つけることができる。負の自己相関がある場合は、残差は正の値から負の値へ、負の値から正の値へ、といった具合に激しく上下する。このような傾向は、回帰分析では滅多に見られないので、本節では、

正の自己相関にのみ着目する。次の例を検討しながら正の自己相関を解説する。

ある荷物配送店は、週間売上の推定という経営課題に直面している。この課題への取り組みとして、利用客の数を独立変数とした回帰モデルを作成することにした。データを15週間収集し、それを整理したものが表10.4である（ファイル 客売上 ）。

表10.4
連続する15週の間の利用客数と売上高

週	来客数	売上（千ドル）	週	来客数	売上（千ドル）
1	794	9.33	9	880	12.07
2	799	8.26	10	905	12.55
3	837	7.48	11	886	11.92
4	855	9.08	12	843	10.27
5	845	9.83	13	904	11.80
6	844	10.09	14	950	12.15
7	863	11.01	15	841	9.64
8	875	11.49			

データは1つの店舗で連続する15週にわたり収集されたものであるため、自己相関があるかを見極める必要がある。図10.13に、このデータの回帰分析結果を示す。

図10.13
Excelを使った表10.4の配送業者の回帰分析結果

	A	B	C	D	E	F	G	H	I
1	荷物配送店売上分析								
2									
3		回帰統計							
4	重相関R	0.8108							
5	重決定R2	0.6574							
6	補正R2	0.6311							
7	標準誤差	0.9360							
8	観測数	15							
9									
10	分散分析表								
11		自由度	変動	分散	観測された分散比	有意F			
12	回帰	1	21.8604	21.8604	24.9501	0.0002			
13	残差	13	11.3901	0.8762					
14	合計	14	33.2506						
15									
16		係数	標準誤差	t	P-値	下限95%	上限95%		
17	切片	−16.0322	5.3102	−3.0192	0.0099	−27.5041	−4.5603		
18	来客数	0.0308	0.0062	4.9950	0.0002	0.0175	0.0441		

図10.13から、決定係数 r^2 は 0.6574 であることがわかる。すなわち、売上に見られる変動の 65.74% は利用客数の変動によって説明される。さらに、Y 切片 b_0 は -16.0322、傾き b_1 は 0.0308 である。ただし、このモデルを使って推定を行う前に残差分析をしなければならない。データは連続する15週にわたって収集されていることから、直線性、正規性、等分散の前提を確認するばかりでなく、誤差の独立性の前提を調べる必要がある。そのためには、図10.14示すように、時間に対する残差を表示し、特定した傾向が見られるか否かを調べる。図10.14では、残差が周期的に上下している様子が見られる。このような周期的パターンは、残差に自己相関がある、つまり、誤差の独立性の前提が損なわれていることを疑う根拠となる。

図 10.14
表10.4の配送業者のデータの残差グラフ

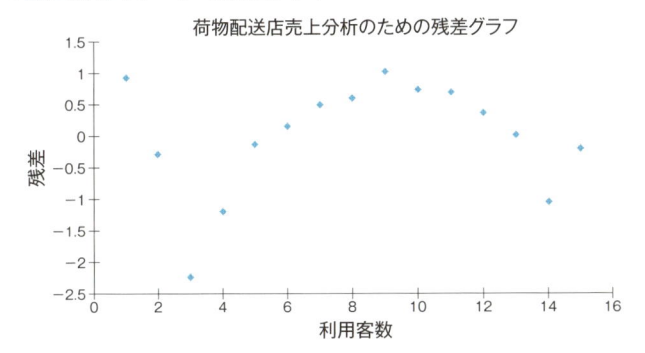

ダービン・ワトソン統計量

自己相関を測るために用いられるのが**ダービン・ワトソン統計量（Durbin-Watson statistic）**である。この統計量は各残差と直前の時間枠の残差との間の相関を示す。式 (10.15) でダービン・ワトソン統計量を定義する。

ダービン・ワトソン統計量

$$D = \frac{\sum_{i=2}^{n}(e_i - e_{i-1})^2}{\sum_{i=1}^{n} e_i^2} \quad \text{式}(10.15)$$

ここで

e_i = 時間枠 i における残差

式 (10.15) において、分子の $\sum_{i=2}^{n}(e_i - e_{i-1})^2$ は、2つの連続する残差の差の二乗を2番目の値から n 番目の値までの総和を、分母の $\sum_{i=1}^{n} e_i^2$ は、残差の二乗の総和を表している。つまり、ダービン・ワトソン統計量 D の値は、連続する残差が正の自己相関を持っているとき0に近づく。残差に相関がない場合、D の値は2に近づく（負の自己相関の場合、D は2よりも大きく、最大4まで近づく）。荷物配送店の例では、ダービン・ワトソン統計量 D は0.8830である（次の図10.15のExcelの結果参照）。

図 10.15
荷物配送店のデータのダービン・ワトソン統計量を示す Excel ワークシート

	A	B	C	D
1	ダービン・ワトソン統計量			
2				
3	残差の差分二乗和	10.0575	=SUMXMY2(図10.14!C26:C39,図10.14!C25:C38)	
4	残差二乗和	11.3901	=SUMSQ(図10.14!C25:C39)	
5				
6	ダービン・ワトソン統計量	0.8830	=B3/B4	

自己相関が十分に大きいため、有意な正の自己相関が存在するのはどの値かを判断する必要がある。D を計算したら、その計算結果を表B.6に示すダービン・ワトソン統計量の限界値とを比較する。表B.6の一部を表10.5に示す。限界値は、有意水準 α、標本数 n、およびモデルに含まれる独立変数の数 k に依存する（単純線形回帰モデルでは $k = 1$）。

表 10.5
ダービン・ワトソン統計量の限界値を求める

$\alpha = .05$

n	$k=1$		$k=2$		$k=3$		$k=4$		$k=5$	
	d_L	d_U	d_L	d_U	d_L	d_U	d_L	d_U	d_L	d_U
15	1.08	1.36	.95	1.54	.82	1.75	.69	1.97	.56	2.21
16	1.10	1.37	.98	1.54	.86	1.73	.74	1.93	.62	2.15
17	1.13	1.38	1.02	1.54	.90	1.71	.78	1.90	.67	2.10
18	1.16	1.39	1.05	1.53	.93	1.69	.82	1.87	.71	2.06

表 B.6 より抜粋

表 10.5 では、α（有意水準）、n（標本数）、k（モデル内の独立変数の数）の各組み合わせについて2つの値が示されている。1つ目の値 d_L は下部の限界値を表す。D の結果が d_L を下回る場合、残差には正の自己相関があることを示す証拠があると結論付ける。この場合、本章で取り扱っている最小二乗法は不適切であり、他の手法を使うべきである。2つ目の値 d_U は、D の上部の限界値を示す。D が d_U を上回る場合は、残差には正の自己相関を示す証拠はない、と結論付ける。D が d_L と d_U の間に位置する場合は、確固たる結論を導くことはできない。

荷物配送店の例では、独立変数は1つ（$k=1$）で、15の値がある（$n=15$）ため、$d_L = 1.08$、$d_U = 1.36$ となる。$D = 0.8830 < 1.08$ であることから、残差には正の自己相関があると結論付ける。残差には有意な正の自己相関が存在していることから、このデータを最小二乗法に基づき回帰分析するのは不適切である。言い換えれば、誤差の独立性の前提条件が満たされない。

10.7 傾きと相関係数に関する推論

10.1 節から 10.3 節にかけては、回帰分析を記述の目的のみに使用してきた。最小二乗法を使ってどのように回帰係数を求めるのか、ある X 値に対する Y の推定方法、加えて、推定値の標準誤差や決定係数の計算方法と解釈の仕方についても学んだ。

10.5 節で説明したように、残差分析の結果から、最小二乗法による回帰モデルの前提条件が大きく損なわれておらず、直線モデルは適切であると判断される場合は、母集団における変数の間に線形関係があるとの推論を立てることができる。

傾きの t 検定

変数 X と変数 Y の間に有意な線形関係が存在することを見極めるには、β_1(母集団の傾き)が 0 に等しいかどうかを検定する。帰無仮説と対立仮説は次の通りである。

$$H_0 : \beta_1 = 0 \ [線形性はない(傾きはゼロである)]$$
$$H_1 : \beta_1 \neq 0 \ [線形性がある(傾きはゼロではない)]$$

帰無仮説が棄却されるのであれば、線形関係を示す証拠があると判断する。式(10.16)は検定統計量を定義するものである。

> **t 検定を用いた母集団の傾き β_1 の仮説検定**
>
> 検定統計量 t 値は、標本の傾きと母集団の傾きの推定値の差を傾きの標準誤差で割ったものに等しい。
>
> $$t = \frac{b_1 - \beta_1}{S_{b_1}} \quad 式(10.16)$$
>
> ここで、
>
> $$S_{b_1} = \frac{S_{YX}}{\sqrt{SSX}}$$
> $$SSX = \sum_{i=1}^{n}(X_i - \overline{X})^2$$
>
> 検定統計量 t 値は $n-2$ を自由度に持つ F 分布に従う。

本書冒頭のサンフラワーズ・アパレル社の事例に戻るとしよう。有意水準を 0.05 とし、店舗の規模と売上の間に有意な線形関係があるか否かを検定するには、図 10.16 に示す t 検定結果を参照する。

図 10.16
Excel を使ったサンフラワーズ・アパレル社の事例の傾きの t 検定結果

	A	B	C	D	E	F	G	H	I
16		係数	標準誤差	t	P値	下限95%	上限95%	下限95.0%	上限95.0%
17	切片	0.9645	0.5262	1.8329	0.0917	−0.1820	2.1110	−0.1820	2.1109
18	来客数	1.6699	0.1569	10.6411	0.0000	1.3280	2.0118	1.3280	2.0117

図 10.4 と図 10.7 より、

$$b_1 = +1.6699 \quad n = 14 \quad S_{b_1} = 0.1569$$

また、

$$t = \frac{b_1 - \beta_1}{S_{b_1}}$$
$$= \frac{1.6699 - 0}{0.1569} = 10.6411$$

有意水準を 0.05 とすると、自由度が $n - 2 = 12$ の t 限界値は 2.1788 である。$t = 10.6411 > 2.1788$ または p 値は近似的に 0 である（$\alpha = 0.05$ より低い）ことから、H_0 を棄却する（図 10.17 を参照）。よって、平均売上と店舗の規模の間には有意な線形関係があるということができる。

図 10.17
自由度 12、有意水準 0.05 のときの母集団の傾きに関する仮説を検定する

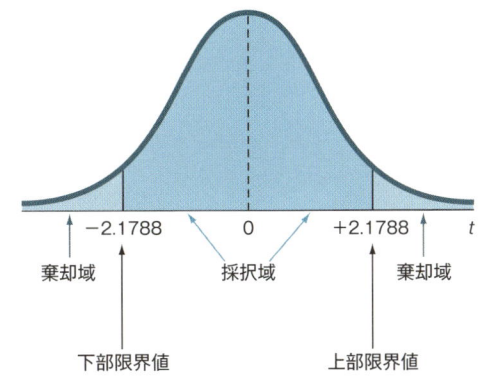

傾きの F 検定

単純線形回帰分析における t 検定の代替として、傾きが統計的に有意かどうかを判断するために F 検定を使うことができる。第 8 章 8.4 節では、F 分布を使って 2 つの分散の比を検定した。式 (10.17) では、傾きに対する F 検定を回帰分析による分散 (MSR) を誤差分散 ($MSE = S^2_{YX}$) で除した比として定義している。

F検定を使った母集団の傾き β_1 の仮説検定

検定統計量 F 値は、回帰平均平方 (MSR) を平均平方誤差 (MSE) で除したものに等しい。

$$F = \frac{MSR}{MSE} \quad 式(10.17)$$

ここで、

$$MSR = \frac{SSR}{1} = SSR$$

$$MSE = \frac{SSE}{n-2}$$

検定統計量 F 値は 1 と $n-2$ を自由度に持つ F 分布に従う。

有意水準 α を使うと、判断基準は、

$F > F_\alpha$ のとき H_0 を棄却する。
それ以外の場合は棄却しない。

表 10.6 は、全結果を分散分析表にまとめたものである。

表 10.6
回帰係数の有意性を検定するための分散分析表

変動因	自由度 (df)	平方和	平均平方（分散）	F 値
回帰	1	SSR	$MSR = \dfrac{SSR}{1} = SSR$	$F = \dfrac{MSR}{MSE}$
誤差	$n-2$	SSE	$MSE = \dfrac{SSE}{n-2}$	
総和	$n-1$	SST		

図 10.18 に示すサンフラワーズ・アパレル社の売上データについて作成した分散分析表から、算出された検定統計量 F 値は 113.2335 で、p 値は近似的に 0 であることがわかる。

図 10.18
Excel を使ったサンフラワーズ・アパレル社の F 検定結果

	A	B	C	D	E	F
10	分散分析表					
11		自由度	変動	分散	観測された分散比	有意F
12	回帰	1	105.7476	105.7476	113.2335	0.0000
13	残差	12	11.2067	0.9339		
14	合計	13	116.9543			

　有意水準を 0.05 とすると、表 B.4 より、自由度 1 と 12 を持つ F 分布の限界値は 4.75 であることがわかる（図 10.19 参照）。$F = 113.2335 > 4.75$ または p 値 $= 0.0000 < 0.05$ であることから、H_0 を棄却し、店舗の規模と売上には有意な線形関係が存在すると結論付ける。式 (10.17) の F 検定は、式 (10.16) の t 検定に相当することから、同じ結論が得られる。

図 10.19
自由度 1 と 12、有意水準 0.05 で傾きの有意性を検定する場合の
棄却域と採択域

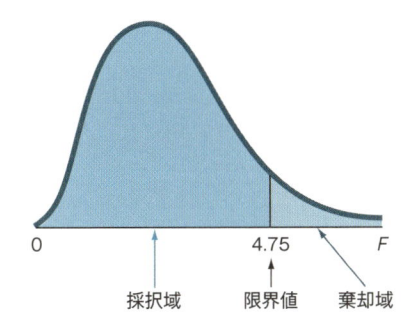

傾きに対する信頼区間推定

　変数間の関係が線形であるか否かを検定する別の方法として、式 (10.18) を使って β_1 の信頼区間を推定することがある。

> **傾き β_1 の信頼区間推定**
>
> 母集団の傾きの信頼区間推定は、標本の傾き b_1 に対し限界 t 値を足し算または引き算したものに傾きの標準誤差を掛け合わせることで得られる。
>
> $$b_1 \pm t_{\alpha/2} S_{b_1}$$
> $$b_1 - t_{\alpha/2} S_{b_1} \leq \beta_1 \leq b_1 + t_{\alpha/2} S_{b_1} \qquad 式(10.18)$$
>
> ここで
>
> $t_{\alpha/2}$ = 自由度 $n-2$ を持つ t 分布の上側の確率が $\alpha/2$ である限界値（すなわち採択域の確率は $1-\alpha/2$）

380 ページの図 10.16 より下記のようになる。

$$b_1 = 1.6699 \quad n = 14 \quad S_{b_1} = 0.1569$$

95% の信頼区間推定を行うには、$\alpha/2 = 0.025$、また、表 B.2 より、$t_{\alpha/2} = 2.1788$ であるから、

$$b_1 \pm t_{\alpha/2} S_{b_1} = 1.6699 \pm (2.1788)(0.1569)$$
$$= 1.6699 \pm 0.3419$$
$$1.3280 \leq \beta_1 \leq 2.0118$$

したがって、95% の確度で、母集団の傾きは 1.3280 〜 2.0118 の間であると推定することができる。いずれの値も 0 よりも大きいことから、売上と店舗の規模の間には有意な線形関係が存在すると結論付ける。信頼区間に 0 が含まれていたならば、両変数の間に有意な関係は存在しない、と結論付けることになる。この信頼区間は、床面積が 1,000 平方フィート増えるごとに、売上は 1,328,000 ドルから 2,011,800 ドルの範囲で増加すると推定される。

相関係数の t 検定

第 1 章 1.10 節では、相関係数 r を使って 2 変数の関係の強度を測った。相関係数は、完全な負の相関を示す -1 から完全な正の相関を示す $+1$ の間を取る。相関係数を使って、X と Y の間に統計的に有意な線形関係があるかどうかを見極めることができる。そのためには、母集団の相関係数 ρ は 0 であると仮定する。したがって、帰無仮説と対立仮説は、以下のとおりとなる。

$$H_0 : \rho = 0 \text{（相関なし）}$$
$$H_1 : \rho \neq 0 \text{（相関あり）}$$

式 (10.19) は、有意な相関の有無を判断するための検定統計量を定義している。

相関の有無を検定する

$$t = \frac{r - \rho}{\sqrt{\dfrac{1 - r^2}{n - 2}}} \qquad 式(10.19a)$$

ここで、

$$b_1 > 0 \text{ の場合、} r = +\sqrt{r^2}$$
$$b_1 < 0 \text{ の場合、} r = -\sqrt{r^2}$$

である。検定統計量 t 値は $n - 2$ を自由度に持つ t 分布に従う。r は次のように計算される。

$$r = \frac{cov(X,Y)}{S_X S_Y} \qquad 式(10.19b)$$

ここで、

$$cov(X,Y) = \frac{\sum_{i=1}^{n}(X_i - \overline{X})(Y_i - \overline{Y})}{n - 1}$$

$$S_X = \sqrt{\frac{\sum_{i=1}^{n}(X_i - \overline{X})^2}{n - 1}}$$

$$S_Y = \sqrt{\frac{\sum_{i=1}^{n}(Y_i - \overline{Y})^2}{n - 1}}$$

サンフラワーズ・アパレル社の事例では、$r^2 = 0.9042$、$b_1 = +1.6699$ である（p.359 の図 10.4 参照）。$b_1 > 0$ であることから、売上と店舗の規模の相関係数は、r^2 の正の平方根、すなわち $r = +\sqrt{0.9042} = +0.9509$ である。式（10.19a）を使ってこれら 2 つの変数には相関がないとする帰無仮説を検定すると、次のような統計量 t 値が得られる。

$$t = \frac{r - 0}{\sqrt{\dfrac{1 - r^2}{n - 2}}}$$

$$= \frac{0.9509 - 0}{\sqrt{\dfrac{1 - (0.9509)^2}{14 - 2}}} = 10.6411$$

有意水準を 0.05 とすると、$t = 10.6411 > 2.1788$ であることから、帰無仮説を棄却する。売上と店舗規模の間には有意な関連性があるといえる。この検定統計量 t 値は、母集団の傾き β_1 がゼロに等しいかどうかを検定したときに求めた検定統計量 t 値に相当する。

10.8　平均値の推定と個々の値の推定

　第 6 章では、母集団平均の信頼区間推定の考え方について学んだ。361 ページの例 10.2 では、推定直線を使って、ある X 値に対する Y の平均値を推定した。4,000 平方フィートの床面積を持つ店舗の売上は、764 万 4,000 ドルと推定できた。しかしながら、この推定は母集団平均の「点推定」である。本節では、ある X 値に対する平均応答の信頼区間推定の方法と、その X 値に対する Y の推定区間を出す方法について考える。

信頼区間推定

　式（10.20）に、ある X 値に対する**平均応答の信頼区間推定（confidence interval estimate for the mean response）**を定義する。

Y の平均の信頼区間推定

$$\hat{Y}_i \pm t_{\alpha/2} S_{YX} \sqrt{h_i}$$
$$\hat{Y}_i - t_{\alpha/2} S_{YX} \sqrt{h_i} \leq \mu_{Y|X=X_i} \leq \hat{Y}_i + t_{\alpha/2} S_{YX} \sqrt{h_i} \quad \text{式(10.20)}$$

ここで、

$$h_i = \frac{1}{n} + \frac{(X_i - \overline{X})^2}{SSX}$$

$\hat{Y}_i = Y$ の推定値 $(\hat{Y}_i = b_0 + b_1 X_i)$
$S_{YX} = $ 推定値の標準誤差
$n = $ 標本数
$X_i = $ 与えられた X 値
$\mu_{Y|X=X_i} = Y$ の平均値 $(X = X_i$ の時)
$SSX = \sum_{i=1}^{n} (X_i - \overline{X})^2$

$t_{\alpha/2} = $ 自由度 $n - 2$ を持つ t 分布の上側の確率が $\alpha/2$ の限界値(すなわち採択域の確率は $1 - \alpha/2$)である。

式 (10.20) における信頼区間の幅を左右する要因はいくつかある。推定値の標準誤差の変化が増えると、区間の幅は広がる。標本数が増えると区間の幅は縮まる。さらに、X 値によってその幅は変化する。$\overline{X}$ に近い値で Y を推定するときは、$\overline{X}$ とかけ離れた値で Y を推定するときよりも、区間の幅は狭くなる。

サンフラワーズ・アパレル社の事例において、床面積 4,000 フィート ($X = 4$) を持つ店舗すべてを含む母集団の平均売上の 95% の信頼区間推定を行うとする。単純線形回帰式を用いると、

$$\hat{Y}_i = 0.9645 + 1.6699 X_i$$
$$= 0.9645 + 1.6699(4) = 7.6439 \text{(百万ドル) となる。}$$

また、下記の条件を与えると、

$$\overline{X} = 2.9214 \quad S_{YX} = 0.9664$$
$$SSX = \sum_{i=1}^{n} (X_i - \overline{X})^2 = 37.9236$$

表 B.2 より、$t_{\alpha/2} = 2.1788$ となる。したがって、

$$\hat{Y}_i \pm t_{a/2} S_{YX} \sqrt{h_i}$$

となる。ここで、

$$h_i = \frac{1}{n} + \frac{(X_i - \overline{X})^2}{SSX}$$

であるから、

$$\hat{Y}_i \pm t_{a/2} S_{YX} \sqrt{\frac{1}{n} + \frac{(X_i - \overline{X})^2}{SSX}} = 7.6439 \pm (2.1788)(0.9664)\sqrt{\frac{1}{14} + \frac{(4 - 2.9214)^2}{37.9236}}$$

$$= 7.6439 \pm 0.6728$$

よって、$6.9711 \leq \mu_{Y/X=4} \leq 8.3167$

したがって、95%の信頼区間推定では、床面積4,000平方フィートの店舗母集団の平均売上は、6,971,100〜8,316,700ドルの間となる。

推定区間

Yの平均値の信頼区間を推定するのに加え、個々のY値についても推定区間を求めることができる。この区間は、式（10.20）で表される信頼区間推定と似た形を取るが、推定区間では、平均推定ではなく個々の値を推定する。式（10.21）に、与えられたX_i値に対する**個別応答Y値の推定区間 (prediction interval for an individual response, Y)** ($Y_{X=Xi}$で表される) を定義する。

個別応答 Y 値の推定区間

$$\hat{Y}_i \pm t_{a/2} S_{YX} \sqrt{1 + h_i}$$

$$\hat{Y}_i - t_{a/2} S_{YX} \sqrt{1 + h_i} \leq Y_{X=X_i} \leq \hat{Y}_i + t_{a/2} S_{YX} \sqrt{1 + h_i} \quad 式(10.21)$$

ここで、

$Y_{X=X_i}$は$X = X_i$のときのYの将来値
$t_{a/2} = $ 自由度$n - 2$を持つt分布の上側の確率が$a/2$の限界値（すなわち採択域の確率が$1 - a/2$）である。

また、h_i、$\hat{Y}_i$、S_{YX}、n、X_iは式（10.20）に定義したとおりである。

4,000 平方フィート（$X = 4$）の床面積を持つある 1 つの店舗の売上の 95％ の推定区間を出すには、まず $\hat{Y}_i$ を計算する。推定直線は、次のようになる。

$$\hat{Y}_i = 0.9645 + 1.6699 X_i$$
$$= 0.9645 + 1.6699(4)$$
$$= 7.6439（百万ドル）$$

また、下記の条件においては、

$$\overline{X} = 2.9214 \quad S_{YX} = 0.9664$$
$$SSX = \sum_{i=1}^{n} (X_i - \overline{X})^2 = 37.9236$$

表 B.2 より、$t_{\alpha/2} = 2.1788$ となる。したがって、

$$\hat{Y}_i \pm t_{\alpha/2} S_{YX} \sqrt{1 + h_i}$$

となる。ここで、

$$h_i = \frac{1}{n} + \frac{(X_i - \overline{X})^2}{\sum_{i=1}^{n}(X_i - \overline{X})^2}$$

であるから、

$$\hat{Y}_i \pm t_{\alpha/2} S_{YX} \sqrt{1 + \frac{1}{n} + \frac{(X_i - \overline{X})^2}{SSX}}$$
$$= 7.6439 \pm (2.1788)(0.9664) \sqrt{1 + \frac{1}{14} + \frac{(4 - 2.9214)^2}{37.9236}}$$
$$= 7.6439 \pm 2.2104$$

となり、

$$5.4335 \leq Y_{X=4} \leq 9.8543$$

となる。したがって、95％ の信頼度で、床面積 4,000 平方フィートの店舗 1 店の売上は、5,433,500 〜 9,854,300 ドルの間と推定される。

図 10.20 に、サンフラワーズ・アパレル社の事例の信頼区間推定と推定区間を示す。信頼区間推定と推定区間の結果を比較すると、個々の店舗の推定区間の幅は、平均の信頼区間推定の幅よりもはるかに広いことがわかる。平均の推定より個々の推定の方が、変動が大きいことに留意する。

図 10.20
Excel を使ったサンフラワーズ・アパレル社の信頼区間推定と推定区間の結果

	A	B	
1	信頼区間推定と推定区間		
2			
3	データ		
4	X値	4	
5	信頼水準	95%	
6			
7	計算値		
8	標本数	14	=COUNT(サイト!A2:A15)
9	自由度	12	=B8−2
10	t 値	2.1788	=T.INV.2T(1−B5,B9)
11	標本平均	2.9214	=AVERAGE(サイト!A2:A15)
12	差の二乗和	37.9236	=DEVSQ(サイト!A2:A15)
13	推定値の標準誤差	0.9664	=出力!B7
14	統計量h	0.1021	=1/B8+(B4−B11)^2/B12
15	推定値Y	7.6439	=TREND(サイト!B2:B15,サイト!A2:A15,図10.21!B4,TRUE)
16			
17	平均Y値		
18	中心からの距離	0.6728	=B10*B13*SQRT(B14)
19	信頼区間下限	6.9711	=B15−B18
20	信頼区間上限	8.3167	=B15+B18
21			
22	個別応答Y値		
23	中心からの距離	2.2104	=B10*B13*SQRT(1+B14)
24	推定区間下限	5.4335	=B15−B23
25	推定区間上限	9.8544	=B15+B23

10.9　回帰分析における落し穴

回帰分析を使う際に陥りかねない落し穴は次のとおりである。

- 最小二乗回帰分析の前提条件に関する認識不足。
- 最小二乗回帰分析の前提条件の評価方法を知らないこと。
- 特定の前提条件が損なわれている場合の最小二乗回帰分析に代わる手法を知らないこと。
- 分析対象に関する知識のないまま回帰モデルを使うこと。
- 適合範囲外で推定すること。
- 観測に基づく検討の結果、有意な関係が認められた場合、それが因果関係に基づくものだと判断すること。

Excelや解析ツールが広く普及したことで、回帰分析は以前に比べて容易にできる。しかし、こうしたアプリケーションを使うユーザの多くは、回帰分析の適切な活用法を理解していない。回帰分析の前提条件や前提条件の評価方法に精通してい

ないと、前提条件が損なわれている場合に、最小二乗回帰分析に代わる手段を見いだせないことになる。

表10.7に示すデータ（ファイル アンコム ）は、Y 切片、傾き、r^2 を計算するといった基礎的な複雑な計算をする以上に散布図と残差分析を使うことが重要であることを示している。

表10.7
4つの人為的データ群

データ群 A		データ群 B		データ群 C		データ群 D	
X_i	Y_i	X_i	Y_i	X_i	Y_i	X_i	Y_i
10	8.04	10	9.14	10	7.46	8	6.58
14	9.96	14	8.10	14	8.84	8	5.76
5	5.68	5	4.74	5	5.73	8	7.71
8	6.95	8	8.14	8	6.77	8	8.84
9	8.81	9	8.77	9	7.11	8	8.47
12	10.84	12	9.13	12	8.15	8	7.04
4	4.26	4	3.10	4	5.39	8	5.25
7	4.82	7	7.26	7	6.42	19	12.50
11	8.33	11	9.26	11	7.81	8	5.56
13	7.58	13	8.74	13	12.74	8	7.91
6	7.24	6	6.13	6	6.08	8	6.89

「アンコム」は、表10.7に示す4つのデータ群が次の全く同じ結果となることを示した。

$$\hat{Y}_i = 3.0 + 0.5X_i$$
$$S_{YX} = 1.237$$
$$S_{b_1} = 0.118$$
$$r^2 = 0.667$$

$$SSR = 説明される変動 = \sum_{i=1}^{n}(\hat{Y}_i - \overline{Y})^2 = 27.51$$

$$SSE = 説明できない変動 = \sum_{i=1}^{n}(Y_i - \hat{Y}_i)^2 = 13.76$$

$$SST = 全変動 = \sum_{i=1}^{n}(Y_i - \overline{Y})^2 = 41.27$$

この時点で分析をやめてしまうと、4つのデータ群の間に存在する重要な差を見落としてしまうことになる。

図 10.21 の散布図と図 10.22 の残差グラフを見れば、各データ群がどれほど違うか一目瞭然である。各データ群における X と Y の関係はすべて異なる。ほぼ直線に沿っていると思われるデータ群は、データ群 A のみである。データ群 A の残差グラフには、明瞭なパターンや逸脱した残差は見られない。しかしデータ群 B、C、D では状況は異なる。データ群 B の散布図を見ると、曲線回帰モデルがより適切であることがわかる。同群の残差グラフを見れば、その判断はより強まる。データ群 C の散布図および残差グラフを見ると、逸脱した外れ値があることは明白である。この場合に取る手法としては、この外れ値を除外して回帰モデルを作成し直すことが挙げられる。データ群 D の散布図は、このモデルがある単一のデータ値 ($X_8 = 19$、$Y_8 = 12.50$) の結果に大きく依存している状態を示している。このような特徴を持つ回帰モデルは細心の注意を払って使用することが望まれる。

図 10.21
4 つのデータ群の散布図

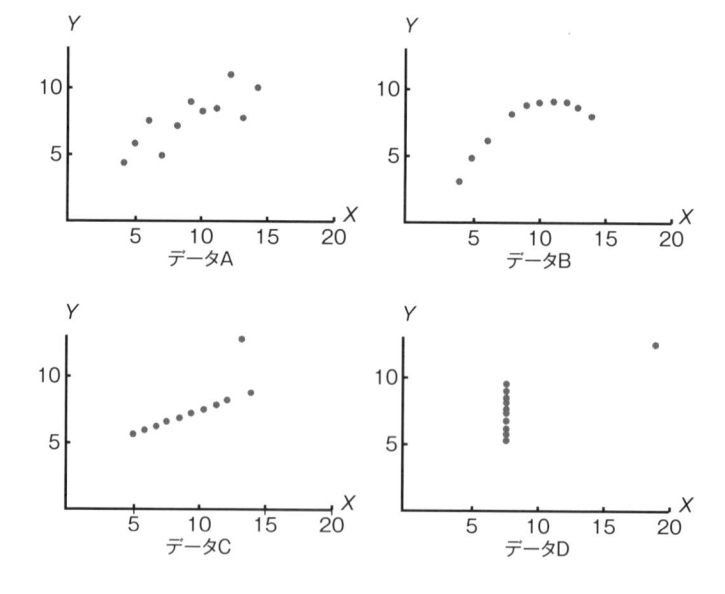

図 10.22
4つのデータ群の残差グラフ

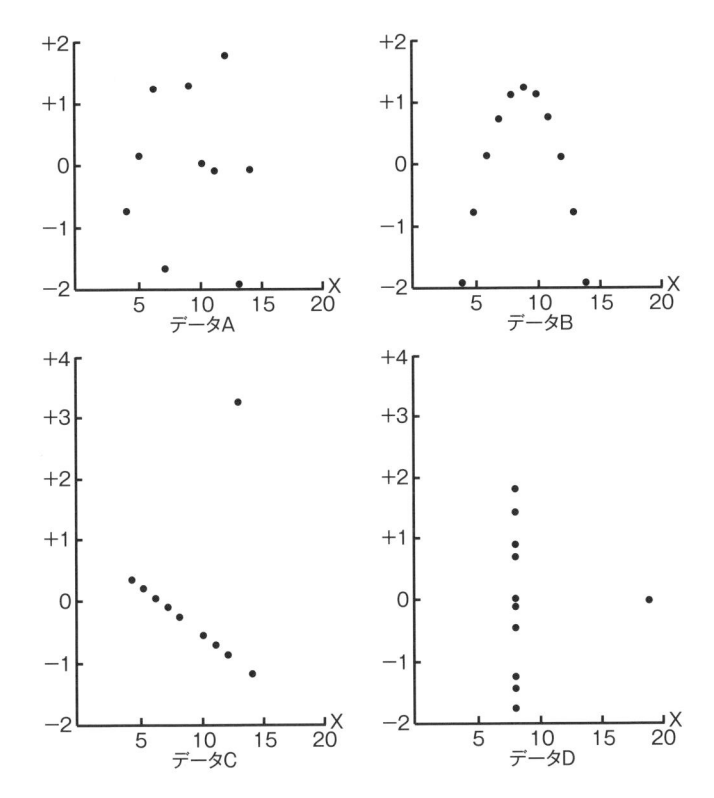

　回帰分析を網羅的に行うためには、散布図と残差グラフの表示は不可欠である。これらの図が示す情報は、信頼性の高い分析を行うための基盤であり、回帰分析を行う際には必ずその一環としてこれらの図を作成するべきである。したがって、回帰分析の落し穴を避けるのに役立つ考え方として、次のことが挙げられる。

1　散布図を作成し、X と Y の間の関係を観察する。
2　下記を含む残差分析を行い、回帰分析の前提条件（直線性、独立性、正規性、等分散）を確認する。
　　a　独立変数に対して残差を表示し、線形モデルはふさわしいかを判断すると共に、等分散であることを確認する。
　　b　残差のヒストグラムを作成し、正規性を確認する。

  c 時間軸に沿って残差を表示し、独立性を確認する（この作業は、データが時系列に沿って収集されている場合にのみ必要である）。
3 前提条件が損なわれている場合には、最小二乗回帰分析に代わる方法、あるいは最小二乗法の代替モデルを使う。
4 前提条件が損なわれていない場合には、回帰係数の有意性の検定を行い、信頼区間、推定区間を推定する。
5 独立変数の適合範囲外について推定を立てない。
6 観察研究から得られた関係は、因果関係によるが、そうでない場合もあることを覚えておく。因果関係は相関を意味するが、相関は必ずしも因果関係とは限らない。

統計を使ってみよう

再び、サンフラワーズ・アパレル社の場合

　サンフラワーズ・アパレル社の事例であなたは高級婦人服チェーンの企画担当責任者であった。今日に至るまで、同社では手ごろな物件があるかどうかといった要素や、婦人服の店舗として相応しい立地条件かといった主観的な意見に基づき立地選定を行ってきた。より客観的な意思決定を行うため、店舗の規模と売上の関係を分析する回帰モデルを作成した。このモデルから、売上変動の約90.4%が店舗の規模によって説明されることがわかった。さらに、床面積が1,000平方フィート増えるに従い、平均年間売り上げは167万ドルずつ上昇すると推定された。今後は、新しい店舗の立地を選定したり、既存店の売上を予想したりする際にこのモデルを使うことができる。

まとめ

　図10.23の本章のロードマップを示したフローチャートに見られるように、本章では、単純線形回帰モデルを構築し、その前提と前提の評価方法について説明した。モデルが適切であるという確信を得たら、推定直線を使って値を推定し、傾きの有意性を検定することができる。第11章では、回帰分析をさらに進めて、従属変数の値を予想するために複数の独立変数を用いる場合について説明する。

図 10.23
単純線形回帰分析のロードマップ

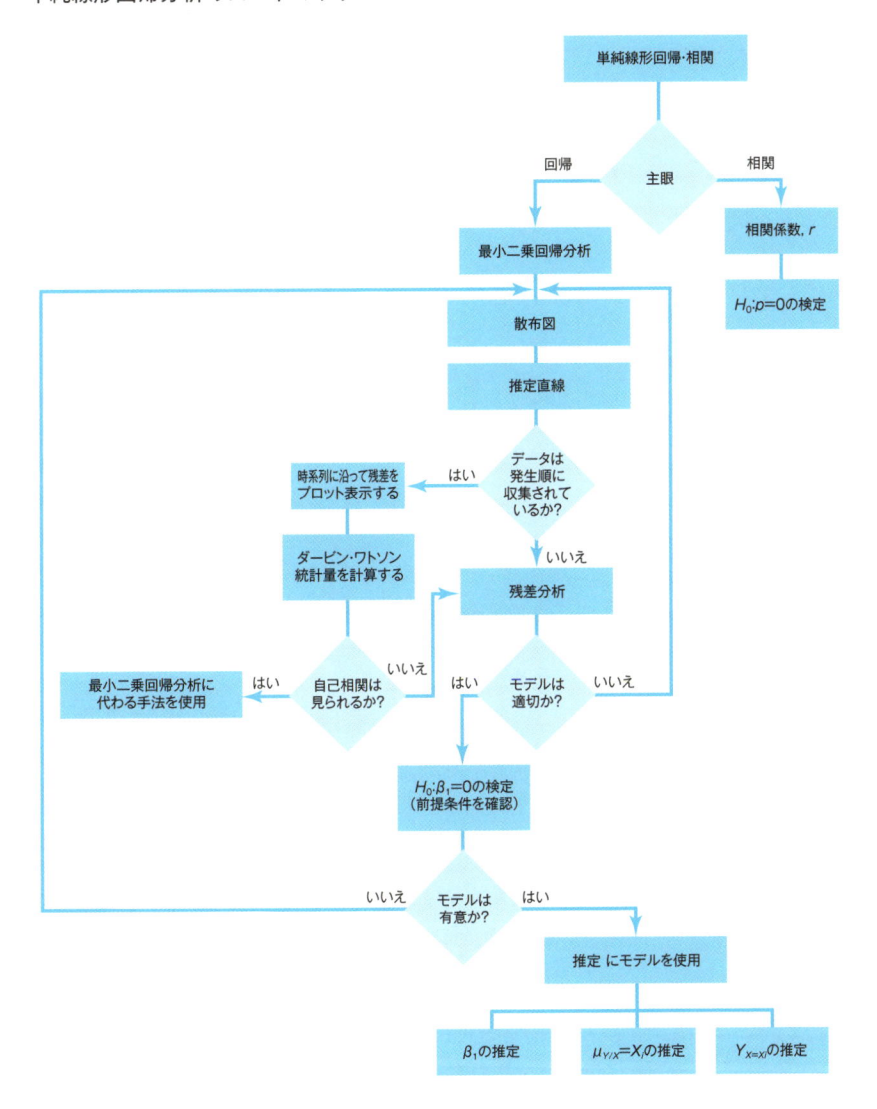

重要な公式

単純線形回帰モデル

$$Y_i = \beta_0 + \beta_1 X_i + \varepsilon_i \tag{10.1}$$

単純線形回帰式

$$\hat{Y}_i = b_0 + b_1 X_i \tag{10.2}$$

傾き b_1 の計算式

$$b_1 = \frac{SSXY}{SSX} \tag{10.3}$$

Y 切片 b_0 の計算式

$$b_0 = \overline{Y} - b_1 \overline{X} \tag{10.4}$$

回帰分析における変動量

$$SST = SSR + SSE \tag{10.5}$$

総平方和 (SST)

$$SST = 総平方和 = \sum_{i=1}^{n}(Y_i - \overline{Y})^2 \tag{10.6}$$

回帰平方和 (SSR)

$$SSR = 説明される変動または回帰平方和 = \sum_{i=1}^{n}(\hat{Y}_i - \overline{Y})^2 \tag{10.7}$$

誤差平方和 (SSE)

$$SSE = 説明されない変動または誤差平方和 = \sum_{i=1}^{n}(Y_i - \hat{Y}_i)^2 \tag{10.8}$$

決定係数

$$r^2 = \frac{回帰平方和}{総平方和} = \frac{SSR}{SST} \tag{10.9}$$

SST の計算式

$$SST = \sum_{i=1}^{n}(Y_i - \overline{Y})^2 = \sum_{i=1}^{n} Y_i^2 - \frac{\left(\sum_{i=1}^{n} Y_i\right)^2}{n} \tag{10.10}$$

SSR の計算式

$$SSR = \sum_{i=1}^{n}(\hat{Y}_i - \overline{Y})^2$$

$$= b_0\sum_{i=1}^{n}Y_i + b_1\sum_{i=1}^{n}X_iY_i - \frac{\left(\sum_{i=1}^{n}Y_i\right)^2}{n} \qquad 式(10.11)$$

SSE の計算式

$$SSE = \sum_{i=1}^{n}(Y_i - \hat{Y}_i)^2 = \sum_{i=1}^{n}Y_i^2 - b_0\sum_{i=1}^{n}Y_i - b_1\sum_{i=1}^{n}X_iY_i \qquad 式(10.12)$$

推定値の標準誤差

$$S_{YX} = \sqrt{\frac{SSE}{n-2}} = \sqrt{\frac{\sum_{i=1}^{n}(Y_i - \hat{Y}_i)^2}{n-2}} \qquad 式(10.13)$$

残差

$$e_i = Y_i - \hat{Y}_i \qquad 式(10.14)$$

ダービン・ワトソン統計量

$$D = \frac{\sum_{i=2}^{n}(e_i - e_{i-1})^2}{\sum_{i=1}^{n}e_i^2} \qquad 式(10.15)$$

t 検定を用いた母集団の傾き β_1 の仮説検定

$$t = \frac{b_1 - \beta_1}{S_{b_1}} \qquad 式(10.16)$$

F 検定を使った母集団の傾き β_1 の仮説検定

$$F = \frac{MSR}{MSE} \qquad 式(10.17)$$

傾き β_1 の信頼区間推定

$$b_1 \pm t_{\alpha/2}S_{b_1}$$
$$b_1 - t_{\alpha/2}S_{b_1} \leq \beta_1 \leq b_1 + t_{\alpha/2}S_{b_1} \qquad 式(10.18)$$

相関の有無の検定

$$t = \frac{r - \rho}{\sqrt{\frac{1-r^2}{n-2}}}$$ 式(**10.19a**)

$$r = \frac{cov(X,Y)}{S_X S_Y}$$ 式(**10.19b**)

Y の平均の信頼区間推定

$$\hat{Y}_i \pm t_{\alpha/2} S_{YX} \sqrt{h_i}$$
$$\hat{Y}_i - t_{\alpha/2} S_{YX} \sqrt{h_i} \leq \mu_{Y|X=X_i} \leq \hat{Y}_i + t_{\alpha/2} S_{YX} \sqrt{h_i}$$ 式(**10.20**)

個別応答 Y 値の推定区間

$$\hat{Y}_i \pm t_{\alpha/2} S_{YX} \sqrt{1+h_i}$$
$$\hat{Y}_i - t_{\alpha/2} S_{YX} \sqrt{1+h_i} \leq Y_{X=X_i} \leq \hat{Y}_i + t_{\alpha/2} S_{YX} \sqrt{1+h_i}$$ 式(**10.21**)

キーワード

回帰分析　p.353
従属変数　p.353
独立変数　p.353
単純線形回帰分析　p.353
線形関係　p.354
応答変数　p.354
説明変数　p.354
傾き　p.355
Y 切片　p.355
単純線形回帰式　p.358
回帰係数　p.358
最小二乗法　p.358
総変動量　p.365
説明される変動量　p.365
説明できない変動量　p.365
回帰平方和　p.365

誤差平方和　p.365
決定係数　p.367
推定値の標準誤差　p.370
回帰分析の前提条件　p.371
直線性　p.371
誤差の独立性　p.371
正規性　p.371
等分散　p.371
等分散性　p.371
残差分析　p.372
残差　p.372
自己相関　p.375
ダービン・ワトソン統計量　p.377
平均応答の信頼区間推定　p.386
個別応答 Y 値の推定区間　p.388

復習問題

1 ある大手スーパーマーケットチェーンのマーケティング部長は、陳列棚のスペースの有効活用を経営課題に挙げている。課題達成に向け、まず陳列棚のスペースを使ってペットフードの売上を予測することにした。同じ規模の店舗12店を無作為に抽出し、この標本からデータを収集したところ、下記の結果が得られた（ファイル ペットフード に保存）。

店舗番号	棚スペース(X) （平方フィート）	週間売上(Y) （ドル）
1	5	160
2	5	220
3	5	140
4	10	190
5	10	240
6	10	260
7	15	230
8	15	270
9	15	280
10	20	260
11	20	290
12	20	310

a. 散布図を作成せよ。
b. この問における傾き b_1 を求め、その意味を説明せよ。また、ペットフードに8平方フィートの面積を割いている店舗のペットフードの週間売上（ドル）を予測せよ。

2 問1.では、マーケティング部長がペットフードに割り当てた陳列棚のスペースを使って週間売上を予測しようとしていた（ファイル ペットフード に保存）。
a. 決定係数 r^2 を求め、その意味を説明せよ。
b. 推定値の標準誤差を求めよ。
c. この回帰モデルは週間売上を予測するために有効か？

3 問1.では、マーケティング部長はペットフードに割り当てた陳列棚のスペースを使って週間売上を予測した。このデータ（ファイル ペットフード に保存）を残差分析せよ。また、回帰分析の前提条件が大きく損なわれていないか評価せよ。

4 パソコンの消耗品やソフトウェア、ハードウェアを扱っているあるカタログ通信販売会社では、注文を受けた商品の配送を中央倉庫から行っている。同社経営陣は現在、倉庫からの配送プロセスを再検討しており、配送コストに影響を及ぼしている要因を見極めることを経営課題に挙げている。現状では、注文の量にかかわらず注文客には少額の手数料

を請求している。過去24カ月にわたり、配送コストと受注数のデータを集め、ファイル 配送コスト に保存した。下記にその結果を示す。

月	配送コスト (千ドル)	注文数
1	52.95	4,015
2	71.66	3,806
3	85.58	5,309
4	63.69	4,262
5	72.81	4,296
6	68.44	4,097
7	52.46	3,213
8	70.77	4,809
9	82.03	5,237
10	74.39	4,732
11	70.84	4,413
12	54.08	2,921
13	62.98	3,977
14	72.30	4,428
15	58.99	3,964
16	79.38	4,582
17	94.44	5,582
18	59.74	3,450
19	90.50	5,079
20	93.24	5,735
21	69.33	4,269
22	53.71	3,708
23	89.18	5,387
24	66.80	4,161

a. 配送コストと注文数に線形関係があると仮定し、注文数から配送コストを予測するための回帰モデルを、最小二乗法を用いて回帰係数 b_0 と b_1 を求めよ。
b. 注文数が4,500の月の配送コストを予測せよ。
c. 時間に対する残差をプロットせよ。
d. ダービン・ワトソン統計量を計算せよ。有意水準0.05のとき、残差には正の自己相関があるといえる証拠はあるか?
e. 上記(c)と(d)の回答に基づくと、このモデルの有効性を疑う根拠はあるか?

5 問1.では、マーケティング部長はペットフードに割り当てた陳列棚のスペースを使って週間売上を予測した。このデータはファイル ペットフード に保存されている。
a. 有意水準が0.05のとき、棚のスペースと週間売上には線形関係があるといえる証

拠はあるか？
b. 母集団の傾き β_1 について 95% の信頼区間を推定せよ。

6 問 1. では、マーケティング部長がペットフードに割り当てた陳列棚のスペースを使って週間売上を予測した。このデータはファイル ペットフード に保存されている。
  a. ペットフードに割り当てている棚のスペースが 8 平方フィートの店すべての平均週間売上について、95% の信頼区間を推定せよ。
  b. ペットフードに割り当てている棚のスペースが 8 平方フィートのある店の週間売上について、95% の信頼区間を推定せよ。
  c. 上記 (a) と (b) の解答の違いを説明せよ。

7 あるソフトドリンク飲料メーカーの経営陣は、運送コストの見直しを経営課題として掲げている。運送コストは当然、ある特定の経路での移動時間を反映しているが、もう1つの変動コストとして、配送先でケースを積み下ろす時間も含まれる。経営陣は手始めとして、配送したケース数に基づき配送時間を推定する回帰モデルを作成することとした。同一圏内の配送20件を標本として抽出し、配送時間と配送したケース数を下表にまとめた（ファイル 配送 ）。

20人の顧客のケース数と配送時間（分）

顧客	ケース数	配送時間（分）	顧客	ケース数	配送時間（分）
1	52	32.1	11	161	43.0
2	64	34.8	12	184	49.4
3	73	36.2	13	202	57.2
4	85	37.8	14	218	56.8
5	95	37.8	15	243	60.6
6	103	39.7	16	254	61.2
7	116	38.5	17	267	58.2
8	121	41.9	18	275	63.1
9	143	44.2	19	287	65.6
10	157	47.1	20	298	67.3

  a. 最小二乗法を使って回帰係数 b_0 と b_1 を計算せよ。
  b. この問における b_0 と b_1 の意味を説明せよ。
  c. ソフトドリンク 150 ケースを配送するのにかかる時間を推定せよ。
  d. 500 ケースを受け取る予定の顧客への配送時間を推定するのにこのモデルを使用すべきか？ その理由も述べよ。
  e. 決定係数 r^2 を求め、その意味を説明せよ。
  f. 残差を分析せよ。残差にはなんらかの傾向が見られるか？ 説明せよ。

g. 有意水準を 0.05 とすると、配送時間と配送ケース数には線形関係があるといえる証拠はあるか?
h. 150 ケースを運ぶ時の平均配達時間の 95% の信頼区間を推定せよ。また、150 ケースの配送 1 件の配送時間の 95%の信頼区間を推定せよ。

第 10 章 Excel ガイド

EG10.1　単純線形回帰式を求める

Excel の操作方法　359 ページの図 10.4 に示したような単純線形回帰分析を行うため、ファイル「**EG10**」の「**単純回帰分析**」ワークシートを使う。このワークシートの行 A 〜 I は、データ分析法の回帰分析ワークシートと見た目は同じである。また「**サイト**」ワークシート内のデータを使って表 10.1 のサンフラワーズ・アパレル社のデータについて回帰分析を行う。

図 10.4 に示されていないのは、列 K 〜 M の計算の部分である。この部分にはセル L2:M6 にわたり数式が入っている。セル L2 と M2 には係数 b_1 と b_0、L3 と M3 には b_1 と b_0 の標準誤差、セル L4 と M4 には r^2 と推定値の標準誤差、セル L5 と M5 には F 検定統計量と残差自由度、セル L6 と M6 には回帰変動量と残差変動量が出力されている。

これらの出力値は、該当データについて単純線形回帰分析を行った結果である。これを行うには、まず、L2:M6 を範囲指定し、L2 に **=LINEST（変数 Y のセル範囲, 変数 X のセル範囲, TRUE, TRUE）**を入力する。ここで、変数 Y のセル範囲と変数 X のセル範囲には、分析対象のデータを「サイト」から範囲指定する。最後に、Ctrl キーと Shift キーを押しながら同時に Enter キーを押すと、L2 から M6 のような値が出力される。

さらに「計算」ワークシートを開き、セル L8 に信頼水準を入力し、セル L9 には、t 検定の限界値を計算する式 **=T.INV.2T（1 −信頼水準, 残差自由度）**が入っている。

Excel によるデータ分析法　単純線形回帰分析を行うには、データ分析の「回帰分析」を使う。たとえば、359 ページの図 10.4 にあるサンフラザーズ・アパレル社のデータにおける回帰分析を行うには、ファイル「**EG10**」内の「**サイト**」ワークシートを開き、次の方法を行う。

1. 「データ」の右端に位置する「データ分析」を選択する（「データ分析」が表れない時はアドイン設定を行う。p.312 参照）。
2. 「データ分析」ダイアログボックス上で、「分析ツール」リストから「回帰分析」を選択し、「OK」ボタンをクリックする。
　 ダイアログボックス（下図）が開いたら、
3. 「入力 Y 範囲」に「C1:C15」、「入力 X 範囲」に「B1:B15」と入力する。

4. 「ラベル」にチェックを入れ、「有意水準」をチェックし、その横のボックスに「95」と入力する。
5. 「新規ワークシート」をクリックし、「OK」ボタンをクリックする。

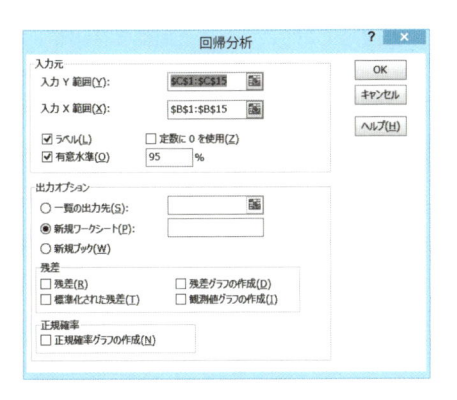

EG10.2 変動量

変動量は、前ページの EG10.1 において、単純線形回帰ワークシートを作成する中で計算される。EG10.1 の Excel の操作方法の手順を使う場合、変動量を計算する式は、「**計算**」ワークシートに入っている。セル B5、B7、B13、C12、C13、D12、E12 の計算式は、セル範囲 L2:M6 の配列数式で計算された値を使用している。セル F12 の計算式は、=F.DIST.RT (**F 値 観測された分散値, 回帰自由度, 残差自由度**) を入力することで計算され、この値は 10.7 節で説明のあった傾きの F 検定に使う p 値である。

EG10.3 残差分析

Excel の操作方法 残差分析のために、373 ページの図 10.10 に示したファイル「**EG10**」の「**残差**」ワークシートを使う。このワークシートでは、表 10.1 のサンフラワーズ・アパレル社のデータに関する回帰分析の残差を計算している。列 C では、Y の予測値（図 10.10 では年間売上の予測値）を計算するために、まず、X のそれぞれの値に「単純回帰分析」ワークシートのセル B18 にある係数を掛け、そして係数（「単純回帰分析」のセル B17）を足すことで求めている。列 E では、Y の推定値から Y の値を引き算している。

Excel を使ったデータ分析法 EG10.1 のデータ分析法と同じ手順を用いる。前述の手順 5 において、「新規ワークシート」をクリックする前に「残差」と「残差グラフの作成」のチェックボックスにチェックを入れ、それから「OK」ボタンをクリックする。

374 ページの図 10.11 に似た散布図を作成するためには、変数 X と残差（変数 Y とし

EG10.4　自己相関の測定：ダービン・ワトソン統計量

Excelの操作方法　ダービン・ワトソン統計量を計算するためのテンプレートとして、378ページの図10.15に出てきたワークシートと同様のファイル「EG10」の「**ダービン・ワトソン**」ワークシートを使う。このワークシートにおいて、荷物配達の単純線形回帰モデルに使う統計量を計算する。セルB3では、式＝SUMXMY2 (2番目から最後までの残差のセル範囲, 1番目から最後から2番目の残差のセル範囲) により、378ページの式 (10.15) の分子である残差の差分二乗和を計算する。セルB4では、式＝SUMSQ (残差のセル範囲) により式 (10.15) の分母にあたる残差二乗の和を計算する。

　本事例以外の問題でダービン・ワトソン統計量を計算する場合は、まずEG10.1とEG10.3の手順に従い、「データ分析」の「回帰分析」を用いて、単純線形回帰モデルと残差を出力する。続いて「**ダービン・ワトソン**」ワークシートを開き、セルB3とB4のような計算式を編集し、該当する残差のセル範囲を正しく反映させ計算する。

EG10.5　平均値の推定と個々の値の推定

Excelの操作方法　信頼区間推定と推定区間を計算するためのテンプレートとして、390ページの図10.20に示すファイル「EG10」内の「**信頼区間推定**」ワークシートを使う。このワークシートには、10.8節で出てきた表10.1のサンフラワーズ・アパレル社のデータを使った例題のデータと計算式が入っている。このワークシートでは、セルB10で**T.INV.2T** (1－信頼水準, 自由度) により t 検定の限界値を計算し、セルB15で**TREND** (変数 Y のセル範囲, 変数 X のセル範囲, X の値, TRUE) により X の値に対する Y の推定値を計算する。セルB12では、**DEVSQ** (変数 X のセル範囲) により使われている SSX (差の二乗和) の値を計算し、これにより統計量 h の計算ができるようにする。

第11章 重回帰分析

統計を使ってみよう
オムニフーズ社の場合

11.1 重回帰モデルを作成する
　　　回帰係数の解釈
　　　従属変数 Y の推定

11.2 r^2、調整済み r^2、全体の F 検定
　　　重決定係数 r^2
　　　調整済み r^2
　　　重回帰モデル全体の有意性の検定

11.3 重回帰モデルの残差分析

11.4 母集団の回帰係数に関する推論
　　　仮説検定
　　　信頼区間推定

11.5 回帰モデルにおけるダミー変数と交互作用項
　　　ダミー変数
　　　交互作用

統計を使ってみよう
再び、オムニフーズ社の場合

Excel ガイド

学習の目的

本章で学ぶ内容
- 重回帰モデルの作成方法
- 回帰係数の解釈の仕方
- 回帰モデルに採用する独立変数の決め方
- 従属変数を推定する上で一番重要な独立変数の見分け方
- 回帰モデルにカテゴリー独立変数を使う方法

統計を使ってみよう
オムニフーズ社の場合

あなたは、大手食品会社オムニフーズ社のマーケティング担当責任者であるとしよう。オムニフーズ社では現在、新しいバランス栄養食「オムニパワー」を全国的に発売することを計画している。手軽に栄養補給できるエネルギーバーは、当初、ランナーや登山家など本格的なアスリート向けに販売されていたが、いまや一般の消費者の間にも普及してきた。オムニフーズ社は、この活気ある市場に入り込みたいと考えている。

しかし、エネルギーバー市場にはすでに人気の高い商品がいくつかある。そのため、マーケティング担当責任者であるあなたは、効果的なマーケティング戦略を打ち立てる必要がある。特に、価格と店内販促活動がオムニパワーの売上に及ぼす影響を見極めたい。そこで、全国展開する前に試験販売を行うことにした。第10章で説明した回帰モデルを拡張させ、「価格」および「販促の効果」の両方を1つのモデルに盛り込むためにはどうすればよいだろうか？ また、このモデルを使ってオムニパワーの全国展開を成功に導くためにはどうしたらよいだろうか？

第10章では、1つの独立変数 X を使って従属変数 Y の値を推定する単純線形回帰モデルに着目した。多くの場合、独立変数が1つだけでなく複数あると、より正確な推定を立てることができる。本章では、2つまたはそれ以上の独立変数を用いて従属変数の値を推定する**重回帰モデル (multiple regression models)** について説明する。

11.1 重回帰モデルを作成する

オムニフーズ社のマーケティング担当責任者が抱える経営課題は、オムニバーの店舗ごとの月間売上を推定し、どの変数が売上に影響を及ぼすかを判断するモデルを作成するというものである。ここでは2つの独立変数を考える。オムニパワーの単価（単位はセント）と店内販促経費に割り当てる月間予算（単位はドル）である。店内販促経費には一般に、看板やディスプレイ、店舗専用クーポン、無料サンプルが含まれる。従属変数 Y は1カ月あたりのオムニパワー売上個数である。オムニパワーの試験販売のために、あるスーパーチェーンの34店舗を標本としてデータを収集した。その結果を整理し、ファイル オムニパワー に保存した。また同データを表11.1に示す。

表 11.1
オムニパワーの月間売上、価格、販促費

店舗番号	売上	価格	販促費	店舗番号	売上	価格	販促費
1	4,141	59	200	18	2,730	79	400
2	3,842	59	200	19	2,618	79	400
3	3,056	59	200	20	4,421	79	400
4	3,519	59	200	21	4,113	79	600
5	4,226	59	400	22	3,746	79	600
6	4,630	59	400	23	3,532	79	600
7	3,507	59	400	24	3,825	79	600
8	3,754	59	400	25	1,096	99	200
9	5,000	59	600	26	761	99	200
10	5,120	59	600	27	2,088	99	200
11	4,011	59	600	28	820	99	200
12	5,015	59	600	29	2,114	99	400
13	1,916	79	200	30	1,882	99	400
14	675	79	200	31	2,159	99	400
15	3,636	79	200	32	1,602	99	400
16	3,224	79	200	33	3,354	99	600
17	2,295	79	400	34	2,927	99	600

回帰係数の解釈

独立変数が複数ある場合、従属変数と各独立変数の間の関係が線形であると仮定し、354ページの式(10.1)の単純線形回帰モデルを拡張させる。たとえば、独立変数がk個ある場合、重回帰モデルは式(11.1)に示す通りとなる。

k個の独立変数を持つ重回帰モデル

$$Y_i = \beta_0 + \beta_1 X_{1i} + \beta_2 X_{2i} + \beta_3 X_{3i} + \cdots + \beta_k X_{ki} + \varepsilon_i \qquad 式(11.1)$$

ここで

$\beta_0 = Y$切片
$\beta_1 = $ 変数 $X_2, X_3 \cdots X_k$ が一定であるときの変数 X_1 に対する Y の傾き
$\beta_2 = $ 変数 $X_1, X_3 \cdots X_k$ が一定であるときの変数 X_2 に対する Y の傾き
$\beta_3 = $ 変数 $X_1, X_2, X_4 \cdots X_k$ が一定であるときの変数 X_3 に対する Y の傾き
$\beta_k = $ 変数 $X_1, X_2, X_3 \cdots X_{k-1}$ が一定であるときの変数 X_k に対する Y の傾き
$\varepsilon_i = $ 観測 i における推定値 Y との誤差

式(11.2)に2つの独立変数を持つ重回帰モデルを定義する。

2つの独立変数を持つ重回帰モデル

$$Y_i = \beta_0 + \beta_1 X_{1i} + \beta_2 X_{2i} + \varepsilon_i \quad 式(11.2)$$

ここで

$\beta_0 = Y$ 切片
$\beta_1 = $ 変数 X_2 が一定であるときの変数 X_1 に対する Y の傾き
$\beta_2 = $ 変数 X_1 が一定であるときの変数 X_2 に対する Y の傾き
$\varepsilon_i = $ 観測 i における推定値 Y との誤差

重回帰モデルを単純線形回帰モデル［式(10.1)］に照らして考える。

$$Y_i = \beta_0 + \beta_1 X_i + \varepsilon_i$$

単純線形回帰モデルでは、傾き β_1 は X の単位変化あたりの Y の平均の変化を表しており、それ以外の変数は考慮していなかった。式(11.2)の、2つの独立変数を持つ重回帰モデルでは、傾き β_1 は、X_2 の効果を考慮した上での X_1 の単位変化あたりの Y の平均の変化を表している。

単純線形回帰分析の場合は、最小二乗法を使って母集団パラメータ $(\beta_0, \beta_1, \beta_2)$ の推定値として、標本回帰係数 (b_0, b_1, b_2) を計算した。式(11.3)に2つの独立変数を持つ重回帰モデルの回帰式を定義する。

2つの独立変数を持つ重回帰式

$$\hat{Y}_i = b_0 + b_1 X_{1i} + b_2 X_{2i} \quad 式(11.3)$$

図11.1に、Excel を使って求めたオムニパワーのデータに対する重回帰モデルを示す。この図から、3つの回帰係数の値はそれぞれ、

$$b_0 = 5{,}837.5208 \quad b_1 = -53.2173 \quad b_2 = 3.6131$$

であることがわかる。よって、重回帰式は、

$$\hat{Y}_i = 5{,}837.5208 - 53.2173X_{1i} + 3.6131X_{2i}$$

となる。ここで、

$\hat{Y}_i$ = 店舗 i における、オムニパワーの推定月間売上
X_{1i} = 店舗 i における、オムニパワーの単価(単位はセント)
X_{2i} = 店舗 i における、1カ月あたりの店内販促経費(単位はドル)

である。

図11.1
Excel を使ったオムニパワー売上の重回帰モデル

	A	B	C	D	E	F	G
1	重回帰モデル						
2							
3		回帰統計					
4	重相関 R	0.8705					
5	重決定 R2	0.7577					
6	補正 R2	0.7421					
7	標準誤差	638.0653					
8	観測数	34					
9							
10	分散分析表						
11		自由度	変動	分散	観測された分散比	有意 F	
12	回帰	2	39472730.7730	19736365.3865	48.4771	0.0000	
13	残差	31	12620946.6682	407127.3119			
14	合計	33	52093677.4412				
15							
16		係数	標準誤差	t	P-値	下限 95%	上限 95%
17	切片	5837.5208	628.1502	9.2932	0.0000	4556.3999	7118.6416
18	価格	−53.2173	6.8522	−7.7664	0.0000	−67.1925	−39.2421
19	販促費	3.6131	0.6852	5.2728	0.0000	2.2155	5.0106

標本の Y 切片 ($b_0 = 5{,}837.5208$) は、もし単価がゼロ、販促活動に支出された費用総額もゼロだったときの、オムニパワーの売上個数の推定値である。この単価と販促費は、試験販売で検討した範囲には含まれていないこと、また、この検討においては意味を為さないことから、b_0 の値は実質的には全く意味を持たない。

オムニパワー売上に対する単価の傾き ($b_1 = -53.2173$) は、ある1カ月の販促費について、オムニパワーの推定月間売上は、単価が1セント上昇するにつれて53.2173個減少すると推定されることを意味している。オムニパワー売上に対する1カ月あたりの販促費の傾き ($b_2 = 3.6131$) は、ある単価について、オムニパワーの推定売上は、販促費が1ドル増えるにつれ3.6131個増加すると推定されることを意味している。これら推定値から、価格と販促の決定が市場に及ぼす影響をより

詳しく理解することができる。たとえば、単価を 10 セント下げると 1 カ月あたりの販促費が一定だった場合、532.173 多く売れると推定される。販促費を 100 ドル上げると、単価が一定だった場合、361.31 個多く売れると推定される。

重回帰分析における回帰係数を**正味回帰係数 (net regression coefficients)** と呼ぶ。正味回帰係数とは、ある特定の X の単位変化あたりの Y の推定変化を、「その他の変数 X の影響が一定であるとして」推定するものである。たとえば、オムニパワー売上の検討においては、一定の販促費を持つ店舗について、その売上推定値は、単価が 1 セント上昇するごとに 53.2173 個減ると推定される。この正味の影響の意味するのはたとえば他に、販促費が同額の店舗 2 店があって、片方は他方より 1 セント高く価格設定していたとすると、この差が及ぼす正味の影響は、前者の 1 カ月あたりの売上は後者のそれよりも 53.2173 個少ないということである。販促費の正味の影響を考えるには、同じ価格を適用している 2 つの店舗において片方が他方よりも 1 ドル多く販促経費を使ったとしたら、この差が及ぼす正味の影響は、前者が後者よりも 1 カ月あたり 3.6131 個多く売れると推定される。

従属変数 Y の推定

重回帰式を用いて従属変数値を推定することができる。たとえば、単価を 79 セントに設定している店舗で、販促に 400 ドルを費やした月の売上を推定するとどうなるか？ 重回帰式を用いると、

$$\hat{Y}_i = 5{,}837.5208 - 53.2173 X_{1i} + 3.6131 X_{2i}$$

ここで、$X_{1i} = 79$、$X_{2i} = 400$ であるから、

$$\begin{aligned}\hat{Y}_i &= 5{,}837.5208 - 53.2173(79) + 3.6131(400) \\ &= 3{,}078.57\end{aligned}$$

となる。したがって、単価 79 セントで 1 カ月あたりの販促費が 400 ドルの店舗では、1 カ月あたりのオムニパワーの売上は 3,078.57 本と推定できる。

回帰式を作成して残差分析を行い (11.3 節参照)、当てはめられたモデル全体の有意性を確認 (11.2 節参照) することで、平均値の信頼区間推定と個々の値の推定区間を求めることができる。しかし、その計算は非常に複雑なため、計算ソフト Excel に頼る。図 11.2 に、Excel を使ったオムニパワー売上データの信頼区間推定と推定区間の計算結果を示す。

図 11.2
Excel を使ったオムニパワー売上データの信頼区間推定と推定区間の結果

	A	B	C	D
1	信頼区間推定と推定区間			
2				
3	データ			
4	信頼水準	95%		
5		1		
6	与えられた価格	79		
7	与えられた販促費	400		
8				
9	X'X	34	2646	13200
10		2646	214674	1018800
11		13200	1018800	6000000
12				
13	X'Xの逆行列	0.9692	−0.0094	−0.0005
14		−0.0094	0.0001	0.0000
15		−0.0005	0.0000	0.0000
16				
17	X'GとX'X逆行列の積	0.0121	0.0001	0.0000
18				
19	[X'GとX'Xの逆行列の積]とXGの積	0.0298	=MMULT(B17:D17,B5:B7)	
20	統計量 t値	2.0395	=T.INV.2T(1−B4,計算!B13)	
21	推定値 Y	3078.57	{=MMULT(TRANSPOSE(B5:B7),計算!B17:B19)}	
22				
23	平均推定値 Y			
24	中心から限界値までの距離	224.50	=B20＊SQRT(B19)＊計算!B7	
25	信頼区間下限	2854.07	=B21−B24	
26	信頼区間上限	3303.08	=B21+B24	
27				
28	個別応答 Y			
29	中心から限界値までの距離	1320.57	=B20＊SQRT(1+B19)＊計算!B7	
30	推定区間下限	1758.01	=B21−B29	
31	推定区間上限	4399.14	=B21+B29	

セル範囲B9:D11 =MMULT(TRANSPOSE(重回帰配列!A2:C35),重回帰配列!A2:C35)
セル範囲B13:B15 =MINVERSE(B9:D11)
セル範囲B17:D17 =MMULT(TRANSPOSE(B5:B7),B13:D15)

単価 79 セント、販促費 400 ドルの全店舗におけるオムニパワー売上平均の 95% の信頼区間推定は 2,854.07 〜 3,303.08 個である。個々の店舗の推定区間は 1,758.01 〜 4,399.14 個である。

11.2 r^2, 調整済み r^2, 全体の F 検定

本節では、重回帰モデルの適正を評価する際に使うことのできる 3 つの手法について説明する。それぞれ、重決定係数 r^2、調整済み r^2、全体の F 検定である。

重決定係数 r^2

第10章の10.3節を振り返ると、決定係数 r^2 は、単純線形回帰モデルの独立変数 X によって説明される Y の変動比を表していた。重回帰分析における**重決定係数(coefficient of multiple determination)** とは、複数の独立変数によって説明される Y の変動比を表す。式 (11.4) に、2つ以上の独立変数を持つ重回帰モデルの重決定係数を定義する。

> **重決定係数**
> 重決定係数とは、回帰平方和 (SSR) を総平方和 (SST) で割り算したものに等しい。
>
> $$r^2 = \frac{回帰平方和}{総平方和} = \frac{SSR}{SST} \qquad 式(11.4)$$

ここで、

$SSR =$ 回帰平方和
$SST =$ 総平方和

オムニパワーの事例では、410ページの図11.1 より、$SSR = 39{,}472{,}730.77$、$SST = 52{,}093{,}677.44$ である。したがって、

$$r^2 = \frac{SSR}{SST} = \frac{39{,}472{,}730.77}{52{,}093{,}677.44} = 0.7577$$

となる。この重決定係数 ($r^2 = 0.7577$) は、売上に見られる変動の 75.77% が価格および販促費の変動によって説明されることを意味している。この係数は、図11.1 にもすでに示されており、Excel では「重決定 R2」と表示される。

調整済み r^2

重回帰モデルを扱う際は、モデル内の独立変数の数と標本数を反映した**調整済み r^2 (adjusted r^2)** を使うべきだとする統計学者もいる。同じ従属変数を推定する回

帰モデルでも、モデル内の独立変数の数が異なるものがあれば、モデル同士を比較する際に調整済み r^2 を報告するのはきわめて重要なことである。式 (11.5) に調整済み r^2 を定義する。

調整済み r^2

$$r^2_{adj} = 1 - \left[(1-r^2)\frac{n-1}{n-k-1}\right] \quad \text{式(11.5)}$$

ここで、k は回帰式内の独立変数の数である。

したがって、オムニパワーのデータでは、$r^2 = 0.7577$、$n = 34$、$k = 2$ であることから、

$$\begin{aligned}
r^2_{adj} &= 1 - \left[(1-0.7577)\frac{34-1}{34-2-1}\right] \\
&= 1 - \left[(0.2423)\frac{33}{31}\right] \\
&= 1 - 0.2579 \\
&= 0.7421
\end{aligned}$$

となる。よって、売上に見られる変動の 74.21% が、独立変数の数と標本数で調整を行った上で、重回帰モデルによって説明されると言える。調整済み r^2 は、410 ページの図 11.1 にある計算結果にすでに示されており、Excel では「補正 R2」と表示される。

重回帰モデル全体の有意性の検定

従属変数と一連の独立変数との間に有意な関係 (重回帰モデル全体) があるかを確認するためには、全体の F 検定を用いる。独立変数は 2 つ以上あるため、次の帰無仮説と対立仮説を用いる。

$H_0: \beta_1 = \beta_2 = \cdots = \beta_k = 0$
(従属変数と複数の独立変数の間には線形関係はない)
$H_1: j = 1, 2, \cdots, k$ のとき、少なくとも 1 つの $\beta_j \neq 0$

(従属変数と複数の独立変数のうち少なくとも1つとの間に線形関係がある)
式 (11.6) に、全体の検定統計量 F 値を定義する。表 11.2 は、分散分析総括表である。

全体の F 検定

検定統計量 F 値とは、回帰平均平方 (MSR) を誤差平均平方 (MSE) で割ったものに等しい。

$$F = \frac{MSR}{MSE} \quad 式(11.6)$$

ここで、

$F = k$ と $n-k-1$ の自由度を持つ F 分布による検定統計量 F 値
$k =$ 回帰モデルに含まれる独立変数の数

表 11.2
全体の F 検定の分散分析表

変動因	自由度	平方和	平均平方(分散)	F 値
回帰	k	SSR	$MSR = \dfrac{SSR}{k}$	$F = \dfrac{MSR}{MSE}$
誤差	$n-k-1$	SSE	$MSE = \dfrac{SSE}{n-k-1}$	
総和	$n-1$	SST		

判断基準は、

有意水準 α のとき、統計量 F 値 $> F\alpha$ であれば H_0 を棄却する。
それ以外の場合は棄却しない

有意水準を 0.05 とすると、表 B.4 から、自由度 2 と 31 の F 分布の限界値はおよそ 3.32 である (図 11.3 参照)。図 11.1 より、上記の分散分析表から与えられる検定統計量 F 値は、48.4771 である。48.4771 > 3.32、または p 値 = 0.000 < 0.05 であることから、H_0 を棄却する。独立変数のうち少なくとも 1 つ (価格または販促

費またはその両方）は、売上に関連していると考えられる。

図 11.3
自由度 2 と 31 で、有意水準 0.05 のときの回帰係数の有意性を検定する

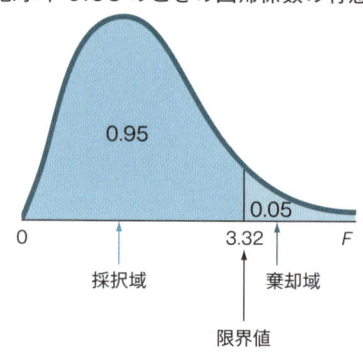

11.3 重回帰モデルの残差分析

第 10 章 10.5 節では、残差分析を使って、単純線形回帰モデルがあてはまっているか否かを評価した。2 つの独立変数を持つ重回帰モデルについては、次に示す残差グラフを作成し、これを分析する必要がある。

1. $\hat{Y}_i$ に対する残差
2. X_{1i} に対する残差
3. X_{2i} に対する残差
4. 時間に対する残差

1 つ目の残差グラフでは、Y の推定値に対する残差の傾向を調べる。Y の推定値に対し、残差がなんらかの傾向を示す場合は、少なくとも 1 つの独立変数において曲線の関係が存在する可能性があることを示している。したがって、等分散の前提条件が損なわれるかもしれない（375 ページの図 10.12 参照）。または変数 Y を変換する必要があるかもしれない。あるいはその両方であるかもしれない。

2 つ目と 3 つ目の残差グラフは、独立変数に関するものである。1 つの独立変数に対する残差を示すグラフに特定した傾向が見られる場合は、曲線の関係が存在する可能性があり、よって、重回帰モデルに新しい曲線の関係を示す独立変数を付け加える必要がある。

4 番目の残差グラフは、データが時系列に沿って収集された場合に独立性の前提

条件を検証するために、残差に特定した傾向がないか否かを調べるときに用いる。第10章10.6節にもあったように、この残差グラフに関連してダービン・ワトソン統計量を計算することで、残差間に正の自己相関が存在するか否かを判断することができる。

図11.4に、オムニパワーの事例に関する残差グラフを示す。残差とYの推定値、X_1（価格）の値、またはX_2（販促費）の値との関係には、いずれも特定される傾向はほとんど見られない。したがって、売上推定においてこの重回帰モデルは適切であると結論付けることができる。データは時系列に沿って収集されたわけではないため、時間に対する残差グラフを作成する必要はない。

図11.4
オムニパワー売上データの残差グラフ（グラフA：Yの推定値に対する残差、グラフB：価格に対する残差、グラフC：販促費に対する残差）

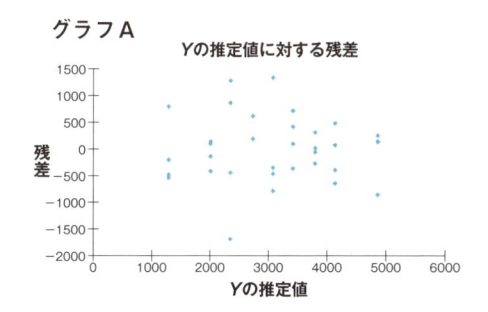

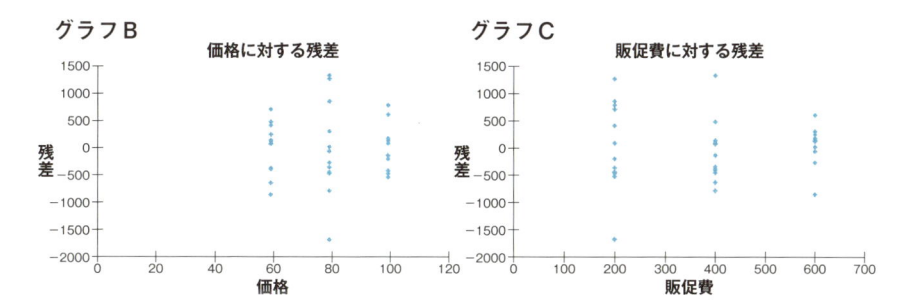

11.4 母集団の回帰係数に関する推論

第10章10.7節では、XとYの関係の有意性を見極めるために単純線形回帰モデルの傾きを検定した。さらに、母集団の傾きについても信頼区間推定を行った。

本節では、これらの手法を拡張し、重回帰分析に用いる。

仮説検定

単純線形回帰モデルでは、母集団の傾き β_1 に関する仮説を検定するために、380ページにある式（10.16）を用いた。

$$t = \frac{b_1 - \beta_1}{S_{b_1}}$$

式（11.7）は、この式を重回帰分析に拡張したものである。

重回帰分析の傾きの検定

$$t = \frac{b_j - \beta_j}{S_{b_j}} \quad 式（11.7）$$

ここで、

$b_j =$ その他すべての独立変数の影響が一定であるときの Y に対する変数 j の傾き
$S_{b_j} =$ 回帰係数 b_j の標準誤差
$t =$ 自由度 $n - k - 1$ を持つ t 分布の検定統計量 t 値
$k =$ 回帰式に含まれる独立変数の数
$\beta_j =$ その他すべての独立変数の影響が一定であるときの変数 j に対する母集団の傾きの推定値

オムニパワーの単価を考慮に入れたとき、変数 X_2（販促費）は売上に有意な影響を及ぼすかを見極めるために、帰無仮説と対立仮説を次のように設定する。

$$H_0 : \beta_2 = 0$$
$$H_1 : \beta_2 \neq 0$$

式（11.7）と 410 ページの図 11.1 より、

$$t = \frac{b_2 - \beta_2}{S_{b_2}}$$

$$= \frac{3.6131 - 0}{0.6852} = 5.2728$$

となる。有意水準を 0.05 とすると、自由度 31 の t の限界値は、表 B.2 より、-2.0395 と $+2.0395$ である(図 11.5 を参照)。

図 11.5
自由度 31 で有意水準 0.05 のときの回帰係数の有意性を検定する

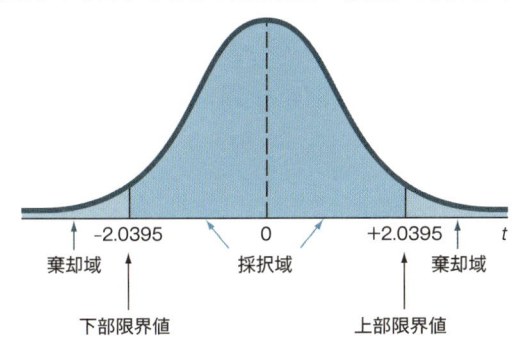

図 11.1 から、検定統計量 t 値は 5.2728 と算出されることがわかる。$t = 5.2728 > 2.0395$、または p 値が近似的に 0 であることから、H_0 を棄却する。変数 X_2(販促費)と売上の間には、価格 X_1 を考慮した時に、有意な関係があると結論づける。p 値が極めて小さいため、売上と販促費の間には線形関係はないとする帰無仮説を強く棄却することができる。例 11.1 に、価格に対する売上の傾きを示す β_1 の有意性検定を示す。

> **例 11.1**
> **価格に対する売上の傾きの有意性を検定する**
> 有意水準を 0.05 とすると、価格に対する売上の傾きが 0 ではないと言える証拠はあるか?
>
> **解** 図 11.1 から、$t = -7.7664 < -2.0395$($\alpha = 0.05$ のときの限界値)または p 値 $= 0.0000 < 0.05$ である。したがって、販促費 X_2 を考慮に入れたとき、価格 X_1 と売上の間には有意な関係がある。

独立変数が2つある場合で示すように、重回帰分析のある回帰係数の有意性を検定するということは、他の変数がすでに反映されているという条件下で、本変数を回帰モデルに含めたときの有意性を検定するということである。

信頼区間推定

母集団の傾きの有意性を検定するだけではなく、母集団の傾きの値を推定したい場合もある。式 (11.8) に、回帰分析における母集団の傾きの信頼区間推定を定義する。

> **傾きの信頼区間推定**
>
> $$b_j \pm t_{\alpha/2} S_{bj} \qquad 式(11.8)$$
>
> ここで、$t_{\alpha/2}$ は $n - k - 1$ の自由度を持つ t 分布の上側の部分の確率が $\alpha/2$ に相当する限界値(すなわち採択域の確率は $1 - \alpha/2$)、k は独立変数の数である。

母集団の傾き β_1 (販促費 X_2 の影響が一定であるときの価格 X_1 の売上に対する影響) の95%の信頼区間推定を行うには、自由度31のときの95%の信頼水準での t の限界値は 2.0395 (表 B.2 参照) である。よって、式 (11.8) と 410 ページの図 11.1 を用いると、次のようになる。

$$b_1 \pm t_{\alpha/2} S_{b_1}$$
$$-53.2173 \pm (2.0395)(6.8522)$$
$$-53.2173 \pm 13.9752$$
$$-67.1925 \leq \beta_1 \leq -39.2421$$

販促費の影響を考慮に入れると、価格が1セント上昇することによる影響は、平均売上本数がおよそ39.2から67.2本減少すると推定される。95%の信頼度で、この区間は各変数の関係を正確に推定するものであると言うことができる。仮説検定の観点から見ると、この信頼区間には0が含まれていないことから、回帰係数 β_1 は有意な影響を及ぼすと結論付けることができる。

例 11.2
販促費に対する売上の傾きの信頼区間を推定する

販促費に対する売上の傾きの 95% の信頼区間を推定せよ。

解 自由度 31 のときの 95% の信頼水準での t の限界値は 2.0395（表 B.2 参照）である。式 (11.8) と図 11.1 を用いると、

$$b_2 \pm t_{\alpha/2} S_{b_2}$$
$$3.6131 \pm (2.0395)(0.6852)$$
$$3.6131 \pm 1.3975$$
$$2.2156 \leq \beta_2 \leq 5.0106$$

となる。したがって、価格の影響を考慮に入れると、販促費が 1 ドル増えることによる影響は、平均売上本数がおよそ 2.22 〜 5.01 増える、と推定される。95% の確度で、この区間は各変数の関係を正確に推定するものであると言うことができる。仮説検定の観点から見ると、この信頼区間には 0 が含まれていないことから、回帰係数 β_2 は有意な影響を及ぼすと結論付けることができる。

11.5　回帰モデルにおけるダミー変数と交互作用項

前節までで説明した重回帰モデルでは、各独立変数は数値であるとの前提であった。たとえば、11.1 節では、価格と販促費という 2 つの数値変数を独立変数としてオムニパワーの月間売上を推定した。しかし、場合によってはカテゴリー変数を回帰モデルの独立変数として使いたいこともある。たとえば、オムニパワーの月間売上を推定するのに、陳列棚の場所（棚の端かそれ以外）というカテゴリー変数をモデルに採用したいと考えるかもしれない。

ダミー変数

カテゴリー変数を独立変数として回帰モデルに含める際は、**ダミー変数 (dummy variable)** を用いる。ダミー変数では、カテゴリー変数の各カテゴリーを 0 と 1 という値に数値化する。適宜、0 は特定した特徴がないときを表し、1 はその特徴があるときを表すと設定する。前出の陳列棚の場所の例のように、カテゴリー独立変数に 2 つのカテゴリーしかない場合は、1 個のダミー変数 X_d を用いて、次のように 2 つのカテゴリーを定義する。

カテゴリー 1（陳列棚の端以外の場所）の場合は $X_d = 0$
カテゴリー 2（陳列棚の端）の場合は $X_d = 1$

ダミー変数を使った回帰分析をわかりやすく説明するために、家屋の規模（単位は千平方フィート）と暖炉の有無に基づいて査定価額（単位は千ドル）を推定するモデルを作成する場合を考える。暖炉の有無というカテゴリー変数は、ダミー変数 X_2 として下記の通り定義して用いる。

暖炉がない場合 $X_2 = 0$
暖炉がある場合 $X_2 = 1$

15軒の標本からデータを収集し、これを整理してファイル ハウス3 に保存した。表11.3にそのデータを示す。表11.3の一番右の列では、カテゴリー値が数値に置き換えられていることがわかる。

表11.3
家屋の規模と暖炉の有無から査定価額を推定する

査定価額	規模	暖炉の有無	数値化された暖炉の有無
234.4	2.00	有	1
227.4	1.71	無	0
225.7	1.45	無	0
235.9	1.76	有	1
229.1	1.93	無	0
220.4	1.20	有	1
225.8	1.55	有	1
235.9	1.93	有	1
228.5	1.59	有	1
229.2	1.50	有	1
236.7	1.90	有	1
229.3	1.39	有	1
224.5	1.54	無	0
233.8	1.89	有	1
226.8	1.59	無	0

家屋の規模に対する査定価額の傾きが、暖炉のある家と暖炉のない家との間で等しいと仮定すると、重回帰モデルは下記の通りとなる。

$$Y_i = \beta_0 + \beta_1 X_{1i} + \beta_2 X_{2i} + \varepsilon_i$$

ここで、

Y_i = 家屋 i の査定価額（千ドル）
β_0 = Y 切片
X_{1i} = 家屋 i の規模（千平方フィート）
β_1 = 暖炉の有無が一定であるときに家屋の規模に対する査定価額の傾き
X_{2i} = 家屋 i に暖炉があるかないかを示すダミー変数
β_2 = 家屋の規模が一定であるとき、暖炉の有無が査定価額に及ぼす正味の影響
ε_i = 家屋 i の推定値 Y との誤差

図 11.6 にこのモデルの回帰分析結果を示す。

図 11.6
Excel を使った家屋の規模と暖炉の有無を変数に含むモデルの回帰分析結果

	A	B	C	D	E	F	G
1	査定価額分析						
2							
3		回帰統計					
4	重相関 R	0.9006					
5	重決定 R2	0.8111					
6	補正 R2	0.7796					
7	標準誤差	2.2626					
8	観測数	15					
9							
10	分散分析表						
11			自由度	変動	分散	観測された分散比	有意F
12	回帰		2	263.7039	131.8520	25.7557	0.0000
13	残差		12	61.4321	5.1193		
14	合計		14	325.1360			
15							
16			係数	標準誤差	t	P-値	下限 95%	上限 95%
17	切片		200.0905	4.3517	45.9803	0.0000	190.6090	209.5719
18	規模		16.1858	2.5744	6.2871	0.0000	10.5766	21.7951
19	数値化された暖炉の有無		3.8530	1.2412	3.1042	0.0091	1.1486	6.5574

図 11.6 から、回帰式は、

$$\hat{Y}_i = 200.0905 + 16.1858 X_{1i} + 3.8530 X_{2i}$$

となる。暖炉のない家屋については、この回帰式に $X_2 = 0$ を代入し、

$$\hat{Y}_i = 200.0905 + 16.1858X_{1i} + 3.8530X_{2i}$$
$$= 200.0905 + 16.1858X_{1i} + 3.8530(0)$$
$$= 200.0905 + 16.1858X_{1i}$$

となる。暖炉のある家屋については、この回帰式に $X_2 = 1$ を代入し、

$$\hat{Y}_i = 200.0905 + 16.1858X_{1i} + 3.8530X_{2i}$$
$$= 200.0905 + 16.1858X_{1i} + 3.8530(1)$$
$$= 203.9435 + 16.1858X_{1i}$$

となる。このモデルにおける各回帰係数は次のように解釈される。

- 暖炉の有無が一定である時、家屋の規模が千平方フィート増えるごとに推定査定価額は 16.1858 千ドル (16,185.80 ドル) 増えると推定される。
- 家屋の規模が一定である時、暖炉がある家は推定査定価額が 3.8530 千ドル (3,853 ドル) 高くなると考えられる。

図 11.6 から、査定価額に対する家屋の規模の傾きの検定統計量 t 値は 6.2871 であり、p 値は 0.0091 である。したがって、有意水準が 0.01 のとき、2つの変数はいずれもこのモデルで有意な影響を及ぼす。さらに、重決定係数から、査定価額に見られる変動の 81.11% が、家屋の規模の変動と暖炉の有無の変動によって説明されることがわかる。

交互作用

ここまで説明してきた回帰モデルでは常に、1つの独立変数が従属変数に及ぼす影響は、モデル内の他の独立変数から独立していると想定されてきた。ある独立変数が従属変数に及ぼす影響が、2つ目の独立変数の値によって変化するとき、「**交互作用がある (interaction)**」と言う。たとえば、ある商品の価格が低いうちは、広告がその商品の売上に大きな影響を及ぼす可能性もある。しかし、商品の値段が高すぎれば、広告費を増やしても売上は大きく変わらなくなってしまう。この場合、価格と広告費は「交互作用している」と言う。

つまり、売上に対する広告の影響を一意的に記述することはできない。広告が売上におよぼす影響は価格に依存している。回帰モデルでは、このような交互作用の影響をモデル化するため、**交互作用項 (interaction term)**［または**クロス乗積項**

(cross-product term)］を用いる。

交互作用項の使い方をわかりやすく説明するために、422 ～ 424 ページに出てきた家屋査定の事例を参照する。この回帰モデルでは、家屋の規模が査定価格に及ぼす影響は家屋に暖炉の有無から独立していると仮定した。つまり、規模に対する査定価額の傾きは、暖炉の有無に関わらず同じだと仮定したわけである。もし、この2つの傾きが同じでないとすると、家屋の規模と暖炉の有無の間には交互作用が存在することになる。

交互作用があるか否かを評価するためにはまず、独立変数 X_1（家屋の規模）とダミー変数 X_2（数値化された暖炉の有無）の積として交互作用項を定義する。その上で、この交互作用変数が回帰モデルに有意な影響をもたらす否かを検定する。交互作用が有意な場合、当該モデルを推定に使うことはできない。422 ページの表 11.3 に示したデータについて、次のように定義する。

$$X_3 = X_1 \times X_2$$

図 11.7 に、家屋の規模 X_1、暖炉の有無 X_2、および X_1 と X_2 の交互作用（X_3 とする）を含む回帰モデルの結果を示す。

図 11.7
Excel を使った家屋の規模、暖炉の有無、規模と暖炉の交互作用を含むモデルの回帰分析結果

	A	B	C	D	E	F	G
1	査定価額分析						
2							
3		回帰統計					
4	重相関 R	0.9179					
5	重決定 R2	0.8426					
6	補正 R2	0.7996					
7	標準誤差	2.1573					
8	観測数	15					
9							
10	分散分析表						
11		自由度	変動	分散	観測された分散比	有意F	
12	回帰	3	273.9441	91.3147	19.6215	0.0001	
13	残差	11	51.1919	4.6538			
14	合計	14	325.1360				
15							
16		係数	標準誤差	t	P-値	下限 95%	上限 95%
17	切片	212.9522	9.6122	22.1544	0.0000	191.7959	234.1084
18	規模	8.3624	5.8173	1.4375	0.1784	−4.4414	21.1662
19	数値化された暖炉の有無	−11.8404	10.6455	−1.1122	0.2898	−35.2710	11.5902
20	交互作用	9.5180	6.4165	1.4834	0.1661	−4.6046	23.6406

交互作用の有無を検定するには、帰無仮説

$$H_0 : \beta_3 = 0$$

を対立仮説

$$H_1 : \beta_3 \neq 0$$

に対して検定する。図11.7から、規模と暖炉の交互作用の検定統計量 t 値は1.4834である。$t = 1.4834 < 2.201$ または p 値 $= 0.1661 > 0.05$ であることから、帰無仮説を棄却しない。よって、家屋の規模と暖炉の有無が反映されている場合、交互作用はこのモデルに有意な影響をもたらさない。規模に対する査定価額の傾きは、暖炉のある家屋と暖炉のない家屋との間で同じであると結論付けることができる。

統計を使ってみよう

再び、オムニフーズ社の場合

本章冒頭の事例で、あなたは新しいエネルギーバー「オムニパワー」の全国展開を計画している、大手食品会社オムニフーズ社のマーケティング担当責任者であった。そこでは効果的なマーケティング戦略を打ち出すため、価格と店内販促活動が売上に及ぼす影響を見極める必要があった。あるスーパーマーケットチェーンの34店舗を標本に試験販売することにし、各店舗で商品1本あたりの価格を59〜99セント、店内販促の予算を200〜600ドルの間で変化させた。

1カ月間の試験販売期間終了後、収集したデータについて重回帰分析を行った。ここで検討した独立変数は、オムニパワーの単価と店内販促費の月間予算の2つである。従属変数は、1カ月当たりのオムニパワー販売個数である。決定係数から、売上に見られる変動の75.8%が価格設定と店内販促活動に使われた経費の額を把握することによって説明されることがわかった。このモデルによれば、単価が10セント増えるごとに1カ月当たりの売上は532本減少し、販促費が100ドル増えるごとに売上は361本増加することがわかった。

価格と販促費の相対的効果を調査したところで、オムニフーズ社としては全国展開向けの価格を設定し、販促基準を定めなければならない（当然ながら、価格は低ければ低いほど、販促予算は多ければ多いほど売上個数は増えるが、粗利率は減少する）。1カ月あたりの販促費を400ドル、商品単価を79セントにすると、平均月間売上本数の95%の信頼区間推定は2,854〜3,303となることが分かった。この上限と下限に全国展開に含まれる店舗数を掛けることによって1カ月当たりの総売上を推定することができる。たとえば、全国1,000店で販売すれば、1カ月当たりの売上総本数は2,854,000〜3,308,000となるはずである。

まとめ

本章では、従属変数の値を推定するために2つ以上の独立変数を用いる重回帰モデルの使い方について学んだ。また、回帰モデルにカテゴリー独立変数や交互作用項を入れる方法も学んだ。図11.8に本章の流れを示すロードマップを示す。

図11.8
重回帰分析のロードマップ

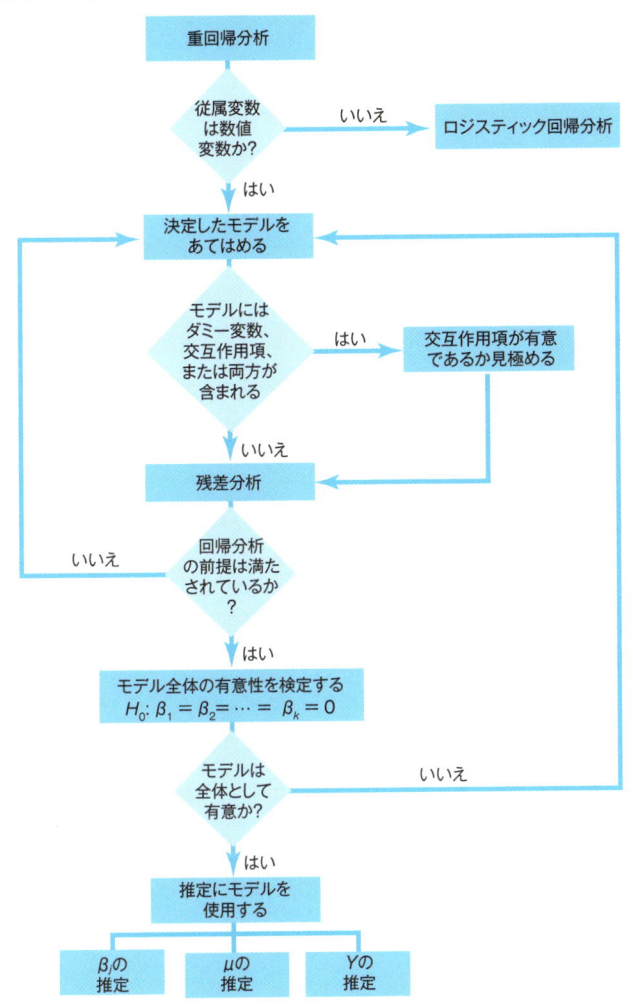

```
                    ┌─────────────┐
                    │  重回帰分析  │
                    └──────┬──────┘
                           ↓
                    ┌─────────────┐   いいえ    ┌──────────────────┐
                    │ 従属変数    ├──────────→│ ロジスティック回帰分析 │
                    │ は数値       │            └──────────────────┘
                    │ 変数か?      │
                    └──────┬──────┘
                          はい
                           ↓
              ┌───→┌─────────────────┐←────────────────┐
              │    │ 決定したモデルを │                  │
              │    │   あてはめる     │                  │
              │    └────────┬────────┘                  │
              │             ↓                            │
              │    ┌─────────────────┐   はい  ┌──────────────────┐
              │    │ モデルには       ├───────→│ 交互作用項が有意  │
              │    │ ダミー変数、     │        │ であるか見極める  │
              │    │ 交互作用項、     │        └─────────┬────────┘
              │    │ または両方が     │                  │
              │    │   含まれる       │                  │
              │    └────────┬────────┘                  │
              │           いいえ                          │
              │             ↓                            │
              │    ┌─────────────────┐←─────────────────┘
              │    │   残差分析       │
              │    └────────┬────────┘
              │             ↓
              │    ┌─────────────────┐
              │    │ 回帰分析         │
              │    │ の前提は満た    │
              │    │ されているか    │
              │    │        ?         │
              │    └────────┬────────┘
              │いいえ      はい
              └─────────────┤
                            ↓
                    ┌─────────────────────────────┐
                    │ モデル全体の有意性を検定する │
                    │ $H_0: \beta_1 = \beta_2 = \cdots = \beta_k = 0$ │
                    └──────────────┬──────────────┘
                                   ↓
                         ┌──────────────┐   いいえ
                         │ モデルは     ├──────────→（上へ戻る）
                         │ 全体として   │
                         │   有意か?    │
                         └──────┬──────┘
                               はい
                                ↓
                         ┌──────────────┐
                         │ 推定にモデルを│
                         │   使用する    │
                         └──────┬───────┘
                    ┌───────────┼───────────┐
                    ↓           ↓           ↓
              ┌─────────┐ ┌─────────┐ ┌─────────┐
              │ $\beta_i$ の │ │ $\mu$ の │ │  $Y$ の  │
              │   推定   │ │   推定   │ │   推定   │
              └─────────┘ └─────────┘ └─────────┘
```

> **重要な公式**

k 個の独立変数を持つ重回帰モデル

$$Y_i = \beta_0 + \beta_1 X_{1i} + \beta_2 X_{2i} + \beta_3 X_{3i} + \cdots + \beta_k X_{ki} + \varepsilon_i \qquad 式(11.1)$$

2つの独立変数を持つ重回帰モデル

$$Y_i = \beta_0 + \beta_1 X_{1i} + \beta_2 X_{2i} + \varepsilon_i \qquad 式(11.2)$$

2つの独立変数を持つ重回帰式

$$\hat{Y}_i = b_0 + b_1 X_{1i} + b_2 X_{2i} \qquad 式(11.3)$$

重決定係数

$$r^2 = \frac{回帰平方和}{総平方和} = \frac{SSR}{SST} \qquad 式(11.4)$$

調整済み r^2

$$r^2_{adj} = 1 - \left[(1 - r^2) \frac{n-1}{n-k-1} \right] \qquad 式(11.5)$$

全体の F 検定

$$F = \frac{MSR}{MSE} \qquad 式(11.6)$$

重回帰分析における傾きの検定

$$t = \frac{b_j - \beta_j}{S_{b_j}} \qquad 式(11.7)$$

傾きの信頼区間推定

$$b_j \pm t_{\alpha/2} S_{b_j} \qquad 式(11.8)$$

キーワード

重回帰モデル p.407
正味回帰係数 p.411
重決定係数 p.413
調整済み r^2 p.413
ダミー変数 p.421
交互作用 p.424
交互作用項 p.424
クロス乗積項 p.424

復習問題

1 パソコンの消耗品やソフトウェア、ハードウェアを扱っているカタログ通信販売会社では、注文を受けた商品の配送を中央倉庫から行っている。同社経営陣は現在、倉庫からの配送プロセスを見直しており、配送コストに影響を及ぼしている要因を見極めることを経営課題に挙げている。現状では、注文量にかかわらず注文客には少額の手数料を請求している。過去 24 カ月にわたり、配送コストと受注数のデータを集め、ファイル 配送コスト に保存した。

    a. 重回帰式を求めよ。
    b. この問における傾き b_1 と b_2 の意味を説明せよ。
    c. この問においては Y 切片 b_0 に意味を説明せよ。
    d. 売上が 400,000 ドル、注文数が 4,500 の月の平均配送コストを予測せよ。

2 問 1. において、カタログ通販企業の売上と注文数を使って配送コストを予測した（ファイル 配送コスト に保存）。次の各設問に答えよ。

    a. 有意水準を 0.05 とすると、配送コストと 2 つの独立変数（売上と注文数）の間には有意な関係があると言える？
    b. p 値の意味を説明せよ。
    c. 重決定係数 r^2 を計算し、その意味を説明せよ。
    d. 調整済み r^2 を計算せよ。

3 問 1. において、カタログ通販企業の売上と注文数を使って配送コストを予測した（ファイル 配送コスト に保存）。次の各設問に答えよ。

    a. 配送コストと売上の間の母集団傾きについて 95% 信頼区間を推定せよ。
    b. 有意水準が 0.05 のとき、各変数が回帰モデルにおいて有意な影響を持つか判断せよ。以上の結果から、このモデルに含めるべき独立変数はどれか？

4 問 1. において、カタログ通販企業の売上と注文数を使って配送コストを予測した（ファイル 配送コスト に保存）。売上、注文数、そして売上と注文数の交互作用を盛り込

んで、配送コストを予測する回帰モデルを作成せよ。
   a. 有意水準を 0.05 とすると、交互作用がモデルに有意な影響をもたらすことを示す証拠はあるか？
   b. 上記 (a) で使った回帰モデルと問1で使った回帰モデルのどちらがより適切か？説明せよ。

5 引越し運送会社のオーナーは、新規案件一物件にかかる作業時間を、いつも最も経験の長い管理職に予測推定させている。この方法はこれまで有効であったが、オーナーは経営課題としてもっと正確に作業時間を推定することにした。より正確な手法を編み出す準備段階として、運送した品物の体積と大型家具の個数を独立変数とし、あるエリア内での運送36件からデータを収集した。このデータを整理しファイル 引越 に保存した。

   a. 重回帰式を記述せよ。
   b. この回帰式における各傾きの意味を説明せよ。
   c. 大型家具2個で500立方フィートの体積の品物を運送するのにかかる作業時間を推定せよ。
   d. 調査結果について残差分析を行い、回帰分析の前提が妥当である否か判断せよ。
   e. 有意水準を 0.05 とすると、作業時間と2つの独立変数（運送した体積と大型家具の個数）の間には有意な関係があると言えるか？
   f. 上記(e)の p 値を求め、その意味を説明せよ。
   g. この問における重決定係数の意味を説明せよ。
   h. 調整済み r^2 を求めよ。
   i. 有意水準を 0.05 とすると、各独立変数はこの回帰モデルに影響をもたらす否か判断せよ。これらの変数を使った回帰モデルは適切か？
   j. 上記(i)の p 値を求め、その意味を説明せよ。
   k. 作業時間と運送品の体積の間の母集団傾き β_1 の 95% の信頼区間を推定せよ。作業時間と大型家具の個数の間の傾き β_2 はどうか？

6 ある小規模な都市で最近売却されたばかりの一戸建て家屋30軒を標本に、査定価額（千ドル）と再査定からの経過月数を使って売却価格（千ドル）を推定するモデルを作成する。この町では調査からちょうど1年前に全面的な再査定が行われた。結果はファイル ハウス1 に保存されている。

   a. 重回帰式を記述せよ。
   b. この回帰式における各傾きの意味を説明せよ。
   c. 査定価額が 170,000 ドル、再査定から12カ月後に売却された家屋の売却価格を

推定せよ。
d. 調査結果について残差分析を行い、回帰分析の前提が妥当であるか判断せよ。
e. 有意水準を 0.05 とすると、売却価格と 2 つの独立変数 (査定価額と経過月数) の間には有意な関係があると言えるか?
f. 上記 (e) の p 値を求め、その意味を説明せよ。
g. この問における重決定係数の意味を説明せよ。
h. 調整済み r^2 を求めよ。
i. 有意水準を 0.05 とすると、各独立変数はこの回帰モデルに影響をもたらすか否か判断せよ。これらの変数を使った回帰モデルは適切か?
j. 上記 (i) の p 値を求め、その意味を説明せよ。
k. 売却価格と査定価額の間の母集団傾きの 95% の信頼区間を推定せよ。売却価格と経過月数の傾きはどうか?

第 11 章 Excel ガイド

EG11.1 重回帰モデルを作成する

回帰係数の解釈

Excel の操作方法 重回帰分析を行うためのテンプレートとして、410 ページの図 11.1 にその一部を示したファイル「**EG11**」内の「**計算**」ワークシートを使用する。このワークシートの列 A〜I は、データ分析ツールの「回帰分析」を行った出力と見た目には同じものである。ここでは、「**重回帰データ**」ワークシートを使って、オムニパワーの売上データにおける重回帰分析を行ったものである。

図 11.1 には列 K〜N の計算式領域は示されていない。この領域には、セル範囲 L2：N6 に配列計算式 =LINEST (**変数 Y のセル範囲, 変数 X のセル範囲, TRUE, TRUE**) と、傾きの t 検定 (p.380 の 10.7 節参照) の計算が入っている。この配列計算式により、セル L2, M2, N2 に b_2, b_1, b_0 の係数、セル L3, M3, N3 には b_2, b_1, b_0 の標準誤差、セル L4 と M4 には r^2 と推定値の標準誤差、セル L5 と M5 には検定統計量 F 値と残差自由度、そしてセル L6 と M6 には SSR と SSE が出力される (セル範囲内の残るセル N4, N5, N6 には「#N/A」と表示されるが、これはエラーではない)。

この配列計算式の出力は以下のように行う。最初に、配列計算式を入れる領域 (セル L2 から N6) を範囲指定する。配列計算式は、セル L2 に =LINEST (**変数 Y のセル範囲, 変数 X のセル範囲, TRUE, TRUE**) を入力し、Ctrl キーと Shift キーを押しながら同時に Enter キーを押すと、L2 から N6 に数値が出力される。各セルの計算表示が、{LINEST (**変数 Y のセル範囲, 変数 X のセル範囲, TRUE, TRUE**)} と変更されることを確認する。

本例は、前述の第 10 章 Excel ガイドの「Excel の操作方法」のセクションで説明したものと基本的には同じである。本ワークシート上で、セル L8 に信頼水準を入力し、限界

値の t 値などその他の計算式を確認すること。

Excel を使ったデータ分析法　重回帰分析を行うにはデータ分析ツールの「回帰分析」でも行える。たとえば、図 11.1 にあるオムニパワーの売上データについて分析するには、ファイル「**EG11**」の「**重回帰データ**」ワークシートを開き、

1. 「データ」→右端に位置する「データ分析」を選択する。
2. 「データ分析」ダイアログボックス上で、「分析ツール」リストから「回帰分析」を選択し、「OK」ボタンをクリックする。

ダイアログボックス (下図) が開いたら、

3. 「入力 Y 範囲」に「A1：A35」、「入力 X 範囲」に「B1：C35」と入力する。
4. 「ラベル」にチェックを入れ、「有意水準」のチェックボックスにチェックを入れ、ボックスに「95」と入力する。
5. 「新規ワークシート」をクリックする。
6. 「OK」ボタンをクリックする。

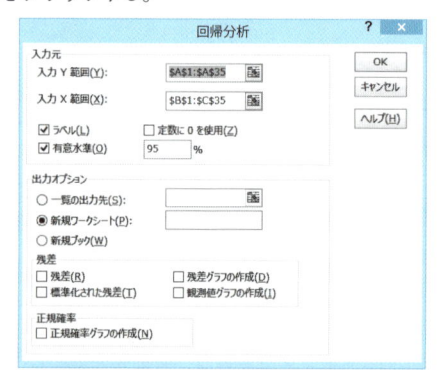

従属変数 Y の推定

Excel の操作方法　2 つの独立変数を持つ重回帰モデルの信頼区間推定、および推定区間を計算するためのテンプレートとして、412 ページの図 11.2 に示したファイル「**EG11**」内の「**信頼区間推定**」ワークシートを使う。このワークシートには、図 11.2 に示したオムニパワーの事例に関するデータと計算式が入っている。ここでは、複数の配列計算式により、行列積 X'X (セル範囲 B9：D11)、行列 X'X の逆行列 (セル範囲 B13:D15) X'G に X'X の逆行列を掛け合わせた積 (セル範囲 B17：D17)、および Y の推定値 (セル B21) を計算する行列演算を行う関数を使っている。

EG11.2 　r^2、調整済み r^2、全体の F 検定

重決定係数 r^2、調整済み r^2、および全体の F 検定はすべて、EG11.1 において重回帰分析結果を示すワークシートを作成した際に、計算されている。「Excel の操作方法」を使う際には、計算式を用いて「**計算**」ワークシートのように各結果を求める。セル B5, B7, B13, C12, C13, D12, E12 の値は、セル範囲 L2:N6 の配列計算式で算出された値を参照したものである。また、セル F12 には、**F.DIST.RT（統計量 F 値，回帰自由度，残差自由度）**により全体の F 検定の p 値が求められる。

EG11.3 　重回帰モデルの残差分析

Excel の操作方法　残差を計算するワークシートを作成し、元値の変数 X と残差（変数 Y としてプロットする）の散布図を作成する。

残差用のワークシートのテンプレートとして、ファイル「**EG11**」の「**残差**」ワークシートを使う。このワークシート内の各計算式は、同じファイル内の「**計算**」ワークシートにある重回帰分析を使ってオムニパワーの事例に関する重回帰モデルの残差を計算するためのものである。列 D では、X_1 の各値に係数 b_1 を、X_2 の各値に係数 b_2 を掛け合わせ、各積を和算し切片係数を加算することで、Y の推定値を計算している。列 F では、Y の実際値から Y の推定値を減算することで残差を計算している（全計算式を確認するためには「**残差**」ワークシート上にて確認すること）。

Excel を使ったデータ分析法　EG11.1 と同じ「データ分析」ツールの手順を用いる。前ページ 5 の手順において、「新規ワークシート」をクリックする前に「残差」と「残差グラフの作成」のチェックボックスにもチェックを入れてから「OK」ボタンをクリックする（「残差グラフの作成」のオプションでは、個々の独立変数についての残差グラフを作成する）。

EG11.4 　回帰モデルにおけるダミー変数と交互作用項

ダミー変数

「検索と置換」を使って 2 つの水準を持つカテゴリー変数からダミー変数を作成する。「検索と置換」を使用する前に、元の値を残しておくためカテゴリー変数を別の列に「コピー」と「貼り付け」しておくこと。

たとえば、422 ページの表 11.3 に出てきた「暖炉」の有無を示すカテゴリー変数から「数値化した暖炉の有無」というダミー変数を作成するためには、ファイル「**EG11**」の「**ハウス 3**」ワークシートを開いて以下の操作を行う。

1. 列 C に入っている暖炉の有無の値、列 C を「コピー」し、列 D に「貼り付け」する。
2. 列 C を選択する。

3. Ctrlキーを押しながらHキー(「検索と置換」のショートカットキー)を押す。ダイアログボックスが開いたら、
4. 「検索する文字列」のボックスに「有」、「置換後の文字列」に「1」と入力する。
5. 「すべて置換」をクリックする。置換を確認する旨のメッセージが表示されたら「OK」ボタンをクリックして次へ進む。
6. 「検索する文字列」のボックスに「無」、「置換後の文字列」に「0」と入力する。
7. 「すべて置換」をクリックする。置換を確認する旨のメッセージが表示されたら「OK」ボタンをクリックして次へ進む。
8. 「閉じる」をクリックする。

交互作用

　交互作用項を作成するためには、1つの独立変数と別の独立変数を掛け合わせる計算式を持つ列Dを挿入する。たとえば、列Bに1番目の独立変数、列Cに2番目の独立変数が入っている場合、空欄の列のいずれかの2行目のセルD2に両者を掛け合わせる＝B2＊C2の計算式を入力し、この式をデータのある行すべてにコピーすることで交互作用の列を作成できる。ファイル「**EG11**」の「**ハウス3_交互作用**」ワークシートで確認すること。

巻末資料A
数学の考え方・記号の基本

A.1 代数のルール：指数と平方根

ルール	例
1. $(X^a)(X^b) = X^{a+b}$	$(4^2)(4^3) = 4^5$
2. $(X^a)^b = X^{ab}$	$(2^2)^3 = 2^6$
3. $(X^a/X^b) = X^{a-b}$	$\dfrac{3^5}{3^3} = 3^2$
4. $\dfrac{X^a}{X^a} = X^0 = 1$	$\dfrac{3^4}{3^4} = 3^0 = 1$
5. $\sqrt{XY} = \sqrt{X}\sqrt{Y}$	$\sqrt{(25)(4)} = \sqrt{25}\sqrt{4} = 10$
6. $\sqrt{\dfrac{X}{Y}} = \dfrac{\sqrt{X}}{\sqrt{Y}}$	$\sqrt{\dfrac{16}{100}} = \dfrac{\sqrt{16}}{\sqrt{100}} = 0.40$

A.2 対数のルール

10 を底とする対数

Log は 10 を底とする対数を表す記号である。

ルール	例
1. $\log(10^a) = a$	$\log(100) = \log(10^2) = 2$
2. $\log(a) = b$ ならば $a = 10^b$	$\log(a) = 2$ ならば $a = 10^2 = 100$
3. $\log(ab) = \log(a) + \log(b)$	$\log(100) = \log[(10)(10)] = \log(10) + \log(10) = 1 + 1 = 2$
4. $\log(a^b) = (b)\log(a)$	$\log(1{,}000) = \log(10^3) = (3)\log(10) = (3)(1) = 3$
5. $\log(a/b) = \log(a) - \log(b)$	$\log(100) = \log(1{,}000/10) = \log(1{,}000) - \log(10) = 3 - 1 = 2$

例：下式両辺の 10 を底とする対数を求めよ。
$$Y = \beta_0 \beta_1^x \varepsilon$$
解：ルール 3 とルール 4 を当てはめる。
$$\begin{aligned}\log(Y) &= \log(\beta_0 \beta_1^X \varepsilon) \\ &= \log(\beta_0) + \log(\beta_1^X) + \log(\varepsilon) \\ &= \log(\beta_0) + X\log(\beta_1) + \log(\varepsilon)\end{aligned}$$

e を底とする対数

ln は e を底とする対数を表す記号であり、一般に自然対数の底と呼ばれる。e はオイラー数で，ネイピアの数ともいう。$e \cong 2.718282$ である。

ルール	例
1. $\ln(e^a) = a$	$\ln(7.389056) = \ln(e^2) = 2$
2. $\ln(a) = b$ ならば $a = e^b$	$\ln(a) = 2$ ならば $a = e^2 = 7.389056$
3. $\ln(ab) = \ln(a) + \ln(b)$	$\ln(100) = \ln[(10)(10)]$ $\quad = \ln(10) + \ln(10) = 2.302585 + 2.302585$ $\quad = 4.605170$
4. $\ln(a^b) = (b)\ln(a)$	$\ln(1{,}000) = \ln(10^3) = 3\ln(10) = 3(2.302585)$ $\quad = 6.907755$
5. $\ln(a/b) = \ln(a) - \ln(b)$	$\ln(100) = \ln(1{,}000/10) = \ln(1{,}000) - \ln(10)$ $\quad = 6.907755 - 2.302585 = 4.605170$

例：下式両辺の e を底とする対数を求めよ。
$$Y = \beta_0 \beta_1^X \varepsilon$$
解：ルール 3 とルール 4 を当てはめる。
$$\begin{aligned}\ln(Y) &= \ln(\beta_0 \beta_1^X \varepsilon) \\ &= \ln(\beta_0) + \ln(\beta_1^X) + \ln(\varepsilon) \\ &= \ln(\beta_0) + X\ln(\beta_1) + \ln(\varepsilon)\end{aligned}$$

A.3 和の表現

ギリシャ文字シグマの大文字（Σ）は「〜の和を取る」という意味である。変数 X の値が n 個あったとする。$\sum_{i=1}^{n} = X_i$ は、変数 X の n 個の値すべての和を取るという意味である。したがって、

$$\sum_{i=1}^{n} X_i = X_1 + X_2 + X_3 + \cdots + X_n \quad となる。$$

次に記号 Σ の具体的な使い方を示す。ある変数 X について値が 5 つあったとする。$X : X_1 = 2$、$X_2 = 0$、$X_3 = -1$、$X_4 = 5$、$X_5 = 7$ である。したがって、

$$\sum_{i=1}^{5} X_i = X_1 + X_2 + X_3 + X_4 + X_5 = 2 + 0 + (-1) + 5 + 7 = 13 \quad となる。$$

統計学では、変数の 2 乗の値は合計されるため、この問題では、

$$\sum_{i=1}^{n} X_i^2 = X_1^2 + X_2^2 + X_3^2 + \cdots + X_n^2 \quad となる。$$

そのため、上記の例では、

$$\begin{aligned}\sum_{i=1}^{5} X_i^2 &= X_1^2 + X_2^2 + X_3^2 + X_4^2 + X_5^2 \\ &= 2^2 + 0^2 + (-1)^2 + 5^2 + 7^2 \\ &= 4 + 0 + 1 + 25 + 49 \\ &= 79 \end{aligned} \quad となる。$$

平方の総和 $\sum_{i=1}^{n} X_i^2$ と総和の二乗 $(\sum_{i=1}^{n} X_i)^2$ は異なる。

$$\sum_{i=1}^{n} X_i^2 \neq \left(\sum_{i=1}^{n} X_i\right)^2$$

この例では、平方の総和は 79 に等しい。総和の二乗は $13^2 = 169$ であるから、同じではない。また、よく使われる演算に積の総和がある。2 つの変数 X と Y について、それぞれ n 個の値があったとする。その場合、

$$\sum_{i=1}^{n} X_i Y_i = X_1 Y_1 + X_2 Y_2 + X_3 Y_3 + \cdots + X_n Y_n \quad となる。$$

先ほどの具体例を引き続き使って考える。2つ目の変数 Y にも5つの値があって、それぞれ $Y_1 = 1$、$Y_2 = 3$、$Y_3 = -2$、$Y_4 = 4$、$Y_5 = 3$ である。この場合、

$$\begin{aligned}\sum_{i=1}^{n} X_i Y_i &= X_1 Y_1 + X_2 Y_2 + X_3 Y_3 + X_4 Y_4 + X_5 Y_5 \\ &= (2)(1) + (0)(3) + (-1)(-2) + (5)(4) + (7)(3) \\ &= 2 + 0 + 2 + 20 + 21 \\ &= 45 \end{aligned} \quad となる。$$

$\sum_{i=1}^{n} X_i Y_i$ の計算では、X の1つ目の値と Y の1つ目の値が積算され、X の2つ目の値と Y の2つ目の値が掛け算され・・・という計算が続くことを理解しておく必要がある。そして個々の積を足し合わせて最終的な結果を得る。ただし、積の総和は個々の総和の積とは異なる。

$$\sum_{i=1}^{n} X_i Y_i \neq \left(\sum_{i=1}^{n} X_i\right)\left(\sum_{i=1}^{n} Y_i\right)$$

この具体例では、

$$\sum_{i=1}^{5} X_i = 13 \quad であり、$$

$$\sum_{i=1}^{5} Y_i = 1 + 3 + (-2) + 4 + 3 = 9 \quad であるから、$$

$$\left(\sum_{i=1}^{5} X_i\right)\left(\sum_{i=1}^{5} Y_i\right) = (13)(9) = 117 \quad となる。$$

その一方で、

$$\sum_{i=1}^{5} X_i Y_i = 45 \, である。$$

下表にこの結果をまとめる。

値	X_i	Y_i	$X_i Y_i$
1	2	1	2
2	0	3	0
3	-1	-2	2
4	5	4	20
5	7	3	21
	$\sum_{i=1}^{5} X_i = 13$	$\sum_{i=1}^{5} Y_i = 9$	$\sum_{i=1}^{5} X_i Y_i = 45$

ルール1：2つの変数の各値の総和は、各変数の値の総和を足し合わせたものに等しい。

$$\sum_{i=1}^{n}(X_i + Y_i) = \sum_{i=1}^{n} X_i + \sum_{i=1}^{n} Y_i$$

したがって、

$$\begin{aligned}\sum_{i=1}^{5}(X_i + Y_i) &= (2+1)+(0+3)+(-1+(-2))+(5+4)+(7+3) \\ &= 3+3+(-3)+9+10 \\ &= 22\end{aligned}$$
$$\sum_{i=1}^{5} X_i + \sum_{i=1}^{5} Y_i = 13 + 9 = 22$$

ルール2：2つの変数の各値の差の総和は、各変数の値の総和間の差に等しい。

$$\sum_{i=1}^{n}(X_i - Y_i) = \sum_{i=1}^{n} X_i - \sum_{i=1}^{n} Y_i$$

したがって、

$$\begin{aligned}\sum_{i=1}^{5}(X_i - Y_i) &= (2-1)+(0-3)+(-1-(-2))+(5-4)+(7-3) \\ &= 1+(-3)+1+1+4 \\ &= 4\end{aligned}$$
$$\sum_{i=1}^{5} X_i - \sum_{i=1}^{5} Y_i = 13 - 9 = 4$$

ルール 3：変数の定数倍の総和は、変数の各値の総和を同じ定数で積算したものに等しい。

$$\sum_{i=1}^{n} cX_i = c\sum_{i=1}^{n} X_i$$

ここで c は定数を表す。したがって、$c = 2$ の場合、

$$\sum_{i=1}^{5} cX_i = \sum_{i=1}^{5} 2X_i = (2)(2) + (2)(0) + (2)(-1) + (2)(5) + (2)(7)$$
$$= 4 + 0 + (-2) + 10 + 14$$
$$= 26$$
$$c\sum_{i=1}^{5} X_i = 2\sum_{i=1}^{5} X_i = (2)(13) = 26$$

となる。

ルール 4：定数を n 回足し合わせたものは、この定数の値の n 倍に等しい。

$$\sum_{i=1}^{n} c = nc$$

ここで c は定数を表す。したがって、定数 $c = 2$ を 5 回足し合わせると、

$$\sum_{i=1}^{5} c = 2 + 2 + 2 + 2 + 2 = 10$$
$$nc = (5)(2) = 10 \text{ となる。}$$

例：変数 X と Y にはそれぞれ 6 つの値があったとする。これらは
$X_1 = 2$、$X_2 = 1$、$X_3 = 5$、$X_4 = -3$、$X_5 = 1$、$X_6 = -2$
$Y_1 = 4$、$Y_2 = 0$、$Y_3 = -1$、$Y_4 = 2$、$Y_5 = 7$、$Y_6 = -3$
である。
次の和をそれぞれ求めよ。

(a) $\sum_{i=1}^{6} X_i$ 　　　　　　　　(d) $\sum_{i=1}^{6} Y_i^2$

(b) $\sum_{i=1}^{6} Y_i$ 　　　　　　　　(e) $\sum_{i=1}^{6} X_i Y_i$

(c) $\sum_{i=1}^{6} X_i^2$ 　　　　　　　　(f) $\sum_{i=1}^{6} (X_i + Y_i)$

(g) $\sum_{i=1}^{6}(X_i-Y_i)$ (i) $\sum_{i=1}^{6}(cX_i)$, $c=-1$ の場合

(h) $\sum_{i=1}^{6}(X_i-3Y_i+2X_i^2)$ (j) $\sum_{i=1}^{6}(X_i-3_i+c)$, $c=+3$ の場合

解：(a) 4　(b) 9　(c) 44　(d) 79　(e) 10　(f) 13　(g) -5　(h) 65
　　(i) -4　(j) -5

巻末資料B　各種表

表 B.1　累積標準化正規分布
項目は $-\infty \sim Z$ までの累積標準化正規分布線の下の領域を表す。

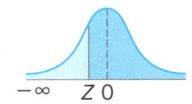

	累積確率									
Z	0.00	0.01	0.02	0.03	0.04	0.05	0.06	0.07	0.08	0.09
−6.0	0.000000001									
−5.5	0.000000019									
−5.0	0.000000287									
−4.5	0.000003398									
−4.0	0.000031671									
−3.9	0.00005	0.00005	0.00004	0.00004	0.00004	0.00004	0.00004	0.00004	0.00003	0.00003
−3.8	0.00007	0.00007	0.00007	0.00006	0.00006	0.00006	0.00006	0.00005	0.00005	0.00005
−3.7	0.00011	0.00010	0.00010	0.00010	0.00009	0.00009	0.00008	0.00008	0.00008	0.00008
−3.6	0.00016	0.00015	0.00015	0.00014	0.00014	0.00013	0.00013	0.00012	0.00012	0.00011
−3.5	0.00023	0.00022	0.00022	0.00021	0.00020	0.00019	0.00019	0.00018	0.00017	0.00017
−3.4	0.00034	0.00032	0.00031	0.00030	0.00029	0.00028	0.00027	0.00026	0.00025	0.00024
−3.3	0.00048	0.00047	0.00045	0.00043	0.00042	0.00040	0.00039	0.00038	0.00036	0.00035
−3.2	0.00069	0.00066	0.00064	0.00062	0.00060	0.00058	0.00056	0.00054	0.00052	0.00050
−3.1	0.00097	0.00094	0.00090	0.00087	0.00084	0.00082	0.00079	0.00076	0.00074	0.00071
−3.0	0.00135	0.00131	0.00126	0.00122	0.00118	0.00114	0.00111	0.00107	0.00103	0.00100
−2.9	0.0019	0.0018	0.0018	0.0017	0.0016	0.0016	0.0015	0.0015	0.0014	0.0014
−2.8	0.0026	0.0025	0.0024	0.0023	0.0023	0.0022	0.0021	0.0021	0.0020	0.0019
−2.7	0.0035	0.0034	0.0033	0.0032	0.0031	0.0030	0.0029	0.0028	0.0027	0.0026
−2.6	0.0047	0.0045	0.0044	0.0043	0.0041	0.0040	0.0039	0.0038	0.0037	0.0036
−2.5	0.0062	0.0060	0.0059	0.0057	0.0055	0.0054	0.0052	0.0051	0.0049	0.0048
−2.4	0.0082	0.0080	0.0078	0.0075	0.0073	0.0071	0.0069	0.0068	0.0066	0.0064
−2.3	0.0107	0.0104	0.0102	0.0099	0.0096	0.0094	0.0091	0.0089	0.0087	0.0084
−2.2	0.0139	0.0136	0.0132	0.0129	0.0125	0.0122	0.0119	0.0116	0.0113	0.0110
−2.1	0.0179	0.0174	0.0170	0.0166	0.0162	0.0158	0.0154	0.0150	0.0146	0.0143
−2.0	0.0228	0.0222	0.0217	0.0212	0.0207	0.0202	0.0197	0.0192	0.0188	0.0183
−1.9	0.0287	0.0281	0.0274	0.0268	0.0262	0.0256	0.0250	0.0244	0.0239	0.0233
−1.8	0.0359	0.0351	0.0344	0.0336	0.0329	0.0322	0.0314	0.0307	0.0301	0.0294
−1.7	0.0446	0.0436	0.0427	0.0418	0.0409	0.0401	0.0392	0.0384	0.0375	0.0367
−1.6	0.0548	0.0537	0.0526	0.0516	0.0505	0.0495	0.0485	0.0475	0.0465	0.0455
−1.5	0.0668	0.0655	0.0643	0.0630	0.0618	0.0606	0.0594	0.0582	0.0571	0.0559
−1.4	0.0808	0.0793	0.0778	0.0764	0.0749	0.0735	0.0721	0.0708	0.0694	0.0681
−1.3	0.0968	0.0951	0.0934	0.0918	0.0901	0.0885	0.0869	0.0853	0.0838	0.0823
−1.2	0.1151	0.1131	0.1112	0.1093	0.1075	0.1056	0.1038	0.1020	0.1003	0.0985
−1.1	0.1357	0.1335	0.1314	0.1292	0.1271	0.1251	0.1230	0.1210	0.1190	0.1170
−1.0	0.1587	0.1562	0.1539	0.1515	0.1492	0.1469	0.1446	0.1423	0.1401	0.1379
−0.9	0.1841	0.1814	0.1788	0.1762	0.1736	0.1711	0.1685	0.1660	0.1635	0.1611
−0.8	0.2119	0.2090	0.2061	0.2033	0.2005	0.1977	0.1949	0.1922	0.1894	0.1867
−0.7	0.2420	0.2388	0.2358	0.2327	0.2296	0.2266	0.2236	0.2206	0.2177	0.2148
−0.6	0.2743	0.2709	0.2676	0.2643	0.2611	0.2578	0.2546	0.2514	0.2482	0.2451
−0.5	0.3085	0.3050	0.3015	0.2981	0.2946	0.2912	0.2877	0.2843	0.2810	0.2776
−0.4	0.3446	0.3409	0.3372	0.3336	0.3300	0.3264	0.3228	0.3192	0.3156	0.3121
−0.3	0.3821	0.3783	0.3745	0.3707	0.3669	0.3632	0.3594	0.3557	0.3520	0.3483
−0.2	0.4207	0.4168	0.4129	0.4090	0.4052	0.4013	0.3974	0.3936	0.3897	0.3859
−0.1	0.4602	0.4562	0.4522	0.4483	0.4443	0.4404	0.4364	0.4325	0.4286	0.4247
−0.0	0.5000	0.4960	0.4920	0.4880	0.4840	0.4801	0.4761	0.4721	0.4681	0.4641

表 B.1 累積標準化正規分布（続き）

値は $-\infty \sim Z$ までの累積標準化正規分布線の下の領域を表す。

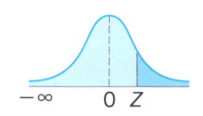

Z	0.00	0.01	0.02	0.03	0.04	0.05	0.06	0.07	0.08	0.09
0.0	0.5000	0.5040	0.5080	0.5120	0.5160	0.5199	0.5239	0.5279	0.5319	0.5359
0.1	0.5398	0.5438	0.5478	0.5517	0.5557	0.5596	0.5636	0.5675	0.5714	0.5753
0.2	0.5793	0.5832	0.5871	0.5910	0.5948	0.5987	0.6026	0.6064	0.6103	0.6141
0.3	0.6179	0.6217	0.6255	0.6293	0.6331	0.6368	0.6406	0.6443	0.6480	0.6517
0.4	0.6554	0.6591	0.6628	0.6664	0.6700	0.6736	0.6772	0.6808	0.6844	0.6879
0.5	0.6915	0.6950	0.6985	0.7019	0.7054	0.7088	0.7123	0.7157	0.7190	0.7224
0.6	0.7257	0.7291	0.7324	0.7357	0.7389	0.7422	0.7454	0.7486	0.7518	0.7549
0.7	0.7580	0.7612	0.7642	0.7673	0.7704	0.7734	0.7764	0.7794	0.7823	0.7852
0.8	0.7881	0.7910	0.7939	0.7967	0.7995	0.8023	0.8051	0.8078	0.8106	0.8133
0.9	0.8159	0.8186	0.8212	0.8238	0.8264	0.8289	0.8315	0.8340	0.8365	0.8389
1.0	0.8413	0.8438	0.8461	0.8485	0.8508	0.8531	0.8554	0.8577	0.8599	0.8621
1.1	0.8643	0.8665	0.8686	0.8708	0.8729	0.8749	0.8770	0.8790	0.8810	0.8830
1.2	0.8849	0.8869	0.8888	0.8907	0.8925	0.8944	0.8962	0.8980	0.8997	0.9015
1.3	0.9032	0.9049	0.9066	0.9082	0.9099	0.9115	0.9131	0.9147	0.9162	0.9177
1.4	0.9192	0.9207	0.9222	0.9236	0.9251	0.9265	0.9279	0.9292	0.9306	0.9319
1.5	0.9332	0.9345	0.9357	0.9370	0.9382	0.9394	0.9406	0.9418	0.9429	0.9441
1.6	0.9452	0.9463	0.9474	0.9484	0.9495	0.9505	0.9515	0.9525	0.9535	0.9545
1.7	0.9554	0.9564	0.9573	0.9582	0.9591	0.9599	0.9608	0.9616	0.9625	0.9633
1.8	0.9641	0.9649	0.9656	0.9664	0.9671	0.9678	0.9686	0.9693	0.9699	0.9706
1.9	0.9713	0.9719	0.9726	0.9732	0.9738	0.9744	0.9750	0.9756	0.9761	0.9767
2.0	0.9772	0.9778	0.9783	0.9788	0.9793	0.9798	0.9803	0.9808	0.9812	0.9817
2.1	0.9821	0.9826	0.9830	0.9834	0.9838	0.9842	0.9846	0.9850	0.9854	0.9857
2.2	0.9861	0.9864	0.9868	0.9871	0.9875	0.9878	0.9881	0.9884	0.9887	0.9890
2.3	0.9893	0.9896	0.9898	0.9901	0.9904	0.9906	0.9909	0.9911	0.9913	0.9916
2.4	0.9918	0.9920	0.9922	0.9925	0.9927	0.9929	0.9931	0.9932	0.9934	0.9936
2.5	0.9938	0.9940	0.9941	0.9943	0.9945	0.9946	0.9948	0.9949	0.9951	0.9952
2.6	0.9953	0.9955	0.9956	0.9957	0.9959	0.9960	0.9961	0.9962	0.9963	0.9964
2.7	0.9965	0.9966	0.9967	0.9968	0.9969	0.9970	0.9971	0.9972	0.9973	0.9974
2.8	0.9974	0.9975	0.9976	0.9977	0.9977	0.9978	0.9979	0.9979	0.9980	0.9981
2.9	0.9981	0.9982	0.9982	0.9983	0.9984	0.9984	0.9985	0.9985	0.9986	0.9986
3.0	0.99865	0.99869	0.99874	0.99878	0.99882	0.99886	0.99889	0.99893	0.99897	0.99900
3.1	0.99903	0.99906	0.99910	0.99913	0.99916	0.99918	0.99921	0.99924	0.99926	0.99929
3.2	0.99931	0.99934	0.99936	0.99938	0.99940	0.99942	0.99944	0.99946	0.99948	0.99950
3.3	0.99952	0.99953	0.99955	0.99957	0.99958	0.99960	0.99961	0.99962	0.99964	0.99965
3.4	0.99966	0.99968	0.99969	0.99970	0.99971	0.99972	0.99973	0.99974	0.99975	0.99976
3.5	0.99977	0.99978	0.99978	0.99979	0.99980	0.99981	0.99981	0.99982	0.99983	0.99983
3.6	0.99984	0.99985	0.99985	0.99986	0.99986	0.99987	0.99987	0.99988	0.99988	0.99989
3.7	0.99989	0.99990	0.99990	0.99990	0.99991	0.99991	0.99992	0.99992	0.99992	0.99992
3.8	0.99993	0.99993	0.99993	0.99994	0.99994	0.99994	0.99994	0.99995	0.99995	0.99995
3.9	0.99995	0.99995	0.99996	0.99996	0.99996	0.99996	0.99996	0.99996	0.99997	0.99997
4.0	0.999968329									
4.5	0.999996602									
5.0	0.999999713									
5.5	0.999999981									
6.0	0.999999999									

巻末資料 B　445

表 B.2　t の限界値

値は、特定の自由度について、累積確率 $(1-\alpha)$ と指定の上側領域 α に対応する t の限界値を表す。

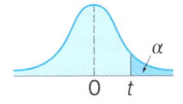

自由度	累積確率					
	0.75	0.90	0.95	0.975	0.99	0.995
	上側領域					
	0.25	0.10	0.05	0.025	0.01	0.005
1	1.0000	3.0777	6.3138	12.7062	31.8207	63.6574
2	0.8165	1.8856	2.9200	4.3027	6.9646	9.9248
3	0.7649	1.6377	2.3534	3.1824	4.5407	5.8409
4	0.7407	1.5332	2.1318	2.7764	3.7469	4.6041
5	0.7267	1.4759	2.0150	2.5706	3.3649	4.0322
6	0.7176	1.4398	1.9432	2.4469	3.1427	3.7074
7	0.7111	1.4149	1.8946	2.3646	2.9980	3.4995
8	0.7064	1.3968	1.8595	2.3060	2.8965	3.3554
9	0.7027	1.3830	1.8331	2.2622	2.8214	3.2498
10	0.6998	1.3722	1.8125	2.2281	2.7638	3.1693
11	0.6974	1.3634	1.7959	2.2010	2.7181	3.1058
12	0.6955	1.3562	1.7823	2.1788	2.6810	3.0545
13	0.6938	1.3502	1.7709	2.1604	2.6503	3.0123
14	0.6924	1.3450	1.7613	2.1448	2.6245	2.9768
15	0.6912	1.3406	1.7531	2.1315	2.6025	2.9467
16	0.6901	1.3368	1.7459	2.1199	2.5835	2.9208
17	0.6892	1.3334	1.7396	2.1098	2.5669	2.8982
18	0.6884	1.3304	1.7341	2.1009	2.5524	2.8784
19	0.6876	1.3277	1.7291	2.0930	2.5395	2.8609
20	0.6870	1.3253	1.7247	2.0860	2.5280	2.8453
21	0.6864	1.3232	1.7207	2.0796	2.5177	2.8314
22	0.6858	1.3212	1.7171	2.0739	2.5083	2.8188
23	0.6853	1.3195	1.7139	2.0687	2.4999	2.8073
24	0.6848	1.3178	1.7109	2.0639	2.4922	2.7969
25	0.6844	1.3163	1.7081	2.0595	2.4851	2.7874
26	0.6840	1.3150	1.7056	2.0555	2.4786	2.7787
27	0.6837	1.3137	1.7033	2.0518	2.4727	2.7707
28	0.6834	1.3125	1.7011	2.0484	2.4671	2.7633
29	0.6830	1.3114	1.6991	2.0452	2.4620	2.7564
30	0.6828	1.3104	1.6973	2.0423	2.4573	2.7500
31	0.6825	1.3095	1.6955	2.0395	2.4528	2.7440
32	0.6822	1.3086	1.6939	2.0369	2.4487	2.7385
33	0.6820	1.3077	1.6924	2.0345	2.4448	2.7333
34	0.6818	1.3070	1.6909	2.0322	2.4411	2.7284
35	0.6816	1.3062	1.6896	2.0301	2.4377	2.7238
36	0.6814	1.3055	1.6883	2.0281	2.4345	2.7195
37	0.6812	1.3049	1.6871	2.0262	2.4314	2.7154
38	0.6810	1.3042	1.6860	2.0244	2.4286	2.7116
39	0.6808	1.3036	1.6849	2.0227	2.4258	2.7079
40	0.6807	1.3031	1.6839	2.0211	2.4233	2.7045
41	0.6805	1.3025	1.6829	2.0195	2.4208	2.7012
42	0.6804	1.3020	1.6820	2.0181	2.4185	2.6981
43	0.6802	1.3016	1.6811	2.0167	2.4163	2.6951
44	0.6801	1.3011	1.6802	2.0154	2.4141	2.6923
45	0.6800	1.3006	1.6794	2.0141	2.4121	2.6896
46	0.6799	1.3002	1.6787	2.0129	2.4102	2.6870
47	0.6797	1.2998	1.6779	2.0117	2.4083	2.6846
48	0.6796	1.2994	1.6772	2.0106	2.4066	2.6822

表 B.2　t の限界値（続き）

自由度	累積確率					
	0.75	0.90	0.95	0.975	0.99	0.995
	上側領域					
	0.25	0.10	0.05	0.025	0.01	0.005
49	0.6795	1.2991	1.6766	2.0096	2.4049	2.6800
50	0.6794	1.2987	1.6759	2.0086	2.4033	2.6778
51	0.6793	1.2984	1.6753	2.0076	2.4017	2.6757
52	0.6792	1.2980	1.6747	2.0066	2.4002	2.6737
53	0.6791	1.2977	1.6741	2.0057	2.3988	2.6718
54	0.6791	1.2974	1.6736	2.0049	2.3974	2.6700
55	0.6790	1.2971	1.6730	2.0040	2.3961	2.6682
56	0.6789	1.2969	1.6725	2.0032	2.3948	2.6665
57	0.6788	1.2966	1.6720	2.0025	2.3936	2.6649
58	0.6787	1.2963	1.6716	2.0017	2.3924	2.6633
59	0.6787	1.2961	1.6711	2.0010	2.3912	2.6618
60	0.6786	1.2958	1.6706	2.0003	2.3901	2.6603
61	0.6785	1.2956	1.6702	1.9996	2.3890	2.6589
62	0.6785	1.2954	1.6698	1.9990	2.3880	2.6575
63	0.6784	1.2951	1.6694	1.9983	2.3870	2.6561
64	0.6783	1.2949	1.6690	1.9977	2.3860	2.6549
65	0.6783	1.2947	1.6686	1.9971	2.3851	2.6536
66	0.6782	1.2945	1.6683	1.9966	2.3842	2.6524
67	0.6782	1.2943	1.6679	1.9960	2.3833	2.6512
68	0.6781	1.2941	1.6676	1.9955	2.3824	2.6501
69	0.6781	1.2939	1.6672	1.9949	2.3816	2.6490
70	0.6780	1.2938	1.6669	1.9944	2.3808	2.6479
71	0.6780	1.2936	1.6666	1.9939	2.3800	2.6469
72	0.6779	1.2934	1.6663	1.9935	2.3793	2.6459
73	0.6779	1.2933	1.6660	1.9930	2.3785	2.6449
74	0.6778	1.2931	1.6657	1.9925	2.3778	2.6439
75	0.6778	1.2929	1.6654	1.9921	2.3771	2.6430
76	0.6777	1.2928	1.6652	1.9917	2.3764	2.6421
77	0.6777	1.2926	1.6649	1.9913	2.3758	2.6412
78	0.6776	1.2925	1.6646	1.9908	2.3751	2.6403
79	0.6776	1.2924	1.6644	1.9905	2.3745	2.6395
80	0.6776	1.2922	1.6641	1.9901	2.3739	2.6387
81	0.6775	1.2921	1.6639	1.9897	2.3733	2.6379
82	0.6775	1.2920	1.6636	1.9893	2.3727	2.6371
83	0.6775	1.2918	1.6634	1.9890	2.3721	2.6364
84	0.6774	1.2917	1.6632	1.9886	2.3716	2.6356
85	0.6774	1.2916	1.6630	1.9883	2.3710	2.6349
86	0.6774	1.2915	1.6628	1.9879	2.3705	2.6342
87	0.6773	1.2914	1.6626	1.9876	2.3700	2.6335
88	0.6773	1.2912	1.6624	1.9873	2.3695	2.6329
89	0.6773	1.2911	1.6622	1.9870	2.3690	2.6322
90	0.6772	1.2910	1.6620	1.9867	2.3685	2.6316
91	0.6772	1.2909	1.6618	1.9864	2.3680	2.6309
92	0.6772	1.2908	1.6616	1.9861	2.3676	2.6303
93	0.6771	1.2907	1.6614	1.9858	2.3671	2.6297
94	0.6771	1.2906	1.6612	1.9855	2.3667	2.6291
95	0.6771	1.2905	1.6611	1.9853	2.3662	2.6286
96	0.6771	1.2904	1.6609	1.9850	2.3658	2.6280
97	0.6770	1.2903	1.6607	1.9847	2.3654	2.6275
98	0.6770	1.2902	1.6606	1.9845	2.3650	2.6269
99	0.6770	1.2902	1.6604	1.9842	2.3646	2.6264
100	0.6770	1.2901	1.6602	1.9840	2.3642	2.6259
110	0.6767	1.2893	1.6588	1.9818	2.3607	2.6213
120	0.6765	1.2886	1.6577	1.9799	2.3578	2.6174
∞	0.6745	1.2816	1.6449	1.9600	2.3263	2.5758

表 B.3 カイ二乗の限界値

値は、特定の自由度について、累積確率 $(1-\alpha)$ と指定の上側領域 α に対応するカイ二乗の限界値を表す。

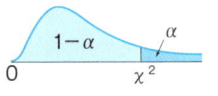

自由度	累積確率											
	0.005	0.01	0.025	0.05	0.10	0.25	0.75	0.90	0.95	0.975	0.99	0.995
	上側領域 (α)											
	0.995	0.99	0.975	0.95	0.90	0.75	0.25	0.10	0.05	0.025	0.01	0.005
1			0.001	0.004	0.016	0.102	1.323	2.706	3.841	5.024	6.635	7.879
2	0.010	0.020	0.051	0.103	0.211	0.575	2.773	4.605	5.991	7.378	9.210	10.597
3	0.072	0.115	0.216	0.352	0.584	1.213	4.108	6.251	7.815	9.348	11.345	12.838
4	0.207	0.297	0.484	0.711	1.064	1.923	5.385	7.779	9.488	11.143	13.277	14.860
5	0.412	0.554	0.831	1.145	1.610	2.675	6.626	9.236	11.071	12.833	15.086	16.750
6	0.676	0.872	1.237	1.635	2.204	3.455	7.841	10.645	12.592	14.449	16.812	18.548
7	0.989	1.239	1.690	2.167	2.833	4.255	9.037	12.017	14.067	16.013	18.475	20.278
8	1.344	1.646	2.180	2.733	3.490	5.071	10.219	13.362	15.507	17.535	20.090	21.955
9	1.735	2.088	2.700	3.325	4.168	5.899	11.389	14.684	16.919	19.023	21.666	23.589
10	2.156	2.558	3.247	3.940	4.865	6.737	12.549	15.987	18.307	20.483	23.209	25.188
11	2.603	3.053	3.816	4.575	5.578	7.584	13.701	17.275	19.675	21.920	24.725	26.757
12	3.074	3.571	4.404	5.226	6.304	8.438	14.845	18.549	21.026	23.337	26.217	28.299
13	3.565	4.107	5.009	5.892	7.042	9.299	15.984	19.812	22.362	24.736	27.688	29.819
14	4.075	4.660	5.629	6.571	7.790	10.165	17.117	21.064	23.685	26.119	29.141	31.319
15	4.601	5.229	6.262	7.261	8.547	11.037	18.245	22.307	24.996	27.488	30.578	32.801
16	5.142	5.812	6.908	7.962	9.312	11.912	19.369	23.542	26.296	28.845	32.000	34.267
17	5.697	6.408	7.564	8.672	10.085	12.792	20.489	24.769	27.587	30.191	33.409	35.718
18	6.265	7.015	8.231	9.390	10.865	13.675	21.605	25.989	28.869	31.526	34.805	37.156
19	6.844	7.633	8.907	10.117	11.651	14.562	22.718	27.204	30.144	32.852	36.191	38.582
20	7.434	8.260	9.591	10.851	12.443	15.452	23.828	28.412	31.410	34.170	37.566	39.997
21	8.034	8.897	10.283	11.591	13.240	16.344	24.935	29.615	32.671	35.479	38.932	41.401
22	8.643	9.542	10.982	12.338	14.042	17.240	26.039	30.813	33.924	36.781	40.289	42.796
23	9.260	10.196	11.689	13.091	14.848	18.137	27.141	32.007	35.172	38.076	41.638	44.181
24	9.886	10.856	12.401	13.848	15.659	19.037	28.241	33.196	36.415	39.364	42.980	45.559
25	10.520	11.524	13.120	14.611	16.473	19.939	29.339	34.382	37.652	40.646	44.314	46.928
26	11.160	12.198	13.844	15.379	17.292	20.843	30.435	35.563	38.885	41.923	45.642	48.290
27	11.808	12.879	14.573	16.151	18.114	21.749	31.528	36.741	40.113	43.194	46.963	49.645
28	12.461	13.565	15.308	16.928	18.939	22.657	32.620	37.916	41.337	44.461	48.278	50.993
29	13.121	14.257	16.047	17.708	19.768	23.567	33.711	39.087	42.557	45.722	49.588	52.336
30	13.787	14.954	16.791	18.493	20.599	24.478	34.800	40.256	43.773	46.979	50.892	53.672

自由度 (df) がこれ以上に大きい場合は、式 $Z = \sqrt{2\chi^2} - \sqrt{2(df)-1}$ を使うことができる。最終的な上側領域は、累積標準化正規分布(表 B.1)から求められる。

表 B.4 F の限界値

値は、分子、分母の自由度の特定の組み合わせにおいて、累積確率 $(1-\alpha)$ と指定の上側領域 α に対応する F の限界値を表す。

累積確率 $= 0.95$
上側領域 $= 0.05$
$\alpha = 0.05$

分母自由度 df_2 \ 分子自由度 df_1	1	2	3	4	5	6	7	8	9	10	12	15	20	24	30	40	60	120	∞
1	161.40	199.50	215.70	224.60	230.20	234.00	236.80	238.90	240.50	241.90	243.90	245.90	248.00	249.10	250.10	251.10	252.20	253.30	254.30
2	18.51	19.00	19.16	19.25	19.30	19.33	19.35	19.37	19.38	19.40	19.41	19.43	19.45	19.45	19.46	19.47	19.48	19.49	19.50
3	10.13	9.55	9.28	9.12	9.01	8.94	8.89	8.85	8.81	8.79	8.74	8.70	8.66	8.64	8.62	8.59	8.57	8.55	8.53
4	7.71	6.94	6.59	6.39	6.26	6.16	6.09	6.04	6.00	5.96	5.91	5.86	5.80	5.77	5.75	5.72	5.69	5.66	5.63
5	6.61	5.79	5.41	5.19	5.05	4.95	4.88	4.82	4.77	4.74	4.68	4.62	4.56	4.53	4.50	4.46	4.43	4.40	4.36
6	5.99	5.14	4.76	4.53	4.39	4.28	4.21	4.15	4.10	4.06	4.00	3.94	3.87	3.84	3.81	3.77	3.74	3.70	3.67
7	5.59	4.74	4.35	4.12	3.97	3.87	3.79	3.73	3.68	3.64	3.57	3.51	3.44	3.41	3.38	3.34	3.30	3.27	3.23
8	5.32	4.46	4.07	3.84	3.69	3.58	3.50	3.44	3.39	3.35	3.28	3.22	3.15	3.12	3.08	3.04	3.01	2.97	2.93
9	5.12	4.26	3.86	3.63	3.48	3.37	3.29	3.23	3.18	3.14	3.07	3.01	2.94	2.90	2.86	2.83	2.79	2.75	2.71
10	4.96	4.10	3.71	3.48	3.33	3.22	3.14	3.07	3.02	2.98	2.91	2.85	2.77	2.74	2.70	2.66	2.62	2.58	2.54
11	4.84	3.98	3.59	3.36	3.20	3.09	3.01	2.95	2.90	2.85	2.79	2.72	2.65	2.61	2.57	2.53	2.49	2.45	2.40
12	4.75	3.89	3.49	3.26	3.11	3.00	2.91	2.85	2.80	2.75	2.69	2.62	2.54	2.51	2.47	2.43	2.38	2.34	2.30
13	4.67	3.81	3.41	3.18	3.03	2.92	2.83	2.77	2.71	2.67	2.60	2.53	2.46	2.42	2.38	2.34	2.30	2.25	2.21
14	4.60	3.74	3.34	3.11	2.96	2.85	2.76	2.70	2.65	2.60	2.53	2.46	2.39	2.35	2.31	2.27	2.22	2.18	2.13
15	4.54	3.68	3.29	3.06	2.90	2.79	2.71	2.64	2.59	2.54	2.48	2.40	2.33	2.29	2.25	2.20	2.16	2.11	2.07
16	4.49	3.63	3.24	3.01	2.85	2.74	2.66	2.59	2.54	2.49	2.42	2.35	2.28	2.24	2.19	2.15	2.11	2.06	2.01
17	4.45	3.59	3.20	2.96	2.81	2.70	2.61	2.55	2.49	2.45	2.38	2.31	2.23	2.19	2.15	2.10	2.06	2.01	1.96
18	4.41	3.55	3.16	2.93	2.77	2.66	2.58	2.51	2.46	2.41	2.34	2.27	2.19	2.15	2.11	2.06	2.02	1.97	1.92
19	4.38	3.52	3.13	2.90	2.74	2.63	2.54	2.48	2.42	2.38	2.31	2.23	2.16	2.11	2.07	2.03	1.98	1.93	1.88
20	4.35	3.49	3.10	2.87	2.71	2.60	2.51	2.45	2.39	2.35	2.28	2.20	2.12	2.08	2.04	1.99	1.95	1.90	1.84
21	4.32	3.47	3.07	2.84	2.68	2.57	2.49	2.42	2.37	2.32	2.25	2.18	2.10	2.05	2.01	1.96	1.92	1.87	1.81
22	4.30	3.44	3.05	2.82	2.66	2.55	2.46	2.40	2.34	2.30	2.23	2.15	2.07	2.03	1.98	1.94	1.89	1.84	1.78
23	4.28	3.42	3.03	2.80	2.64	2.53	2.44	2.37	2.32	2.27	2.20	2.13	2.05	2.01	1.96	1.91	1.86	1.81	1.76
24	4.26	3.40	3.01	2.78	2.62	2.51	2.42	2.36	2.30	2.25	2.18	2.11	2.03	1.98	1.94	1.89	1.84	1.79	1.73
25	4.24	3.39	2.99	2.76	2.60	2.49	2.40	2.34	2.28	2.24	2.16	2.09	2.01	1.96	1.92	1.87	1.82	1.77	1.71
26	4.23	3.37	2.98	2.74	2.59	2.47	2.39	2.32	2.27	2.22	2.15	2.07	1.99	1.95	1.90	1.85	1.80	1.75	1.69
27	4.21	3.35	2.96	2.73	2.57	2.46	2.37	2.31	2.25	2.20	2.13	2.06	1.97	1.93	1.88	1.84	1.79	1.73	1.67
28	4.20	3.34	2.95	2.71	2.56	2.45	2.36	2.29	2.24	2.19	2.12	2.04	1.96	1.91	1.87	1.82	1.77	1.71	1.65
29	4.18	3.33	2.93	2.70	2.55	2.43	2.35	2.28	2.22	2.18	2.10	2.03	1.94	1.90	1.85	1.81	1.75	1.70	1.64
30	4.17	3.32	2.92	2.69	2.53	2.42	2.33	2.27	2.21	2.16	2.09	2.01	1.93	1.89	1.84	1.79	1.74	1.68	1.62
40	4.08	3.23	2.84	2.61	2.45	2.34	2.25	2.18	2.12	2.08	2.00	1.92	1.84	1.79	1.74	1.69	1.64	1.58	1.51
60	4.00	3.15	2.76	2.53	2.37	2.25	2.17	2.10	2.04	1.99	1.92	1.84	1.75	1.70	1.65	1.59	1.53	1.47	1.39
120	3.92	3.07	2.68	2.45	2.29	2.17	2.09	2.02	1.96	1.91	1.83	1.75	1.66	1.61	1.55	1.50	1.43	1.35	1.25
∞	3.84	3.00	2.60	2.37	2.21	2.10	2.01	1.94	1.88	1.83	1.75	1.67	1.57	1.52	1.46	1.39	1.32	1.22	1.00

累積確率 = 0.975
上側領域 = 0.025
分子自由度 df_1

分母自由度 df_2	1	2	3	4	5	6	7	8	9	10	12	15	20	24	30	40	60	120	∞
1	647.80	799.50	864.20	899.60	921.80	937.10	948.20	956.70	963.30	968.60	976.70	984.90	993.10	997.20	1,001.00	1,006.00	1,010.00	1,014.00	1,018.00
2	38.51	39.00	39.17	39.25	39.30	39.33	39.36	39.39	39.39	39.40	39.41	39.43	39.45	39.46	39.46	39.47	39.48	39.49	39.50
3	17.44	16.04	15.44	15.10	14.88	14.73	14.62	14.54	14.47	14.42	14.34	14.25	14.17	14.12	14.08	14.04	13.99	13.95	13.90
4	12.22	10.65	9.98	9.60	9.36	9.20	9.07	8.98	8.90	8.84	8.75	8.66	8.56	8.51	8.46	8.41	8.36	8.31	8.26
5	10.01	8.43	7.76	7.39	7.15	6.98	6.85	6.76	6.68	6.62	6.52	6.43	6.33	6.28	6.23	6.18	6.12	6.07	6.02
6	8.81	7.26	6.60	6.23	5.99	5.82	5.70	5.60	5.52	5.46	5.37	5.27	5.17	5.12	5.07	5.01	4.96	4.90	4.85
7	8.07	6.54	5.89	5.52	5.29	5.12	4.99	4.90	4.82	4.76	4.67	4.57	4.47	4.42	4.36	4.31	4.25	4.20	4.14
8	7.57	6.06	5.42	5.05	4.82	4.65	4.53	4.43	4.36	4.30	4.20	4.10	4.00	3.95	3.89	3.84	3.78	3.73	3.67
9	7.21	5.71	5.08	4.72	4.48	4.32	4.20	4.10	4.03	3.96	3.87	3.77	3.67	3.61	3.56	3.51	3.45	3.39	3.33
10	6.94	5.46	4.83	4.47	4.24	4.07	3.95	3.85	3.78	3.72	3.62	3.52	3.42	3.37	3.31	3.26	3.20	3.14	3.08
11	6.72	5.26	4.63	4.28	4.04	3.88	3.76	3.66	3.59	3.53	3.43	3.33	3.23	3.17	3.12	3.06	3.00	2.94	2.88
12	6.55	5.10	4.47	4.12	3.89	3.73	3.61	3.51	3.44	3.37	3.28	3.18	3.07	3.02	2.96	2.91	2.85	2.79	2.72
13	6.41	4.97	4.35	4.00	3.77	3.60	3.48	3.39	3.31	3.25	3.15	3.05	2.95	2.89	2.84	2.78	2.72	2.66	2.60
14	6.30	4.86	4.24	3.89	3.66	3.50	3.38	3.29	3.21	3.15	3.05	2.95	2.84	2.79	2.73	2.67	2.61	2.55	2.49
15	6.20	4.77	4.15	3.80	3.58	3.41	3.29	3.20	3.12	3.06	2.96	2.86	2.76	2.70	2.64	2.59	2.52	2.46	2.40
16	6.12	4.69	4.08	3.73	3.50	3.34	3.22	3.12	3.05	2.99	2.89	2.79	2.68	2.63	2.57	2.51	2.45	2.38	2.32
17	6.04	4.62	4.01	3.66	3.44	3.28	3.16	3.06	2.98	2.92	2.82	2.72	2.62	2.56	2.50	2.44	2.38	2.32	2.25
18	5.98	4.56	3.95	3.61	3.38	3.22	3.10	3.01	2.93	2.87	2.77	2.67	2.56	2.50	2.44	2.38	2.32	2.26	2.19
19	5.92	4.51	3.90	3.56	3.33	3.17	3.05	2.96	2.88	2.82	2.72	2.62	2.51	2.45	2.39	2.33	2.27	2.20	2.13
20	5.87	4.46	3.86	3.51	3.29	3.13	3.01	2.91	2.84	2.77	2.68	2.57	2.46	2.41	2.35	2.29	2.22	2.16	2.09
21	5.83	4.42	3.82	3.48	3.25	3.09	2.97	2.87	2.80	2.73	2.64	2.53	2.42	2.37	2.31	2.25	2.18	2.11	2.04
22	5.79	4.38	3.78	3.44	3.22	3.05	2.93	2.84	2.76	2.70	2.60	2.50	2.39	2.33	2.27	2.21	2.14	2.08	2.00
23	5.75	4.35	3.75	3.41	3.18	3.02	2.90	2.81	2.73	2.67	2.57	2.47	2.36	2.30	2.24	2.18	2.11	2.04	1.97
24	5.72	4.32	3.72	3.38	3.15	2.99	2.87	2.78	2.70	2.64	2.54	2.44	2.33	2.27	2.21	2.15	2.08	2.01	1.94
25	5.69	4.29	3.69	3.35	3.13	2.97	2.85	2.75	2.68	2.61	2.51	2.41	2.30	2.24	2.18	2.12	2.05	1.98	1.91
26	5.66	4.27	3.67	3.33	3.10	2.94	2.82	2.73	2.65	2.59	2.49	2.39	2.28	2.22	2.16	2.09	2.03	1.95	1.88
27	5.63	4.24	3.65	3.31	3.08	2.92	2.80	2.71	2.63	2.57	2.47	2.36	2.25	2.19	2.13	2.07	2.00	1.93	1.85
28	5.61	4.22	3.63	3.29	3.06	2.90	2.78	2.69	2.61	2.55	2.45	2.34	2.23	2.17	2.11	2.05	1.98	1.91	1.83
29	5.59	4.20	3.61	3.27	3.04	2.88	2.76	2.67	2.59	2.53	2.43	2.32	2.21	2.15	2.09	2.03	1.96	1.89	1.81
30	5.57	4.18	3.59	3.25	3.03	2.87	2.75	2.65	2.57	2.51	2.41	2.31	2.20	2.14	2.07	2.01	1.94	1.87	1.79
40	5.42	4.05	3.46	3.13	2.90	2.74	2.62	2.53	2.45	2.39	2.29	2.18	2.07	2.01	1.94	1.88	1.80	1.72	1.64
60	5.29	3.93	3.34	3.01	2.79	2.63	2.51	2.41	2.33	2.27	2.17	2.06	1.94	1.88	1.82	1.74	1.67	1.58	1.48
120	5.15	3.80	3.23	2.89	2.67	2.52	2.39	2.30	2.22	2.16	2.05	1.94	1.82	1.76	1.69	1.61	1.53	1.43	1.31
∞	5.02	3.69	3.12	2.79	2.57	2.41	2.29	2.19	2.11	2.05	1.94	1.83	1.71	1.64	1.57	1.48	1.39	1.27	1.00

$\alpha = 0.025$

(次のページへ続く)

表 B.4　F の限界値（続き）

累積確率 = 0.99
上側領域 = 0.01

$\alpha = 0.01$

分母自由度 df_2 \ 分子自由度 df_1	1	2	3	4	5	6	7	8	9	10	12	15	20	24	30	40	60	120	∞
1	4,052.00	4,999.50	5,403.00	5,625.00	5,764.00	5,859.00	5,928.00	5,982.00	6,022.00	6,056.00	6,106.00	6,157.00	6,209.00	6,235.00	6,261.00	6,287.00	6,313.00	6,339.00	6,366.00
2	98.50	99.00	99.17	99.25	99.30	99.33	99.36	99.37	99.39	99.40	99.42	99.43	99.45	99.46	99.47	99.47	99.48	99.49	99.50
3	34.12	30.82	29.46	28.71	28.24	27.91	27.67	27.49	27.35	27.23	27.05	26.87	26.69	26.60	26.50	26.41	26.32	26.22	26.13
4	21.20	18.00	16.69	15.98	15.52	15.21	14.98	14.80	14.66	14.55	14.37	14.20	14.02	13.93	13.84	13.75	13.65	13.56	13.46
5	16.26	13.27	12.06	11.39	10.97	10.67	10.46	10.29	10.16	10.05	9.89	9.72	9.55	9.47	9.38	9.29	9.20	9.11	9.02
6	13.75	10.92	9.78	9.15	8.75	8.47	8.26	8.10	7.98	7.87	7.72	7.56	7.40	7.31	7.23	7.14	7.06	6.97	6.88
7	12.25	9.55	8.45	7.85	7.46	7.19	6.99	6.84	6.72	6.62	6.47	6.31	6.16	6.07	5.99	5.91	5.82	5.74	5.65
8	11.26	8.65	7.59	7.01	6.63	6.37	6.18	6.03	5.91	5.81	5.67	5.52	5.36	5.28	5.20	5.12	5.03	4.95	4.86
9	10.56	8.02	6.99	6.42	6.06	5.80	5.61	5.47	5.35	5.26	5.11	4.96	4.81	4.73	4.65	4.57	4.48	4.40	4.31
10	10.04	7.56	6.55	5.99	5.64	5.39	5.20	5.06	4.94	4.85	4.71	4.56	4.41	4.33	4.25	4.17	4.08	4.00	3.91
11	9.65	7.21	6.22	5.67	5.32	5.07	4.89	4.74	4.63	4.54	4.40	4.25	4.10	4.02	3.94	3.86	3.78	3.69	3.60
12	9.33	6.93	5.95	5.41	5.06	4.82	4.64	4.50	4.39	4.30	4.16	4.01	3.86	3.78	3.70	3.62	3.54	3.45	3.36
13	9.07	6.70	5.74	5.21	4.86	4.62	4.44	4.30	4.19	4.10	3.96	3.82	3.66	3.59	3.51	3.43	3.34	3.25	3.17
14	8.86	6.51	5.56	5.04	4.69	4.46	4.28	4.14	4.03	3.94	3.80	3.66	3.51	3.43	3.35	3.27	3.18	3.09	3.00
15	8.68	6.36	5.42	4.89	4.56	4.32	4.14	4.00	3.89	3.80	3.67	3.52	3.37	3.29	3.21	3.13	3.05	2.96	2.87
16	8.53	6.23	5.29	4.77	4.44	4.20	4.03	3.89	3.78	3.69	3.55	3.41	3.26	3.18	3.10	3.02	2.93	2.84	2.75
17	8.40	6.11	5.18	4.67	4.34	4.10	3.93	3.79	3.68	3.59	3.46	3.31	3.16	3.08	3.00	2.92	2.83	2.75	2.65
18	8.29	6.01	5.09	4.58	4.25	4.01	3.84	3.71	3.60	3.51	3.37	3.23	3.08	3.00	2.92	2.84	2.75	2.66	2.57
19	8.18	5.93	5.01	4.50	4.17	3.94	3.77	3.63	3.52	3.43	3.30	3.15	3.00	2.92	2.84	2.76	2.67	2.58	2.49
20	8.10	5.85	4.94	4.43	4.10	3.87	3.70	3.56	3.46	3.37	3.23	3.09	2.94	2.86	2.78	2.69	2.61	2.52	2.42
21	8.02	5.78	4.87	4.37	4.04	3.81	3.64	3.51	3.40	3.31	3.17	3.03	2.88	2.80	2.72	2.64	2.55	2.46	2.36
22	7.95	5.72	4.82	4.31	3.99	3.76	3.59	3.45	3.35	3.26	3.12	2.98	2.83	2.75	2.67	2.58	2.50	2.40	2.31
23	7.88	5.66	4.76	4.26	3.94	3.71	3.54	3.41	3.30	3.21	3.07	2.93	2.78	2.70	2.62	2.54	2.45	2.35	2.26
24	7.82	5.61	4.72	4.22	3.90	3.67	3.50	3.36	3.26	3.17	3.03	2.89	2.74	2.66	2.58	2.49	2.40	2.31	2.21
25	7.77	5.57	4.68	4.18	3.85	3.63	3.46	3.32	3.22	3.13	2.99	2.85	2.70	2.62	2.54	2.45	2.36	2.27	2.17
26	7.72	5.53	4.64	4.14	3.82	3.59	3.42	3.29	3.18	3.09	2.96	2.81	2.66	2.58	2.50	2.42	2.33	2.23	2.13
27	7.68	5.49	4.60	4.11	3.78	3.56	3.39	3.26	3.15	3.06	2.93	2.78	2.63	2.55	2.47	2.38	2.29	2.20	2.10
28	7.64	5.45	4.57	4.07	3.75	3.53	3.36	3.23	3.12	3.03	2.90	2.75	2.60	2.52	2.44	2.35	2.26	2.17	2.06
29	7.60	5.42	4.54	4.04	3.73	3.50	3.33	3.20	3.09	3.00	2.87	2.73	2.57	2.49	2.41	2.33	2.23	2.14	2.03
30	7.56	5.39	4.51	4.02	3.70	3.47	3.30	3.17	3.07	2.98	2.84	2.70	2.55	2.47	2.39	2.30	2.21	2.11	2.01
40	7.31	5.18	4.31	3.83	3.51	3.29	3.12	2.99	2.89	2.80	2.66	2.52	2.37	2.29	2.20	2.11	2.02	1.92	1.80
60	7.08	4.98	4.13	3.65	3.34	3.12	2.95	2.82	2.72	2.63	2.50	2.35	2.20	2.12	2.03	1.94	1.84	1.73	1.60
120	6.85	4.79	3.95	3.48	3.17	2.96	2.79	2.66	2.56	2.47	2.34	2.19	2.03	1.95	1.86	1.76	1.66	1.53	1.38
∞	6.63	4.61	3.78	3.32	3.02	2.80	2.64	2.51	2.41	2.32	2.18	2.04	1.88	1.79	1.70	1.59	1.47	1.32	1.00

累積確率 = 0.995
上側領域 = 0.005

分子自由度 df_1

分母自由度 df_2	1	2	3	4	5	6	7	8	9	10	12	15	20	24	30	40	60	120	∞
1	16,211.00	20,000.00	21,615.00	22,500.00	23,056.00	23,437.00	23,715.00	23,925.00	24,091.00	24,224.00	24,426.00	24,630.00	24,836.00	24,910.00	25,044.00	25,148.00	25,253.00	25,359.00	25,465.00
2	198.50	199.00	199.20	199.20	199.30	199.30	199.40	199.40	199.40	199.40	199.40	199.40	199.40	199.50	199.50	199.50	199.50	199.50	199.50
3	55.55	49.80	47.47	46.19	45.39	44.84	44.43	44.13	43.88	43.69	43.39	43.08	42.78	42.62	42.47	42.31	42.15	41.99	41.83
4	31.33	26.28	24.26	23.15	22.46	21.97	21.62	21.35	21.14	20.97	20.70	20.44	20.17	20.03	19.89	19.75	19.61	19.47	19.32
5	22.78	18.31	16.53	15.56	14.94	14.51	14.20	13.96	13.77	13.62	13.38	13.15	12.90	12.78	12.66	12.53	12.40	12.27	12.11
6	18.63	14.54	12.92	12.03	11.46	11.07	10.79	10.57	10.39	10.25	10.03	9.81	9.59	9.47	9.36	9.24	9.12	9.00	8.88
7	16.24	12.40	10.88	10.05	9.52	9.16	8.89	8.68	8.51	8.38	8.18	7.97	7.75	7.65	7.53	7.42	7.31	7.19	7.08
8	14.69	11.04	9.60	8.81	8.30	7.95	7.69	7.50	7.34	7.21	7.01	6.81	6.61	6.50	6.40	6.29	6.18	6.06	5.95
9	13.61	10.11	8.72	7.96	7.47	7.13	6.88	6.69	6.54	6.42	6.23	6.03	5.83	5.73	5.62	5.52	5.41	5.30	5.19
10	12.83	9.43	8.08	7.34	6.87	6.54	6.30	6.12	5.97	5.85	5.66	5.47	5.27	5.17	5.07	4.97	4.86	4.75	4.64
11	12.23	8.91	7.60	6.88	6.42	6.10	5.86	5.68	5.54	5.42	5.24	5.05	4.86	4.75	4.65	4.55	4.44	4.34	4.23
12	11.75	8.51	7.23	6.52	6.07	5.76	5.52	5.35	5.20	5.09	4.91	4.72	4.53	4.43	4.33	4.23	4.12	4.01	3.90
13	11.37	8.19	6.93	6.23	5.79	5.48	5.25	5.08	4.94	4.82	4.64	4.46	4.27	4.17	4.07	3.97	3.87	3.76	3.65
14	11.06	7.92	6.68	6.00	5.56	5.26	5.03	4.86	4.72	4.60	4.43	4.25	4.06	3.96	3.86	3.76	3.66	3.55	3.41
15	10.80	7.70	6.48	5.80	5.37	5.07	4.85	4.67	4.54	4.42	4.25	4.07	3.88	3.79	3.69	3.58	3.48	3.37	3.26
16	10.58	7.51	6.30	5.64	5.21	4.91	4.69	4.52	4.38	4.27	4.10	3.92	3.73	3.64	3.54	3.44	3.33	3.22	3.11
17	10.38	7.35	6.16	5.50	5.07	4.78	4.56	4.39	4.25	4.14	3.97	3.79	3.61	3.51	3.41	3.31	3.21	3.10	2.98
18	10.22	7.21	6.03	5.37	4.96	4.66	4.44	4.28	4.14	4.03	3.86	3.68	3.50	3.40	3.30	3.20	3.10	2.99	2.87
19	10.07	7.09	5.92	5.27	4.85	4.56	4.34	4.18	4.04	3.93	3.76	3.59	3.40	3.31	3.21	3.11	3.00	2.89	2.78
20	9.94	6.99	5.82	5.17	4.76	4.47	4.26	4.09	3.96	3.85	3.68	3.50	3.32	3.22	3.12	3.02	2.92	2.81	2.69
21	9.83	6.89	5.73	5.09	4.68	4.39	4.18	4.02	3.88	3.77	3.60	3.43	3.24	3.15	3.05	2.95	2.84	2.73	2.61
22	9.73	6.81	5.65	5.02	4.61	4.32	4.11	3.94	3.81	3.70	3.54	3.36	3.18	3.08	2.98	2.88	2.77	2.66	2.55
23	9.63	6.73	5.58	4.95	4.54	4.26	4.05	3.88	3.75	3.64	3.47	3.30	3.12	3.02	2.92	2.82	2.71	2.60	2.48
24	9.55	6.66	5.52	4.89	4.49	4.20	3.99	3.83	3.69	3.59	3.42	3.25	3.06	2.97	2.87	2.77	2.66	2.55	2.43
25	9.48	6.60	5.46	4.84	4.43	4.15	3.94	3.78	3.64	3.54	3.37	3.20	3.01	2.92	2.82	2.72	2.61	2.50	2.38
26	9.41	6.54	5.41	4.79	4.38	4.10	3.89	3.73	3.60	3.49	3.33	3.15	2.97	2.87	2.77	2.67	2.56	2.45	2.33
27	9.34	6.49	5.36	4.74	4.34	4.06	3.85	3.69	3.56	3.45	3.28	3.11	2.93	2.83	2.73	2.63	2.52	2.41	2.29
28	9.28	6.44	5.32	4.70	4.30	4.02	3.81	3.65	3.52	3.41	3.25	3.07	2.89	2.79	2.69	2.59	2.48	2.37	2.25
29	9.23	6.40	5.28	4.66	4.26	3.98	3.77	3.61	3.48	3.38	3.21	3.04	2.86	2.76	2.66	2.56	2.45	2.33	2.21
30	9.18	6.35	5.24	4.62	4.23	3.95	3.74	3.58	3.45	3.34	3.18	3.01	2.82	2.73	2.63	2.52	2.42	2.30	2.18
40	8.83	6.07	4.98	4.37	3.99	3.71	3.51	3.35	3.22	3.12	2.95	2.78	2.60	2.50	2.40	2.30	2.18	2.06	1.93
60	8.49	5.79	4.73	4.14	3.76	3.49	3.29	3.13	3.01	2.90	2.74	2.57	2.39	2.29	2.19	2.08	1.96	1.83	1.69
120	8.18	5.54	4.50	3.92	3.55	3.28	3.09	2.93	2.81	2.71	2.54	2.37	2.19	2.09	1.98	1.87	1.75	1.61	1.43
∞	7.88	5.30	4.28	3.72	3.35	3.09	2.90	2.74	2.62	2.52	2.36	2.19	2.00	1.90	1.79	1.67	1.53	1.36	1.00

$\alpha = 0.005$

表 B.5 スチューデント化された範囲 Q の限界値

上側範域 = 5% ($\alpha = 0.05$)

分母自由度 df	2	3	4	5	6	7	8	9	10	11	12	13	14	15	16	17	18	19	20
1	17.97	26.98	32.82	37.08	40.41	43.12	45.40	47.36	49.07	50.59	51.96	53.20	54.33	55.36	56.32	57.22	58.04	58.83	59.56
2	6.09	8.33	9.80	10.88	11.74	12.44	13.03	13.54	13.99	14.39	14.75	15.08	15.38	15.65	15.91	16.14	16.37	16.57	16.77
3	4.50	5.91	6.83	7.50	8.04	8.48	8.85	9.18	9.46	9.72	9.95	10.15	10.35	10.53	10.61	10.84	10.98	11.11	11.24
4	3.93	5.04	5.76	6.29	6.71	7.05	7.35	7.60	7.83	8.03	8.21	8.37	8.53	8.66	8.79	8.91	9.03	9.13	9.23
5	3.64	4.60	5.22	5.67	6.03	6.33	6.58	6.80	7.00	7.17	7.32	7.47	7.60	7.72	7.83	7.93	8.03	8.12	8.21
6	3.46	4.34	4.90	5.31	5.63	5.90	6.12	6.32	6.49	6.65	6.79	6.92	7.03	7.14	7.24	7.34	7.43	7.51	7.59
7	3.34	4.17	4.68	5.06	5.36	5.61	5.82	6.00	6.16	6.30	6.43	6.55	6.66	6.76	6.85	6.94	7.02	7.10	7.17
8	3.26	4.04	4.53	4.89	5.17	5.40	5.60	5.77	5.92	6.05	6.18	6.29	6.39	6.48	6.57	6.65	6.73	6.80	6.87
9	3.20	3.95	4.42	4.76	5.02	5.24	5.43	5.60	5.74	5.87	5.98	6.09	6.19	6.28	6.36	6.44	6.51	6.58	6.64
10	3.15	3.88	4.33	4.65	4.91	5.12	5.31	5.46	5.60	5.72	5.83	5.93	6.03	6.11	6.20	6.27	6.34	6.41	6.47
11	3.11	3.82	4.26	4.57	4.82	5.03	5.20	5.35	5.49	5.61	5.71	5.81	5.90	5.98	6.06	6.13	6.20	6.27	6.33
12	3.08	3.77	4.20	4.51	4.75	4.95	5.12	5.27	5.40	5.51	5.62	5.71	5.80	5.88	5.95	6.02	6.09	6.15	6.21
13	3.06	3.74	4.15	4.45	4.69	4.89	5.05	5.19	5.32	5.43	5.53	5.63	5.71	5.79	5.86	5.93	6.00	6.06	6.11
14	3.03	3.70	4.11	4.41	4.64	4.83	4.99	5.13	5.25	5.36	5.46	5.55	5.64	5.71	5.79	5.85	5.92	5.97	6.03
15	3.01	3.67	4.08	4.37	4.60	4.78	4.94	5.08	5.20	5.31	5.40	5.49	5.57	5.65	5.72	5.79	5.85	5.90	5.96
16	3.00	3.65	4.05	4.33	4.56	4.74	4.90	5.03	5.15	5.26	5.35	5.44	5.52	5.59	5.66	5.73	5.79	5.84	5.90
17	2.98	3.63	4.02	4.30	4.52	4.71	4.86	4.99	5.11	5.21	5.31	5.39	5.47	5.54	5.61	5.68	5.73	5.79	5.84
18	2.97	3.61	4.00	4.28	4.50	4.67	4.82	4.96	5.07	5.17	5.27	5.35	5.43	5.50	5.57	5.63	5.69	5.74	5.79
19	2.96	3.59	3.98	4.25	4.47	4.65	4.79	4.92	5.04	5.14	5.23	5.32	5.39	5.46	5.53	5.59	5.65	5.70	5.75
20	2.95	3.58	3.96	4.23	4.45	4.62	4.77	4.90	5.01	5.11	5.20	5.28	5.36	5.43	5.49	5.55	5.61	5.66	5.71
24	2.92	3.53	3.90	4.17	4.37	4.54	4.68	4.81	4.92	5.01	5.10	5.18	5.25	5.32	5.38	5.44	5.49	5.55	5.59
30	2.89	3.49	3.85	4.10	4.30	4.46	4.60	4.72	4.82	4.92	5.00	5.08	5.15	5.21	5.27	5.33	5.38	5.43	5.48
40	2.86	3.44	3.79	4.04	4.23	4.39	4.52	4.64	4.74	4.82	4.90	4.98	5.04	5.11	5.16	5.22	5.27	5.31	5.36
60	2.83	3.40	3.74	3.98	4.16	4.31	4.44	4.55	4.65	4.73	4.81	4.88	4.94	5.00	5.06	5.11	5.15	5.20	5.24
120	2.80	3.36	3.69	3.92	4.10	4.24	4.36	4.47	4.56	4.64	4.71	4.78	4.84	4.90	4.95	5.00	5.04	5.09	5.13
∞	2.77	3.31	3.63	3.86	4.03	4.17	4.29	4.39	4.47	4.55	4.62	4.68	4.74	4.80	4.85	4.89	4.93	4.97	5.01

分子自由度 df

上側領域 = 1%（$\alpha = 0.01$）　分子自由度 df

分母自由度 df	2	3	4	5	6	7	8	9	10	11	12	13	14	15	16	17	18	19	20
1	90.03	135.00	164.30	185.60	202.20	215.80	227.20	237.00	245.60	253.20	260.00	266.20	271.80	277.00	281.80	286.30	290.40	294.30	298.00
2	14.04	19.02	22.29	24.72	26.63	28.20	29.53	30.68	31.69	32.59	33.40	34.13	34.81	35.43	36.00	36.53	37.03	37.50	37.95
3	8.26	10.62	12.17	13.33	14.24	15.00	15.64	16.20	16.69	17.13	17.53	17.89	18.22	18.52	18.81	19.07	19.32	19.55	19.77
4	6.51	8.12	9.17	9.96	10.58	11.10	11.55	11.93	12.27	12.57	12.84	13.09	13.32	13.53	13.73	13.91	14.08	14.24	14.40
5	5.70	6.98	7.80	8.42	8.91	9.32	9.67	9.97	10.24	10.48	10.70	10.89	11.08	11.24	11.40	11.55	11.68	11.81	11.93
6	5.24	6.33	7.03	7.56	7.97	8.32	8.61	8.87	9.10	9.30	9.49	9.65	9.81	9.95	10.08	10.21	10.32	10.43	10.54
7	4.95	5.92	6.54	7.01	7.37	7.68	7.94	8.17	8.37	8.55	8.71	8.86	9.00	9.12	9.24	9.35	9.46	9.55	9.65
8	4.75	5.64	6.20	6.63	6.96	7.24	7.47	7.68	7.86	8.03	8.18	8.31	8.44	8.55	8.66	8.76	8.85	8.94	9.03
9	4.60	5.43	5.96	6.35	6.66	6.92	7.13	7.32	7.50	7.65	7.78	7.91	8.03	8.13	8.23	8.33	8.41	8.50	8.57
10	4.48	5.27	5.77	6.14	6.43	6.67	6.87	7.06	7.21	7.36	7.49	7.60	7.71	7.81	7.91	7.99	8.08	8.15	8.23
11	4.39	5.15	5.62	5.97	6.25	6.48	6.67	6.84	6.99	7.13	7.25	7.36	7.47	7.56	7.65	7.73	7.81	7.88	7.95
12	4.32	5.04	5.50	5.84	6.10	6.32	6.51	6.67	6.81	6.94	7.06	7.17	7.26	7.36	7.44	7.52	7.59	7.66	7.73
13	4.26	4.96	5.40	5.73	5.98	6.19	6.37	6.53	6.67	6.79	6.90	7.01	7.10	7.19	7.27	7.35	7.42	7.49	7.55
14	4.21	4.90	5.32	5.63	5.88	6.09	6.26	6.41	6.54	6.66	6.77	6.87	6.96	7.05	7.13	7.20	7.27	7.33	7.40
15	4.17	4.84	5.25	5.56	5.80	5.99	6.16	6.31	6.44	6.56	6.66	6.76	6.85	6.93	7.00	7.07	7.14	7.20	7.26
16	4.13	4.79	5.19	5.49	5.72	5.92	6.08	6.22	6.35	6.46	6.56	6.66	6.74	6.82	6.90	6.97	7.03	7.09	7.15
17	4.10	4.74	5.14	5.43	5.66	5.85	6.01	6.15	6.27	6.38	6.48	6.57	6.66	6.73	6.81	6.87	6.94	7.00	7.05
18	4.07	4.70	5.09	5.38	5.60	5.79	5.94	6.08	6.20	6.31	6.41	6.50	6.58	6.66	6.73	6.79	6.85	6.91	6.97
19	4.05	4.67	5.05	5.33	5.55	5.74	5.89	6.02	6.14	6.25	6.34	6.43	6.51	6.59	6.65	6.72	6.78	6.84	6.89
20	4.02	4.64	5.02	5.29	5.51	5.69	5.84	5.97	6.09	6.19	6.29	6.37	6.45	6.52	6.59	6.65	6.71	6.77	6.82
24	3.96	4.55	4.91	5.17	5.37	5.54	5.69	5.81	5.92	6.02	6.11	6.19	6.26	6.33	6.39	6.45	6.51	6.56	6.61
30	3.89	4.46	4.80	5.05	5.24	5.40	5.54	5.65	5.76	5.85	5.93	6.01	6.08	6.14	6.20	6.26	6.31	6.36	6.41
40	3.83	4.37	4.70	4.93	5.11	5.27	5.39	5.50	5.60	5.69	5.76	5.84	5.90	5.96	6.02	6.07	6.12	6.17	6.21
60	3.76	4.28	4.60	4.82	4.99	5.13	5.25	5.36	5.45	5.53	5.60	5.67	5.73	5.79	5.84	5.89	5.93	5.97	6.02
120	3.70	4.20	4.50	4.71	4.87	5.01	5.12	5.21	5.30	5.38	5.44	5.51	5.56	5.61	5.66	5.71	5.75	5.79	5.83
∞	3.64	4.12	4.40	4.60	4.76	4.88	4.99	5.08	5.16	5.23	5.29	5.35	5.40	5.45	5.49	5.54	5.57	5.61	5.65

表B.6 ダービン・ワトソン統計量 D の限界値 d_L と d_U (限界値は片側)

	α = 0.05										α = 0.01									
	k = 1		k = 2		k = 3		k = 4		k = 5		k = 1		k = 2		k = 3		k = 4		k = 5	
n	d_L	d_U	d_L	d_U	d_L	d_U	d_L	d_U	d_L	d_U	d_L	d_U	d_L	d_U	d_L	d_U	d_L	d_U	d_L	d_U
15	1.08	1.36	.95	1.54	.82	1.75	.69	1.97	.56	2.21	.81	1.07	.70	1.25	.59	1.46	.49	1.70	.39	1.96
16	1.10	1.37	.98	1.54	.86	1.73	.74	1.93	.62	2.15	.84	1.09	.74	1.25	.63	1.44	.53	1.66	.44	1.90
17	1.13	1.38	1.02	1.54	.90	1.71	.78	1.90	.67	2.10	.87	1.10	.77	1.25	.67	1.43	.57	1.63	.48	1.85
18	1.16	1.39	1.05	1.53	.93	1.69	.82	1.87	.71	2.06	.90	1.12	.80	1.26	.71	1.41	.61	1.60	.52	1.80
19	1.18	1.40	1.08	1.53	.97	1.68	.86	1.85	.75	2.02	.93	1.13	.83	1.26	.74	1.41	.65	1.58	.56	1.77
20	1.20	1.41	1.10	1.54	1.00	1.68	.90	1.83	.79	1.99	.95	1.15	.86	1.27	.77	1.41	.68	1.57	.60	1.74
21	1.22	1.42	1.13	1.54	1.03	1.67	.93	1.81	.83	1.96	.97	1.16	.89	1.27	.80	1.41	.72	1.55	.63	1.71
22	1.24	1.43	1.15	1.54	1.05	1.66	.96	1.80	.86	1.94	1.00	1.17	.91	1.28	.83	1.40	.75	1.54	.66	1.69
23	1.26	1.44	1.17	1.54	1.08	1.66	.99	1.79	.90	1.92	1.02	1.19	.94	1.29	.86	1.40	.77	1.53	.70	1.67
24	1.27	1.45	1.19	1.55	1.10	1.66	1.01	1.78	.93	1.90	1.04	1.20	.96	1.30	.88	1.41	.80	1.53	.72	1.66
25	1.29	1.45	1.21	1.55	1.12	1.66	1.04	1.77	.95	1.89	1.05	1.21	.98	1.30	.90	1.41	.83	1.52	.75	1.65
26	1.30	1.46	1.22	1.55	1.14	1.65	1.06	1.76	.98	1.88	1.07	1.22	1.00	1.31	.93	1.41	.85	1.52	.78	1.64
27	1.32	1.47	1.24	1.56	1.16	1.65	1.08	1.76	1.01	1.86	1.09	1.23	1.02	1.32	.95	1.41	.88	1.51	.81	1.63
28	1.33	1.48	1.26	1.56	1.18	1.65	1.10	1.75	1.03	1.85	1.10	1.24	1.04	1.32	.97	1.41	.90	1.51	.83	1.62
29	1.34	1.48	1.27	1.56	1.20	1.65	1.12	1.74	1.05	1.84	1.12	1.25	1.05	1.33	.99	1.42	.92	1.51	.85	1.61
30	1.35	1.49	1.28	1.57	1.21	1.65	1.14	1.74	1.07	1.83	1.13	1.26	1.07	1.34	1.01	1.42	.94	1.51	.88	1.61
31	1.36	1.50	1.30	1.57	1.23	1.65	1.16	1.74	1.09	1.83	1.15	1.27	1.08	1.34	1.02	1.42	.96	1.51	.90	1.60
32	1.37	1.50	1.31	1.57	1.24	1.65	1.18	1.73	1.11	1.82	1.16	1.28	1.10	1.35	1.04	1.43	.98	1.51	.92	1.60
33	1.38	1.51	1.32	1.58	1.26	1.65	1.19	1.73	1.13	1.81	1.17	1.29	1.11	1.36	1.05	1.43	1.00	1.51	.94	1.59
34	1.39	1.51	1.33	1.58	1.27	1.65	1.21	1.73	1.15	1.81	1.18	1.30	1.13	1.36	1.07	1.43	1.01	1.51	.95	1.59
35	1.40	1.52	1.34	1.58	1.28	1.65	1.22	1.73	1.16	1.80	1.19	1.31	1.14	1.37	1.08	1.44	1.03	1.51	.97	1.59
36	1.41	1.52	1.35	1.59	1.29	1.65	1.24	1.73	1.18	1.80	1.21	1.32	1.15	1.38	1.10	1.44	1.04	1.51	.99	1.59
37	1.42	1.53	1.36	1.59	1.31	1.66	1.25	1.72	1.19	1.80	1.22	1.32	1.16	1.38	1.11	1.45	1.06	1.51	1.00	1.59
38	1.43	1.54	1.37	1.59	1.32	1.66	1.26	1.72	1.21	1.79	1.23	1.33	1.18	1.39	1.12	1.45	1.07	1.52	1.02	1.58
39	1.43	1.54	1.38	1.60	1.33	1.66	1.27	1.72	1.22	1.79	1.24	1.34	1.19	1.39	1.14	1.45	1.09	1.52	1.03	1.58
40	1.44	1.54	1.39	1.60	1.34	1.66	1.29	1.72	1.23	1.79	1.25	1.34	1.20	1.40	1.15	1.46	1.10	1.52	1.05	1.58
45	1.48	1.57	1.43	1.62	1.38	1.67	1.34	1.72	1.29	1.78	1.29	1.38	1.24	1.42	1.20	1.48	1.16	1.53	1.11	1.58
50	1.50	1.59	1.46	1.63	1.42	1.67	1.38	1.72	1.34	1.77	1.32	1.40	1.28	1.45	1.24	1.49	1.20	1.54	1.16	1.59
55	1.53	1.60	1.49	1.64	1.45	1.68	1.41	1.72	1.38	1.77	1.36	1.43	1.32	1.47	1.28	1.51	1.25	1.55	1.21	1.59
60	1.55	1.62	1.51	1.65	1.48	1.69	1.44	1.73	1.41	1.77	1.38	1.45	1.35	1.48	1.32	1.52	1.28	1.56	1.25	1.60
65	1.57	1.63	1.54	1.66	1.50	1.70	1.47	1.73	1.44	1.77	1.41	1.47	1.38	1.50	1.35	1.53	1.31	1.57	1.28	1.61
70	1.58	1.64	1.55	1.67	1.52	1.70	1.49	1.74	1.46	1.77	1.43	1.49	1.40	1.52	1.37	1.55	1.34	1.58	1.31	1.61
75	1.60	1.65	1.57	1.68	1.54	1.71	1.51	1.74	1.49	1.77	1.45	1.50	1.42	1.53	1.39	1.56	1.37	1.59	1.34	1.62
80	1.61	1.66	1.59	1.69	1.56	1.72	1.53	1.74	1.51	1.77	1.47	1.52	1.44	1.54	1.42	1.57	1.39	1.60	1.36	1.62
85	1.62	1.67	1.60	1.70	1.57	1.72	1.55	1.75	1.52	1.77	1.48	1.53	1.46	1.55	1.43	1.58	1.41	1.60	1.39	1.63
90	1.63	1.68	1.61	1.70	1.59	1.73	1.57	1.75	1.54	1.78	1.50	1.54	1.47	1.56	1.45	1.59	1.43	1.61	1.41	1.64
95	1.64	1.69	1.62	1.71	1.60	1.73	1.58	1.75	1.56	1.78	1.51	1.55	1.49	1.57	1.47	1.60	1.45	1.62	1.42	1.64
100	1.65	1.69	1.63	1.72	1.61	1.74	1.59	1.76	1.57	1.78	1.52	1.56	1.50	1.58	1.48	1.60	1.46	1.63	1.44	1.65

n = 観察数, k = 独立変数の数

表 B.7 標準化正規分布
値は平均〜 Z のまでの標準化正規分布線下の領域を表す。

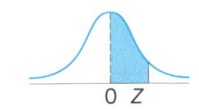

Z	.00	.01	.02	.03	.04	.05	.06	.07	.08	.09
0.0	.0000	.0040	.0080	.0120	.0160	.0199	.0239	.0279	.0319	.0359
0.1	.0398	.0438	.0478	.0517	.0557	.0596	.0636	.0675	.0714	.0753
0.2	.0793	.0832	.0871	.0910	.0948	.0987	.1026	.1064	.1103	.1141
0.3	.1179	.1217	.1255	.1293	.1331	.1368	.1406	.1443	.1480	.1517
0.4	.1554	.1591	.1628	.1664	.1700	.1736	.1772	.1808	.1844	.1879
0.5	.1915	.1950	.1985	.2019	.2054	.2088	.2123	.2157	.2190	.2224
0.6	.2257	.2291	.2324	.2357	.2389	.2422	.2454	.2486	.2518	.2549
0.7	.2580	.2612	.2642	.2673	.2704	.2734	.2764	.2794	.2823	.2852
0.8	.2881	.2910	.2939	.2967	.2995	.3023	.3051	.3078	.3106	.3133
0.9	.3159	.3186	.3212	.3238	.3264	.3289	.3315	.3340	.3365	.3389
1.0	.3413	.3438	.3461	.3485	.3508	.3531	.3554	.3577	.3599	.3621
1.1	.3643	.3665	.3686	.3708	.3729	.3749	.3770	.3790	.3810	.3830
1.2	.3849	.3869	.3888	.3907	.3925	.3944	.3962	.3980	.3997	.4015
1.3	.4032	.4049	.4066	.4082	.4099	.4115	.4131	.4147	.4162	.4177
1.4	.4192	.4207	.4222	.4236	.4251	.4265	.4279	.4292	.4306	.4319
1.5	.4332	.4345	.4357	.4370	.4382	.4394	.4406	.4418	.4429	.4441
1.6	.4452	.4463	.4474	.4484	.4495	.4505	.4515	.4525	.4535	.4545
1.7	.4554	.4564	.4573	.4582	.4591	.4599	.4608	.4616	.4625	.4633
1.8	.4641	.4649	.4656	.4664	.4671	.4678	.4686	.4693	.4699	.4706
1.9	.4713	.4719	.4726	.4732	.4738	.4744	.4750	.4756	.4761	.4767
2.0	.4772	.4778	.4783	.4788	.4793	.4798	.4803	.4808	.4812	.4817
2.1	.4821	.4826	.4830	.4834	.4838	.4842	.4846	.4850	.4854	.4857
2.2	.4861	.4864	.4868	.4871	.4875	.4878	.4881	.4884	.4887	.4890
2.3	.4893	.4896	.4898	.4901	.4904	.4906	.4909	.4911	.4913	.4916
2.4	.4918	.4920	.4922	.4925	.4927	.4929	.4931	.4932	.4934	.4936
2.5	.4938	.4940	.4941	.4943	.4945	.4946	.4948	.4949	.4951	.4952
2.6	.4953	.4955	.4956	.4957	.4959	.4960	.4961	.4962	.4963	.4964
2.7	.4965	.4966	.4967	.4968	.4969	.4970	.4971	.4972	.4973	.4974
2.8	.4974	.4975	.4976	.4977	.4977	.4978	.4979	.4979	.4980	.4981
2.9	.4981	.4982	.4982	.4983	.4984	.4984	.4985	.4985	.4986	.4986
3.0	.49865	.49869	.49874	.49878	.49882	.49886	.49889	.49893	.49897	.49900
3.1	.49903	.49906	.49910	.49913	.49916	.49918	.49921	.49924	.49926	.49929
3.2	.49931	.49934	.49936	.49938	.49940	.49942	.49944	.49946	.49948	.49950
3.3	.49952	.49953	.49955	.49957	.49958	.49960	.49961	.49962	.49964	.49965
3.4	.49966	.49968	.49969	.49970	.49971	.49972	.49973	.49974	.49975	.49976
3.5	.49977	.49978	.49978	.49979	.49980	.49981	.49981	.49982	.49983	.49983
3.6	.49984	.49985	.49985	.49986	.49986	.49987	.49987	.49988	.49988	.49989
3.7	.49989	.49990	.49990	.49990	.49991	.49991	.49992	.49992	.49992	.49992
3.8	.49993	.49993	.49993	.49994	.49994	.49994	.49994	.49995	.49995	.49995
3.9	.49995	.49995	.49996	.49996	.49996	.49996	.49996	.49996	.49997	.49997

索引

あ
一元配置分散分析　288
一般の加法定理　69
一般の乗法定理　77
F 分布　282
円グラフ　17
応答変数　354

か
回帰係数　358
回帰分析　353
回帰分析の前提条件　371
回帰平方和　365
カイ二乗 (χ^2) 分布　327
回答者誤差　155
確率　60
確率標本　149
確率密度関数　124
仮説検定　213
片側検定　238
傾き　355
合併分散 t 検定　256
カテゴリー変数　3
簡易標本　148
観測度数 (fo)　326
棄却域　217
期待度数 (fe)　326
帰無仮説 (H_0)　214
共分散　42
空事象　60
組み合わせ　87
組み合わせ規則　103
クラスター標本　152
グループ間平方和 (SSA)　289
グループ間変動　288
グループ内平方和 (SSW)　290

グループ内変動　288
クロス乗積項　424
経験的確率　61
系統標本　150
結合確率　66
決定係数　367
限界値　182
限界範囲　297
検定統計量　217
検定力　219
交互作用　424
交互作用項　424
誤差限界　154
誤差の独立性　371
誤差平方和　365
個別応答 Y 値 の推定区間　388
個別分散 t 検定　264

さ
最小二乗法　358
採択域、非棄却域　217
最頻値　28
残差　372
残差分析　372
散布図　22
時系列グラフ　23
自己相関　375
事象　62
重回帰モデル　407
重決定係数　413
従属変数　353
自由度　186
周辺確率　67
主観的確率　61
樹形図　73
順列　86

条件付確率　71
正味回帰係数　411
信頼区間推定値　176
信頼係数　219
信頼水準　182
推定値の標準誤差　370
数値変数　3
数理モデル　101
スチューデント化された範囲分布　297
スチューデントの t 分布　186
正規性　371
正規分布　124
正規分布の確率密度関数　127
積事象　62
Z 値　36
説明される変動量　365
説明できない変動量　365
説明変数　354
線形関係　354
先見的確率　60
全事象　60
全体として網羅的　68
選択バイアス　153
尖度　39
全変動　289
層化標本　151
相関係数　45
相対度数分布曲線　19
総平方和（SST）　289
総変動量　365
測定誤差　154

た
第 1 種過誤　218
対称　38
第 2 種過誤　218
対立仮説（H_1）　214
多重比較　297
ダービン・ワトソン統計量　377

ダミー変数　421
単純確率　65
単純事象　62
単純線形回帰式　358
単純線形回帰分析　353
単純無作為標本　149
中央値　27
中心極限定理　165
チューキー・クラマー多重比較法　297
調整済み r^2　413
直線性　371
点推定　176
統計量　4
等分散　371
等分散性　371
独立性　75
独立性のカイ二乗（χ^2）検定　339
独立な事象に対する乗法定理　78
独立変数　353
度数分布　12

な
2 × 2 分割表　324
二項分布　101

は
排反　68
外れ値　36
パラメータ　4
パレート図　18
非回答誤差　153
非確率標本　148
ヒストグラム　19
非対称　38
p 値　226
非復元抽出　149
被覆誤差　153
標準化正規確率変数　128
標準偏差　30

標本　4
標本空間　63
標本誤差　154
標本比率　243
標本分布　155
比率の Z 検定　243
比率の標準誤差　168
比率の標本分布　169
復元抽出　149
符合標本　266
2つの比率の差のカイ二乗（χ^2）検定　325
2つの比率の差の Z 検定　275
フレーム　148
分割表　9
分散　30
分散比の F 検定　282
分散分析（ANOVA）　288
分散分析総括表　292
平均応答の信頼区間推定　386
平均値　25
平均の差のペア t 検定　267
平均の Z 検定　221
平均の t 検定　231
平均の標準誤差　159
平均の標本分布　155
ベイズの定理　79

平方和　31
ベン図　64
変動係数　34
ポアソン分布　111
棒グラフ　16
母集団　4

や

有意水準（α）　219
有意標本　148
余事象　62

ら

離散確率変数の確率分布　98
離散確率変数の標準偏差　100
離散確率変数の分散　100
離散変数　3
リスク β　219
両側検定　222
累積相対度数分布曲線　19
累積標準化正規分布　128
レーベン検定　301
連続変数　3

わ

Y 切片　355
歪度　39

監訳者略歴
前田　祐治（まえだゆうじ）
関西学院大学専門職大学院経営戦略研究科准教授。
博士（経営学）。同志社大学工学部電気工学科卒、インディアナ大学 MBA（ファイナンス）、滋賀大学経済経営リスク専攻博士後期課程修了。日本リスク学会奨励賞・日本地域学会田中啓一賞受賞。
ケンパーグループ・ランバーメンズ保険会社、マーシュ・ジャパン㈱、東京海上日動保険会社、滋賀大学准教授を経て現職。
共著書に、『キャプティブと日本企業　リスクマネジメントの強化にむけて』（保険毎日新聞社　2013 年）など。

ビジネス統計学　原書 6 版
Excel で学ぶ実践活用テクニック

平成 26 年 11 月 20 日　発　行

監訳者　　前　田　祐　治

発行者　　池　田　和　博

発行所　　丸善出版株式会社

〒101-0051　東京都千代田区神田神保町二丁目17番
編集・電話(03)3512-3263／FAX(03)3512-3272
営業・電話(03)3512-3256／FAX(03)3512-3270
http://pub.maruzen.co.jp/

Ⓒ Yuji Maeda, 2014

翻訳・株式会社フォルテ／組版・株式会社シーアンドシー
編集・Integra Software Services Pvt. Ltd.
印刷・株式会社 日本制作センター／製本・株式会社 星共社

ISBN 978-4-621-08891-3 C 3033　　　　　Printed in Japan

本書の無断複写は著作権法上での例外を除き禁じられています。